탄트라祕典 IV

The Book of Secrets :
112 Meditations to Discover the Mystery Within

이 책의 텍스트는 『The Book of Secrets: 112 Meditations to Discover the Mystery Within』로,
1972년부터 1973년 11월까지 인도 봄베이에서 오쇼가 강의한 것인데 경전 부분의 강의는 전역(全譯)되고
질문 부분은 발췌해서 옮겼다. 이 책의 원전(元典)인『Vigyana Bhairava Tantra』는 1903년 미국인 폴
렙스(Paul Reps)에 의해 영역되어 비로소 세상에 알려지게 되었는데 그는 인도 북부 카슈미르 지방 스리나
가르를 여행하다가 은자 락쉬만쥬(Lakshmanjoo)에게서 산스크리트어 필사본을 입수했다고 한다.

마음을 변형시키고 초월시키는 112가지 수행법

탄트라 祕典 IV

The Book of Secrets :
112 Meditations to Discover the Mystery Within

오쇼 라즈니쉬 강의
이연화 옮김

태일출판사

옮긴이 **이연화**

서울대학교 종교학과 졸업. 명상서적 전문 번역가로
『물도 없고 달도 없다』, 『머리 속의 바람』, 『구루의 땅』, 『달마』 등의 작품을 번역하였다.

21세기를 사는 지혜의 서 04

마음을 변형시키고 초월시키는 112가지 수행법

탄트라祕典IV

펴 낸 날	2011년 9월 5일	중판 1쇄	
	2023년 4월 25일	개정판 1쇄	

지 은 이 │ 오쇼 라즈니쉬
옮 긴 이 │ 이연화
펴 낸 이 │ 이태권
펴 낸 곳 │ 태일출판사
　　　　　서울특별시 성북구 성북로5길 12 소담빌딩 301호 (우)02880
　　　　　전화 │ 02-745-8566 팩스 │ 02-747-3238
　　　　　e-mail │ sodambooks@naver.com
　　　　　등록번호 │ 1979년 11월 14일 제6-58호
　　　　　홈페이지 │ www.dreamsodam.co.kr

ISBN 979-11-6027-306-9 (04150)
　　　 979-11-6027-297-0 (세트)

마음을 변형시키고 초월시키는
모든 길들이 여기에 다 있다.

– 오쇼 –

차례

옮긴이의 말

　인생을 살아가는 동안 우리는 여러 가지 질문들에 부딪친다. 그리고 그 질문들에 대해 어떤 식으로든 해답을 찾는다. 우리는 학교에서 그리고 사회에서 그 질문들에 대한 해답을 배운다. 하지만 우리가 인생을 마칠 때까지 풀지 못하는 특수한 유형의 질문들이 있다. 그 해답은 박사 과정에서도 배울 수가 없다. 이를테면 '나는 왜 태어나고 죽는 것인가?', '지금 나는 왜 살고 있는가?', '나는 왜 살고 싶어 하는가', 그리고 '이 <나>라는 것은 도대체 무엇인가?' 등의 질문들은 쉽사리 해답을 찾을 수 없다. 어쩌면 불가능하기까지 하다. 그래서 우리는 종교를 만들었다. 철학을 만들었다. 하지만 그런 것들을 만들면 만들수록 더욱 복잡하고 어려워져서 그만 최초의 질문을 잊어버리고 만다. 그러고는 그 질문을, 그 근원적인 의심을 해결했다고 생각한다.

　그러나 이 질문은 곧바로 해답이 나올 수 있는 것이 아니다. 논리적인 사고 활동으로 해결되는 것이다. 우리의 모든 생각이 더 나아갈 수 없는 데까지 나아가서 은산철벽에 부딪칠 때, 어쩔 수 없이 생각이 멈추어진다. 머리 굴림이 멈추어진다. 그리고 거기에서 폭발이 일어난다. 그때 그 질문은 저절로 풀린다. 삶 자체가 완전한 우연성에서 완전한 당위성으로 돌아서는 것이다. 더 이상 질문은 일어나지 않는다. 더 이상 의심하려야 할 수 없게 되는 것이다. 그리고 이것은 오직 개인의 실존적인 체험이어야만 한다.

　그 체험을 추구하는 일단의 무리들이 있었다. 그리고 이들을 사람들은 수행자, 혹은 구도자라고 불렀다. 이들은 그 숫자의 많고 적음을 떠나 전 세계 모든 종교에 존재하고 있었다. 그리고 황당하게 보일지 모르지만 그들이 발견한 것을 한 권의 책에서 모두 찾아볼 수 있다. 만약 누군가가 그 것들을 그 책 속에서 발견할 수 있다면 그는 엄청난 행운을 만난 것이 된다. 그 책이 바로 '비그야나 바이라바 탄트라(Vigyana Bhairava Tantra)',

즉 우리말로 풀이하면 '의식 초월 탄트라'라는 책이다.

　이것은 탄트리즘이 티벳으로 건너가 불교 탄트리즘으로 재구성되기 전, 힌두 탄트리즘의 근본 경전이 되는 책으로, 그 연원은 BC 3000년 전으로까지 거슬러 올라간다. 여러 탄트라 경전 중에 가장 고대의 탄트라 경전인 것이다. 그 책은 매우 간결하고 단순한 문장들의 112가지 소절들로 이루어져 있다. 그리고 이 112가지 소절은 앞에서 말한 궁극적인 질문들을 푸는 방법을 적어놓았다. 인생에서 가장 궁극적인 체험을 할 수 있는 길을 제시해놓은 것이다. 그리고 누구나가 이 112가지 방법 중에 한 가지만이라도 통달한다면 그는 종교를 만들 수 있는 교조(Founder)의 역량을 갖게 된다고 알려져 있다. 하지만 그 책의 이런 특수성과 여러 가지 역사성 때문에 그동안 일반에게 공개되지 않았다. 그리고 모든 종교들의 수행 방법이 이 112가지 중의 한두 가지를 채택하고 있어 지구상의 어떤 명상 방편도 여기에서 벗어나는 것은 없다고 이 경전을 강의한 오쇼는 말하고 있다.

　한편 아직 한국에서는 일부 예술과 문학에만 도입되고 정신운동으로까지 파급되지는 않았지만 대단한 반향을 불러일으키는 사조가 있다. 그것은 포스트 모더니즘이라고 불리는 것인데 선진국에서는 이미 이것이 단순한 사조에 그치는 것이 아니라 '뉴에이지 무브먼트(New Age Movement)'라 불리는 정신 운동으로 활발하게 전개되고 있다. 이 운동은 60년대와 70년대에 세상을 풍미했던 히피 운동과는 그 차원이 다르다. 히피 운동은 어떤 의미에서는 사회 병리 현상의 한 반응이지만 이 뉴에이지 무브먼트는 사회 각 방면의 지식인들이 주축이 되어 벌이는 일종의 문화 운동이며 제2의 르네상스라고까지 불리는 것이다. 그리고 이 운동에는 거대한 사상적 기둥이 둘 있다. 국내에서도 잘 알려진 두 사람, 지두 크리슈나무르티(Jidu Krishnamurti)와 오쇼(Osho)라는 사람이 바로 그들이다. 이들이 주장하는 것은 인간 의식의 개혁이다. 이들은 사회 제도나 종교의 개혁을 부르짖는 것이다. 신인류(New Man)의 탄생을 요구하고 있다. 그리하여 후세에 이 두 사람은 21세기 우주 문명을 예언한 20세기 지구 문명의 마지막 선지자로서 기억될 것이다.

흔히들 바둑 애호가들은 바둑을 인생에 비유해서 말하곤 한다. 그래서 인생 애호가라고 할 수 있는 역자는 딱히 무엇이리고 부를 만한 주의를 갖고 있지 않기에–인생의 일면을 바둑에 비유해서 말하고 싶다. 한 판의 바둑은 유희를 벌이는 두 사람의 실력에 따라서 그 질이 달라진다. 똑같은 흑돌과 백돌을 쥐고서 똑같은 바둑판에 돌을 놓아가지만 그 차원은 모두 다른 것이다. 그처럼 인생 역시 똑같은 구조를 가진 육체와 똑같은 시간과 공간 속에서 삶의 유희를 벌이고 있지만 그 차원은 제각기 다르다. 인생이라고 하는 면에서는 같지만 그 질이 제각기 다른 것이다. 그리고 바둑의 급수를 획기적으로 발전시키기 위해서는 여러 가지 정석과 방편들을 적어놓은 기서(棋書)를 읽어야 하듯이 인생의 급수를 올리기 위해서는 그에 상응하는 과정을 거쳐야 할 것이다.

여기에 '비그야나 바이라바 탄트라(Vigyana Bhairava Tantra)'라고 하는 최고(最古)의 인생 기서가 있다. 그리고 이 기서를 명쾌하게 현대어로 강의하는 인생의 명인 '오쇼'가 있다. 그리하여 이 책 '탄트라 비전'은 그것을 읽는 사람이라면 그가 누구든지, 어떤 일에 종사하는 사람이라 할지라도 그의 인생 급수가 18급에서 초단으로 도약하리라고 역자 본인은 의심치 않는다. 그리고 이 책은 미약한 역자보다 더 재능 있고 훌륭한 사람의 손에 의해 앞으로도 계속 재번역의 작업이 이루어져야 할 책이라는 점도 확신한다. 부족한 번역에 독자 제위의 애정 어린 지도를 기다리는 바이다.

광릉 거북정에서, 이연화

그대의 집은 불타고 있다

두려워 하지 마라.
이것은 단지 시작일 뿐이다.
그리고 도피하지 마라.
결국 그대는 변형될 것이다.

그대의 집은 불타고 있다

88

갖가지 사물은 앎을 통해 인식된다.
자아는 앎을 통해 허공에 빛을 발한다.
아는 자와 앎의 대상을 하나의 존재로서 인식하라.

89

사랑하는 자여,
지금 이 순간,
마음이, 앎이, 호흡이, 형상이
담겨지게 하라.

한 가지 일화가 생각난다. 매우 보수적인 성격의 한 파티가 열렸다. 맨크로프트 경은 거기에서 연설을 해달라는 초청장을 받았다. 그는 정시에 도착해서 연단에 올라갔다. 그는 청중들을 향해 입을 열었는데 그의 표정은 다소간 당황하고 있었다. 그가 말했다.

"먼저 나의 연설이 약간 짧은 것에 대해서 용서를 구합니다. 하지만 나의 집이 불타고 있는 것은 사실입니다."

그리고 그 사실은 모든 사람의 사실이다. 그대의 집 역시 불타고 있다. 그러나 그대는 조금도 당황하는 것처럼 보이지 않는다.

모든 사람의 집이 불타고 있다. 그러나 그대는 알지 못한다. 죽음을 인식하지 못하며 그대의 삶이 손에서 빠져 나가고 있음도 알지 못한다. 매순간 그대는 죽어가고 있다. 매순간 그대는 다시 얻을 수 없는 기회를 놓치고 있다. 한번 잃어버린 시간은 다시 찾을 수 없다. 아무것도 다시 얻을 수 없다. 그리고 그대의 삶은 매순간 더욱 짧아져 간다.

바로 이것이 내가 그대의 집이 불타고 있다고 말한 의미다. 그러나 그대는 조금도 당황해 하지 않는다. 그대는 그것에 대해 전혀 걱정하지 않고 있다. 사실이 그러하다. 그러나 그대의 주의력은 다른 곳에 빠져 있다. 모든 사람이 뭔가를 할 시간은 충분히 있다고 생각한다. 그러나 시간은 충분하지 않다. 무엇을 하든지 할 것이 너무나 많아 언제나 시간이 모자라기 때문이다. 한번은 이런 일이 일어났다. 악마가 오랜 세월 동안 사람들을 기다려 왔는데 아무도 지옥으로 오지 않았다. 그는 사람들을 환영할 준비를 하고 있었다. 그러나 세상은 너무나 잘 돌아가고 있고, 그래서 사람들은 아무도 지옥으로 가려 하지 않았다. 물론 악마는 몹시 걱정이 되었다. 그는 비상회의를 소집했다. 그의 가장 위대한 제자들이 그 상황을 의논하기 위해서 모였다. 그리고 그가 말했다.

"지옥은 지금 거대한 위기를 맞이하고 있다. 도저히 견뎌내기 힘든 위기를 말이다. 어떤 조치가 취해져야 한다. 우리가 어떻게 해야 되겠는가?"

악마의 한 제자가 제안했다.

"제가 세상으로 나가겠습니다. 그리고 사람들에게 말하겠습니다. 신은 없으며 종교도 거짓이고 바이블이나 코란이나 베다에서 하는 말은 모두 넌센스라는 것을 그들에게 확신시키겠습니다."

그러자 악마가 말했다.

"그렇게 해서는 안된다. 우리도 처음부터 그렇게 해왔지만 사람들은 그 사실에 별로 영향을 받지 않았다. 그런 말들은 이미 그 사실을 확신하고 있는 사람들에게만 해당될 뿐이다. 그래서 우리는 뭔가 다른 조치를 취해야 한다."

그때 두번째 제자가 첫번째 제자보다 더욱 교묘한 것을 제안했다.

"저는 바이블이나 코란과 베다가 무슨 말을 하든지 옳다고 말하겠습니다. 천국도 있고 신도 있지만 지옥은 없고 악마도 없다고 말하겠습니다. 그러니 두려워하지 말라고 가르치겠습니다. 만약 사람들이 덜 무서워한다면 그들은 종교에 대해 별로 신경 쓰지 않을 것입니다. 모든 종교는 두려움을 그 기초로 하고 있기 때문입니다."

악마가 말했다.

"너의 제안은 좀 낫다. 너는 그렇게 할 수도 있다. 그리고 소수의 확신을 가진 사람들에게는 성공할 것이다. 그러나 대다수 사람들은 너의 말에 귀기울이지 않을 것이다. 그들은 천국을 바라는만큼이나 지옥을 무서워하지 않기 때문이다. 네가 그들에게 지

옥이 없다고 확신시켜도 그들은 여전히 천국에 들어가고 싶어 한
다. 그들은 같은 값이면 좋은 것을 택한다. 그러니 그 방법도 썩
좋은 방법은 아니다."

그러자 세번째 제자가 가장 교묘한 방법을 제안했다.

"제가 한 가지 묘안을 갖고 있습니다. 제게 기회를 주십시오.
나는 종교가 말하고 있는 것이 절대적인 진리라고 가르치겠습니
다. 신도 있고 악마도 있으며 천국도 있고 지옥도 있다고 말입니
다. 그러나 서두를 필요는 없다고 말하겠습니다."

그러자 악마가 말했다.

"바로 그것이다. 네가 가장 정확한 방법을 알고 있다. 그렇게
하라!"

그리고 이 방법 덕분에 지옥은 위기를 무사히 넘길 수 있게 되
었다. 그들은 이제 인구 과잉 문제로 걱정하게 되었다.

또한 이는 우리의 마음이 작동하는 방식이다. 우리는 언제나
서두를 필요가 없다고 생각한다. 그대의 마음이 서두를 필요가
없다고 생각하는 순간에 우리가 말하고 있는 이 방편들은 아무런
소용이 없게 된다. 그대는 계속 뒤로 미룰 것이며 죽음이 먼저 찾
아올 것이다. 죽음의 순간은 그대가 서둘러야겠다고 생각할 때
오지 않는다. 죽음의 날은 지금이 그 방편을 실행해야 할 순간이
라고 생각할 때 당장 오지 않는다. 그래서 그대는 미룰 수 있다.
이것이 우리의 삶을 살아온 방식이다.

그대가 어떤 것을 하기 위해서는 결단력 있게 밀어붙여야 한
다. 그대는 위기 속에 있다. 그대의 집이 불타고 있다. 삶은 항상
불타고 있다. 항상 죽음이 그 뒤에 숨겨져 있기 때문이다. 한순간
그대는 더 이상 이 세상에 존재하지 않게 될 것이다. 그리고 그대
는 죽음과 타협할 수 없다. 어떤 것도 할 수 없다. 죽음이 일어나

면 그것은 일어나고 만다. 시간은 너무나 짧다. 만약 그대가 70년, 아니 100년을 살았다고 해도 그것은 매우 짧다. 그대가 자신을 변형시켜 새로운 존재가 되기 위해 해야 할 일은 거대한 작업이다. 더 이상 미루지 마라.

그대가 그것을 비상사태라고, 중대한 위기라고 느끼지 않는 한, 그대는 아무것도 하지 않을 것이다. 종교가 그대에게 중대한 위기의 과정이 되지 않는 한, 그대가 자신을 변형시키기 위해 뭔가를 해야 한다고 느끼지 않는 한 그대의 삶 전체는 그저 낭비일 뿐이다. 그대가 이것을 절실하고 깊이, 그리고 정직하게 느낄 때만이 이 방편들은 도움이 될 수 있다. 왜냐하면 오직 그때만이 그대는 이 방편들을 진정으로 이해할 수 있기 때문이다. 그대가 그것에 대해서 뭔가를 하지 않는다면 이해는 아무 쓸데없는 것이다. 그것은 그대가 진짜로 이해하지 못했다는 뜻이다. 이해는 행동이 필요하기 때문이다. 만약 행동으로 나타나지 않는다면 그대는 단지 피상적인 지식만 얻었을 뿐 이해한 것이 아니다.

이 차이를 확실히 짚고 넘어가라. 피상적인 지식은 이해가 아니다. 그것은 그대로 하여금 행동하는 자가 되게 하지 못한다. 그것은 그대에게 어떤 변화도 일으키지 못한다. 단지 마음속에다 그것을 긁어 모은 것일 뿐이다. 그것은 하나의 정보일 뿐이다. 그대는 지식이 풍부한 사람은 될 수 있다. 그러나 죽음과 함께 모든 것이 끝난다. 그대는 지금도 많은 것들을 긁어 모으고 있다. 하지만 그것들을 행동으로 옮기지는 않는다. 그때 그것은 그대에게 짐만 될 뿐이다.

이해는 행동을 의미한다. 그대가 어떤 것을 이해하면 즉시 그것을 행동에 옮기기 시작한다. 그것이 옳고 그대가 옳다고 느낀다면 그대는 뭔가를 해야 한다. 그렇지 않다면 그대가 이해했다고 하는 모든 것은 빌려온 것이다. 그리고 빌려온 지식은 이해가 아니다. 그대는 빌려왔다는 사실을 잊어버릴 수 있다. 그리고 또한 잊어버리기를 좋아한다. 남에게서 빌려왔다는 것은 에고에 상처를 입히기 때문이다. 그래서 그대는 계속 빌려왔다는 사실을 잊어버린다. 그대는 점점 그것이 자신의 것이라고 느끼기 시작한다. 그것은 매우 위험한 일이다.

한 가지 일화가 생각난다. 한 교회가 있었다. 그 교회의 재직위원들은 그 교회의 목사에 대해서 싫증을 느꼈다. 결국 그들은 회의를 소집해서 그 목사를 해임하기로 결의하고 그에게 그 결과를 전했다.

"자, 이제 당신은 이 교회를 떠나주었으면 좋겠습니다."

그러자 그 목사가 말했다.

"내게 한 번만 더 기회를 달라. 마지막 기회를. 그리고 나서도 당신들이 그렇게 말한다면 그때는 떠나겠다."

그래서 다음 일요일이 되자 온 마을 사람들이 그 교회에 모였다. 목사가 어떻게 자기에게 주어진 기회를 이용할지 보고 싶었기 때문이다. 하지만 그날 목사는 너무나 아름다운 설교를 했다. 그들은 그 목사가 그토록 아름다운 설교를 할 줄은 기대도 하지 않았다. 상상조차 못했던 것이다. 그들은 그런 설교를 들어본 적이 없었다.

놀랍고 기쁘고 즐거웠다. 그들은 설교가 끝났을 때 목사 주위에 모여들어 이렇게 말했다.

"목사님은 떠날 필요가 없습니다. 여기에 그냥 눌러앉으십시오. 우리는 그런 설교를 이전에는 한 번도 들어본 적이 없었습니다. 일생에 한 번도 말입니다. 여기에 계시면서 오직 목회 활동에만 힘써 주십시오. 물론 보수도 늘려 드리겠습니다."

그런데 한 사람이 그 목사에게 질문을 했다. 그는 그 재직회의의 수석 장로였다.

"그런데 한 가지만 말씀해 주십시오. 목사님은 설교를 시작할 때 왼손을 올리고 손가락 두 개를 세웠습니다. 그리고 설교를 마칠 때는 오른손을 올리고 다시 손가락 두 개를 세웠습니다. 그것은 무엇을 상징하는 것입니까?"

그러자 그 목사가 대답했다.

"그 의미는 간단하지요. 이 손가락은 인용부호를 의미합니다. 그 설교는 나의 설교가 아니오. 그것은 다른 사람의 설교를 베낀 것이오."

항상 그 인용부호들을 기억하라. 그것들을 잊어버리는 것을 그대는 너무나 쉽게 생각한다. 오히려 좋아하기까지 한다. 그러나 그대가 아는 모든 것은 그 인용부호 속에 들어가는 것이다. 그것은 그대 자신의 것이 아니다. 그대가 인용부호를 지워 버리는 순간 그것들은 그대 자신의 경험으로 둔갑한다.

이 방편들은 지식을 경험으로 바꾸는 것이다. 이것들은 그대가 그저 주워 모은 것을 이해로 바꾸어 준다. 붓다에게 혹은 그리스도에게 속한 것을 그대에게 속한 것으로 만들어 준다. 그 어떤 것도 그대 자신의 것이 아닌 한 아무리 진실하게 보이더라도 진리가 아니다. 그것은 위대한 거짓말, 아름다운 거짓말이다. 그것은 그대의 체험이 되어야만 진리가 된다. 개인적이고 실존적인 경험이어야만 한다.

세 가지 사항을 기억하라. 첫째, 그대의 집은 불타고 있다. 둘째, 악마의 속삭임을 듣지 마라. 악마는 그대에게 서둘 필요가 없다고 계속 말하고 있다. 인생은 하나의 여행이며 끝이 없는 것이라고 속삭인다. 그리고 셋째로 지식이 지식으로만, 기억으로만 끝나지 않도록 뭔가를 하라. 그대의 체험과 삶이 되도록 말이다.

자, 이제 방편으로 들어가자.

88

갖가지 사물은 앎을 통해 인식된다.

자아는 앎을 통해 허공에 빛을 발한다.

아는 자와 앎의 대상을 하나의 존재로서 인식하라.

그대가 어떤 것을 알 때마다 그것은 앎을 통해 인식된다. 대상은 앎이라는 능력을 통해 그대의 마음속으로 들어온다. 그대는 한 송이의 꽃을 본다. 그대는 그것이 장미꽃이라는 것을 안다. 장미꽃은 거기에 있고 그대는 내면에 있다. 그때 그대로부터 어떤 것이 나가서 장미꽃에 이른다. 그대로부터 어떤 것이 장미꽃에 투사되는 것이다. 어떤 에너지가 나온 것이다. 그것이 장미의 형태와 색깔과 냄새를 담고 다시 그대에게 돌아가 장미꽃이라는 정보를 전달해 준다.

모든 지식이, 그대가 아는 그 무엇이라도 그것은 앎이라는 능력을 통해 드러난다. 이 앎은 그대의 능력이다. 지식은 이 능력을 통해 수집된다. 그런데 이 앎은 두 가지 요소로 이루어져 있음을 드러낸다. 아는 자와 알려지는 대상이 그것이다. 그대가 장미꽃을 알 때 그대의 지식은 반쪽뿐이다. 그대가 그 꽃을 아는 자신을, 아는 자를 잊어버린다면 말이다. 그 꽃은 알려지는 대상이고 그대는 아는 자, 즉 주체이다. 그 두 가지 사이를 연결하고 있는 관계가 바로 지식이다.

그래서 지식은 세 가지 지점으로 구분될 수 있다. 아는 자와 알려지는 대상과 앎의 능력으로 말이다. 그리고 앎은 주체와 대상

그 둘을 연결해 주는 다리와 같다. 보통 그대의 지식은 오직 대상
만을 드러내고 있다. 아는 자, 즉 주체는 베일에 가려져 있다. 그
대의 모든 지식은 일방통행적이다. 그것은 장미를 지적할 뿐 그
대 자신을 지적해 주지는 않는다. 그것이 그대 자신을 지적해 주
지 못하는 한 그 지식은 오직 외부 세계만을 알려줄 뿐이다. 그대
자신에 대해서는 알게 해주지 못한다.

　명상의 모든 방편은 아는 자를 드러내 준다. 조오지 구제프는
이와 비슷한 특별한 방편을 사용했다. 그는 그것을 '자아 상기
(self-remembering)'라고 불렀다. 그는 그대가 어떤 것을 알
때마다 항상 아는 자를 기억하라고 말한다. 대상에 눈이 팔려 자
기를 잊지 마라. 주체를 기억하라. 지금 그대는 내 말을 듣고 있
다. 그대가 내 말을 들을 때 그대는 두 가지 방식으로 들을 수 있
다. 하나는 그대의 마음이 나를 향해 초점을 맞춘다. 그때는 그대
가 듣는 자 자신을 잊어버린다. 그때 말하는 자만 알려지고 듣는
자는 잊혀진다.

　구제프는 듣는 동안에 말하는 자를 알며 또한 듣는 자도 알라
고 말했다. 그대의 지식은 두 가지 방향으로 날아가는 화살이다.
두 개의 표적을 겨냥하고 있다. 아는 자와 알려지는 대상 말이다.
그것은 대상이라는 한 가지 방향으로만 날아가서는 안된다. 그것
은 동시에 두 가지 방향으로 날아가야 한다. 아는 자와 알려지는
대상을 향해서. 이것을 그는 '자아 상기'라고 불렀다.

　꽃을 보는 동안 보고 있는 자신을 기억하라. 어렵다! 그대가
자신을 알려고 하는 순간 장미꽃을 잊어버릴 것이다. 그대는 한
쪽 방향으로만 날아가는 버릇이 있기 때문이다. 그래서 시간이
걸릴 것이다. 아는 자를 향하면 대상을 잊게 되고 대상을 향하면
아는 자를 잊게 된다.

그러나 조금만 노력하면 점점 그대는 동시에 두 가지를 인식할 수 있게 된다. 그리고 그대가 둘 다를 인식할 때 구제프의 방법을 제대로 성취한 것이다. 이것은 붓다가 사용할 만큼 가장 오래된 방편 중의 하나다. 그리고 구제프가 이것을 서구 세계에 소개했다.

붓다는 이것을 '삼약 스므리티(samyak smriti)' ─바른 새김 [正念]─라고 불렀다. 그는 그대의 마음이 정념 속에 있지 않다면 한쪽 방향으로 알 수밖에 없다고 말한다. 그대는 둘 다 알아야 한다. 그때만이 기적이 일어난다. 만약 그대가 아는 자와 알려지는 대상 둘 다를 알 때 갑자기 그대는 제3의 인물이 된다. 그대는 둘 모두 아니다. 둘 모두를 알려고 하는 그 노력에 의해 그대는 제3의 존재가 된다. 그대는 주시자가 된다. 그 제3의 가능성은 즉시 일어난다. 주시하는 자아가 존재 속으로 들어온다. 그것은 제3의 존재가 그대 속에 있지 않고는 그대가 둘 다를 알 수 없기 때문이다. 만약 그대가 아는 자라면 그때는 한쪽 방향으로만 고정된다. 자아 상기의 방법 속에서 그대는 그 고정된 지점을 바꾼다. 그때 아는 자는 그대의 마음이고 알려지는 것은 세상이다. 그대는 제3의 존재가 된다. 그것이 바로 의식이다. 주시하는 자아이다. 이 자아는 에고와 본질적으로 다르다.

이 제삼자는 초월될 수 없다. 더 이상 초월될 수 없는 궁극이기 때문이다. 초월될 수 있는 여지가 남은 것은 궁극이 아니다. 별 가치가 없는 것이다. 그것은 그대의 본성이 아니기 때문이다. 그대는 본성이 아닌 것을 초월할 수 있다.

한 예를 통해서 그것을 설명하고자 한다. 밤에 그대는 잠을 자면서 꿈을 꾼다. 아침에 깨어나면 꿈은 사라진다. 그대가 깨어났을 때는 더 이상 꿈이 계속되지 않는다. 다른 세계가 그대의 시야에 들어온다. 그대는 거리로 나간다. 공장이나 사무실로 간다. 그리고 나서 퇴근해 다시 집으로 돌아온다. 그대는 또 잠을 잔다. 그때 그대가 알던 이 세계는 사라진다. 그때 그대는 자신이 누구인지 기억하지 못한다. 그대는 자신이 백인인지 흑인인지, 부유한지 가난한지, 현명한지 우둔한지 알지 못한다. 그대는 아무것도 알지 못한다. 그대는 자신이 젊었는지 늙었는지조차 모른다. 자신이 남자인지 여자인지도 모른다. 의식을 갖고 있을 때와 관계된 모든 것을 잊어버린다. 그대는 꿈의 세계로 들어간다. 그대는 생시의 세계를 잊어버린다. 그것은 더 이상 존재하지 않는다. 그러다가 아침이 되면 그대는 다시 현실로 돌아온다. 꿈의 세계는 사라져 버린다.

어떤 것이 실재인가? 그대가 꿈꾸고 있는 동안 현실 세계는 존재하지 않기 때문이다. 그대는 비교할 수 없다. 의식이 있는 동안에는 꿈의 세계가 존재하지 않는다. 그래서 서로 비교할 수 없다. 어떤 것이 실재이고 어떤 것이 가상인지 말이다. 거기에 기준이 없다.

만약 그대가 '내가 의식을 갖고 있을 때는 그것이 사라진다'라고 말한다면 꿈을 꿀 때는 그대가 현실이라고 믿는 세계가 사라진다. 그리고 꿈의 세계가 현실이 된다. 그런 식으로는 비교할 수가 없다. 그러니 어떤 것이 더 실재적이고 더 깊은 것인가? 그대는 꿈속에서도 현실 세계의 사정이 기억난다고 말한다. 하지만 의식을 갖고 있을 때도 꿈을 조금은 기억하고 있다. 그러니 거기에서 무엇이 기준이 되겠는가? 어떻게 비교할 수 있겠는가?

탄트라는 둘 다 비실재라고 말한다. 그때 무엇이 실재인가? 그러면 실재란 무엇인가? 탄트라는 꿈의 세계를 아는 자와 생시의 세계를 아는 자, 그가 바로 실재라고 말한다. 그는 더 이상 초월

되지 않기 때문이다. 아는 자 그는 사라질 수 없다. 그대가 꿈을 꾸든지 의식을 갖고 있든지 아는 자 그는 거기에 남아 있다.

탄트라는 꿈을 아는 자, 그리고 이제 꿈이 멈추었음을 아는 자, 생시의 세계를 아는 자, 그리고 이제 그것이 사라지는 것을 아는 자, 바로 그가 실재라고 말한다. 그가 존재하지 않을 때는 없기 때문이다. 그 자는 항상 존재한다. 어떤 경험에 의해서도 그는 사라지지 않는다. 초월될 수 없다. 그는 바로 그대의 자아다. 진아(眞我)인 것이다.

구제프는 그를 아는 방법을 '자아 상기'의 방법이라고 불렀고 그것은 또한 붓다의 방법이기도 하다. 붓다는 그것을 '바른 새김[正念]'이라고 불렀다. 그리고 탄트라의 이 방편은 그대를 하나의 존재로 인도한다고 말한다. 그것은 그대를 아는 대상도 아니고 아는 자도 아닌 제3의 존재로 인도한다.

이 주시하는 자아는 궁극이다. 그대는 그것을 초월할 수 없다. 이제 그대가 무엇을 하든지 주시가 일어나기 때문이다. 주시를 초월해서는 그대가 어디에도 갈 수 없다. 그래서 주시는 곧 궁극의 주체다. 의식의 기본적 토대다. 이 방편은 그대에게 그것을 보여줄 것이다.

"갖가지 사물은 앎을 통해 인식된다. 자아는 앎을 통해 허공에 빛을 발한다. 아는 자와 앎의 대상을 하나의 존재로서 인식하라."

만약 자신 속에서 아는 자와 알려지는 대상 둘 다가 한 점으로 인식될 수 있다면 그때 그대는 대상과 주체를 모두 초월한다. 그때 그대는 물질과 마음을 모두 초월한다. 그때 그대는 외부와 내면을 한꺼번에 초월한다. 그리하여 아는 자와 알려지는 대상이 하나가 되는 지점에 이른다. 거기에는 어떤 분별도 없다.

마음과 함께 분별이 존재한다. 오직 주시하는 자아와 함께할 때만이 거기에 모든 분별이 사라진다. 주시하는 자아는 누가 아는 자이고 누가 알려지는 대상이라는 것을 말할 수 없다. 그것들은 하나다. 그러나 이것은 그대의 체험에서 나온 말이어야 한다. 그렇지 않다면 이것은 철학적인 논쟁이 될 것이다. 그러므로 실행하라. 그래서 체험하라.

그대는 장미꽃 옆에 앉아 있다. 그것을 바라보라. 먼저 전적으로 주의를 집중해서 바라보라. 그때 온 세상이 사라지고 오직 장미꽃만 거기에 남아 있다. 다른 데로는 더 이상 주의력이 흘러갈 수 없기 때문이다. 세상이 사라지고 장미꽃만 남아 있다. 장미꽃이 세상이 된다.

이것이 첫번째 단계이다. 장미에 집중하는 것 말이다. 만약 그대가 장미에 집중할 수 없다면 그때는 아는 자에게로 이동하는 것이 어려워진다. 그대의 마음은 항상 왜곡되어 있기 때문이다. 그래서 집중은 명상을 향하는 첫번째 단계이다. 오직 장미만이 남아 있다. 전세계가 사라진다. 이제 그대는 내면으로 이동할 수 있다. 이제 장미는 그대가 움직일 수 있는 출발점이 된다. 이제 장미를 보라. 그리고 그대 자신을 인식하기 시작하라. 아는 자를 말이다.

처음에는 계속 놓칠 것이다. 그대가 아는 자 쪽으로 이동하면 장미는 의식 밖으로 떨어져 나간다. 그것은 저 멀리 사라져 간다. 다시 그대는 장미에게로 다가갈 것이다. 그러면 이번에는 아는 자인 그대가 사라져 간다. 이 숨바꼭질은 계속될 것이다. 그러나 만약 그대가 계속 노력한다면 조만간 그 중간에 서게 되는 순간이 올 것이다. 아는 자, 마음과 장미가 거기에 있다. 그대는 그 중간에 서서 양쪽을 모두 볼 수 있다. 그 중간 지점이 중심점이다.

거기에서 주시가 일어난다.

한번 그대가 그것을 알고 나면 그대는 둘 다가 된다. 그때 장미 (대상)와 마음(아는 자)은 그대의 두 날개가 된다. 그대는 그 둘의 중심이다. 그것들은 그대 존재의 확장이 된다. 이 세상과 신성이 그대 존재의 확장이 된다. 그리고 이 중심이 바로 주시 자체가 된다.

"아는 자와 앎의 대상을 하나의 존재로서 인식하라."

어떤 것에 집중하는 것부터 시작하라. 집중이 전체적으로 될 때 내면으로 들어가라. 자신을 자각하라. 그리고 균형을 잡아라. 처음에는 시간이 걸릴 것이다. 몇 달 아니면 몇 년이 걸릴 것이다. 그것은 그대 노력의 강도에 달려 있다. 그것은 너무나 미묘한 것이기 때문이다. 그러나 그것은 일어난다. 그리고 그것이 일어날 때 그대는 존재의 중심에 이르게 된다. 그대는 그 중심에 뿌리박는다. 침묵과 축복과 엑스터시에 뿌리박는다. 그러나 이중성은 더 이상 존재하지 않는다. 이것이 바로 삼마디라고 불리는 것이다. 이것을 예수는 천국이라고 불렀다.

그것을 문자로만 이해하는 것은 도움이 되지 않는다. 실제로 해보라. 처음부터 그대는 어떤 것이 일어나기 시작함을 느낄 것이다. 그대가 장미에 집중할 때 세상은 사라진다. 이것은 하나의 기적이다. 온 세상이 사라진단 말이다. 그때 그대는 주의력이 그 기초가 된다는 점을 이해하게 된다. 그대가 주의력을 더욱 기울일 때마다 하나의 세계가 창조된다. 그리고 그대가 주의력에서 멀어질 때마다 그 세상은 떨어져 나간다. 그래서 그대는 주의력을 통해서 하나의 세계들을 창조해 낼 수 있는 것이다.

이런 식으로 그것을 바라보라. 그대는 여기에 앉아 있다. 만약 그대가 누군가와 사랑에 빠진다면 이 강당 안에 오직 그 사람만이 남는다. 다른 모든 것은 사라질 것이다. 이것이 무슨 일인가? 왜 그대가 사랑에 빠질 때 한 사람만 남게 되는가? 온 세상이 실제로 그대의 시야에서 사라져 버린다. 허깨비처럼 그림자처럼 말이다. 오직 한 사람만이 실재가 된다. 그것은 그대의 마음이 그 한 사람에게 집중되었기 때문이다. 그대의 마음이 한 사람에게 전적으로 몰입되었기 때문이다. 모든 것은 그림자처럼, 존재의 그림자처럼 된다. 그것들은 그대에게 실재가 아니다.

그대가 집중할 수 있을 때마다 바로 그 집중이 그대 존재의 유형을 바꾸어 놓는다. 그대 마음의 유형을 바꾼다. 어떤 것에 대해서라고 집중해 보라. 그대는 불상을 놓고 그것을 시도할 수 있다. 꽃이나 나무, 바위라도 좋다. 그대의 연인이나 친구의 얼굴이라도 좋다. 그 얼굴을 그저 한없이 바라보라.

그때는 쉬울 것이다. 사랑하는 사람의 얼굴을 본다면 그때는 집중하기 쉽다. 그리고 붓다나 예수에 집중하려는 사람들은 붓다나 예수를 사랑한다. 그래서 사리불이나 목건련과 같은 붓다의 제자들은 붓다의 얼굴을 집중했다. 그들이 붓다의 얼굴을 보는 순간 그들은 쉽게 그 속으로 흘러 들어갔다. 거기에 사랑이 있기 때문이다. 그들은 완전히 몰입되었다.

그래서 그대가 사랑할 수 있는 하나의 얼굴을 찾아라. 그리고 그 눈을 들여다보라. 갑자기 온 세상이 떨어져 나간다. 새로운 차원이 열린다. 그대의 마음은 하나의 대상에 집중된다. 그때 그 대상─사람이나 사물─은 온 세상이 된다.

내가 이것을 말할 때 그대의 주의력이 어떤 것을 향해 전체적이 된다면 그 사물은 전세계가 된다는 뜻이다. 그대는 자신의 주의력을 통해서 그 세계를 만들어 냈다. 그것은 그대의 세계다. 그대가 전적으로 빨려들 때 강물처럼 대상을 향해 흘러간다. 그때 갑자기 이 주의력이 흘러나온 근원을 인식하게 된다. 강물은 흘러가고 있다. 이제 그 근원을 인식하라.

처음에는 그대가 계속 놓칠 것이다. 그대가 근원으로 눈을 돌리면 강물을 잊어버리고 강물을 향하면 근원을 잊어버린다. 그대가 대상을 향할 때 근원을 잊어버리는 것은 당연하다. 마음은 언제나 대상 아니면 주체 둘 중에 하나로만 고정되기 때문이다.

많은 사람들이 은둔 생활이나 출가를 하게 되는 이유가 바로 그것이다. 그들은 세속을 떠난다. 그러나 세속을 떠나는 것은 대상을 떠난다는 말이다. 그래서 그들은 자신들을 향해 집중할 수 있다. 그것은 쉽다. 만약 그대가 세속을 떠나서 눈을 감는다면, 감각을 닫는다면 그대는 자신을 쉽게 느낄 수 있다. 그러나 그 인식은 또다시 거짓이 된다. 그대는 이중성 중에 한 점을 선택했기 때문이다. 이것은 같은 질병의 다른 극단이다.

처음에는 그대가 대상을 인식한다. 그리고 그대는 주체를 인식하지 못한다. 이제 그대가 아는 자로 향하면 대상을 잊어버린다. 그때 그대는 이중성 속에 분열되어 남아 있다. 그리고 이것은 새로운 유형 속에서 다시 낡은 마음이 된다. 아무것도 변화된 것이 없다.

대상의 세계를 떠나지 말라고 내가 강조하는 것도 바로 이 때문이다. 대상의 세계를 떠나지 마라. 오히려 대상과 주체를 동시적으로 인식하려고 노력하라. 그 둘 다 거기에 있다면 오직 그때만이 그대는 그 사이에서 균형을 잡을 수 있다. 그러나 거기에 어떤 하나만 있다면 그것에 사로잡히고 만다.

히말라야로 가는 사람들은 그 반대 지점, 즉 세속에 집착한 그대와 똑같다. 그대는 대상에 고정되어 있다. 그리고 그들은 주체에 고정되어 있다. 그대는 외부에 고정되어 있고, 그들은 내면에

고정되어 있다. 그대도 자유롭지 못하고, 그들도 자유롭지 않다. 하나에 고정되어서는 결코 자유롭지 못하기 때문이다. 하나만 고정되어 있을 때 그대는 그것과 동일시한다. 그대는 오직 둘 다를 동시에 인식할 때만이 자유로울 수 있다. 그때 그대는 제3의 존재가 될 수 있다. 그리고 이 제3의 지점이 자유의 지점이다. 하나만 있을 때 그대는 그것과 동일시한다. 둘을 동시에 인식할 때 그대는 자유롭게 움직일 수 있다. 그대는 중심점이 되었다. 절대적인 중심점 말이다.

붓다는 자신의 길을 중도의 길(majjhim nikaya)이라고 말했다. 그것은 실제로 이해될 수 없다. 그는 너무 많은 것을 중도라고 불렀기 때문이다. 그것은 바로 이런 이유 때문이다. 그의 전 과정은 각성에 있다. 그리고 그것이 바로 중도(中道)이다. 붓다는 이렇게 말했다.

"이 세상에도 집착하지 말고, 다른 세상에도 집착하지 마라. 그 사이에 머물러라. 한쪽 극단으로 치우치지 마라. 중도에 머물러라. 그 중도에서는 양쪽 모두 그대가 아니다. 그 중도에 있을 때만이 그대는 자유롭다. 이중성이 없는 그 중도에 머물러라. 그대는 하나가 된다. 그때 이중성은 그대의 확장이 된다. 두 날개가 된다."

붓다의 중도는 바로 이 방편에 기초한 것이다. 이것은 아름답다. 여러 가지 이유로 아름답다. 첫째, 이것은 매우 과학적이다. 둘 사이에서만 그대는 균형을 잡을 수 있기 때문이다. 만약 거기에 한 점만 있다면 불균형이 일어날 수밖에 없다. 세상을 포기하고 출가한 사람은 다른 극단에 치우친 것이다. 균형을 잡은 사람은 이쪽 극단에도 치우치지 않고 저쪽 극단에도 치우치지 않는다. 그는 중간에서 산다. 그대는 그를 세속적이라고 부를 수 없다. 그렇다고 그를 탈속적이라고도 부를 수 없다. 그는 자유롭다. 그는 어떤 것에도 매이지 않는다. 그는 중간에 서 있다.

둘째로, 상대극으로 움직이기는 매우 쉽다. 만약 그대가 너무 많이 먹는다면 그때는 굶기도 쉽게 할 수 있다. 그러나 식사량을 줄이기는 어렵다. 만약 그대가 말을 너무 많이 한다면 그때는 아예 입을 닫기란 쉽다. 그러나 말의 양을 줄이기는 어렵다. 양 극단으로 움직이기는 쉽지만 그 중간에 머무르기는 매우 어렵다. 어떤 사람을 사랑하기는 쉽다. 미워하기도 쉽다. 그러나 그저 무관심하기란 어렵다.

중간에 머무른다는 것은 매우 어렵다. 왜인가? 중간에 있으려면 마음이 사라져야 하기 때문이다. 그대의 마음은 양 극단에서만 존재할 수 있다. 마음은 언제나 극단주의자다. 그대는 찬성 아니면 반대를 한다. 마음은 중립적으로 존재할 수 없다. 그것은 여기 아니면 저기다. 마음은 반대를 필요로 하기 때문이다. 그것은 어떤 것을 반대할 필요가 있다. 만약 그것이 어떤 것도 반대하지 않으면 저절로 사라진다. 그때 그것은 기능할 수 없다. 마음이 완전히 멈추는 것이다.

이것을 해보라. 어쨌든 중도에 머물러라. 무관심해져라. 갑자기 마음은 기능을 멈춘다. 그대가 찬성한다면 그대는 생각할 수 있다. 반대해도 생각할 수 있다. 그러나 찬성도 반대도 아니면 생각할 여지가 없다. 붓다는 이 중도의 기초가 되는 것이 바로 무관심, 즉 우페크샤(Upeksha)라고 말했다. 그것은 극단에 무관심한 것이다. 한 가지를 해보라. 극단에 무관심하라. 균형이 잡힐 것이다.

이 균형은 그대에게 느낌의 새로운 차원을 선사할 것이다. 그대는 아는 자와 알려지는 대상 둘 다이다. 이 세상과 저 세상, 육

체와 마음, 이 둘 다이다. 동시에 두 가지 모두 아니다. 둘 다를
넘어선다. 그 삼각형이 존재 속으로 들어온다.

그대는 많은 신비주의를 보아 왔다. 그 비밀 단체들은 삼각형
을 그들의 상징으로 써왔다. 삼각형은 가장 오래된 신비주의의
상징이다. 그 이유는 삼각형이 세 개의 꼭지점을 갖고 있기 때문
이다. 보통 그대는 단 두 개의 꼭지점만 갖고 있다. 세번째는 언
제나 놓치는 것이다. 그것은 거기에 있지 않다. 그것은 진화되지
않는다. 세번째 점은 아래의 두 점을 초월해 있다. 그리고 둘 모
두 그것에 속해 있다. 그것의 일부다. 그리고 여전히 그것은 둘
다보다 높이 존재한다.

그대가 그대 속에 하나의 삼각형을 만든다면 이 실험이 도움이
될 것이다. 그때 제3의 꼭지점이 서서히 일어날 것이다. 한번 그
것이 일어나면 그대에게 더 이상 불행이 있을 수 없다. 한번 그대
속에 주시하는 자가 일어나면 불행은 끝이다. 불행은 어떤 것과
자신을 동일시한다는 의미인 것이다.

그러나 한 가지 미묘한 점을 기억해야 한다. 그때 그대는 자신
을 행복과 동일시하지 않게 될 것이다. 그것이 바로 붓다가 '나는
삼마디 속에서는 불행이 없다고 확실히 말할 수 있다, 그러나 거
기에 행복이 있다고 말할 수도 없다'고 말한 이유이다. 붓다는 말
했다.

"나는 그것을 말할 수 없다. 나는 단지 거기에 더 이상 불행이
일어나지 않는다고만 말할 뿐이다."

그리고 붓다의 말은 옳다. 행복은 거기에 어떤 종류의 동일시
도 없다는 뜻이다. 그것은 행복조차도 마찬가지다. 이것은 너무
나 미묘한 것이다. 만약 그대가 행복에 차 있다고 느낀다면 곧 또
다시 그대는 불행을 느낄 것이다. 그대가 행복에 빠져 있다는 것

은 다시 불행을 맞을 준비를 한다는 뜻이다. 그대는 여전히 분위기와 동일시하고 있다.

그대는 행복을 느낀다. 이제 그 행복과 동일시한다. 그대가 행복과 동일시하는 순간 불행이 시작된다. 이제 그대는 그것에 집착한다. 이제 그대는 반대편 극부를 두려워한다. 계속 행복하기만을 바라게 된다. 그것은 바로 그대가 불행할 준비를 완전히 갖추었다는 뜻이다. 그때 불행이 들어올 것이다. 그대가 행복과 동일시한 이상 그대는 불행과도 동일시할 것이다. 동일시가 병인 것이다.

제3의 지점에서는 그대가 그 어떤 것과도 동일시하지 않는다. 어떤 것이든 왔다가 지나간다. 그대는 하나의 주시자로서, 단지 구경꾼으로서 남아 있다. 중립적으로, 무관심하게, 어떤 동일시도 하지 않고 말이다.

아침이 되고 태양이 떠오른다. 그대는 그것을 주시한다. 그대는 '나는 아침이다'라고 말하지 않는다. 그리고 오후가 된다. 그대는 '나는 오후다'라고 말하지 않는다. 그대는 그것을 지켜본다. 그리고 해가 지고 어두워져도 그대는 '나는 밤이며 어둠이다'라고 말하지 않는다. 그대는 그저 '아침이 되었다, 오후가 되었다, 이제 저녁과 밤이 되었다, 또다시 아침이 오고 저녁이 될 것이며, 그것은 하나의 순환으로 계속 돌아가고 있다, 나는 그저 구경꾼으로서 지켜볼 뿐이다'라고 말한다.

만약 그대의 기분에도 똑같은 것이 일어나면—기분도 순환을 갖고 있어서 아침의 기분, 오후의 기분, 저녁과 밤의 기분이 돌아가면서 바뀐다—그대는 그것을 지켜보라. 아침이 왔을 때처럼 행복이 왔구나라고 말하라. 그리고 이제 불행이 오면 밤이 온 것처럼 그저 지켜보라. 기분은 계속 바뀐다. 그대는 어떤 기분에도 집착하지 마라. 만약 어떤 기분이 계속되기를 희망하지 않는다면 거기에 좌절감은 없다. 그대는 그저 지켜보는 자로 남는다. 무슨 일이 일어나든지 그리고 그 일이 지나가더라도 그냥 주시하라.

붓다는 이 방법을 여러 번 사용했다. 그는 생각이 일어나면 그 것을 바라보라고 항상 강조했다. 불행의 생각이, 행복의 생각이 일어날 때 그것을 바라보라. 그것은 절정에 도달했다가 나락으로 떨어진다. 그리고는 사라진다. 일어나고 작열하다가 사라져 버리는 그 과정을 지켜보라. 그대는 그 속에서 언제나 한 사람의 주시자로 남아 있어라. 그것을 계속 바라보기만 하라. 이 제3의 점이 그대를 주시자로, 삭시(sakshi)로 만들 것이다. 그것은 의식의 가장 높은 정점이다.

자, 두번째 방편이다.

89

사랑하는 자여,
지금 이 순간,
마음이, 앎이, 호흡이, 형상이
담겨지게 하라.

이 방편은 약간 어렵다. 하지만 그대는 할 수 있다. 그때 매우 놀랍고 아름다운 어떤 것이 일어난다. 먼저 앉아라. 그리고 분별하지 마라. 모든 것을 담고 있는 명상 속에 안착하라. 그대의 몸, 그대의 마음, 그대의 호흡, 그대의 생각, 그대의 앎 등 모든 것을 말이다. 그것을 나누지 마라. 어떤 조각으로도 분류하지 마라. 보통 우리는 계속 조각을 자른다. 우리는 말한다.

"육체는 내가 아니다."

그렇게 할 수 있는 방편이 있다. 그러나 이 방편은 전적으로 다르다. 그렇게 하는 방편과는 정반대다.

분별하지 마라. '나는 육체가 아니다'라고 말하지 마라. 차라리 '나는 모든 것이다'라고 말하라. 그대 속에 어떤 조각도 만들어 내지 마라. 이것은 하나의 느낌이다. 눈을 감고 존재하는 모든 것이 그대 속에 담겨져 있다고 생각히라. 거기서 어떤 곳을 그대의 중심으로 삼지 마라. 거기에는 어떤 중심도 없다. 호흡은 일어났다가 스러진다. 생각도 일어났다가 스러진다. 그대의 육체의 형상도 계속 변한다. 여태껏 그대는 이것을 지켜보지 않았다.

때때로 그대가 눈을 감고 앉으면 그대는 자신의 몸이 커지거나 작아지는 것을 느낀다. 때때로 그것은 날아갈 듯이 가벼워진다. 그리고 어떤 때는 계속 늘어나기도 하고 줄어들기도 하는 걸 느낀다. 따라서 그대는 눈을 감고 앉아서 그대의 몸이 매우 커지고 있다고 느껴라. 방 안을 가득 채울 정도로 말이다. 혹은 원자처럼 작아진다고도 느껴 보라. 왜 이런 크기의 변화가 느껴지는가? 그대의 주의력이 변하기 때문이다. 주의력의 변화에 따라서 그대 몸의 크기도 변한다. 그대가 모든 것을 포함하게 된다면 그것은 커질 것이다. 그리고 그대가 어떤 것도 담지 않으면, '나'라고 하는 것마저 없다면 그것은 매우 작아진다. 원자처럼 작아진다.

이 방편은 말한다.

"사랑하는 자여, 지금 이 순간, 마음이, 앎이, 호흡이, 형상이 담겨지게 하라."

그대의 존재 속에 모든 것을 담아라. 어떤 것도 내버리지 마라. '이것은 내가 아니다' 혹은 '나는 이것이다'라는 말을 하지 마라. 그 속에 모든 것을 담아라. 만약 그대가 앉아서 그렇게 할 수 있다면 놀랍고도 절대적으로 새로운 것이 그대에게 일어난다. 그대는 거기에 어떤 중심도 없음을 느낄 것이다. 그리고 중심이 사라지는 것과 함께 에고도 사라진다. 오직 순수한 의식만이 남는다. 모든 것을 덮는 하늘과 같은 의식이 남는다. 그리고 그것이 자라날 때 그대 자신의 호흡과 형체가 담겨질 뿐만 아니라 전 우주가 그대 속에 담긴다.

스와미 람티어쓰(Swami Ramteerth)는 자신의 사드하나(수행) 속에서 이 방편을 적용했다. 그가 드디어 다음과 같이 말할 순간이 왔다.

"온 세상이 내 속에 있다. 별들이 내 속에서 움직인다."

어떤 사람이 그에게 와서 이렇게 말했다.

"이곳 히말라야는 너무나 아름답습니다."

람티어쓰는 히말라야에 머물고 있었다. 그는 그 사람의 말에 이렇게 대답했다고 한다.

"이곳 히말라야라고? 히말라야는 내 속에 있다."

그 사람은 아마도 람티어쓰가 미쳤다고 생각했을 것이다. 어떻게 히말라야가 사람 속에 들어갈 수 있는가? 그러나 그대가 이 방편을 수행한다면 그대 역시 그렇게 느낄 것이다.

실제로, 그대가 나를 바라볼 때 그대는 여기 의자에 앉아 있는 사람밖에 볼 수 없다. 그러나 그것은 그대의 마음속에 들어 있는 하나의 그림을 보는 것이다. 그 그림 속에 내가 이렇게 앉아 있는 것이다. 그대가 어떻게 여기 이 의자에 앉아 있는 나를 알 수 있는가? 그대의 눈은 하나의 그림을 갖고 다닌다. 사실은 그림조차도 아니다. 광선들이 그대의 눈 속으로 들어간다. 그리고 눈에 머무르는 것이 아니라 그대의 마음에까지 들어간다. 그대의 신경계는 그 광선들을 그대로 갖고 갈 수 없다. 그래서 광선은 일종의 화학적 변형을 거친다. 일종의 전기로 바뀌는 것이다. 그 전기가 그대의 뇌세포에 입력되어 그대의 마음에 새겨진다.

그대는 그대의 마음 밖으로 나가본 적이 없다. 그대가 아는 세상 전체도 결국은 그대 마음속에 새긴 것이다. 그대는 그대의 마음속에서 그것을 안다. 히말라야 뿐만 아니라 태양과 별들과 달이 그대의 마음속에 있다. 그대가 눈을 감고 모든 것이 그대 속에 담겨져 있다고 느낀다면 그대는 전 우주가 자신 안에서 돌아가고 있음을 느낄 것이다. 그리고 한번 그대가 그것을 느낀다면 그대의 개체적인 불행은 사라진다. 그대는 더 이상 하나의 개체로 존재하지 않는다. 그대는 절대가 된다. 존재계 전체가 된다.

이 방편은 그대의 의식을 확장시킨다. 이제 서양에서는 많은 약물들이 의식을 확장시키는 데 이용되어 왔다. LSD나 마리화나 그 밖의 환각제들이 그것이다. 인도에서도 옛날부터 그것들이 사용되어 왔다. 그것들은 그대에게 확장의 거짓 느낌을 주기 때문이다. 약물을 사용하는 모든 사람들에게는 이 방편이 아름다운 것이며 유용한 것이다. 그들이 찾아 헤매는 것이 바로 확장이기 때문이다.

그대가 LSD를 복용하면 그대는 더 이상 자신을 한정시킬 수가 없다. 그대는 모든 것이 그대 속에 있음을 느낀다. LSD를 복용한 한 소녀가 70층에서 뛰어내리는 것도 바로 그런 경우이다. 그녀는 자신이 죽을 수 없다고 느끼기 때문이다. 죽음이 불가능하다. 그녀는 날 수 있다고 느낀다. 어떤 장애물도 불가능도 공포도 없다고 느낀다. 그래서 그녀는 뛰어내렸고 산산이 부서졌다. 그녀의 마음속에는, 약물의 지배하에서는 어떤 한계도, 죽음도 없다.

그때 의식의 확장은 하나의 갈망이 된다. 그대가 확장될 때 그대는 위대해진다고 느끼기 때문이다. 온 세상이 점점 그대 속으로 들어온다. 그대는 무한히 거대해진다. 그 거대함 속에서, 그 확장 속에서 그대의 모든 개인적 불행과 열등감이 떨어져 나간다. 그러나 LSD나 마리화나와 같은 약물을 통해서는 오직 거짓된 느낌만을 얻을 뿐이다.

이 방편을 통해서는 그 느낌이 실재가 된다. 실재로 온 세상이 그대 속으로 들어온다. 여기에 두 가지 이유가 있다. 첫째, 우리의 개인적인 의식이 실제로는 개인적인 것이 아니다. 깊이 들어가 보면 그것은 집단적이며 전체적이다. 우리는 동떨어진 섬처럼 보인다. 그러나 깊이 들어가면 모든 섬은 육지와 연결되어 있다. 섬으로 볼 때는 우리가 모두 달라 보인다. 나의 의식과 그대의 의식이 별개의 것처럼 보인다. 그러나 깊이 들어가면 거기에는 하나만이 있다.

그래서 설명할 수 없는 일들이 그토록 많이 일어나는 것이다. 만약 그대가 홀로 명상을 한다면 그것으로 들어가기가 좀더 어려울 것이다. 그러나 집단적으로 명상한다면 보다 쉽다. 무리를 이룰 때 그것은 하나의 존재로서 작동하기 때문이다. 이 명상 캠프 중에 나는 2, 3일 지나면 그대의 개체성이 사라지고 없음을 느끼고 본다. 그대는 더 큰 의식의 일부가 되었다. 그리고 매우 미묘한 파동이 느껴질 것이다. 거기에 집단 의식이 피어나는 것이다.

그래서 그대가 춤을 출 때 실제로는 그대가 춤을 추는 것이 아니다. 집단 의식이 춤을 추고 있다. 그대는 그것의 일부일 뿐이다. 리듬은 그대 속에만 있는 것이 아니라 그대 밖에도 있다. 리듬은 그대를 안팎으로 둘러싸고 있다. 집단 속에서는 그대가 존재하지 않는다. 섬이라고 하는 피상적인 현상은 잊혀지고 더 깊은 존재의 현상이 드러나고 있다. 집단 속에서 그대는 신성에 더 가까워진다. 그대 혼자 있을 때는 거기에서 멀어진다. 다시금 그대의 에고에 집중되기 때문이다. 피상적인 차이에, 피상적인 분리에 집착하기 때문이다. 그래서 이 방편은 그대가 우주와 하나가 되는 데 도움을 줄 것이다. 어떻게 그것을 파고들어 가느냐? 어떻게 그 속으로 떨어지느냐? 어떻게 그것을 깨닫느냐 하는 것만이 유일한 문제다.

항상 그대에게 에너지를 주는 친숙한 무리와 함께 있어라. 만약 이기적인 사람과 함께 있다면 그대 속에 있는 에너지가 빠져나가는 것을 느낀다. 왜인가? 만약 그대가 그 친숙한 무리와 함께 있다면 그대는 그저 가만히 있어도 에너지가 충전되는 것을 느낄 수 있다. 그 만남을 통해서 그대는 이전보다 더욱 활기차게 된다. 그러나 그대가 적대감을 느끼는 사람은 그대 옆으로 지나가기만 해도 에너지를 잃어버리는 느낌을 받는다. 그대는 피곤함을 느낀다. 거기에 무슨 일이 일어났는가?

그대가 마음이 통하는 사람들과 만날 때는 자신의 개체성을 잊어버린다. 그대는 그들과 만날 수 있는 공통분모까지 내려간다. 어떤 사람이 이기적이라면 그대는 그와 함께 있을 때 더욱 이기적으로 된다. 그대의 에고에 더욱 집착하게 된다. 그리고 그 집착 때문에 그대는 피곤을 느낀다. 그때는 에너지가 흩어지는 것이다. 그리고 집단적 존재의 느낌과 함께 모든 에너지가 모여든다.

처음에는 이 명상을 함으로써 그대는 집단 의식이 일어나고 있음을 느낄 것이다. 그리고 그때 궁극적으로 우주적 의식이 일어난다. 모든 분별심이 사라질 때, 모든 경계선이 지워질 때 존재계 자체는 하나의 조각으로, 하나의 원인으로 남는다. 그때 모든 것이 담겨진다. 모든 것을 담으려는 이 노력은 그대의 개체적인 존재로부터 시작된다. 어쨌든 그 모든 것을 담아라.

"사랑하는 자여, 지금 이 순간, 마음이, 앎이, 호흡이, 형상이 담겨지게 하라."

여기서 기본적인 문제점은 담겨지는 것을 기억하는 것이다. 내뱉지 마라. 이것이 이 방편의 열쇠다. 담고, 안고, 포옹하는 것이다. 포옹하고 확장하라. 그대의 육체와 함께 그것을 하라. 그리고 나서 외부 세계에 대해서도 그렇게 하라.

나무 밑에 앉아라. 나무를 보라. 그리고 나서 눈을 감아라. 그대 속에 나무가 있다는 것을 느껴라. 하늘을 보라. 그리고 눈을 감아라. 하늘이 그대 속에 있다고 느껴라. 떠오르는 태양을 보라. 그리고 눈을 감아라. 그대 속에서 태양이 떠오르는 것을 느껴라. 더욱더 많은 것을 그대 속에 담아라.

엄청난 경험이 그대에게 일어날 것이다. 나무가 그대 속에 있음을 느낄 때 그것은 상상력이 아니다. 나무와 그대는 둘 다 대지에 속한 것이기 때문이다. 궁극적으로 같은 존재계에 뿌리박고 있다. 그래서 나무가 그대 속에 있음을 느낄 때 실제로 나무는 그대 속에 있는 것이다. 그것은 상상력이 아니다. 즉시 그대는 그 효과를 느낄 수 있다. 나무의 푸르름, 그 싱싱함, 미풍이 지나가는 그 향긋함이 그대 속에서 느껴진다. 그대의 가슴속에서 말이다. 존재계의 군상들을 하나하나 더 많이 껴안아라. 결코 밖으로 내몰지 마라.

수많은 전통 속에서 수많은 스승들이 이것을 가르쳐 왔다. 예수는 이렇게 말했다.

"너의 원수를 네 자신처럼 사랑하라."

이것이 바로 앞에서 이 방편을 수행하라는 뜻이다. 프로이드는 이렇게 말하곤 했다.

"왜 나의 적을 나 자신처럼 사랑해야 하는가? 그는 나의 적이다. 그런데도 사랑해야 하는가? 어떻게 내가 그를 사랑할 수 있겠는가?"

그의 질문은 그럴싸하게 들린다. 그러나 그는 예수가 한 말의 의미를 이해하지 못한 것이다. 그것은 어떤 사회적 처세술을 위한 것이 아니다. 사회의 개혁을 위한 것이 아니다. 더 나은 사회를 만들기 위한 것도 아니다. 단지 그대에게 존재와 의식의 확장된 느낌을 주기 위한 것이다.

만약 그대가 원수를 그대 자신으로 여겨서 품을 수 있다면 그는 그대에게 어떤 해도 끼칠 수 없다. 그가 그대를 죽일 수 없다는 말이 아니다. 그는 그대를 죽일 수 있다. 그러나 그는 그대에게 해를 끼칠 수 없다. 그대가 그를 밖으로 내몰 때 해를 입을 가능성이 생겨난다. 그 순간에 그대는 에고가 된다. 분리되고 동떨어지면 존재계로부터 잘려 나간다. 만약 그대가 원수를 그대 속에 담게 되면 그때는 모든 것이 담겨진다. 원수가 담길 수 있는데 나무나 하늘이 왜 담기지 못하겠는가?

예수가 원수를 강조한 것도 바로 이 때문이다. 그대가 원수를 그대의 존재 속에 담을 수 있다면 그대는 모든 것을 담을 수 있다. 만약 원수가 그대 안에 담겨진 것을 그대가 느낄 수 있다면 그때는 그대의 원수조차 그대에게 생명력을, 에너지를 줄 것이다. 그는 그대에게 해로운 존재가 될 수 없다. 그가 그대를 살해하는 순간에도 그는 그대에게 해를 끼칠 수 없다. 해는 그대가 어떤 것을 밖으로 내몰 때 그대 자신의 마음으로부터 나온다.

그러나 우리에게는 그 경우가 전적으로 정반대의 상황으로 전개된다. 친구조차 그대 안에 담겨지지 않는다. 원수는 물론이고 친구조차 밖으로 내몰린다. 그대가 사랑하는 사람조차, 연인조차 그대 속에 담겨지지 않는다. 그대가 사랑하는 사람과 함께 있을 때도 그대는 그녀 속에 들어가지 못한다. 분리된 채로 남아 있다.

그리고 자신을 조종한다. 그대의 동일시를 잃어버리고 싶어하지 않는다. 그대의 신분과 위치를 말이다. 이 때문에 사랑은 불가능한 것이다.

그대가 동일시를 잃지 않는 한 어떻게 사랑할 수 있겠는가? 그대는 그대 자신으로 남고 싶어한다. 그대의 연인 또한 자신으로 남고자 한다. 그리고 아무도 서로에게 흡수되려 하지 않는다. 상대를 자신 속에 담을 준비가 되어 있지 않다. 둘 다 밖으로 내몬다. 내팽개친다. 거기엔 어떤 만남도 없다. 어떤 교류도, 하나됨도 없다. 결국 그대의 존재는 가장 빈약하고 가난할 수밖에 없다. 그대는 홀로 있고 거지가 된다. 존재계 전체를 담을 때만이, 그것을 품을 때만이 그대는 황제가 되는 것이다.

그러므로 이 점을 명심하라. 그대 삶의 유형을 담는 방향으로 바꿔라. 명상 뿐만 아니라 삶의 방법까지도 말이다. 그대가 많이 담을수록 그대는 더욱 확장된다. 그대의 경계선이 존재계의 구석구석까지 넓혀진다. 그리고 어느 날 그대만이 남게 된다. 전 존재계가 그대 속에 담겨진 것이다. 이것이 바로 모든 종교적 경험의 궁극이다.

<질문>

"자신이 수행하는 방편이 궁극에 이를 수 있는 올바른
방편임을 알 수 있는 무슨 징조가 있습니까?"

거기엔 많은 징조들이 있다. 첫째, 그대는 그대 속에서 다른 동일시를 느끼기 시작한다. 그대는 더 이상 이전의 그대가 아니다.

만약 방편이 그대에게 맞으면 즉시 그대는 다른 사람이 된다. 만약 그대가 남편이거나 혹은 아내일 경우에 그대는 이전과 똑같은 남편이나 아내가 아니다. 만약 그대가 상점의 점원이라면 결코 이전의 점원이 아니다. 그대가 무슨 직업을 갖고 있든지 그 방편이 그대에게 맞기만 하면 그때 그대는 다른 사람이 되는 것을 느낄 수 있다. 한 번의 명상으로도 말이다. 그러니 그대가 자신에 대해서 이상하다고 느끼게 될 때 뭔가가 그대에게 일어나고 있음을 알라. 만약 그대가 이전과 똑같다면 그 방편은 그대에게 맞지 않는다. 그래서 방편이 그대에게 맞는지에 대한 첫번째 표시는 그대가 갑자기 다른 사람으로 변한다는 것이다. 이런 일은 갑자기 일어난다. 그대는 이 세상을 다른 식으로 보기 시작한다. 눈은 똑같지만 그 눈을 통해 보는 자가 달라지는 것이다.

두번째로 긴장이나 갈등을 만들어 내는 것들이 모두 떨어져 나간다. 그대가 수년 동안 수행해 왔던 방법을 통해서도 해결하지 못했던 갈등과 번민, 그리고 모든 심층의 긴장감들이 낙엽처럼 떨어져 나가 버린다. 그대는 이내 자신의 존재가 가벼워지는 것을 느낄 수 있다. 그리고 생기를 느낄 수 있다. 그대에게 그 방편이 맞기만 하면 그대는 이미 중력이 사라져서 둥실 떠오르는 것처럼 느끼기 시작한다. 비행기가 착륙하기 위해 급강하할 때 그대는 공중에 붕 뜨는 것 같은 현기증을 느낀다. 그처럼 땅은 더이상 그대를 잡아당기지 못한다. 그대는 중력장에서 벗어나고 있는 것이다.

명상 속에서는 많은 사람들이 자신의 몸무게를 느끼지 못하는 이유가 바로 이것이다. 많은 사람들이 나에게 이렇게 물어온다.

"이상합니다. 우리가 눈을 감고 앉아 있으면 마치 땅바닥에서 약간 떠오른 것 같은 기분이 듭니다. 1피트, 2피트, 어떤 때는 4

피트까지 떠오른 것 같습니다. 그래서 눈을 떠보면 여전히 바닥에 엉덩이가 붙어 있습니다. 하지만 눈만 감으면 다시 공중으로 부양되는 것 같습니다. 도대체 왜 그런 것입니까?"

그대의 몸은 땅에 남아 있고 그대의 존재만 공중으로 떠오른다. 이 공중 부양은 위로 끌어당겨지는 것이다. 방편이 그대에게 맞을 때 그대는 위로 끌어당겨진다. 그리하여 그대는 본래 무게가 없다는 사실을 알게 된다.

세번째로 그대가 무엇을 하든지, 어떤 사소한 일을 하더라도 이전과는 판이하게 다르다. 그대는 걸음 역시 전혀 다른 식으로 걷는다. 앉는 것도, 먹는 것도, 모든 것이 달라진다. 그리고 확연히 그 사실을 느낄 수 있다. 때때로 그런 이상한 경험은 일종의 공포를 자아내게 할 것이다. 그래서 다시 이전으로 돌아가고 싶은 마음도 생긴다. 그대의 습성이 이전의 그 진부하고 지겨운 세계에 맞추어져 있기 때문이다. 그래서 새로운 세계에 대해서 익숙하지 않은 것이다.

이제 그대는 모든 곳에서 거리감을 느낄 것이다. 그것은 하나의 간극이다. 익숙했던 모든 것은 사라져 버렸다. 마치 그대가 이방인처럼 느껴질 것이다. 하지만 일정 기간이 지나면 그대는 새로운 세계에 적응하기 시작한다. 그리고 이전보다 훨씬 더 신선함을 느낄 것이다. 이제 그대는 다시는 돌아가고 싶지 않다. 그대는 변화되었다. 세상이 바뀐 것이 아니라 그대가 변한 것이다. 이 세번째 사실을 기억하라. 어떤 방편이 그대에게 맞으면 그대는 이제 이전의 세상에 대해서 맞지 않게 된다. 그대는 도처에 지진이 일어난 것처럼 느낄 것이다. 그대는 이제 다른 혹성, 더 고차원적인 별에 맞도록 맞추어진 것이다.

거리감이 느껴질 때 그것은 아이가 자라서 성(性)적으로 성숙해지는 것과 같다. 십오륙 세가 되면 모든 소년들은 어느 날 문득 이상한 감정을 느낀다. 뭔가 새로운 힘이 자신 속으로 들어오는 것을 느낀다. 그것이 바로 섹스 에너지다. 그것은 이전에 거기에 없었다. 아니 감추어져 있었던 것이다. 이제 처음으로 새로운 종류의 힘을 알게 되었다. 그리하여 자신이 왜 남자이며 혹은 왜 여자인지를 깨닫기 시작한다. 그전에는 오직 어린이만 있었다. 남자니 여자니 하는 성의 구별이 없었다. 그런데 갑자기 어디에서 이런 구별이 생겨나기 시작한 것일까? 그리고 그들은 스스로 어른이 된 것처럼 느껴진다. 더 이상 아이들 놀이에 흥미를 느끼지 못한다. 어떻게 해서 이런 자각이 생겨나게 된 것일까?

방편이 그대에게 맞으면 같은 현상이 명상 중에 일어난다. 그 힘은 섹스 에너지보다 훨씬 더 위대한 힘이다. 물론 그 근원은 같다. 그대는 제2의 사춘기를 맞게 되는 것이다. 이제 그대는 단순한 어른으로 만족할 수 없다. 그대는 범부의 차원에서 벗어나 성자들의 차원에 들어가게 된다. 이전에 어린아이의 차원에서 어른이 되듯이 말이다.

그대에게 맞는 방편을 수행하게 되면 이 세 가지 현상들이 일어난다. 아마 그대는 내가 이런 말을 할 것이라 예상하지 못했을 것이다. 오히려 더 고요해지고 더 평안해진다는 말을 하리라고 예상했을 것이다. 하지만 그대에게 맞는 방편은 고요나 평안하고는 거리가 멀다. 사실 그대에게 익숙한 것이 찾아올 때 고요함이나 평안함이 생긴다. 하지만 익숙한 것은 아무런 의미가 없다. 그대는 변화되어야 한다. 그때는 반드시 당혹감과 낯설음이 찾아올 수밖에 없다. 만약 거기에 아무런 당혹감이나 낭패감이 없다면 그것은 그대에게 효력이 있는 방편이 아님을 알아라. 그것은 그저 진부한 설교와 하나도 다르지 않다.

대부분의 사람들이 명상보다는 기도를 더 좋아하는 것도 바로 그런 이유이다. 기도는 그대에게 안도감을 주기 때문이다. 그것이 그대에게 맞고 그대가 살고 있는 이 세상에 맞다. 그래서 안전하고 평안하다. 기도는 정신분석가들이 하고 있는 것과 똑같은 역할을 한다. 그것은 그대의 사회에, 가족에, 전통에 잘 조화된다. 그래서 기도는 정신분석이며 성직자는 정신분석가와 다르지 않다. 그대를 이 사회에 잘 맞도록 조정해 주는 것이다.

만약 그대의 자녀가 죽었다면 그대는 혼란에 빠진다. 그래서 성직자를 찾아간다. 그러면 그는 이렇게 말한다.

"혼란스러워하지 마세요. 어릴 때 죽는 것은 하나님이 특별히 그 영혼들을 사랑하기 때문에 먼저 천국으로 데려가는 것입니다."

그 말을 듣고 그대는 만족한다. 그대의 자녀는 신이 특별히 사랑해서 불려간 것이다. 그때 성직자는 한마디 더 덧붙인다.

"너무 걱정하지 마세요. 영혼은 결코 죽지 않습니다. 당신의 아이는 천국에서 행복하게 살고 있습니다."

며칠 전에 한 여인이 내게 왔다. 그녀의 남편은 지난 달에 죽었다고 했다. 그녀는 혼란에 빠져 있었다. 그녀는 나에게 와서 이렇게 말했다.

"그가 반드시 좋은 곳에 다시 태어난다는 사실을 내게 확신시켜 주세요. 그러면 나는 안심할 수 있겠습니다. 그가 지옥에 떨어진다든지 짐승으로 태어난다든지 하는 것이 아니라 천국에 간다든지 신이나 그와 비슷한 것으로 태어난다는 사실을 말이에요. 그렇게만 된다면 만사 오케이예요. 만약 그렇지 않다면 나는 불행해질 거예요."

그럴 때 성직자는 당장 이렇게 말한다.

"오케이! 당신 남편은 일곱번째 하늘에서 신으로 태어날 것입니다. 그는 매우 행복해 할 것입니다. 그리고 당신을 기다리고 있습니다."

이런 기도들이 그대를 하나의 형식에 얽어 맨다. 그때 그대는 안도감을 느낀다. 그러나 명상은 하나의 과학이다. 그것은 그대에게 안도감을 주기 위한 것이 아니다. 그것은 그대를 변형시키기 위한 것이다. 고요와 평안이 찾아오는 것은 아무런 의미가 없다. 그대에게 어떤 꽃도 피우지 못한다. 진정한 고요는 그대가 변형되고 난 뒤에 와야 한다. 그때 그대는 이 세상이나 가족이나 사회에 어울리지 못한다. 대신에 그대는 전 우주와 진정한 조화를 이루게 된다.

그때 깊은 조화의 꽃이 그대와 존재계 사이에 피어나게 된다. 그때 진정한 침묵이 흐른다. 하지만 먼저는 그대가 완전한 혼란 속에 빠져야 한다. 절망하게 될 만큼의 혼란스러움이 필요하다. 아마 그대는 자신이 미치고 있다고 느낄 것이다. 아니 실제로 미쳐야 한다. 물론 거기에는 각성이 뒤따른다. 사실 그대는 이미 미쳐 있다. 하지만 그대가 무의식적이기 때문에, 깨어 있지 않기에 그것을 자각하지 못했을 뿐이다. 하지만 그대에게 자각이 일어날 때 처음으로 그대는 자신이 미쳐 있다는 사실을 발견하게 될 것이다. 그것은 마치 지금 막 미친 것처럼 느껴지는 것이다.

어쨌든 방편이 그대에게 맞는다면 그대는 자신의 모든 것을 자각하게 될 것이다. 그대의 무정부 상태 같은 마음, 그대의 광증, 그대의 모든 병들을 말이다. 그것들은 지금까지 어두운 곳에 숨어 있다가 이제 드디어 밝은 빛 속으로 나오게 되었다. 어두운 동굴에 갑자기 태양 광선이 비치듯이 말이다. 그때 그대는 다시 눈을 감고 싶다. 다시 잠들고 싶다. 무섭고 처참하기 때문이다. 바로 그때 스승의 현존은 절실한 도움이 된다. 스승은 이렇게 말할 것이다.

"두려워하지 마라."

이것은 단지 시작일 뿐이다. 그리고 그런 상황에서 도피하지 마라. 처음에는 빛이 그대가 어떤 상황이라는 것을 적나라하게 비춰 준다. 그러나 만약 그대가 계속 버틴다면 결국 그대는 변형될 것이다. 가장 바람직한 방향으로 말이다.

깨어나라! 주시하라! 이해하라!

약도(略圖) 없는 길

여기의 탄트라 밤편은 그대에게
어떻게 살아야 하는지 가르쳐 준다.

약도(略圖) 없는 길

90
하나의 깃털처럼 가볍게 눈동자를 만져라.
가슴이 열리며 두 눈 사이에 일어나는 가벼움이 그 속으로 들어간다.
그리고 거기에 우주가 스며든다.

91
어여쁜 데비여,
정기(精氣)체의 현존 속으로 들어가라.
그대의 형상을 위와 아래로 드넓게 펼쳐라.

언젠가 어떤 교회에서 이런 일이 있었다. 무섭게 지루하고 긴 설교가 끝나자 목사는 예배가 끝나면 회의가, 장로(board)들의 간단한 회의가 있을 것이라고 선언했다. 그리하여 예배가 끝나고 곧 회의를 시작하려는데 어떤 낯선 사람이 목사에게 다가왔다. 그는 그날 처음 나온 사람이었다. 목사는 혼자 생각했다.

'뭔가 오해가 있었구나.'

왜냐하면 그 사람은 절대적으로 낯선 사람이었기 때문이다. 그는 조금도 크리스찬처럼 보이지 않았다. 그의 행색은 오히려 이슬람교도에 가까웠다. 그래서 목사는 이렇게 말했다.

"당신은 뭔가 내가 한 선언을 오해하신 것 같습니다. 이제 곧 장로(board) 회의가 열릴 것입니다."

그러자 그 낯선 사람은 말했다.

"나도 그렇게 들었소. 만약 여기에서 나보다 더 지겨웠던(bored)사람이 있다면 나는 그를 만나고 싶습니다."

이런 일은 모두의 상황처럼 보인다. 사람들의 얼굴을 보라. 혹은 그대의 얼굴을 거울에 비춰 보라. 그대는 엄청나게 지겨운 표정이라고 느낄 것이다. 그대보다 더 지겨운 사람이 있다고는 생각되지 않을 것이다. 삶 전체가 지루함 그 자체로 보인다. 무미건조하고 의미 없음이다. 그대는 그 삶을 하나의 짐처럼 짊어지고 있다.

왜 이런 일이 일어나는가? 삶은 절대로 지겨움을 의미하지 않는다. 삶은 고통일 수 없다. 삶은 축제다. 기쁨의 절정이다. 그러나 그것은 오직 시 속에서, 꿈속에서, 철학 속에서만 그렇다. 때때로 붓다나 크리슈나는 깊은 축제 속에 잠겨 있는 것처럼 보인다. 그러나 그들은 예외처럼 보인다. 실제로 믿을 수 없고 단지 이상적이고 가공적인 사실로 보인다. 그것은 절대로 일어난 적이 없는 것처럼 보인다. 그것들은 단지 우리의 꿈과 희망이며 신화인 것이지 실체는 아니다. 실체는 우리의 얼굴처럼 보인다. 지겹고 번민에 가득 찬 얼굴, 삶 전체가 어쨌든 살아가야 한다는 부담인 것이다.

왜 이런 일이 일어나는가? 그리고 이것은 절대로 삶의 실체여서는 안된다. 이런 현상은 오직 인간에게만 일어나기 때문이다. 나무나 별이나 짐승이나 새들……, 그 어떤 것에도 이런 일이 일어나지 않는다. 인간을 빼고는 그 어떤 것도 지겨워하지 않는다. 때때로 고통이 일어난다. 그것은 순간적이다. 그것은 번민으로 이어지지 않는다. 절대로 지속적인 가위눌림이 아니다. 그것은 마음으로 연결되지 않는다. 그것은 순간적인 것이고 돌연한 것이지 지속적인 부담감은 아니다.

동물들도 고통 속에 있을 수 있다. 그러나 그들은 번민 속에 있지는 않는다. 고통은 단지 하나의 돌연한 사건으로 보인다. 그들은 그것을 극복한다. 그리고 짐으로 느끼지 않는다. 그것은 마음의 상처 같은 것이 될 수 없다. 잊혀지고 용서된다. 그것은 과거 속에 묻혀 버린다. 결코 미래로 투사되지 않는다. 고통이 지속적일 때 상처가 되고, 돌발적인 것이 아니고 본질적인 것이어서 마치 고통 없이는 존재할 수 없는 것처럼 느껴질 때 그때가 문제다. 그리고 그런 문제는 오직 인간의 마음에만 나타난다.

나무는 번민 속에 있지 않다. 그것에는 어떤 고뇌도 없다. 그들에게 죽음이 없는 것도 아니다. 죽음은 일어난다. 그러나 문제가 되지 않는다. 고통스러운 경험이 없는 것이 아니다. 그런 것들이 거기에도 있다. 그러나 그것들이 삶 자체는 아니다. 단지 주변에서 일어났다가 저절로 사라질 뿐이다. 그 속으로 깊이 들어가면 삶은 여전히 축제로 남아 있다.

나무는 계속 축제 속에 있다. 죽음이 일어날 것이다. 그러나 그 것은 오직 한 번 일어난다. 그것은 질질 끌지 않는다. 인간을 제 외하고는 모든 것이 축제의 분위기 속에 있다. 오직 인간만이 지 겨워한다. 지루함이란 인간만의 현상이다. 무엇이 잘못되었는가? 분명 어떤 것이 잘못되었다.

하지만 이것이 좋은 계기가 될 수도 있다. 인간은 지루해 한다. 그대는 지루함으로 인간을 다른 존재와 구별할 수 있다. 아리스 토텔레스는 인간을 이성적인 동물이라고 말해 다른 동물과 구별 했다. 하지만 그 말이 정확하게 맞는 것은 아니다. 백퍼센트 완벽 한 진리는 아니다. 정도의 차이가 있기 때문이다. 동물 역시 이성 적이다. 인간보다 덜 이성적이긴 하지만, 절대로 비이성적이지는 않다. 단지 인간의 마음보다 조금 떨어질 뿐이다. 그들 나름대로 의 방식 속에서 그들도 이성적이다. 그래서 인간은 이성만으로는 다른 동물과 구별될 수 없다. 그러나 지겨움을 통해서는 인간을 정의할 수 있다. 인간은 지루해 하는 유일한 동물이다.

그리고 이 지루함은 자살을 할 만큼 극에 달할 수 있다. 오직 인간만이 자살한다. 어떤 동물도 자살하지 않는다. 자살은 절대 적으로 인간만의 현상이다. 지루함이 극에 달하면, 모든 희망이 불가능할 때, 그대는 자신을 죽음에 빠뜨린다. 이 모든 것을 더 지탱해 나갈 수 없기 때문이다. 그대가 지금 자살하지 않는 것은, 이 지루함과 고통을 견딜 수 있는 것은 내일에 대한 희망이 있기 때문이다. 오늘은 좋지 않은 날이다. 그러나 내일은 어떤 일이 일 어날 것이다. 그 희망 때문에 그대는 버텨낼 수 있다.

한번은 한 중국 황제가 그의 총리대신을 죽음에 처한 일이 있 었다. 총리대신이 죽는 날 황제는 그를 보러 와서 잘가라고 인사 를 했다. 그 대신은 수십 년 동안 충실하게 황제를 섬겼다. 그러나 그는 마지막에 황제를 매우 심란하게 했기 때문에 죽게 되었던 것이다. 그러나 지난날의 충성을 생각해서 황제는 그를 만나러 왔다.

황제가 오는 것을 보고 총리대신은 울기 시작했다. 눈물이 마구 흘러내렸다. 황제는 그가 죽음 때문에 울게 되리라고는 상상도 하지 못했다. 그는 용감한 사람이었기 때문이다. 그래서 황제는 물었다.

"경이 오늘 저녁 죽는다고 해서 운다는 것은 짐으로서는 상상도 하기 불가능하오. 경은 용감한 사람이오. 짐은 여러 번 그렇게 느꼈소. 그런데 왜 우시오? 뭔가 다른 이유 때문일 것이오. 그것이 무엇이오? 짐이 할 수 있는 일이라면 그 일을 하리다."

총리대신이 말했다.

"이제 아무것도 할 수 있는 일이 없습니다. 폐하는 그렇게 말씀하실 필요가 없습니다. 그것은 중요한 일이 아니기 때문입니다. 사람은 누구나 언젠가는 죽어야 합니다. 그러나 신(臣)이 우는 것은 폐하의 말이 밖에 서 있는 것을 보았기 때문입니다."

황제는 의아해하면서 물었다.

"말 때문이라고? 말이 어때서?"

총리대신이 말했다.

"신은 살아오는 동안 여러 종류의 말들을 보았습니다. 그것은 신이 고대의 비밀 한 가지를 배웠기 때문입니다. 신은 말이 날아갈 수 있도록 가르칠 수 있습니다. 오직 특별한 종류만 가능한데 이 말이 바로 그런 말입니다. 그리고 오늘은 신의 마지막 날입니다. 신은 신의 죽음을 걱정하지 않습니다. 단지 고대의 기술 한 가지가 신과 함께 사라지는 것이 안타까워서 울 뿐입니다."

그 말을 들은 황제는 호기심이 솟구쳐 올랐다. 만약 말이 날 수 있다면 그것은 대단한 일이다. 그래서 황제는 물었다.

"며칠이나 걸리겠소?"

총리대신이 말했다.

"적어도 일년은 걸립니다. 그리고 나면 이 말은 날기 시작할 것입니다."

그러자 황제가 말했다.

"좋다. 짐은 경에게 일년 동안 자유를 주겠소. 하지만 명심하시오. 일년 후에 말이 날지 못하면 그때는 당장 형이 집행될 것이오. 그러나 말이 날 수 있다면 경은 사면될 것이오. 사면 뿐만 아니라 내 나라의 절반을 경에게 주겠소. 짐은 사상 최초로 하늘을 나는 말을 탄 황제가 될 것이기 때문이오. 그러니 어서 옥에서 나오고 눈물을 거두시오."

총리대신은 풀려났다. 그는 황제의 말을 타고 집으로 돌아왔다. 그러나 그의 아내는 여전히 울고 있었다. 그녀는 남편을 보고 이렇게 말했다.

"이미 소식을 받았어요. 오직 일년밖에 더 살 수 없단 말인가요? 나는 당신이 아무런 기술도 갖고 있지 않다는 것을 알아요. 이 말은 날 수 없어요. 그것은 단지 속임수일 뿐이에요. 차라리 십년이 걸린다고 말하지 그랬어요. 고작 일년을 부를 게 뭐람."

그러나 총리대신이 말했다.

"그것은 너무 길다. 그리고 일년이면 충분해. 십년을 요구한다면 들통날 것이 분명하단 말이야. 이제 그만 울게나."

그러자 아내는 말했다.

"그것이 나를 더 슬프게 해요. 나는 당신과 일년을 더 살 것이고 그런 다음 당신은 죽겠지요. 이 일년이 나에게 얼마나 큰 고통이 될지 모를 거예요."

총리대신이 달래듯이 말했다.

"자, 이제 내가 당신이 모르는 비밀을 한 가지 말해 주겠소. 일 년 안에 황제는 죽을 수도 있소. 말도 죽을 수 있소. 나도 죽을 수 있소. 그리고 누가 알겠소? 말이 날게 될지도 모르잖소? 일년 안에 말이오!"

단지 희망 때문에, 인간은 너무나 지루하기 때문에 희망을 통해 산다. 그대가 더 이상 희망을 가질 수 없을 때 지루함은 한 지점에 이른다. 절대적인 절망에 이를 때 그대는 자살한다. 지루함과 자살은 오직 인간에게만 있는 것이다. 어떤 동물도, 어떤 나무도 자살할 수 없다.

왜 이런 일이 일어나는가? 그것 뒤에 감춰진 이유가 무엇인가? 인간은 어떻게 살며, 어떻게 축제를 누리는지 새까맣게 잊어버렸다.

그것은 일어난다. 동물들은 본능을 통해 산다. 그것들은 자각을 통해 살지 않는다. 그것들은 오직 기계적으로 산다. 아무것도 배울 필요가 없다. 그들의 삶은 그저 본능적인 계획에 따라 잘도 넘어간다. 그들은 따로 계획을 세우지 않는다. 이미 그들의 세포 속에 청사진이 박혀 있다. 그들이 살기 위해, 행복하기 위해 필요한 모든 것이 이미 갖추어져 있다. 그래서 그들은 기계적으로 살아간다.

인간은 본능을 잃어버렸다. 이제 어떻게 살아가야 하는가에 관한 청사진이 없다. 그대는 어떤 청사진도 어떤 계획서도 없이 태어났다. 어떤 기계적인 설비도 그대의 움직임을 미리 규정짓는 데는 아무 소용이 없다. 그대는 오직 그대 자신만의 길을 만들어내야 한다. 그대는 본능이 아닌 어떤 것을 본능 대신에 사용해야 한다. 본능은 이미 떨어져 나갔기 때문이다. 그래서 그대는 지성을 본능과 대체시켜야 한다. 그대는 기계처럼 살 수 없다. 그대는 이미 기계적인 삶이 가능한 단계를 넘어섰다. 그대는 동물처럼 살 수 없다. 그러나 그대는 어떤 방식으로 살아야 할지 모른다. 이것이 문제다.

그대에게는 자연이 미리 심어준 계획 같은 것이 없다. 어떤 계획 없이 그대는 존재계와 대면해야 한다. 지겨움과 고통은 그대의 운명이다. 그대가 본능보다는 지성을 통해서 살아야 한다는 자각을 갖지 못하는 한 말이다. 그래서 그대는 모든 것을 배워야 한다. 이것이 문제다. 어떤 동물도 배울 필요가 없다. 그러나 그대는 배우지 않는 한 살 수 없기 때문에 배워야 한다. 그대는 어떻게 사는지를 배워야 한다. 그러나 다른 어떤 동물도 그것이 필요 없다.

그런데 이 배움이 문제다. 그대는 많은 것을 배운다. 그대는 돈 버는 법을 배운다. 수학을 배우고 역사를 배우며 과학을 배운다. 그러나 그대는 어떻게 살아야 한다는 것을 배우지는 못한다. 바로 이것이 지겨움을 만들어 내는 것이다. 전인류가 지겨워하고 있다. 근본적인 것에는 손이 닿지 않은 채 그대로 남아 있기 때문이다. 깊은 곳까지 가지 못한다. 왜냐하면 본성이 없고 대신 지성으로 살기 때문이다. 그대는 자기 삶의 계획을 스스로 세워야 한다. 그대는 어떤 지도도 없이 태어난다.

이것은 좋다. 왜냐하면 존재계가 그대를 그만큼 존중하기 때문이다. 그대는 자신의 지도를 스스로 그려야 할 것이다. 이것은 영광스러운 일이기도 하다. 이것이 인간을 가장 지고한 존재계의 꽃으로 만든다. 존재계는 그대에게 자유를 주었다. 어떤 동물도 자유롭지 않다. 동물은 존재계가 부여하는 계획에 따라 삶을 살아야 한다. 동물은 태어날 때부터 죽을 때까지 조금도 선택할 수 없다. 타락하거나 길을 잘못 들 수도 없다. 그에게는 선택권이 주어지지 않는다. 인간에게만 모든 선택의 문이 열려 있다. 그리고 어떻게 움직여야 한다는 프로그램이 없다.

만약 그대가 어떻게 살아야 하는지를 배우지 않는다면 그대의 삶은 그저 무미건조해질 것이다. 그대는 많은 것을 할 수 있지만 여전히 생기가 없이 죽어 있다. 깊이 들어가 보라. 거기에는 죽음이 있다. 그대는 어떤 것을 해야만 하기 때문에 어쩔 수 없이 한다. 살기 위해서 말이다. 그러나 단지 살기 위한 삶은 삶이 아니다. 거기에는 어떤 춤도 없다. 어떤 노래도 없다. 거기에는 오직 일뿐이다. 거기에는 어떤 유희도 없다. 그대는 절대로 그것을 즐길 수 없다. 이 탄트라의 방편은 그대에게 어떻게 살아야 하는지를 가르쳐 준다. 그것들은 그대가 동물적인 본성에 의존하지 말라고 말한다. 왜냐하면 그런 본성은 더 이상 그대에게 없기 때문이다. 있는 것처럼 보이기는 하지만 그것은 그대를 위해 어떤 일도 해줄 수 없다. 그것은 불필요한 껍질일 뿐이다.

만약 인간의 아기가 어머니 없이 자란다면 그는 결코 사랑하는 법을 배울 수 없다. 그는 사랑할 수 없을 것이다. 그의 전 삶은 사랑 없이 진행될 것이다. 왜냐하면 이제 본성도 없기 때문이다. 그는 사랑하는 법을 배워야 했다. 사랑받지 못하고 자라난 아이들은 사랑할 수 없다. 어머니가 거기에 없다면, 그리고 어머니가 행복과 환희의 근원이 되지 못한다면 어떤 여자아이도 자라서 어머니가 되었을 때 그의 아이들에게 행복과 환희의 근원이 되어 주지 못한다. 그 아이가 성숙했을 때 그는 여자에게 끌리지 않을 것이다. 이제 본능은 그 기능을 잃어버렸다.

이런 일이 동물에게는 일어나지 않는다. 그것들은 때가 되면 본능이 작동하기 시작한다. 그것들은 성적으로 되고 상대편 성을 향해 움직인다. 그것은 본능적이며 기계적이다. 하지만 인간에게는 어떤 기계적인 것도 없다. 만약 그대가 아이들에게 언어를 가르치지 않으면 그는 언어를 배울 수 없다. 가르치지 않는 것은 배우지 못한다. 저절로 되는 것은 아무것도 없다. 본능이 없기 때문이다. 그대가 무엇을 하든지 그것은 그대의 배움에서 나온다. 인간은 덜 자연적이고 더욱 문화적이다. 동물은 단순히 자연적이다.

인간은 덜 자연적이다. 오직 한 가지 차원, 가장 기본적이고 근본적인 것에만 문명의 손길이 닿지 않는다. 그것은 바로 생존의 차원이다. 그래서 그대는 생존을 매우 당연하게 받아들인다. 하지만 그것은 잘못된 것이다. 그대는 어떻게 사는지를 알지 못한다. 호흡과 삶은 동의어가 아니다. 먹고 잠자고 육체에 필요한 행위들을 하는 것이 삶의 동의어는 아니다. 그대는 존재하고 있다. 하지만 그대가 삶을 영위하는 것은 아니다.

붓다는 살아 있다. 그는 단지 존재하는 것이 아니다. 그 살아 있음은 오직 그대의 배움을 통해서 가능하다. 그대가 그것을 자각하고 의식하며 찾아야 한다. 그것이 꽃피워낼 수 있는 상황을 만들어야 한다. 이 점을 기억하라. 인간에게는 더 이상 기계적인 진화가 없다. 이미 의식은 눈을 떴다. 이제 그대는 의식을 발전시키기 위해서 뭔가를 해야 한다. 그대는 뒤로 물러설 수 없다. 그러나 그대가 있는 곳에 집착할 수는 있다. 그것이 계속되면 그대는 지루해질 것이다.

이것이 바로 그대의 상황이다. 그대는 움직이지 않고 있다. 그대는 단지 신체적인 생존만을 위해서 뭔가를 축적한다. 그대는 재산을 모은다. 하지만 그것은 그대가 자라는 것이 아니다. 그대의 은행 잔고가 늘어나는 것이지 그대 자체가 자라는 것은 아니다. 반면에 그대는 퇴화할 수 있다. 그대로 두면 진화를 계속하지 않는다. 거기에는 의식적인 노력이 필요하다. 그대가 뭔가를 의식적으로 하지 않는 한 그대의 성장은 멈춰지고 오히려 의식은 퇴화한다. 그래서 동물들에게는 아무것도 요구할 수 없다. 그들은 책임이 없다. 그대는 기본적인 것을 분명히 명심해야 한다. 자유로부터 책임이 나온다는 사실을 말이다. 그대가 자유로울 수 있을 때 그대는 또한 책임을 져야 한다.

동물은 책임이 없다. 그러나 그들은 자유롭지 못하다. 그들은 이미 정해진 형태를 따라가고 있을 뿐이다. 그들은 행복하다. 아무것도 잘못될 수 없기 때문이다. 그들은 정해진 길로 가고 있다. 수백만 년 동안 반복되어 왔던 길을 말이다. 그 과정을 통해서 가장 적합한 것이 이미 정해졌다. 그들은 그것을 따르기만 하면 된다. 잘못될 가능성은 전혀 없다.

하지만 그대는 잘못될 가능성이 얼마든지 있다. 거기에는 어떤 계획도 없기 때문이다. 어떤 조감도나 약도도 없다. 그대의 삶은 미리 정해져 있지 않다. 그대는 자유롭다. 그러나 가장 큰 책임감이 그대에게 부여된다. 그 책임감은 올바르게 선택하는 것, 올바르게 행동하는 것에 달려 있다. 그대의 노력을 통해서 그대의 미래가 결정된다. 인간은 자신의 노력을 통해 자신을 만들어 나가는 것이다.

서양의 실존주의자들이 하는 말들은 옳다. 그들은 인간이 본질을 갖지 않은 채 태어난다고 말한다. 그대는 영혼이 없다고 말할 수 있다. 샤르트르, 마르셀, 하이데거 등은 인간이 본질을 갖지 않고 태어난다고 말한다. 인간은 그저 하나의 존재만으로 태어난다. 그리고 그들 자신의 노력을 통해 그 본질을 만들어 간다는 것이다. 인간은 하나의 가능성만을 갖고 태어난다. 그리고 그때 자신의 노력을 통해서 그는 영혼을 만든다. 인간은 하나의 틀만 갖고 태어난다. 자신의 의식적인 노력을 통해서 그 본질을 창조해 가는 것이다.

자연은 그 반대다. 모든 동물, 모든 식물이 존재를 갖고 태어난다. 영혼을 갖고서, 프로그램을 갖고서, 고정된 운명을 갖고서 태어나는 것이다. 그러나 인간은 열린 상태로 태어난다. 어떤 고정된 운명도 없다. 이것이 부담을, 책임감을 만들어 낸다. 이것이 그대에게 공포와 불안과 번민을 만들어 낸다. 그대가 어디에 있든지 그대가 어떤 것을 하지 않으면 그대는 침체된다. 이 침체가 곧 지루함을 만들어 내는 것이다.

그대는 생기에 넘칠 수 있다. 축제 속에서 행복하고 즐거울 수 있다. 오직 그대가 움직일 때만이, 그대가 자랄 때만이, 그대가 확대될 때만이, 그대가 영혼을 만들어 내고 있을 때만이 그럴 수 있다. 실제로 그대는 신성을 잉태하고 있다. 그 신성이 그대의 자궁 속에서 자라고 있을 때 그대는 그것을 탄생시킬 수 있다.

탄트라에서는 신이 출발점이 아니다. 신은 종착점이다. 신은 창조자가 아니라 궁극적인 정상이다. 진화의 오메가 포인트다. 그것은 마지막이지 처음이 아니다. 알파가 아니라 오메가다. 그대 속에 신성을 자라게 하지 않는 한 그대는 지루해질 것이다. 그때는 그대의 삶에 아무런 의미도 없기 때문이다. 삶에서부터 어떤 열매도 나오지 않는다. 그것은 오직 지루함만 만들어낸다.

그대는 이 기회를 진화의 토대로 만들 수 있다. 그렇지 않으면 그대는 기회를 놓칠 수 있고, 그것을 자살의 순간으로 만들 수 있다. 그것은 그대에게 달려 있다.

오직 인간만이 자살할 수 있기 때문에 영적으로 성장할 수 있다. 어떤 동물도 영적으로 성장할 수는 없다. 그러나 인간은 자신을 파괴할 수 있다. 그는 또한 창조할 수 있다. 기억하라. 창조와 파괴는 동시에 움직인다. 어떤 동물도 자신을 파괴할 수는 없다. 그것은 불가능하다. 그대는 자살하는 사자를 생각할 수 없다. 절벽에서 고의로 뛰어내려 모든 것을 끝내는 사자는 존재하지 않는다. 어떤 사자도 그렇게 생각하지 못한다. 아무리 용감한 사자라 할지라도 자신을 끝장내지는 못한다. 그는 자유롭지 않다.

그대는 자신을 파괴하는 것에 대해 생각할 수 있다. 자신을 파괴하는 것에 대해서 생각한 적이 없는 사람을 발견한다는 것은 불가능하다. 자살에 대해 생각해 보지 않은 사람은 없다. 만약 전혀 생각해 본 적이 없다면 그는 동물이거나 신이다. 자살은 인간에게 있어서 기본적인 것이기 때문이다. 그러나 동시에 또 다른 문이 열려 있다. 그대는 자신을 창조할 수 있다. 그대는 자신을 파괴할 수 있기 때문이다.

어떤 동물도 자신을 창조할 수 없다. 그러나 그대는 할 수 있다. 그리고 자신을 창조하지 않는 한 자신은 파괴될 것이다. 창조를 시작하라. 그대가 창조하는 것은 사물을 만드는 것이 아니다. 그것은 하나의 과정이다. 그대는 창조를 계속해야 한다. 신이 그대 속에서 탄생될 때까지 그대는 창조를 계속해야 한다. 그대가 궁극에 이를 때까지 창조를 계속해야 한다. 그대가 창조를 계속하지 않으면 그대는 지루해질 것이다. 비창조적인 삶이 곧 지루함이다. 이 모든 방편들은 창조하도록, 다시 태어나도록 그대를 돕는다. 이제 방편을 살펴보자.

첫번째 방편은 매우 쉽고 실제로 놀라운 것이다. 그대는 그것을 할 수 있다. 누구라도 할 수 있다. 여기에는 어떤 유형의 사람이라도 가능하다. 누구라도 할 수 있는 것이다. 이 방편은 모든 사람에게 도움이 된다. 그리고 그대가 이 방편 속으로 깊이 들어

가지 못해도 도움은 될 것이다. 그것은 그대를 재충전시켜 줄 것이다.

그대가 지겨울 때마다 그것은 즉시 그대를 신선하게 해줄 것이다. 그대가 피곤할 때마다 그것은 그대를 재충전시켜 줄 것이다. 그대가 모든 것에 지쳐 있을 때마다 에너지의 새로운 파동이 그대 속으로 흘러 들어올 것이다. 그래서 이 방편은 모든 사람에게 유용한 것이다. 굳이 그대가 깊이 들어가지 않아도 신체적으로 좋은 것이다. 그것은 그대에게 건강을 줄 것이다. 그리고 거기에는 어떤 선결 조건도 없다.

90

하나의 깃털처럼 가볍게 눈동자를 만져라.
가슴이 열리며 두 눈 사이에 일어나는 가벼움은 그 속으로
들어간다.
그리고 거기에 우주가 스며든다.

방편으로 들어가기 전에 몇 가지 알아두어야 할 것이 있다. 먼저 눈에 관해서 이해해야 한다. 방편 전체가 눈에 의존해 있기 때문이다.

첫째로 그대가 어떤 사람이든지 겉으로 나타나는 것은 모두 거짓이다. 하지만 그대는 자신의 눈을 속일 수 없다. 그대는 거짓 눈을 지어 낼 수 없다. 그대는 거짓 표정, 거짓 얼굴은 만들어 낼 수 있다. 하지만 눈은 거짓말을 할 수 없다. 그것은 불가능하다. 그대가 구제프와 같은 완벽한 마스터가 되지 않는 한 말이다. 그대가 자신의 모든 에너지에 대해 완벽한 마스터가 되지 않는 한 그대의 눈동자를 위장할 수는 없다. 보통 사람에게는 그것이 불

가능하다.

그래서 다른 사람이 그대의 눈을 응시할 때 그대는 무례함을 느끼게 된다. 그가 진실한 것을 찾으려고 하기 때문이다. 거기에 서만큼은 그대가 아무것도 할 수 없다. 그대의 눈은 자신의 진실을 폭로하고 있다. 그래서 상대방의 눈을 들여다보는 것은 그다지 좋은 매너가 아니다. 대화를 하는 중에도 눈을 쳐다보지 않는 것이 좋다. 그대가 상대방과 사랑에 빠진 관계가 아닌 한 말이다. 상대방이 그대에게 진실을 보여줄 준비가 되어 있지 않는 한 그대는 그의 눈을 응시해서는 안된다. 거기에는 지켜야 할 한계선이 있다.

심리학자들은 그 한계선이 30초라고 말한다. 그대가 낯선 사람을 바라볼 때 30초 이상 바라보아서는 안된다. 만약 그대가 그 한계선을 넘으면 그에게 공격을 가하는 격이 된다. 상대방은 즉시 부담감을 느끼게 된다. 그러나 그대가 멀리서 바라볼 수는 있다. 거기에서는 아무도 모르기 때문이다. 그대가 나로부터 백피트 가량 떨어져 있다면 나는 그대를 계속 응시할 수 있다. 그러나 그대가 단지 2피트 앞에 있을 때는 그대의 눈을 직접 바라보기가 불가능하다.

붐비는 전차 속에서나 엘리베이터 속에서는 상대방의 눈을 결코 쳐다보아서는 안된다. 몸이 서로 닿을 수는 있다. 그것은 무례한 것이 아니다. 그러나 눈을 쳐다보는 것은 일종의 폭력을 가하는 것이다. 그대가 그 사람의 진실을 꿰뚫게 되기 때문이다. 그러므로 이 점을 기억하라. 눈은 위장할 수 없다. 그것은 그대의 진실을 드러내고 있다.

두번째, 그대가 살아가는 동안 80%는 눈을 통해 살고 있다. 심리학자들은 그렇게 말하고 있다. 그대가 장님을 볼 때 그대는

동정심을 느낀다. 하지만 귀머거리에 대해서는 동정심을 덜 느낀
다. 왜인가? 장님은 그의 삶의 80%가 죽은 상태이기 때문이다.
그대의 손과 발이 잘린다 해도 눈이 머는 것보다는 삶의 비중이
덜 크다. 눈이 멀면 단지 20%만 살아 있는 것이다.

눈을 통해서 그대 에너지의 80%가 나간다. 그대는 눈을 통해
서 세상을 살아가고 있는 것이다. 그래서 그대가 피곤을 느낄 때
제일 먼저 피로한 부분이 바로 눈이다. 그 다음에 서서히 신체의
다른 부분이 피로해진다. 만약 그대의 눈이 충전될 수 있다면 그
대는 몸 전체가 상쾌해진다. 눈은 그대가 소비하는 에너지의
80%를 사용하고 있기 때문이다. 그래서 눈에 활력을 주면 그대
전체가 활력에 찬다.

도시보다 시골에서 피로를 덜 느끼는 것도 바로 그 때문이다.
푸른 숲과 들, 그리고 맑은 공기 등, 시골의 환경이 그대의 눈을
이완시키고 충전시켜 주기 때문이다. 하지만 대도시의 현란한 광
채들은 그대의 눈을 쉽사리 피곤하게 만든다.

대도시의 삶은 눈을 거의 죽게 만든다. 최소한의 생존을 영위
하는 것이다. 대도시에 사는 사람들은 무엇이 축제인지 모른다.
그대는 축제의 삶이 무엇인지 모른다. 눈은 그 어떤 생명력이 흘
러나가는지 인식하지 못한다. 눈은 단지 광선에 반응할 뿐이다.
그대는 그 사실을 완전히 인식하고 있어야 한다. 눈을 사용하는
방법에 대해서 배워야 한다. 이 에너지, 이 가능성을 배워야 한
다.

인도에서는 장님을 '프라즈냐 착슈(prajna-chakshu)'라고
부른다. 지혜의 눈을 갖고 있다는 뜻이다. 거기에는 특별한 이유
가 있다. 모든 불행이 위대한 기회로 변형될 수 있다는 뜻이다.
그대의 모든 에너지 중에서 80%가 눈을 통해 방출되고 있다. 그

러나 사람이 장님이 되면 그 에너지는 사용되지 않는다. 눈이 세상과 접촉하므로써 소비되는 에너지가 비축되게 된다.

보지 못하는 사람은 이 세상의 삶을 빈약하게 산다. 그러나 그가 이 기회를 이용할 수 있다면, 장님이 된 기회를 이용할 수 있다면 그는 그 80%의 에너지를 내면의 세계와 접촉하는 데 사용할 수 있다. 그러나 그 에너지는 그대가 내면의 세계를 만나는 기술을 알지 못하는 한 사용할 수 없다. 그래서 장님에게는 80%의 에너지가 비축되게 된다. 거기에서 가능성이 생겨난다. 그가 그 에너지를 내면으로 흘러 들어가게 하는 방법을 안다면 그는 '지혜의 눈'이 될 것이다.

그저 평범한 장님의 눈은 지혜의 눈이 아니다. 장님은 되었지만 그는 지혜의 눈을 얻지 못했다. 물론 가능성은 거기에 있다. 그래서 우리는 그들이 눈을 갖지 못한 것에 대해서 동정하지 않아도 된다. 그는 보통 사람이 갖고 있지 못한 내면의 눈을 가질 수 있기 때문이다. 그는 그 에너지를 사용할 수 있다.

그리고 만약 장님이 그 방법을 모른다고 해도 그는 그대보다 훨씬 고요하다. 그는 더욱 이완되어 있다. 장님들을 보라. 그들은 매우 고요하다. 그들의 얼굴은 충분히 이완되어 있다. 그는 자신에 대해 어떤 불만족도 느끼지 않는 것처럼 보인다. 이것은 귀머거리와는 다른 경우다. 그들은 그대 보다 더욱 쉴 수 없다. 그들은 매우 교활하다. 그러나 장님은 교활하지 않다. 그들은 긴장하지 않는다. 계산적이지 않다. 기본적으로 존재계에 깊은 신뢰감을 갖고 있다.

왜 이런 일이 일어나는가? 그 80%의 에너지 때문이다. 그가 그것에 대해 어떤 것을 몰라도 그 에너지는 저절로 내면으로 들어간다. 그것은 마치 폭포와도 같다. 인식하지 않아도 저절로 가슴속에 떨어진다. 그리고 그 존재의 질을 변화시킨다. 무의식적이지만 흘러 들어가는 그 에너지는 같은 것이다. 그래서 고대 인도에서는 장님들이 대단한 존경을 받았다. 우리는 깊은 존경심을 가지고 그들을 '프라즈냐 착슈'라고 부르는 것이다.

그대 역시 눈으로 같은 일을 할 수 있다. 이 방편이 바로 그것을 위한 것이다. 외부로 흘러나갈 그대의 에너지로 하여금 내면으로 향하게 한다. 그대 자신의 가슴 중심으로 떨어지게 한다. 만약 그 에너지가 가슴으로 쏟아져 내리면 그대는 최대한 가벼워진다. 마치 온몸이 깃털이 된 것처럼 느껴진다. 중력은 아무런 영향력도 없다. 즉시 그대는 존재의 가장 깊숙한 근원으로 연결된다. 그것은 그대를 재충전시킨다.

탄트라에서는 깊은 잠이 그대를 재충전해 준다고 말한다. 하지만 그것은 잠 때문이 아니다. 에너지가 밖으로 나가지 않고 내면으로 들어가기 때문이다. 만약 그대가 그 비밀을 안다면 보통 사람들이 여섯 시간 내지 여덟 시간 동안 자면서 하는 일을 그대는 몇 십 분만에 할 수 있다. 그 일이란 아무것도 하지 않고 저절로 뭔가를 하도록 허용하는 일이다. 그는 그것이 무엇인지 모르고 있다. 어떤 신비스런 과정이 그 잠속에서 진행되고 있는 것이다. 그리고 가장 중요한 것은 그대의 에너지가 흘러나가지 않는 것이다. 그것은 그대의 가슴속으로 떨어진다. 그리고 그대를 재충전시킨다. 그대는 에너지로 목욕을 한 것이다.

이 에너지의 움직임에 대해서 좀더 살펴볼 것이 있다. 그대가 인도를 여행하면 인도인들은 그대의 눈을 뚫어지게 바라볼 것이다. 인도인들은 자기보다 신분이 높은 사람은 절대로 응시하지 않는다. 자기보다 신분이 낮은 노예나 천민, 하인, 그리고 외국인들만 본다. 하지만 신분이 높은 자들은 응시할 수 있다. 왕들은 응시할 수 있다. 그대가 왕 앞에 서면 왕은 그대를 볼 수 있어도 그대는 왕의 눈을 마주 쳐다보아서는 안된다. 그것은 무례한 행위다. 그대는 내려다보아야 한다.

실제로 그대의 눈을 따라 에너지가 움직인다. 그렇기 때문에 그것은 미묘한 폭력이 될 수 있다. 사람 뿐만 아니라 동물도 마찬가지다. 낯선 사람끼리 만났을 때 뿐만 아니라 낯선 동물끼리 만났을 때도 그들은 누가 더 우위에 있는지를 판단하기 위해서 서로의 눈을 쳐다본다. 그리고 한 동물이 아래를 보면 거기서 결정이 난다. 그때 그들은 싸우지 않는다. 이미 싸움이 끝난 것이다. 누가 높은지가 결정된 것이다.

어린아이들이 서로의 눈을 쳐다보는 놀이를 할 때에도 다른 곳으로 눈동자가 돌아가는 쪽이 진다. 그리고 연극배우들도……, 그들은 무대 위로 올라갈 때 공포심을 느낀다. 수많은 눈들이 자신을 쳐다보기 때문이다. 그것은 매우 강한 공격적 에너지다. 수천 명의 눈이 일제히 에너지를 뿜어대기 시작하면 공포가 그들을 사로잡는다. 거기에는 미묘한 에너지들이 흘러나오고 있다. 눈을 통해서 나오는 에너지는 가장 섬세한 형태의 에너지인 것이다. 그리고 그 에너지의 질은 그대와 함께 변한다.

붓다들의 눈에서 나오는 에너지는 다르다. 히틀러의 눈에서 나오는 에너지도 다르다. 그대가 붓다의 눈을 보면 그들은 그대를 받아들인다. 그대를 환영한다. 그들의 눈은 하나의 문이 된다. 그러나 그대가 히틀러의 눈을 보면 그 눈들은 그대를 거부한다. 그대를 비난한다. 그대를 밀어낸다. 그대를 던져 버린다. 히틀러에게는 눈이 무기다. 그러나 붓다에게는 눈이 자비심이다. 눈의 질이 변화된 것이다. 조만간 우리는 눈의 에너지를 측정하게 될 것이다. 그러면 그때는 인간에 대해 더 많은 것을 알 필요가 없게 된다. 눈의 에너지로도 그 사람의 내면에 감춰진 것이 무엇인지 알 수 있기 때문이다. 조만간 그것은 가능해질 것이다.

이 방편은 말한다.

"하나의 깃털처럼 가볍게 눈동자를 만져라. 가슴이 열리며 두 눈 사이에 일어나는 가벼움이 그 속으로 들어간다. 그리고 거기에 우주가 스며든다."

그대의 두 손바닥을 사용하라. 그것을 눈동자에 대라. 마치 깃털처럼, 어떤 압력도 주지 말고 눈동자에 닿게 하라. 만약 거기에 힘이 들어가면 요점을 놓친다. 처음에는 압력이 가해질 것이다. 점점 그 압력을 줄여 나가라. 압력이 완전히 사라질 때까지 말이다. 그리고 그저 닿기만 하라. 만약 압력이 거기에 있다면 이 방편은 아무런 기능도 하지 않을 것이다. 그래서 '깃털처럼'이라고 말하고 있다.

왜인가? 칼이 할 수 없는 일을 바늘이 할 수 있기 때문이다. 만약 거기에 압력이 있으면 의도하는 바와는 완전히 달라진다. 눈으로 흐르는 에너지는 너무나 미세하기 때문이다. 아주 작은 압력이라도 거기에 저항이 생긴다. 그러므로 누르지 마라.

그것은 너무나 미묘하고 섬세한 것이다. 그냥 깃털처럼 닿기만 하라. 만지지 않는 것처럼 만져라. 손바닥이 눈동자에 닿으려면 매우 예민하게 깨어 있어야 한다.

그때 무슨 일이 일어날 것인가? 에너지는 내면으로 흐르기 시작한다. 만약 압력이 있으면 그 에너지는 밖으로 나온다. 단지 닿게만 해야 한다. 그때 밖으로 나가는 문이 닫힌다. 그리고 내면으로 향한 문이 열린다. 에너지는 뒤돌아선다. 그 순간 그대는 얼굴이 가벼워지는 느낌을 받게 된다. 머리가 가벼워진다. 이 에너지의 방향 전환이 그대를 가볍게 만드는 것이다.

　그리고 두 눈 사이에는 제3의 눈이 있다. 지혜의 눈, 프라즈냐 착슈가 있다. 에너지는 이 제3의 눈을 자극시킨다. 그때 가벼움을 느끼는 이유도 바로 이 때문이다. 마치 중력이 사라지는 것 같이 느껴지는 것이다. 그것은 신체적인 과정이다. 중력은 조금씩 사라지다가 완전히 떨어져 나간다. 그리고 그대의 가슴속에서는 가벼운 느낌이 들기 시작한다. 심장의 고동은 천천히 가라앉을 것이다. 호흡도 가라앉을 것이다. 그대의 몸 전체는 이완될 것이다.

　만약 그대가 깊은 명상으로 들어가지 않으면 이것은 신체적인 도움만을 줄 것이다. 언제라도 좋다. 의자에 앉아서 긴장을 풀고 해라. 의자에 앉지 않아도 좋다. 어디서라도 이것을 할 수 있다면 하라. 깃털처럼 가볍게 닿아라.

　그 순간에 그대의 생각들은 즉시 멈출 것이다. 완전히 이완된 마음속에서는 사념들이 일어날 수 없다. 그것들은 얼어붙는 것과 같다. 그것들은 흥분과 열기를 필요로 한다. 긴장감을 필요로 한다. 그것들은 긴장을 통해서 존재한다. 눈이 완전히 고요해지고 이완될 때, 그리하여 에너지가 내면으로 흐르기 시작할 때 사념들은 멈출 것이다. 그대는 일종의 황홀경을 느낄 수 있다. 그것은 갈수록 깊어질 것이다.

　그것을 매일 여러 번 하라. 단 한순간이라도 그 만짐이 성공하면 그것은 좋다. 그대의 눈이 피로할 때마다, 에너지가 고갈되고 타버린 것 같을 때―독서나 영화 혹은 TV를 본 뒤에―그것을 하라. 즉시 그 효과가 일어날 것이다. 그러나 그대가 명상 수행으로 그것을 하기 원한다면 적어도 40분 간은 해야 한다. 그리고 그 기간 동안에도 압력이 주어져서는 안된다. 단 한순간 동안에만 깃털처럼 만지는 것은 쉽다. 하지만 40분 간 그렇게 하기란 결코 쉬운 일이 아니다. 그대는 자신도 모르게 손에 힘을 줄 것이다. 누르기 시작할 것이다.

압력을 가하지 마라. 40분 간 손에 완전히 힘을 뺀 채 깨어 있어라. 이것은 깊은 각성이 될 것이다. 호흡을 지켜보는 것만큼이나 말이다. 붓다는 완전한 각성 속에서 호흡을 지켜보라고 말했다. 같은 일이 감촉에서도 일어나야 한다. 그대는 조금도 압력을 가해서는 안된다. 깃털처럼 가볍게 닿기만 해야 한다. 그렇게 하려면 완전한 각성이 필요하다. 그렇게 하기 위해서는 눈동자 표면에 완전히 신경을 쏟아야 할 것이다. 눈동자 표면은 몸에서 가장 예민한 부분이다.

그대의 마음은 전적으로 거기에 깨어 있어야 한다. 에너지는 끊임없이 흐르고 있다. 처음에는 그것이 물방울처럼 뚝뚝 떨어지는 것처럼 느끼지만 몇 달 뒤에는 강물처럼 이어져 흐르는 것을 느끼게 될 것이다. 그리고 일년 안에 그것은 홍수가 될 것이다. 에너지의 홍수가 말이다.

그때 그대는 가벼움을 느낄 것이다. 그대는 지금 당장 그것을 느낄 수 있다. 즉시, 그대의 손바닥이 닿는 순간 가벼움이 일어난다. 그 가벼움은 그대를 관통한다. 가슴이 열린다. 가슴속에는 오직 가벼움만이 들어올 수 있다. 무거운 것은 그 어떤 것도 들어갈 수 없다. 너무나 가벼운 것만이 가슴에서 일어날 수 있다.

두 눈 사이에 일어나는 가벼움이 가슴속으로 떨어질 때 가슴은 열릴 것이고 그것을 받아들인다. 그때 우주가 스며든다. 에너지는 하나의 물방울에서 강물로 변해 홍수가 된다. 그대는 완전히 씻겨져 나갈 것이다. 그대는 자신이 존재한다고 느끼지 못할 것이다. 그대는 오직 우주가 존재한다고만 느낄 것이다. 들이마쉬고 내쉬면서 그대는 자신이 우주가 된 것을 느낄 것이다 우주

는 들어오고 나간다. 그대 속에 항상 자리잡고 있던 에고는 더 이
상 거기에 없다.

이 방편은 매우 간단하다. 어떤 위험도 없다. 그래서 그대는 이
실험을 마음대로 할 수 있다. 너무 쉽기 때문에 이것을 하지 않을
수도 있다. 성패의 여부는 어떤 압력 없이 살짝 닿는 것에 달려
있다. 그때 그대는 즉시 내가 한 말을 느낄 것이다. 가슴이 열리
며 가벼움이 들어간다. 어떤 것이 머리에서부터 가슴속으로 떨
어져 내린다.

이제, 두번째 방편으로 들어가자.

91

어여쁜 데비여,
정기(精氣)체의 현존 속으로 들어가라.
그대의 형상을 위와 아래로 드넓게 펼쳐라.

두번째 방편은 그대가 첫번째를 성취했을 때만이 시작할 수 있
다. 또한 분리되어 행해질 수도 있지만 그렇게 되면 매우 어려워
질 것이다. 그대가 첫번째 방편에 숙달되었을 때 두번째로 들어
가면 손쉽게 이룰 수 있다.

그대가 가벼움을 느낄 때, 마치 날아갈듯이 느껴질 때 갑자기
그대는 자신의 몸 주위에 푸른 빛이 감싸고 있음을 볼 수 있다.
그대가 중력의 어떤 저항도 받지 않고 몸이 두둥실 떠오를 때만
이 그것을 볼 수 있다. 그대는 어떤 짐에도 매이지 않았다. 지구
의 인력으로부터 완전히 자유롭다.

물론 그대가 날 수 있다는 것은 아니다. 그것은 요점이 아니다.
때때로 그런 일이 일어나기도 한다. 어떤 지점에 이르면 그대의

몸이 떠오른다. 그러나 그것이 목표점이 아니다. 그런 것에 대해서는 전혀 생각지 마라. 그대가 눈을 뜰 때 그대는 땅 위에 앉아 있음을 볼 것이다. 하지만 눈을 감으면 그대의 몸이 떠오르는 것을 느낀다. 거기에는 어떤 무게도 없는 것처럼 느낀다. 그리고 이것이면 충분하다.

명상을 위해서라면 이것으로 충분하다. 그러나 만약 그대가 공중부양을 배우고 싶다면 그때는 그것으로 충분하지 않다. 그러나 나는 그런 것에 대해서는 관심이 없다. 그것에 대해서 그대에게 어떤 말도 하지 않을 것이다. 그대의 몸이 중력에서 해방된 것처럼 느껴지는 것, 단지 이것으로 충분하다.

그대가 이 중력없음을 느낄 때마다 눈을 감고 몸의 형체를 인식하라. 눈을 감고서 그대의 발가락과 그 형상을 느껴라. 다리와 그 형상을 느껴라. 그리고 온몸 전체의 형상을 느껴라. 그대가 붓다처럼 앉아 있다면 그때는 그 형상을 느껴라. 그 형상이 그대 앞에 나타날 것이다. 그리고 동시에 그 몸 주위로 푸른 빛이 감싸고 있음을 볼 수 있다.

처음에는 눈을 감고 이 방편을 시작하라. 그리고 이 빛이 점점 퍼져 나가기 시작할 때 그대는 오오라(후광)를, 푸른 오오라를 느낀다. 때때로 캄캄한 방 속에서 눈을 떠도 그대는 그것을 느낄 수 있다. 온몸을 감싸고 있는 푸른 빛을 말이다. 만약 그대가 실제로 그것을 보고 싶다면 캄캄한 방 속에서 눈을 뜨고 해보라.

이 푸른 빛의 형상은 그대의 에테르(精氣)체 몸이다. 그대는 여러 개의 몸을 갖고 있다. 이 방편은 에테르체에 관한 것이다. 그리고 에테르체를 통해서 가장 높은 엑스타시에 들어갈 수 있다. 거기에는 일곱 개의 몸이 있다. 모든 몸은 제각기 신성으로 들어갈 수 있다. 모든 몸은 하나의 문이다.

이 방편은 에테르체를 이용하는 것이다. 에테르체를 통해서 가장 깨닫기 쉽다. 가장 깊은 몸이다. 몸이 깊어질수록 더욱 어렵다. 그러나 에테르체의 몸은 육체와 가장 가까이 있다. 그래서 두 번째 몸이라고 불린다. 그것은 그대의 육체를 관통하기도 하고 아지랑이처럼 그대 몸 주위를 감싸기도 한다. 헐렁한 옷처럼 말이다.

"어여쁜 데비여, 정기(精氣)체의 현존 속으로 들어가라. 그대의 형상을 위와 아래로 드넓게 펼쳐라."

그대의 몸 주위 모든 곳에 퍼지게 하라. 그대가 그 푸른 빛을 볼 수 있다면 생각은 즉시 멈출 것이다. 에테르체에는 어떤 사고 작용도 필요없기 때문이다. 그리고 푸른 빛은 매우 고요하고 부드럽고 이완되어 있다. 평소에도 푸른 빛을 보면 편안해진다. 왜 그런가? 그것은 그대 에테르체의 빛깔이기 때문이다. 에테르체는 아주 부드럽다.

어떤 사람이 그대를 사랑해서 그대를 만질 때마다 그는 그대의 에테르체를 만진다. 그대가 황홀한 기분을 느끼는 것도 바로 그 때문이다. 그것은 또한 사진으로도 촬영될 수 있다. 두 연인이 깊은 사랑에 빠진 상태에서 성행위를 할 때 그들의 성교는 일정한 한계선을 갖게 된다. 그리고 40분을 넘어서서도 사정을 하지 않게 되면 그때 푸른 빛이 나타난다. 그것은 사진으로도 찍힌 바가 있다.

때때로 매우 이상한 현상이 벌어진다. 이 빛은 매우 미묘한 전기력을 띠고 있기 때문이다. 그것은 전세계 수많은 신혼 부부들이 첫날 밤에 우연하게 경험하는 현상이다. 그들은 서로의 몸에 무슨 일이 일어났는지 모른다. 그러나 사랑에 빠진 두 육체가 서로 만날 때 그들의 몸은 전기력을 띠게 된다. 그것은 에테르체가 너무 생생하게 살아나기 때문이다.

그리하여 방 안에 있는 물건이 저절로 움직일 수 있다. 탁자 위에 둔 유리잔이 갑자기 깨진다든지 꽃병이 쓰러진다든지 하는 일이 일어난다. 그 방 안에는 두 사람밖에 없다. 아무도 손대지 않았다. 두 사람만이 사랑의 행위에 열중하고 있는데 말이다. 갑자기 어떤 것에 불이 옮겨 붙기도 한다. 이런 사례들은 전세계 경찰서에 종종 보고되고 있다.

그 힘은 에테르체를 통해 나오는 것이다. 그대의 에테르체는 전기를 띤 물질이다. 그대가 에너지로 차고 넘칠 때마다 그대의 에테르체는 그 영역이 확장된다. 그대가 슬프거나 의기소침해지면 그것은 줄어들어서 몸 속으로 들어가 버린다. 그래서 슬픈 사람과 함께 있으면 그대 역시 슬퍼지는 것이다. 만약 진짜로 슬픈 사람이 방 안에 들어오면 그대는 뭔가 잘못되었다는 것을 느낄 것이다. 그의 에테르체가 그대에게 즉시 어떤 영향을 미치기 때문이다. 그는 그대의 에너지를 흡수하는 착취자가 된다. 그 자신의 에테르체가 너무나 위축되어서 다른 사람의 에테르체에서 나오는 에너지를 빼앗아가기 때문이다.

슬픈 사람은 그대를 슬프게 만들고 의기소침한 사람은 그대를 의기소침하게 만든다. 아픈 사람은 또한 그대를 아프게 만든다. 그것은 그대가 그 사람의 사정을 보아서가 아니다. 어떤 감추어진 것이 계속적으로 작용하기 때문이다. 그가 말 한 마디 하지 않아도, 그가 겉으로 웃는다 할지라도 그대의 에테르체는 에너지를 잃게 될 것이다. 그리고 방 안에 행복한 사람이 들어오면 그대는 금방 그대 주위에 행복이 넘치는 것을 느낄 수 있다. 그는 많은 에테르체의 힘을 내뿜고 있기 때문이다. 그는 그대에게 에너지를 주고 있다. 그대를 충전시키고 있다. 그는 너무 많아서 흘러넘치는 것이다.

붓다나 크리슈나 혹은 그리스도 같은 사람이 그대에게 다가오면 그대는 충전된다. 그대가 붓다를 뒤에서 바라보기만 해도 그대는 상쾌해지는 것을 느낀다. 생명력이 넘치고 다시 젊어지는 것 같다. 무슨 일이 일어난 것인가? 붓다는 그대에게 아무 말도 하지 않았는데, 그저 한번 보기만 했는데 그대는 내부에서 뭔가가 변화된 것을 느낀다. 어떤 것이 그대 속으로 들어오는 것을 느낀다.

무엇이 들어왔는가? 붓다는 그의 에너지로 차고 넘친다. 누구든지 자기 자신과 평화롭게 있을 수 있는 사람은 에너지로 넘치게 될 것이다. 그는 불필요하고 넌센스적인 일을 하지 않기 때문에 그의 에너지는 낭비되지 않는다. 그래서 예수는 이렇게 말한다.

"나에게 오라. 무거운 짐진 사람들은 나에게 오라. 내가 그를 쉬게 해주겠다."

실제로 예수가 뭔가를 하는 것이 아니다. 단지 그의 현존이 그렇게 하는 것이다.

신과 같은 사람, 티르탕카라, 아바타르, 그리스도와 같은 사람이 세상에 걸어다니는 동안 그 주위에는 특별한 환경이 형성되었다. 자이나교 수행자들은 그 넓이를 측정했다. 그들은 그것이 직경 24마일 정도 방사된다고 한다. 한 사람의 티르탕카라에게서 방사되는 그 분위기가 직경 24마일의 영역으로 퍼져서 거기에 있는 모든 사람의 에너지에 홍수가 일어나게 한다는 것이다. 아는 사람이든 모르는 사람이든, 친구든 적이든, 그를 따르든 반대하든 아무런 차이도 없이 말이다.

만약 그대가 그를 찬성한다면 그대는 더욱 넘칠 것이다. 그대는 열려 있기 때문이다. 그러나 그를 반대해도 홍수가 일어나기는 마찬가지다. 단지 열려 있는 사람보다는 덜하다. 그 이유는 스스로 닫혀 있기 때문이다. 그러나 에너지의 홍수는 여전히 일어난다.

단 한 사람의 에너지로 인해서 직경 24마일 내에는 편안하고 고요하고 생기있는 환경이 만들어지는 것이다. 그 환경 속에서 그대는 지속적인 충전이 가능하다.

이런 행복은 에테르체를 통해 일어난다. 이 에테르체는 그대의 전기적인 몸이다. 우리가 볼 수 있는 몸은 육체이다. 물질체인 것이다. 그러나 이것은 삶의 실체가 아니다. 삶은 에테르체를 통해 들어온다. 전기적인 몸을 통해서 말이다. 그것은 그대의 프라나다. 그대의 생명력이다. 그래서 시바는 말한다.

"어여쁜 데비여, ……에테르체의 현존 속으로 들어가라."

먼저 그대는 그대의 육체를 둘러싸고 있는 또 하나의 형상을 인식해야 한다. 그대가 인식할 때 그것이 자라는 데 도움이 될 수 있다. 그것이 증가하고 확장하는 데 도움이 된다. 어떻게 도움이 되는가?

먼저 고요하게 앉아서 그것을 바라보라. 아무것도 하지 말고 그대를 둘러싼 푸른 빛을 보라. 그대는 그것이 증가하고 있음을 느낄 것이다. 점점 확장되어 가고 있다. 그대가 아무것도 하지 않기 때문에 전 에너지가 에테르화되어 간다. 이 점을 기억하라. 그대가 뭔가를 하고 있을 때 에너지는 에테르체로부터 빠져나온다.

노자(老子)가 말했다.

"무위(無爲)는, 그리고 무아(無我)는 나보다 강하다. 전혀 어떤 것도 하지 않는 것과 아무도 없는 것은 나보다 강하다. 뭔가를 함으로써 강해지는 자는 쓰러질 수 있다."

그래서 노자는 이렇게 덧붙인다.

"나는 쓰러질 수 없다. 나의 힘은 무위에서 나오기 때문이다."

그래서 아무것도 하지 않는 것이 이 방편의 비밀이다. 붓다가 보리수에서 무엇을 하고 있었는가? 아무것도 하지 않았다. 그는 그 순간에 무위 속에 있었다. 아니 그는 거기에 없었다. 단지 앉아 있음으로해서 궁극이 이루어졌다. 그것은 매우 황당하게 보인다. 우리는 많은 노력을 쏟지만 아무것도 이루어지지 않는다. 그리고 붓다는 아무것도 하지 않았지만 보리수 아래서 궁극을 성취했다.

그대가 아무것도 하지 않을 때 그대의 에너지는 밖으로 흘러나가지 않을 것이다. 그것은 에테르화될 것이다. 그것은 거기에 축적된다. 그대의 에테르체는 전기에너지를 모으는 저장고가 된다. 에테르체가 커질수록 그대는 더욱 침묵하게 된다. 그대가 더욱 침묵할 때 그것은 더욱 확장된다. 한번 그대가 에너지를 에테르화시키는 방법을 알고 나면 어떻게 그것을 불필요하게 낭비하겠는가? 그대는 깨닫게 된다. 그대는 비밀의 열쇠에 대해 알게 된다.

그때 그대는 축제 속에 있을 수 있다. 실제로 오직 그때만이 그대는 축제 기분을 느낄 수 있다. 지금처럼 그대의 에너지가 고갈된 상태에서 어떻게 축제 기분을 느낄 수 있겠는가? 어떻게 황홀해질 수 있겠는가? 어떻게 활짝 꽃피어날 수 있겠는가? 꽃은 일종의 사치품이다. 나무가 에너지로 차고 넘칠 때 꽃은 피어난다. 그래서 꽃은 언제나 사치품인 것이다.

만약 나무가 굶주리고 있다면 꽃은 결코 피어날 수 없다. 잎에 영양분이 충분하게 공급되지 않는데, 뿌리조차 영양분이 모자라는데 어떻게 꽃을 피울 여력이 있겠는가? 꽃은 특권 계층이다. 먼저 뿌리가 충분히 먹어야 한다. 그것들이 가장 기본적인 것이다. 만약 그것들이 사라지면 그때는 꽃이 피어날 가능성은 전무하다. 그리고 나서 둥치가 잘 먹어야 한다. 그리고 나서 가지다. 그리고도 영양분이 남는다면 잎으로 간다. 나무 전체가 충분히 먹었을 때, 더 이상 영양분이 필요 없을 때, 생존하는 데 더 이상 에너지가 필요하지 않을 때 그때 잉여 에너지가 꽃이 된다. 꽃은 다른 존재를 위한 음식이다. 그것은 하나의 선물이다. 나무로부터 그대에게 주어지는 선물이다.

인간에게 있어서도 마찬가지다. 붓다는 꽃이 핀 나무다. 이제 에너지는 너무나 흘러넘쳐서 모든 존재를 초대한다. 그리고 영양분을 함께 나눈다.

먼저 첫번째 방편을 수련하라. 그리고 나서 두번째로 넘어가라. 그대는 그것을 따로 분리시켜서 할 수도 있다. 하지만 그렇게 되면 에테르체로부터 나오는 푸른 빛을 깨닫기란 더욱 어려워질 것이다.

〈질문〉

"이 방편들을 지적으로 이해하는 것은 불가능합니까?"

나는 명상에 관해서 매우 무지한 말을 하는 많은 지식인들을 만났다. 그중에서 델리에서 온 고급 공무원도 한 사람 끼어 있었다. 그는 여기에 명상을 배우러 왔고 머문 지 7일이 지났다. 나는 아침 명상 시간에 그와 대화를 나누었다. 그는 이렇게 말했다.

"명상이 너무 어렵습니다. 나는 그렇게 일찍 일어날 수 없습니다.”

그는 자신의 마음이 무슨 이야기를 하는지 도무지 알지 못했다. 사실 명상의 방편이 매우 간단하면 마음은 다른 것을 트집잡는다. 그래서 마음은 이렇게 둘러댄다.

‘내가 어떻게 새벽 6시에 일어날 수 있단 말인가?’

한번은 내가 어떤 도시에 머물고 있을 때인데 그 도시의 세무소장이 밤 열한 시에 나를 만나러 왔다. 그때 나는 막 잠을 자려는 참이었는데 그가 내게 와서 이렇게 말했다.

“안돼요! 지금 매우 급합니다. 나는 지금 죽느냐 사느냐 하고 있습니다. 그리고 완전한 좌절감을 느낍니다. 분명히 내면에서 뭔가가 일어났습니다. 나의 외부세계는 완전히 사라져 버렸단 말입니다.”

그래서 나는 그에게 말했다.

“좋소. 내일 아침 5시에 오시오.”

그러자 그가 말했다.

“그것은 불가능합니다. 나는 그렇게 일찍 일어날 수가 없습니다.”

그래서 나는 다시 말했다.

“그러면 좋소. 오전 10시에 오시오.”

그는 뒤통수를 긁으며 대답했다.

“그것도 어려울 것 같습니다. 10시 반까지 저는 출근해야 하니까요.”

사느냐 죽느냐 하는 사람이 하루도 시간을 낼 수 없단 말인가? 그래서 나는 그에게 말했다.

“그것이 당신의 삶과 죽음의 문제인가? 아니면 나의 삶과 죽음의 문제인가? 도대체 누구의 문제인가?”

그는 무식한 사람이 아니었다. 그는 지성인이었고 대학까지 나온 사람이었다. 그래서 그런지 그의 마음 역시 매우 약삭빠르다.

그대의 마음만은 그런 속임수를 쓰지 않을 것이라고 생각하지 마라. 그대는 자신의 마음을 의심해야 한다. 그 마음은 그대의 것이 아니다. 그것은 사회의 부산물이다. 그것은 그대에게 강요되어진 것이다. 그대는 강제적으로 세뇌교육을 받았고 일정한 틀에 맞도록 조절되어 있다. 그대는 젖먹이 때부터 그렇게 다른 사람들의 손에서 훈련받은 것이다. 그대의 부모, 사회, 선생, 성직자들에 의해서 말이다. 그리고 과거는 그대의 마음을 만들고 영향을 끼친다. 지나가 버린 과거가 계속 그대의 마음속에서 살아 있다. 그대를 가르친 선생과 부모 역시 과거의 대리자일 뿐이다. 살아 있는 것을 반대하는 죽음의 대리자인 것이다. 그것들은 계속 그대의 마음에 강제력을 행사하고 있다. 그러나 마음은 그대와 너무나 가깝다. 그 간격은 너무나 좁다. 그대는 마음과 자신을 동일시할 것이다.

그대는 말한다.

"나는 기독교인이다."

다시 한번 생각해보라. 그대는 기독교인이 아니다. 단지 기독교의 마음이 주어졌을 뿐이다. 그대는 기독교인도 불교인도 아니다. 불교의 마음을 이 사회로부터 받았을 뿐이다. 그대는 반강제적으로 그렇게 세뇌당했다. 그때 삶은 이 마음에 자꾸만 잡동사니들을 갖다 붙인다. 그리하여 그대의 마음은 매우 무거워졌다. 그대는 아무것도 할 수가 없다. 계속적으로 그대의 과거는 그대의 모든 현재를 지배한다. 내가 무슨 말을 하든지 그대는 그 과거의 마음을 통해서 내 말을 해석한다. 그리고는 가타부타 떠들어댄다.

명심하라. 그대의 마음은 그대의 것이 아니다. 그대의 육체 역시 그대의 것이 아니다. 그것은 그대의 부모로부터 나온 것이다. 그러면 그대는 누구인가?

그대는 자신의 마음과 육체를 자신이라고 동일시한다. 자신이 젊다고 생각하는 그대, 혹은 늙었다고 생각하는 그대, 혹은 기독교인이라고 생각하는 그대, 혹은 불교인이라고 생각하는 그대는 그대가 아니다. 그대는 순수한 의식으로만 태어났다. 이 모든 것들은 그 순수한 의식을 가두어 놓는 감옥일 뿐이다. 그대에게 간단해 보이는 이 방편들은 사실 간단한 것이 아니다. 그대가 그 방편을 수련하기 시작하면 마음은 계속해서 복잡한 문제들을 만들어낼 것이기 때문이다.

며칠 전에 한 사람이 내게 와서 말했다.

"나는 당신의 명상법을 수련하고 있었습니다. 그런데 그 방편이 어떤 경전에 나옵니까? 말씀해 주십시오. 만약 당신이 어떤 경전에 나오는 것이라고 내게 확신만 준다면 그 방편이 내 평생의 명상법이 될 것입니다. 그러면 나는 수행하는 것이 훨씬 더 쉬워질 것입니다."

그러나 어떤 경전에 나오든지 그것이 무슨 상관인가? 하지만 무슨 경전에 나온다는 말을 들으면 그때부터 마음은 더 이상 그것에 대해 물고 늘어지지 않는다. 그렇게 하지 않으면 그 마음은 계속 이렇게 말한다.

"도대체 무슨 짓을 하고 있는가? 지금 하는 명상법이 제대로 근거가 있는 것인가? 헛수고를 하고 있는 것은 아닌가?"

나는 그에게 말했다.

"그대는 이 방편을 석 달 동안 해왔다. 그대의 느낌은 어떤가?"

그가 말했다.

"굉장합니다. 놀라울 지경입니다. 그렇지만 말씀해 주십시오. 도대체 어떤 경전에 이 방편이 나옵니까?"

그러나 그 자신의 경험은 진실한 것이 아니다. 마음은 과거의 진실을 묻고 있는 것이다. 나는 그에게 말했다.

"그것은 그대가 갖고 있는 어떤 경전에도 나오지 않는다. 오히려 그 방편에 반대하는 말들만 적혀 있다."

그러자 그의 얼굴은 몹시 슬퍼졌다. 그리고는 이렇게 말했다.

"그렇다면 나는 더 이상 이 방편을 계속 수련할 수 없겠습니다."

왜 자신의 경험에는 가치를 두지 않는가? 과거가 무슨 상관인가? 마음은 항상 그대를 사로잡고 있으며 그대의 현재를 지배하고 있다. 그러므로 그대의 마음에 대해서 회의하라. 그것을 신뢰하지 마라. 그대의 마음에 더 이상 이리저리 끌려다니지 않는다면 이 방편들은 매우 손쉽고 확실한 효과를 나타낼 것이다. 그것들은 기적을 만들어 낼 것이다. 그것은 확실하다.

이 방편들은 절대로 지적으로 이해될 수 없다. 그런데도 나는 불가능한 일을 지금 시도하고 있다. 왜 내가 그렇게 하겠는가? 만약 그것들이 지적으로 이해될 수 없다면 왜 내가 지금 그대에게 그것들을 말하고 있는가? 그것은 그대의 삶을 전체적으로 변화시켜 줄 수 있는 길이 이 방편들밖에 없음을 알게 해줄 다른 방법이 없기 때문이다. 그대는 오직 지성을 통해서만 이해할 수 있다. 그것이 문제다. 이 방편들은 지적으로 이해될 수 없다. 하지만 지성을 통하지 않고는 전달할 수가 없다. 그러니 어떻게 대화를 해야 하겠는가?

그대는 지적인 마음의 개입 없이 그것을 이해할 수 있든지 아니면 이 방편들이 지적으로 이해될 수 있는 방법을 찾든지 둘 중에 한 가지를 해야 한다. 하지만 후자는 확실히 불가능하다. 그러나 전자는 가능한 일이다.

그대가 처음에는 지적으로 시작해야 할 것이다. 그러나 그 지적인 것에 너무 집착하지 마라. 그대가 뭔가를 할 때 그대 속에서 어떤 일이 벌어진다면 그때 그대는 지성을 던져 버릴 수 있다. 그리고 지성없이 바로 직접 그것에 가 닿을 수 있다. 어떤 명상이나 명상자 없이 뭔가를 바로 시작해 보라. 우리는 수년 동안 이야기를 계속할 수 있다. 그대의 마음에는 이미 수많은 정보들이 들어 있다. 그 정보를 개입시키지 말고 무작정 해보라. 그대가 알고 있는 것은 득이 아니라 해만 될 것이다. 혼란만 초래할 것이다. 그러므로 적게 알수록 좋다. 그리고 실행하는 것이 중요하다. 단 한 가지 방편이라도 도움이 될 수 있다. 그러니 거기에 지성을 개입시키지 마라.

공포가 있는 곳으로 깊이 들어가라. 사실 그대의 공포는 그 방편을 통해 그대가 어떻게 변하게 될지 모르는 데에서 나온다. 그리고 그것은 매우 역설적인 의미가 담겨 있다. 사람들은 명상이 필요하며 진정한 변형이 절실하다고 말한다. 그러면서 그들은 막상 자신을 변형시키기 위한 방편을 대하고는 두려워한다. 거기에 이중적인 마음이 있다. 두 마음이 있는 것이다. 한 가지는 어떻게 해야 할지를 묻는 마음이고 나머지 한 가지는 그것을 결코 수련하지 않겠다는 마음이다. 한 가지는 변화하려는 마음이고 한 가지는 변화하지 않으려는 마음이다.

그들은 자신을 변화시키는 데 관심을 갖고 있다. 그래서 그들은 책을 읽고, 스승에게 가며, 해답을 찾는다. 하지만 막상 그들은 결정적인 순간에 와서는 아무것도 하려 들지 않는다. 마음속 깊은 곳에는 두려움이 있기 때문이다. 에리히 프롬(Eric Fromme)은 자신의 책에서 '자유의 공포'라는 말을 썼다. 이 제목은 매우 역설적으로 들린다. 사람들은 모두 자신들이 자유를 사랑한다고 생각한다. 그리고 자유를 찾기 위해 노력한다고 생각한다. 그들은 이렇게 외치고 있다.

"우리는 모크샤(해탈)를 원한다. 우리는 모든 한계, 모든 노예 근성에서 자유롭게 되기를 원한다. 우리는 전체적인 자유를 원한다."

그러나 에리히 프롬은 말한다.

"인간은 자유를 두려워하고 있다."

왜 이런 일이 벌어지는가? 왜 이런 이중성이 생겨나는가?

자유는 공포를 만든다. 그리고 명상은 가장 심오한 자유의 가능성을 보게 해준다. 그대는 외부적인 조건엔 자유롭지 않다. 그러나 명상을 통해 내면에서 그대를 얽어매는 모든 것으로부터 그대는 자유롭다. 그대는 과거 전체로부터 자유롭다. 그대는 마음으로부터 자유롭다. 그대가 무심이 되는 순간 과거는 사라진다. 그대는 자신의 역사를 초월한다. 이제 어떤 사회도, 종교도, 경전도, 전통도 없다. 그것들은 모두 그대의 마음속에 거주하고 있기 때문이다. 이제 과거도 없고 따라서 미래도 없다. 과거와 미래는 마음의 부분이다. 기억과 상상인 것이다.

그때 그대는 지금 여기에 있다. 이제 어떤 미래 속으로도 달아나지 않는다. 오직 지금, 지금, 지금, 영원한 지금만이 있다. 그때 그대는 완전히 자유롭다. 그대는 모든 전통을 초월한다. 그대는 모든 역사와 마음까지 초월한다. 그리고 공포로부터 자유롭다. 그때 그대는 어디에 있는가? 그대는 자유 속에 있다. 그러한 자유 속에, 그러한 텅 빔 속에 있을 때 그대는 소아(小我)를 찾을 수 없다. 에고가 어디에 있겠는가? 거기에서 어떻게 그대는 '나는 존재한다'라고 말할 수 있겠는가?

그대는 '나는 묶여 있다'라고 말할 수 있다. 그것은 그대의 한계를 알 수 있기 때문이다. 하지만 묶여 있지 않을 때는 한계도 없다. 그대는 아무것도 아닌 상태에 있기 때문이다. 그것은 절대적인 무(無)이며, 공(空)이다. 그것이 바로 사람들의 마음에 공포를 느끼게 하는 것이다.

이 공포의 본질 속에 들어가지 못할 때 모든 질문이 일어난다. 이 공포를 느껴라. 만약 그대가 그것을 안다면 그것은 사라질 것이다. 만약 그대가 그것을 모른다면 그것은 계속될 것이다. 그대는 영적인 의미의 죽음을 맞이할 준비가 되어 있는가? 그대는 더이상 존재하지 않을 준비가 되어 있는가?

사람들이 붓다를 찾아올 때마다 그는 이렇게 말했다.

"그대는 존재하지 않는다. 이것은 기본적인 진리다. 그대는 죽을 수도 없고 태어날 수도 없다. 그대는 고통을 받을 수도 속박에 갇힐 수도 없다. 그대는 이 사실을 받아들일 준비가 되어 있는가? 만약 받아들일 준비가 되어 있지 않다면 지금 명상을 하려고 들지 마라. 먼저 그대가 존재하는지 안하는지부터 확실히 알아라. 그것부터 먼저 명상하라. 그대 안에 어떤 자아가, 어떤 본질이 있는가? 아니면 그대는 단순한 하나의 복합체일 뿐인가?"

그대가 깊이 탐색해 들어가면 그대의 육체는 원자들의 결합일 뿐이라는 사실을 알게 된다. 그대의 어머니로부터 어떤 것과 그대의 아버지로부터 어떤 것이 나와서 결합되었고 나머지 것들은 모두 음식물에서 나온 것이다. 이것이 그대의 육체. 육체 안에 그대란 것은 없다. 이제 그러면 마음을 한번 명상해보라. 여기에서 조금 따오고 저기에서 조금 따와서 한데 합쳐 놓은 것이 마음이다. 본래의 것이라고는 아무것도 없다. 마음도 단지 하나의 결합일 뿐이다.

마음 속에는 어떤 자아도 없음을 발견하라. 만약 그대가 깊이 들어간다면 그대의 동일시가 양파 껍질과 똑같은 것임을 알게 될 것이다. 한층 한층 벗겨 나가면 결국에는 아무것도 없다. 마음과 육체는 이와 같다. 하나의 양파인 것이다. 자꾸만 깊이 들어가 보면 거기에서 그대의 무(無), 심연, 끝없는 공(空)과 만나게 될 것이다. 붓다는 그것을 쑤냐(Shunya)라고 불렀다.

이 쑤냐를 만나는 것은 정말로 공포스런 일이다. 우리가 절대로 진짜 명상은 하지 않으려는 이유가 거기에 있다. 우리는 그것에 대해서 많은 말을 한다. 하지만 절대로 그것과 직접 만나려고 하지 않는다. 우리가 깊이 들어가면 거기에 그것이 있다는 것을 안다. 하지만 그 공포는 가시지 않는다. 그대가 무엇을 하든지 그대의 내심에는 항상 그 공포가 서려 있다. 한번 그대가 그대의 심연과 만나고 나면 더 이상 거기에 공포는 없다. 그리고 그것을 이해하고 나면 공포가 생길 수가 없다. 왜냐하면 공(空)이란 결코 죽지 않는 것이기 때문이다. 그것은 영원히 파괴되지 않는 것이기 때문이다.

깊은 명상 속에서 '무'에 접근할 때 사람들이 갑자기 무서워 떨기 시작하는 것도 바로 이런 이유이다. 그때 그들은 죽음을 느낀다. 무에서 다시 세상으로 탈출해 나오고 싶어 한다. 그래서 많은 사람들이 근처에까지 갔다가 되돌아온다. 그리고는 다시는 거기로 가려 하지 않는다. 좀더 세련된 삶을 살려고 애쓰고 뭔가를 찾고자 명상의 방편을 구하는 사람들을 나는 수없이 보았다. 하지만 아무도 그 무(無)로 들어가지 않았다. 그들은 공포에 사로잡혀 도망치기 바빴다. 그리고 그 체험은 하나의 악몽으로 기억

에 남는다. 그렇게 해서 만약 그대가 다시 명상을 시작하면 무의
식 속에 깊이 박힌 그 기억이 그대에게 말한다.

"이것은 이전에 한번 해 본 것이 아닌가? 이것은 죽음이다. 죽
어서 무엇하겠는가? 살아서 진리를 깨달아야지. 그러니 더 깊이
들어가지 마라."

몇 생애를 통틀어 한두 번 깊은 명상을 해보지 않은 사람을 찾
기란 무척 어렵다. 내가 본 바로는 그러하다. 그들은 모두 그것에
대한 기억이 있다. 그러나 단지 그것을 인식하지 못할 뿐이다. 그
기억이 거기에 있지만 말이다. 그리고 그대가 뭔가를 하려고 할
때 그 기억은 방해가 된다. 그리고는 이런 저런 방식으로 그대를
가로막는다. 그래서 그대가 명상에 진짜로 관심이 있다면 그대의
공포가 무엇인지부터 밝혀 내어라. 만약 그대가 두렵다면 도대체
왜 두려운지부터 먼저 해명해야 할 것이다.

기본적으로 모든 공포는 죽음에서 기인된 것이다. 공포의 형태
가 어떠하든지 그것은 죽음의 공포이다. 그대가 내면으로 깊이
들어가보면 자신이 죽음을 두려워하고 있음을 알 것이다.

어떤 사람이 붓다에게 와서 말했다.

"나는 죽음이 두렵습니다. 죽음이 나를 기다리고 있다는 사실
을 알았습니다."

그때 붓다가 말했다.

"그러면 화장터로 가라. 거기에서 불타는 장작더미를 보고 명
상하라. 사람들은 매일 죽고 있다. 그들은 불에 타서 재가 된다.
그러니 화장터에 그저 앉아서 불타는 장작더미를 보고 명상하라.
죽은 자의 가족들이 가고난 뒤에도 혼자 앉아서 재로 변한 시체
를 바라보라. 하지만 아무 결론도 내리지 말고 그저   3개월 아니
면 6개월, 아니면 9개월 동안 매일 같이 명상하라. 죽음은 피할 수

없는 것이라는 확신이 들 때, 죽음은 절대적이며 삶의 다른 길이라는 생각이 들 때, 죽음은 더 이상 그대에게서 공포스런 존재가 아니라 그대와 항상 함께 있어 왔던 것임을 알게 될 때, 그때 나에게 오라."

죽음을 매일 바라보면, 시체가 불에 타서 재가 되고 연기가 되어 하늘로 올라가 사라지는 것을 보면 어떤 확신이 생길 것이다. 죽음은 확실한 것이라는 확신이 말이다. 모든 것이 불확실해도 죽음만은 확실한 것이다. 죽음은 미래의 어느 날 일어나는 것이 아니다. 그것은 삶이 시작할 때 동시에 시작된다. 죽음에 대해서 어떤 조치도 취할 수 없는 것이다. 죽음 앞에선 정말로 속수무책이다.

죽음이 그토록 확실해질 때 공포는 없다. 공포는 항상 뭔가 변할 수 있다는 생각이 들 때 생겨난다. 만약 죽음에 대해서 뭔가 그대가 조치를 취하고 변화시킬 수 있다면 공포가 생겨나는 것이다. 하지만 아무것도 할 수 없을 때, 너무나 당연한 것일 때 그대는 더 이상 두려워하지 않는다. 공포는 사라지고 만다. 그때 붓다는 이렇게 말한다.

"이제 그대는 명상할 수 있다."

그래서 그대가 이 방편들에 관한 말을 듣고 마음속으로 깊이 들어갈 때 모든 방해물들이 제거될 것이다. 그리고 내면의 공포가 사라지고 죽음이 실체임을 확신하게 될 것이다. 그대는 명상 속에서 죽을 수 있다. 거기에는 아무런 공포도 없다. 만약 죽음이 명상 중에 일어난다 해도 그대는 하나도 두렵지 않다. 오직 그때만이 그대는 로켓처럼 비상할 것이다. 거기에 어떤 장벽도 없기 때문에 말이다.

시간이 걸릴 만한 거리도 없다. 장애물도 없다. 그대는 바로 그 순간 이동할 것이다. 그대는 이미 거기에 와 있다. 장벽이 없기 때문이다. 사실 장벽이란 것은 마음이 만들어낸다. 마음은 공포를 갖고 있기 때문이다. 그것은 그대에게 왜 명상을 하지 말아야 하는지에 대해 구구한 변명을 늘어 놓는다. 그 마음을 믿지 마라. 깊이 들어가라. 이유를 캐내어 보라. 왜 음식에 관해서 말만 하지 먹지 않는가? 무엇이 문제인가?

어떤 사람은 사랑에 대해서 무척 많은 말을 하고 다니지만 그 자신은 결코 사랑에 빠지지 않는다. 사실 말이 많은 사람들이 모두 그런 식이다. 그대는 명상을 실제로 해보라. 그것에 대해 읽고 듣고 말하고 하는 것은 명상이 아니다. 제발 침묵하고 바로 명상으로 들어가보라. 그대의 마음은 수많은 질문을 일으킬 것이다. 나에게 묻기 전에 스스로에게 깊이 물어 보라. 그 질문들이 그토록 중요한 것인지 아니면 그대의 마음이 그대를 속이기 위한 것인지 깊이 그리고 찬찬히 살펴보라.

행하라. 그 다음에 내게 물어라. 그때 그대의 질문은 실제적인 것이 된다. 행위를 통해서 나오는 질문과 단지 지적 호기심에서 나오는 질문을 나는 들어만 봐도 알 수 있다. 그래서 나는 그대의 지적인 질문에 대해서는 대답하지 않을 것이다. 뭔가를 실행해 보라. 그러면 그대의 질문이 중요하고 의미심장한 것이 되리라.

"이 방편은 너무 간단해 보입니다."

그대가 이렇게 말하면 그것은 그대가 해 보지도 않고 말하는 것이다. 이것은 결코 그렇게 간단하지 않다. 그리고 한번 더 강조하겠다.

그대는 이미 진리다. 오직 어떤 각성이 필요할 뿐이다!

그대는 다른 곳으로 갈 필요가 없다. 그대는 자신 속으로 들어가라. 그리고 그것은 바로 지금 이 순간에 가능한 일이다. 만약 그대가 그대의 마음을 가볍게 여길 수 있다면 그대는 지금 여기로 들어올 수 있다.

이 방편들은 명상을 위한 것이 아니다. 이 방편들은 그대의 마음을 한쪽 옆으로 제쳐두기 위한 것이다. 그대의 마음을 가볍게 여길 수 있게 만드는 것이다. 한번 마음이 거기에 없으면 그대는 지금 여기에 존재한다!

깨어나라! 주시하라! 이해하라!

삶은 하나의 신비다

이 방편들은 그대로 지식이 아니라
신비 속으로 더 깊이 들어가게 도와줄 것이다.

삶은 하나의 신비다

92

그토록 표현될 수 없는 절묘함 속에 마음의 뿌리를 두라.
위로나, 아래로나, 가슴속에서나.

93

그대의 형상이 현존하는 어떤 영역이라도
그것을 무한한 허공으로 생각하라.

삶은 골치 덩어리가 아니다. 그것은 하나의 신비다. 과학에서는 삶이 문젯거리다. 그러나 종교에서는 삶이 곧 신비다. 문제는 풀어질 수 있다. 그러나 신비는 풀어질 수 있는가? 신비가 풀어질 수 없을 때만이 존재할 수 있다. 그래서 종교는 어떤 해결책도 제시하지 않는다. 어떤 해답도 없다.

이것이 기본적인 차이점이다. 그리고 종교가 무엇인지 이해하기 위해 그대가 어떤 노력을 하기 전에 종교적인 마음과 과학적인 마음이 서로 다르다는 점을 깊이 이해해야 한다.

과학은 삶을 문젯거리로 보며 거기에 어떤 해답을 찾고 있다고 내가 말할 때, 그것은 과학의 접근 방식이 지적이라는 뜻이다. 그때는 그대가 아니라 그대의 마음이 개입하게 된다. 그대는 거기에서 빠져 버린다. 마음은 많은 도구들을, 지적인 통찰력을, 분석을, 논쟁을, 의심과 실험들을 동원한다. 그러나 그대의 전체성은 거기에서 빠져 있다. 그래서 희한한 현상이 일어난다. 과학자들은 자신의 연구 분야에 대해서 매우 예리한 지적 능력을 발휘할지 모르지만 일상적인 삶 속에서는 다른 보통 사람과 하나도 다르지 않다. 하나도 특별한 것이 없다. 그는 자신의 지식의 한 분야에 대해서만 천재가 될 수 있다. 그러나 삶에 있어서는 평범할 뿐이다.

과학은 오직 그대의 지적인 것에만 개입되어 있을 뿐 그대의 전체성에 대해서는 아무런 대책도 없다. 그리고 지적 능력은 하나의 폭력이다. 그것은 공격성이다. 여자 과학자가 드문 것도 바로 그 때문이다. 공격성은 대체로 남성적인 성향인 것이다. 그래서 남자들은 더 과학적이고 여자들은 더 종교적이다. 지적 능력은 해부하고 나누고 분석하려 한다. 그대가 살아 있는 것을 파헤치는 순간 생명은 사라진다. 오직 시체 조각들만 그대 손에 남아 있다.

과학이 생명을 이해할 수 없는 것도 바로 그 때문이다. 과학이 손대는 것은 무엇이든지 죽는다. 그래서 과학은 영혼이 없다고 말한다. 신도 없다. 그것은 의미심장한 사실이다. 거기에는 영혼도 없고 신도 없다. 과학적 마음의 접근을 통해서는 그대가 어디에서도 생명을 접할 수 없다. 그래서 과학이 만지고 지나간 자리마다 죽음이 일어난다. 그 방법 속에서는, 그 길 속에서는, 구분과 분석과 해부의 접근 속에서는 생명이 제외된다.

그러므로 한 가지 사실을 명심하라. 지적인 것은 폭력이며 공격성이다. 지적 능력을 통해 나올 수 있는 궁극의 것은 오직 죽음뿐이다. 거기엔 어떤 생명도 없다. 부분적이며 전체적이지 않다. 부분은 죽음을 뜻한다. 삶은 유기체적 합일이다. 그대는 분석이 아니라 합일을 통해 생명을 알 수 있다. 합일이 더 커질수록 삶의 더 높은 형태가 개화된다. 신은 궁극적인 합일이다. 전체적인 단일성이다. 존재계의 통합이다. 신은 하나의 개인이 아니다. 신은 모든 것의 궁극적인 합일이다. 그리고 물질은 모든 것의 궁극적인 분석이다.

그래서 과학은 물질을 원자에 이를 때까지 나누게 되었고 종교는 우주적인 의식에까지 이르게 되었다. 과학은 끝까지 내려간다. 가장 낮은 분모까지. 그리고 종교는 끝까지 올라간다. 가장 높은 분모까지 말이다. 과학과 종교는 정반대 편에 서게 되었다. 그리하여 과학은 모든 것을 문제로 보았다. 그대가 그것을 과학적으로 처리해야 한다면 먼저 그것이 문제가 되는지 안되는지를 살펴봐야 하기 때문이다. 이에 반해 종교는 그 기초가 신비로 되어 있다. 거기에는 어떤 문제도 있을 수 없다. 삶은 문제가 아니다. 그것은 풀릴 수 없다. 문제라는 것은 풀릴 수 있다는 사실이

전제되어 있다. 그것은 알려질 수 있는 어떤 것이다. 지금 당장에
는 알려지지 않지만 언젠가는 알려질 것이다. 적어도 지금까지만
알려지지 않았을 뿐이다. 하지만 조만간 그 알려지지 않음은 알
수 있는 것으로 변형된다.

그래서 실제로 종교는 '삶이 무엇이냐'라는 등의 물음을 가질
수 없다. 이것은 어리석은 것이다. 종교는 '신은 무엇이냐'와 같
은 질문을 던질 수 없다. 이것은 단지 넌센스일 뿐이다. 종교의
그러한 접근 방식은 어떤 문제도 만들지 않는다. 종교는 어떻게
하면 좀더 생기 있게 살 수 있느냐 하는 것만 묻는다. 어떻게 하
면 삶의 중심에 있을 수 있느냐, 삶을 풍부하게 살 수 있느냐를
묻는다. 그리고 종교는 어떻게 하면 신이 될 수 있느냐를 물을 수
있는 것이지 신이 무엇인지를 물을 수는 없다.

우리는 신비 속에서 살 수 있다. 우리는 신비와 하나가 될 수
있다. 우리는 그것들 속에서 우리 자신을 잃어버릴 수 있다. 우리
는 전적으로 다른 존재의 차원에서 살 수 있다. 바로 그 질이 변
하는 것이다. 어떤 문제를 푸는 것이 아니다. 아무것도 풀리는 것
이 아니기 때문이다. 풀릴 수 있는 모든 것은, 알 수 있는 모든 것
은 이미 여러 조각으로 해체된 것이다. 우리가 전체를 바라본다
면 우리의 머리로 알 수 있는 것은 아무것도 없다. 그래서 우리는
모든 신비를 자꾸만 뒤로 미룬다. 한 발자국 벗어나서 신비를 외
면한다. 우리의 모든 해답은 일시적인 것이며 게으른 마음에만
해답이 되는 것처럼 보일 뿐이다. 만약 그대가 마음을 꿰뚫을 수
있다면 그대는 다시 같은 신비를 맞이하게 될 것이다. 단지 신비
는 뒤로 미루어져 있었기 때문이다. 해답 뒤에는 물음들이 여전
히 가려져 있는 것이다. 그대는 해답이라는 거짓말만 자꾸 만들
어 내고 있다. 그리고 신비 앞에다 장막을 쳐 버렸다.

만약 그대가 이 차이점을 분명하게 인식한다면 그때는 처음부터 종교가 다른 모습과 색채로 보일 것이다. 모든 관점이 변한다. 그래서 우리가 앞으로 이야기할 이 방편들은 어떤 것을 해결해 주는 것이 아니다. 그것들은 삶을 문젯거리로 여기지 않는다. 삶은 거기에 있다. 그것은 하나의 신비였으며 앞으로도 신비로 남을 것이다. 우리가 무엇을 하든지 우리는 그 신비를 없앨 수 없다. 신비가 바로 그 속성이기 때문이다. 그리고 삶이 신비하다는 것은 우연한 사건이 아니다. 삶과 신비는 분리될 수 없는 것이다. 신비가 곧 삶 자체다. 그래서 나에게 있어서만큼은 그대가 신비 속으로 깊이 들어갈수록 그대는 더욱 종교적인 사람인 것이다.

실제로 종교적인 사람은 신을 믿는다고 말하지 않는다. 신이 존재한다고도 말하지 않는다. 이런 말들은 그에게 매우 피상적인 것으로 보인다. 그런 것들은 어떤 질문에 해답처럼 보일 수도 있다. 그러나 종교적인 사람은 신이 있다는 식의 그런 세속적인 말들을 가볍게 지껄이지 않는다. 그것은 너무나 심오한 현상이다. 신비한 것이다. 어떤 것을 쉽게 말로 표현해 버린다면 그것은 이미 세속화된 것이다. 그래서 어떤 사람이 붓다에게 신이 존재하는지 안하는지 물을 때마다 그는 침묵을 지켰다. 그대는 대답되어질 수 없는 어떤 것을 묻고 있는 것이다. 신이 존재하지 않는 것이 아니다. 그런 것을 대답하는 것은 그 신비를 풀릴 수 있는 것으로 만들어 버릴 것이다. 그때 삶은 해답을 가진 문젯거리로 전락되고 말 것이다. 그때 신비는 사라진다. 그래서 붓다는 말한다.

"형이상학적인 물음은 어떤 것이든지 나에게 묻지 마라."

질문은 오직 물리적인 것에만 가능하다. 물리학만이 해답이 가능하다. 형이상학적인 질문이란 존재할 수 없다. 형이상학은 신비를 의미한다.

이 방편들은 그대로 하여금 지식이 아니라 신비 속으로 더 깊이 들어가게 도와줄 것이다. 그대는 다른 관점으로 그것을 볼 수 있다. 이 방편들은 지식이라는 무거운 짐을 덜어줄 것이다. 지식은 장벽이 되기 때문이다. 신비를 향한 문은 닫혀졌다. 그대가 많이 알수록 삶을 깊이 관통할 수 있는 가능성은 더욱 줄어든다.

근본적인 궁금증이 다시 살아나야 한다. 어린아이들이 궁금해하는 것 말이다. 아무것도 알려져 있지 않고 모든 것이 신비롭다. 그대는 신비 속으로 들어간다. 더 깊이 들어갈수록 더욱 신비롭다. 그리하여 더 이상 아무것도 모르겠다는 말이 나오는 순간을 만난다. 그것이 제대로 들어맞은 순간이다. 이제 그대는 명상적으로 되었다.

그대가 깊이 감추어진 무지를 느낄 수 있을 때, 자신이 아무것도 모르고 있다는 사실을 인식할 때 그대는 신비의 문이 열려질 수 있는 지점에 도달한 것이다. 그대가 안다고 생각하면 그 문은 닫힌다. 그대가 무지할 때만이, 자신은 아무것도 모른다는 것을 충분히 자각할 때만이 그 문은 갑자기 열린다. 그대가 아무것도 모른다는 그 느낌이 문을 여는 것이다.

그래서 이 방편들을 지식으로 여기지 마라. 이 방편들은 그대를 더욱 순박하게 만들 것이다. 무지는 순박한 것이다. 지식은 교활함의 일종이다. 만약 그대가 그대의 지식을 다시 무지한 상태가 되는 데 이용할 수 있다면 그대는 지식을 올바르게 사용한 것이다. 이것이 모든 경전, 모든 지식, 모든 베다(Veda)의 유일한 사용법이다. 다시 어린아이로 돌아가는 것 말이다.

자, 이제 방편으로 들어가자.

92

그토록 표현될 수 없는 절묘함 속에 마음의 뿌리를 두라.
위로나, 아래로나, 가슴속에서나.

세 가지가 있다. 첫째로, 지식이 중요해지는 것은 머리가 중심
이 될 때다. 어린아이 같은 순박함이 중요해질 때는 가슴이 중심
이 된다. 아이들은 가슴으로 살고 있다. 우리는 머리로 산다. 아
이들은 느낀다. 우리는 생각한다. 우리가 느낀다고 말할 때조차
도 사실은 느낀다고 생각하는 것이다. 우리에게 있어서 생각은
가장 으뜸가는 것이다. 느낌은 두번째다. 생각은 과학의 도구이
며 느낌은 종교의 도구이다.

다시금 그대는 느끼는 유기체가 되기 시작해야 한다. 느낌과
생각의 차원은 서로 다르다. 그대가 생각할 때 그대는 분리된 채
로 남아 있다. 그대가 느낄 때 그대는 녹아 든다.

장미꽃에 대해서 생각해 보라. 생각할 때 거기에 분리가 일어
난다. 거기에 간격이, 공간이 생겨난다. 사고작용을 위해서는 공
간이 필요하다. 생각들이 움직일 수 있는 거리가 필요하다. 그러
나 장미꽃을 느껴보라. 그 간격은 사라진다. 느낌에 있어서 간격
은 장벽이 된다. 그대가 가까이 갈수록 그대는 더욱 생생하게 느
낀다. 그리고 가까움이란 것도 일종의 거리라고 느껴지는 순간
그대는 녹기 시작한다. 그때 그대는 자신과 꽃 사이에 어떤 경계
선도 없음을 느낄 수 있다. 경계선은 서로에게 녹아 들고 만다.
꽃은 그대 속으로 그대는 꽃 속으로 들어간다. 느낌을 잃어버릴
때 경계선이 생겨난다. 사고작용은 경계선을 만든다. 사고작용은
언제나 한정과 구분을 고집한다. 어떤 정의 없이는 경계선을 만
들어 낼 수 없기 때문이다. 그래서 일단 사고작용은 정의부터 서

술한다. 그러나 느낌은 어떤 것도 정의할 수 없다. 그대가 정의한다면 느낌은 멈춘다.

아이들은 느끼고 우리는 생각한다. 그래서 아이들은 존재에 더 가깝다. 그들은 녹아 들고 존재가 자신 속에 녹아 들도록 허용한다. 그러나 우리는 녹지 않고 고립되어 있다. 머리라는 감옥 속에 갇혀 있다.

이 방편은 가슴의 중심으로 돌아가라고 말한다. 느끼기 시작하라. 그러면 그대는 위대한 경험을 하게 될 것이다. 그대가 무엇을 하든지 거기에 정열과 에너지를 투입해서 느껴라. 지금 그대는 이곳에 앉아 있다. 내 말을 들을 수 있다. 하지만 이것은 결국 사고작용의 한 부분이 될 것이다. 또한 그대는 이 상황에서 나를 느낄 수 있다. 그것은 사고작용의 일부가 아니다. 그대는 나의 현존을 느낄 수 있다. 그때 그대의 정의하는 버릇은 사라진다. 실제로 그대가 느낌의 순간을 맞게 되면 누가 말하고 누가 듣는지를 모른다. 바로 이 순간이라야 그것이 제대로 일어날 수 있다. 그때 말하는 자는 듣는 자가 되며 듣는 자는 말하는 자가 된다. 둘이 아니다. 한 가지 현상의 양극이다. 한 극은 말하는 자이고 다른 한 극은 듣는 자일 뿐이다. 그러나 이것 역시 분리된 채로 있다. 그리고 분리된 것은 실재가 아니다. 실재는 그 둘이 하나가 될 때 일어난다. 하나의 흐름이 바로 실재다. 그대가 느낄 때마다 다른 어떤 것이 그대의 에고보다 더 중요해진다. 주체와 객체를 나누는 경계선은 사라진다. 거기에 하나의 흐름, 하나의 굽이침만이 존재한다. 그것이 곧 삶이다.

머리는 그대에게 명료함을 준다. 이 명료함 때문에 많은 혼란들이 존재 속으로 들어온다. 머리는 명료함을 정의하고, 경계선을 확정짓고, 약도를 그려내기 때문이다. 모든 것이 이성이라는 칼로 잘려진다. 거기에는 어떤 모호함도, 어떤 신비도 허락되지 않는다. 모호한 것은 무엇이든지 거부된다. 오직 명료함만이 용납된다. 이성은 그대에게 명료함을 준다. 그리고 명료함 때문에 거대한 오해가 발생한다. 명료함은 실체가 아니다. 실체는 언제나 불명확하며 모호한 것이다. 개념들은 명료하다. 그러나 실체는 신비하다. 개념들은 논리적이지만 실체는 비논리적이다.

언어는 명료하다. 논리도 명료하다. 그러나 삶은 명료하지 않다. 가슴은 그대에게 쉽게 녹아 버리는 애매모호함을 준다. 그것은 실체에 더욱 가깝게 다가서게 한다. 하지만 그것은 명료하지 않다. 우리가 명료함을 목적으로 삼기 때문에 항상 실체를 놓치는 것이다. 그대가 모호한 눈을 가질 때에만 실체를 들여다볼 수 있다. 그대는 모호해져야 한다. 개념화될 수 없는 어떤 것 속으로, 논리로 설명할 수 없는 어떤 것 속으로, 살아 움직이는 어떤 것 속으로 들어가야 한다.

명료함은 죽은 것이다. 그것은 고정된 채로 남아 있다. 삶은 하나의 흐름이다. 삶 속에는 그 어떤 것도 고정되어 있지 않다. 그런데 어떻게 그대가 명료하게 딱 집어 낼 수 있겠는가? 그러므로 이 방편은 말한다. 가슴의 중심으로 돌아가는 것이 기본이라고 말이다. 그러나 어떻게 그 속으로 돌아갈 수 있는가?

"그토록 표현될 수 없는 절묘함 속에 마음의 뿌리를 두라.

위로나, 아래로나, 가슴속에서나."

산스크리트어의 '칫트(chitt)'를 '마음의 뿌리(mindstuff)'라고 번역한 것은 좋은 번역이 아니다. 그러나 영어는 칫트와 똑같은 단어를 갖고 있지 않다. 하지만 마음(mind)이라고 하는 것보다는 마음의 뿌리라고 하는 것이 더 많은 의미를 담고 있다.

마음은 사고작용을, 생각의 흐름을 의미한다. 마음의 뿌리는 그 생각들이 떠다니는 배경을 말한다. 마치 하늘에 구름이 떠다니듯이 말이다. 구름은 생각이고 하늘은 그 배경이다. 하늘, 즉 의식은 마음의 뿌리라고 불릴 수 있다. 그대의 마음은 생각없이 존재할 수 있다. 그때 그것은 이 '칫트(chitt)'가 된다. 순수한 마음이다. 생각이 떠다니는 마음은 순수하지 않은 마음이다.

만약 그대의 마음이 아무 생각없이 있을 수 있다면 그때 그것은 매우 미묘해진다. 그것은 존재계에서 가장 미묘한 것이다. 그대는 그것보다 더 미묘한 것을 생각할 수 없다. 의식은 가장 미묘한 것이다. 마음에 생각이 없을 때 그대는 순수한 마음을 갖는다. 이 순수한 마음은 가슴을 향해 움직일 수 있다. 순수하지 않은 마음은 가슴으로 향할 수 없다. 그 비순수함은 마음속의 부도덕한 생각을 말하는 것이 아니다. 모든 생각을 총칭하는 것이다. 생각이란 자체가 이미 순수하지 않은 것이다.

그래서 그대가 신을 생각할 때조차 그것은 불순하다. 구름이 움직이고 있기 때문이다. 구름이 아무리 희더라도 그것은 구름이다. 순수한 공간은 가려지고 만다. 구름 한 점 없는 맑은 하늘이 될 수 없다. 구름도 검은 구름이 될 수 있다. 성적인 생각이 마음 속에 떠돌 수 있다. 혹은 흰구름, 즉 아름다운 기도가 마음에 떠다닐 수 있다. 하지만 둘 다 구름임에는 마찬가지다. 그것은 순수한 하늘이 아니다. 만약 마음이 구름으로 차 있다면 그대는 가슴을 향해 갈 수 없다.

이 점이 이해되어져야 한다. 생각이 있을 때 그대는 머리에 집착해 있다는 점을 말이다. 생각은 머리에 뿌리를 내리고 있다. 그 뿌리가 잘려 나가지 않는 한 그대는 가슴으로 돌아갈 수 없다.

아이들은 가슴에 남아 있다. 생각들이 떠다녀도 그것은 뿌리가 없다. 하지만 교육을 통해, 문화를 통해, 교양을 통해 그 생각들은 뿌리를 내리게 된다. 점점 의식은 가슴에서 머리로 이동한다. 의식은 사념이 존재할 때만 머리에 남아 있다. 이것은 기본이다. 만약 아무 생각도 없다면 의식은 즉시 본래의 순수 속으로, 가슴 속으로 떨어진다.

그래서 명상이 그토록 강조되는 것이다. 무념, 생각없이 깨어 있음이―붓다의 말을 빌리면 '정념(right mindfulness)'이―강 조된다. 무슨 일이 일어나는가? 매우 위대한 현상이 일어난다. 그 뿌리들이 잘려 나가고 즉시 의식은 가슴으로 떨어져 본래의 제자리로 되돌아가기 때문이다. 그대는 다시 어린아이가 된다.

예수는 말한다.

"어린아이처럼 되지 않고는 천국에 들어갈 수 없다."

그것은 의식이 가슴으로 되돌아간 사람을 말하는 것이다. 그들 은 순박하다. 하지만 여기에 먼저 기본적인 조건이 있다.

"그토록 표현될 수 없는 절묘함 속에 마음의 뿌리를 두라."

생각은 표현될 수 있다. 표현될 수 없는 생각은 없다. 표현될 수 없다면 그대는 생각할 수 없다. 그대가 생각할 수 있다면 표현 도 가능하다. 그래서 그대가 표현될 수 없다고 말하는 생각은 단한 가지도 없다. 그대가 생각할 수 있는 순간 이미 그대 자신에게 표현한 것이다.

의식은, 순수한 의식은 표현될 수 없다. 그래서 신비주의자들 은 자신들이 아는 것을 표현할 수 없다고 계속 말한다. 논리가들 은 항상 그들의 말에 의문을 제기했다. 왜 그것을 말할 수 없단 말인가? 그들의 논쟁은 의미가 있다. 만약 그대가 아는 것을 실 제로 말한다면 그때는 왜 그대가 표현할 수 없겠는가?

논리가들에게 있어서 지식은 표현되어져야 한다. 자신이 알 수 있는 것은 다른 사람에게도 알려질 수 있다. 거기에 어떤 문제도 없다. 그대가 그것을 안다면 무슨 문제가 있는가? 그대는 다른 사람에게도 그것을 알릴 수 있다. 그러나 신비주의자들의 지식이란 생각의 그것이 아니다. 그는 그것을 생각으로서가 아니라 느낌으로서 안다고 말한다. 그래서 실제로 '나는 신을 안다'라고 말하는 것은 그리 정확한 표현이 아니다. 차라리 느낀다라고 말하는 것이 더 좋다. '나는 그를 느꼈다'라는 표현이 그 현상에 대한 좀더 정확한 표현이다. 그 앎은 가슴을 통한 것이다. 느낌과 같은 것이다. 지식이 아니다.

마음의 뿌리는, 의식은, 칫트는 말로 표현될 수 없다. 그러나 만약 단 한 개의 생각만이라도 움직인다면 그것은 말의 차원으로 떨어진다. 표현될 수 있는 차원으로 떨어지는 것이다. 그래서 이 방편은 '마음의 뿌리를 표현될 수 없는 절묘함 속에 두라'라고 말하고 있는 것이다. 그것은 그대가 어떤 생각을 의식하는 것이 아니라 의식 자체가 될 때를 말하는 것이다. 거기에는 어떤 생각의 움직임도 없다. 이것은 너무나 섬세한 지점이다. 그리고 너무나 어렵다. 그대는 쉽게 놓칠 것이다.

우리는 마음의 두 가지 상태를 안다. 하나는 생각이 거기에 있는 상태이다. 그때는 그대가 가슴으로 내려갈 수 없다. 마음의 또 다른 상태란 생각이 없는 상태이다. 하지만 생각이 없으면 우리는 잠에 떨어진다. 그때도 우리는 가슴으로 들어갈 수 없다. 하루 중에 생각이 멈춰지는 때가 자주 온다. 그러나 그대는 가슴에 도달하지는 못한다. 그것은 그대가 무의식적이기 때문이다. 그래서 여기에 매우 섬세한 균형이 요구된다. 생각은 깊은 잠을 잘 때처럼 멈춰져야 한다. 꿈이 없는 잠을 잘 때처럼 말이다. 하지만 그대는 낮동안에 의식이 있는 것처럼 깨어 있어야 한다. 생각이 없는 상태에서 완전히 깨어 있어야 하는 것이다.

그리고 그대가 깨어 있을 때 거기에는 생각이 없다. 그대는 갑작스런 의식의 변형이 일어나는 것을 느끼게 될 것이다. 중심이 변화한다. 그대는 아래로 떨어진다. 그대는 가슴속으로 들어간다. 그리고 가슴으로부터 그대가 세상을 바라볼 때 세상은 거기에 없다. 오직 신만이 있다. 머리로부터 그대가 바라볼 때는 신이 없다. 오직 물질 세계만 있다.

물질 세계와 신은 두 가지 별개의 것이 아니다. 단지 바라보는 관점이 다른 것이다. 같은 현상을 존재의 두 중심에서 바라보기 때문이다.

그 속에 전적으로 몰입하라. 단지 의식만으로, 위로나, 아래로나, 가슴속에서나, 오직 의식만으로 둘러싸라. 어떤 생각도 없이, 순수한 의식으로 존재하라.

그때 모든 것이 그대에게 가능하다. 인식의 모든 문들이 열릴 것이다. 신비의 모든 문들이 열린다. 갑자기 모든 문제가 사라진다. 모든 불행이 사라진다. 불빛 앞에 어둠이 사라지듯이.

한번 그대가 이것을 알고 나면 그대는 다시 머리로 돌아갈 수 있다. 그러나 그대는 다른 사람이 되어 있다. 이제 그대는 머리를 하나의 도구로 사용할 수 있다. 이전처럼 그것과 자신을 동일시하지 않을 것이다. 그대는 머리를 사용할 수 있다. 그대가 보는 것은 무엇이든지 지적 능력 때문에 알게 된다. 이제 그대는 더 높은 관점을 얻었다. 더 깊은 통찰력을 얻은 것이다. 그리고 그대가 원하는 순간 다시 가슴으로 되돌아올 수 있다.

한번 그대가 이 통로를 알게 되면 그대의 나이, 과거, 기억, 지식, 그 모든 것으로부터 자유로울 수 있다. 그리고 그대는 새로 태어난 아기처럼 될 것이다. 한번 그대가 이 비밀을, 이 통로를 알고 나면 그대는 원할 때마다 이 여행을 시작할 수 있다. 그리고 그대는 다시 새롭게 될 수 있다. 그대가 일상 세계로 돌아가고 싶다면 얼마든지 머리로 올라갈 수 있다. 그것에 붙잡히지 않고 지적 능력을 통해서 아는 것을 지켜볼 수 있다. 지적 능력을 통해 아는 것은 전체가 아니다. 그것은 부분이다. 따라서 그것은 진리가 아니다. 부분적인 진리는 거짓보다 더 위험하다. 진리처럼 보이는 것에 그대가 속을 수 있기 때문이다.

그리고 그대가 가슴으로 이동할 때 그대는 존재계를 전체적으로 바라볼 수 있다. 가슴은 더 이상 존재를 부분으로 나누지 않는다. 가슴에 머무른다는 것은 그대가 전체성 속에 있다는 뜻이다. 마음은 부분이다. 손과 발이 부분인 것처럼 말이다. 그러나 가슴은 부분이 아니다. 손이 잘려도 그대는 살 수 있다. 뇌가 그 기능을 멈추어도 그대는 살아 있을 수 있다. 그러나 가슴이 가면 그대는 영원히 간다.

실제로 모든 장기가, 몸이 제거되어도 나의 심장이 뛰고 있다면 나는 살아 있는 것이다. 가슴은 그대의 전체성을 의미한다. 가슴이 멈출 때 그대는 더 이상 거기에 없다. 다른 모든 것은 부분이지만, 나누어질 수 있지만 가슴의 중심은 그대 존재의 핵심이다. 나는 내 손으로 그대를 만질 수 있다. 그 만짐을 통해서 나는 그대의 피부에 관해 지식을 얻을 수 있다. 손은 나에게 한정된 지식만을 준다. 손은 나의 전체가 아니기 때문이다. 나는 그대를 볼 수 있다. 나의 눈을 통해 그대에 관한 지식을 얻을 수 있다. 그러나 그것은 전체가 아니다. 생각도 마찬가지 상황이다. 나는 그대에 관해 생각할 수 있다. 하지만 그 생각은 전체가 될 수 없다. 마음 역시 하나의 부분이기 때문이다. 그러나 나는 그대를 부분적으로 느낄 수는 없다. 나는 오직 전체적으로만 느낄 수 있다. 그대의 전체만을 느낄 수 있다. 그래서 그대는 어떤 사람을 사랑을 통해서 알지 않는 한 그의 전체성을 결코 알 수 없다.

오직 사랑만이 그대에게 그 사람의 전체적인 것을 드러내 줄 수 있다. 본질을 드러내 줄 수 있다. 사랑은 가슴을 통한 앎이며 느낌이기 때문이다. 그래서 나에게는 그대 존재에 대한 느낌과 앎이 두 가지 조각이 아니다. 느낌은 그대의 존재 전체에 대한 것이고 앎은 그대의 부분에 대한 것일 뿐이다.

종교에서는 사랑이 가장 지고한 지식이다. 종교의 표현이 과학보다 더 시적인 것은 바로 그 때문이다. 과학의 용어는 사용될 수 없다. 그것들은 지식의 영역에 속한다. 하지만 시는 사용되어질 수 있다. 사랑을 통해 실체를 아는 사람은 무슨 말을 하든지 시가 된다. 우파니샤드, 베다, 그리고 예수나 붓다나 크리슈나의 말들이 모두 시적인 표현들이다.

모든 고대 종교의 경전들이 시적으로 표현되었다는 것은 우연의 일치가 아니다. 거기에는 깊은 의미가 담겨 있다. 그것은 시인의 세계와 신비주의자의 세계 사이에 어떤 유사성이 있다는 것을 보여 준다. 그리고 신비주의자들 역시 가슴의 언어를 사용하고 있다.

그리고 시인은 비상의 순간에만 신비주의자가 된다. 그대가 도약할 때에도 단지 몇 초 동안만 땅을 떠나 있다가 다시 땅으로 떨어지는 것처럼 시인도 비상의 순간 동안만 신비주의자가 된다. 시인은 잠깐 동안 어떤 일별을 대할 수 있다. 그러나 신비주의자에게는 중력을 완전히 초월했다는 의미가 담겨 있다. 그는 사랑의 세계 속에 사는 사람이며, 가슴을 통해 사는 사람이다. 가슴이 그의 집이다. 하지만 시인은 단지 일별만이 가능하다. 때때로 시인은 머리에서 가슴으로 떨어진다. 그러나 그것은 우연한 일이며 잠깐 동안의 일이다. 그는 자동적으로 다시 머리로 되돌아간다.

그래서 그대가 아름다운 시를 볼 때면 그것을 쓴 시인을 만나려고 하지 마라. 그대는 그 시와 같은 사람을 만날 수 없기 때문이다. 그를 만나면 그대는 실망할 것이다. 그는 평범한 사람이다. 단지 일별을 가진 경험이 있을 뿐이다. 그리고 그 일별의 순간에 그에게 드러나는 실체를 본 것이다. 그는 그 순간 가슴으로 떨어졌다. 하지만 그는 그 통로를, 그 과정을 알지 못한다. 그는 그것의 마스터가 아니다. 그것은 단지 우연하게 일어난 사건이다. 그는 자신의 의지대로 움직일 수 없다.

콜러릿지가 4만 편의 미완성 시를 남겨 놓고 죽었을 때 그가 완성한 시는 불과 일곱 편밖에 되지 않았다. 그는 위대한 시인이었다. 세상에서 가장 위대한 시인 중의 하나다. 그는 살아 있을 동안에 수없이 이런 질문을 받았다.

"왜 당신은 시를 완성하지 않습니까? 왜 중간에서 그만두십니까?"

그러면 그는 이렇게 대답했다.

"나는 아무것도 할 수 없다. 때때로 나에게는 몇 줄의 시구가 떠오른다. 그리고는 멈춘다. 그러니 내가 어떻게 그것들을 완성할 수 있겠는가? 나는 기다릴 것이다. 기다려야 한다. 그것이 다시 오면, 그 일별이 다시 내게 비춰지면 그때 나는 그것을 완성할 것이다. 하지만 나 스스로는 아무것도 할 수 없다."

그는 매우 진실한 시인임에 틀림없다. 그처럼 진실한 시인을 찾는 것은 쉬운 일이 아니다. 마음의 경향이란 미완성을 견디지 못한다. 만약 세 줄의 시가 주어지면 그때는 마음이 네번째 줄을 덧붙인다. 하지만 이 네번째 줄이 처음 세 줄을 죽일 것이다. 그것은 마음의 낮은 차원에서 나온 것이기 때문이다. 그대가 도약했다가 땅에 떨어졌을 때처럼 말이다.

그대가 도약할 때 그대는 잠시 동안 중력으로부터 자유롭다. 그대는 존재의 다른 차원을 갖게 된다. 그래서 시인은 땅 위에서 움직이다가 종종 도약한다. 그 도약 속에서 그는 일별을 대한다. 그러나 신비주의자는 가슴속에서 살고 있다. 그는 땅으로 떨어지지 않는다. 가슴은 그의 거주지이다. 그래서 실제로 그는 시를 짓지 않는다. 그가 하는 것은 저절로 시적으로 된다. 그가 무슨 말을 하든지 그것은 시가 된다. 그래서 신비주의자는 따로 시적인 용어를 사용하지 않는다. 그의 입에서 나오는 말이 바로 시가 되기 때문이다. 그것은 가슴에서 나오는 것이다. 사랑을 통해 나오는 것이다.

"그토록 표현될 수 없는 절묘함 속에 마음의 뿌리를 두라. 위로나, 아래로나, 가슴속에서나."

가슴은 그대 존재 전체다. 그대가 전체적으로 될 때만이 전체를 알 수 있다. 이 점을 기억하라. 어떤 것과 비슷하게 될 때만이 그것을 알 수 있다. 그대가 부분일 때 그대는 전체를 알 수 없다. 내면과 외부를 가리지 않고 말이다. 그대가 내면에서 전체적일 때 외부에서도 전체적인 실체가 그대에게 드러난다. 그대가 내면에서 조각으로 나뉘어져 있다면 외부의 실체 역시 조각으로 드러난다. 그래서 그대는 내면이 어떠하든지 그대로 외부가 될 것이다.

가슴속으로 깊이 들어가면 온 세상이 달라진다. 그 행태(行態)가 달라진다. 나는 그대를 보고 있다. 만약 내가 머리를 통해 그대를 본다면, 지적으로 본다면 그때는 몇 안되는 친구만이 여기에 있다. 전부 에고로, 개체로 나뉘어진다. 그러나 내가 가슴을 통해 그대를 본다면 그때는 개체가 없다. 그때는 오직 의식의 바다만이 있다. 개체는 단지 그것의 파도일 뿐이다. 가슴을 통해 그대를 볼 때 그대와 그대의 이웃은 둘이 아니다. 그때 실체가 그대와 그대의 옆사람 사이에 있다. 그대와 그대의 옆사람은 단지 두 기둥일 뿐이다. 실체는 그 사이에 있다. 그때 여기에 의식의 바다만이 있다. 그대는 그 속에서 하나의 파도로 존재한다. 그리고 파도는 분리된 것이 아니다. 서로 이어져 있다. 그대는 매순간 다른 사람 속으로 녹아 들고 있다. 그대가 알든지 모르든지.

그대 속에 들어온 공기는 잠시 후 그대 앞에 있다. 그것이 그대의 옆사람 속으로 들어간다. 조금 전에 그것은 그대의 생명이었는데 지금 그것은 그의 생명이 된다. 그대의 몸은 쉴 새 없이 진동을 발산시키고 있다. 그대는 발광체다. 그리고 그대 삶의 에너지는 계속 옆사람으로 흘러간다. 동시에 그의 삶의 에너지는 그대에게로 들어간다.

만약 내가 가슴에서 그대를 바라보면, 사랑의 눈으로, 전체적으로 바라보면 그대는 하나의 발광체다. 생명은 그대로부터 끊임없이 흘러나와 타인에게로 들어간다. 그리고 그 반대 방향으로도 움직인다.

그것은 단지 이 방 안에서만 일어나는 것이 아니다. 전 우주가 생명 에너지의 끊임없는 흐름이다. 그것은 계속 움직이고 있다. 어떤 개체적 단위도 없다. 그것은 우주 전체다. 그러나 지적인 눈으로 바라본다면 우주는 절대로 나타나지 않는다. 단지 그 조각들만, 원자 같은 알갱이들만 나타난다.

그리고 이것은 지적 능력을 통해서 이해될 수 있는 문제가 아니다. 만약 그대가 지적 능력을 통해서 이해하려 한다면 그것은 불가능하다. 전적으로 다른 차원, 다른 관점을 가져야 하는 것이다.

만약 그대가 내면에서 전체적일 때 그대에게 외부도 전체적으로 드러난다. 그 계시는 신과의 만남, 혹은 모크샤, 해탈 등으로 불리운다. 어떤 사람은 그것을 니르바나, 즉 불 꺼짐이라고 부른다. 말은 모두 다르지만 같은 본질, 같은 핵심을 갖고 있다.

한 가지 현상이 이 모든 표현의 기초가 된다. 그것은 바로 개체의 사라짐이다. 그대는 그것을 신과의 만남이라고 부를 수 있다. 그때 그대는 개체로서 존재하지 않는다. 그대는 그것을 해탈이라고 부를 수 있다. 거기에 더 이상 자기가 없다. 그대는 그것을 니르바나, 즉 불 꺼짐이라고 부를 수 있다. 붓다가 그렇게 불렀다. 촛불이 꺼지고 나면 어디에서도 불꽃을 찾을 수 없듯이 개체는 비존재 속으로 들어간다. 개체는 사라지는 것이다.

그러나 이 점을 짚고 넘어가야 한다. 왜 모든 종교는 그대가 진리를 깨달으면 에고가, 개체가 사라진다고 말하는가? 모든 종교가 그토록 이것을 강조한다면 이것은, 개체라는 느낌이 환상이라는 의미인 것이다. 그렇지 않다면 왜 그것이 사라질 수 있는가? 개체는, 에고는 실제로 거기에 있는 것이 아닐 때만이 사라질 수 있다. 이것은 매우 역설적으로 보인다. 사라질 수 있는 것은 본래부터 없는 것이다. 그리고 존재하는 것은 사라질 수 없다.

단지 머리 때문에 거짓된 상(像)이 존재 속으로 들어왔다. 그것이 바로 개체라는 개념이다. 그대가 가슴으로 들어간다면 그 거짓된 상은 사라진다. 그것은 머리의 창작품이다. 가슴으로부터는 우주만이 있다. 개체는 없다. 전체만 있다. 부분은 없다. 기억하라. 그대가 없을 때 그대는 지옥을 만들어 낼 수 없다. 그대가 없을 때 그대는 불행을 만들어 낼 수 없다. 그대가 없을 때 거기에 어떤 고통과 번뇌도 없다. 모든 고통과 번뇌는 그대 때문에 존재한다. 그림자의 그림자인 것이다. 에고는 비실재다. 그리고 그 비실재의 에고 때문에 많은 비실재의 그림자가 만들어졌다.

그리고 그것들이 그대를 따라다닌다. 그대는 그 그림자들과 싸움을 계속해야 한다. 그대는 결코 승리할 수 없다. 그 뿌리는 그대 속에 감추어져 있기 때문이다.

스와미 람티어쓰가 어디에선가 한 집에 머문 적이 있었다. 그 집은 가난한 시골 마을에 있었는데 마을에 한 아이가 그 오두막 앞에서 놀고 있었다. 해가 뜨자 아이는 자신의 그림자를 보았다. 그는 그 그림자를 잡으려고 했다. 그러나 그가 달리면 그림자도 달렸다. 그림자를 잡기란 불가능했다. 마침내 아이는 울기 시작했다. 그는 실패했던 것이다. 그는 모든 수단을 동원해서 그 그림자를 잡으려고 했지만 그것은 불가능하다. 그대는 그림자를 잡을 수 없다. 그림자는 본질이 아니기 때문이다. 오직 본질만이 잡힐 수 있다.

람티어쓰가 거기에 앉아 있었다. 그는 그 광경을 보고 웃고 있었고 아이는 울고 있었다. 그 아이의 엄마는 무슨 일이 일어났는지 알고 어쩔 줄 몰라했다. 아이를 달랠 수가 없었던 것이다. 그래서 람티어쓰에게 말했다.

"스와미 님이여, 도와주십시오."

람티어쓰는 아이에게로 다가갔다. 그는 아이의 손을 잡아다가 그의 머리 위에 대었다. 그러자 그림자가 잡혔다. 이제 아이는 손으로 자신의 머리를 잡고 웃기 시작했다. 그는 자신의 손이 그림자를 붙잡고 있는 것을 볼 수 있었다.

그대는 그림자를 잡을 수 없다. 그러나 그대는 자신을 잡을 수 있다. 그대가 자신을 잡는 순간 그림자도 잡힌다. 고통은 에고의 그림자다. 그리고 우리는 그 아이와 같다. 고통과 싸우고 있다. 번뇌와 대결하고 있다. 그것들을 없애려고 한다. 그러나 우리는 결코 승리하지 못한다. 그것은 강인함의 문제가 아니다. 모든 노력이 어리석은 것이다. 불가능한 것을 시도하고 있다. 그대는 먼저 자신을, 에고를 잡아야 한다. 한번 그대가 그것을 잡고 나면 고통은 갑자기 사라질 것이다. 그것은 단지 그림자다.

그러나 자아와 싸움을 시작하는 사람이 있다. 그는 이렇게 배웠기 때문이다.

"자아를 없애라. 에고 없는 상태가 되라. 그러면 축복 속에 있게 될 것이다."

그래서 그들은 자아와, 에고와 싸우기 시작한다. 그러나 그대가 싸움을 시작한다면 그대는 여전히 자아가 존재한다는 사실을 믿는 것이 된다. 그대의 싸움이 그것에게 영양분을 주는 것이다. 싸움은 하나의 에너지가 될 것이다. 그대는 그것을 먹이고 있다. 이 방편은 에고를 생각하지 말라고 말한다. 단지 머리에서 가슴으로 옮겨 가라고 말한다. 그때 에고는 저절로 사라질 것이다. 에고는 머리의 투사체다. 그것과 싸우지 마라. 그대가 그것과 함께 살고 싶다면 그것과 싸움을 계속하라. 그러나 그대가 머리 속에 남아 있는 한 이길 수 없다.

그저 관점을 바꿔라. 머리에서 다른 관점으로 옮겨 가라. 존재의 더 깊은 관점으로 말이다. 전부가 변화된다. 이제 그대는 다른 시각을 갖게 되었기 때문이다. 가슴에서 본다면 에고는 거기에 없다. 이 때문에 우리는 가슴을 두려워한다. 우리는 가슴이 제 자신의 길을 가도록 허락하지 않는다. 우리는 항상 가슴을 간섭하고 방해한다. 그리고 마음을 그 속에 개입시킨다. 우리는 마음을 통해서 가슴을 통제하려 한다. 왜냐하면 두렵기 때문이다. 그대가 가슴으로 들어가면 그대는 자기 자신을 잃게 된다. 그것은 죽음과 똑같다. 그래서 사랑할 용기가 나지 않는다. 사랑에 떨어질까봐 두려워한다. 그대는 그대 자신을 잃어버렸기 때문에 자기를 통제하기가 불가능하다. 그대보다 강한 어떤 것이 그대를 붙잡는다. 그때 그대는 땅 위에 있는지 확신할 수 없다. 자기가 어디로 움직이는지 모른다. 그래서 머리는 말한다.

"바보가 되지 마라. 이성을 갖고 움직여라. 미치지 마라."

그래서 어떤 사람이 사랑에 빠질 때 다른 사람들은 그가 미쳤다고 생각한다. 그 역시 자신이 미쳐 가고 있다고 생각한다. 그는 이렇게 말한다.

"나의 감각 속에 내가 없다!"

도대체 왜 그런 일이 벌어지는가? 통제력이 없기 때문이다. 그가 통제할 수 없는 어떤 것이 일어나고 있다. 그는 어떻게 해볼 수가 없다. 도리어 다른 어떤 것이 자신을 조종하고 있다. 훨씬 더 강한 힘이 그를 붙잡고 있다. 그는 소유당하고 있다.

그러나 그대가 소유될 준비가 되지 않는 한 그대에게 신은 존재할 수 없다. 그대가 소유될 준비가 되지 않는 한 그대에게 신비는 없다. 어떤 축복도, 어떤 은총도 없다. 사랑에 의해서, 기도에 의해서, 우주에 의해서 기꺼이 소유당할 준비가 된 자만이—그것은 에고를 죽일 준비가 되었다는 뜻이다—삶이 실제로 무엇인지 안다. 삶이 무엇을 주는지도 안다. 가능한 것은 즉시 실재가 된다. 그러나 그대는 먼저 자신을 내걸어야 한다.

이 방편은 아름답다. 그것은 그대의 에고에 대해서 무슨 말을 하지 않는다. 그것은 단지 그대에게 한 가지 방법을 알려준다. 만약 그대가 이 방법을 따른다면 에고는 저절로 사라질 것이다.

두번째 방편이다.

93

그대의 형상이 현존하는 어떤 영역이라도 그것을 무한한

허공으로 생각하라.

이것은 같은 것이다. 문이 다를 뿐이다. 기초적인 본질은 같다. 이것 또한 한계를 부수기 위한 것이다. 마음은 한계를 만들어 낸다. 그대가 생각을 하지 않으면 무한 속으로 들어간다. 혹은 다른 문, 즉 그대가 무한과 함께할 수 있다면 그대는 마음에서 멀리 떨어진다. 마음은 무한과 함께할 수 없다. 한정되지 않고 정의되지 않는 것과 공존할 수 없다. 그래서 그대가 한계 없는 어떤 것을 할 수 있다면 마음은 사라질 것이다. 이 방편은 말한다.

"그대의 형상이 현존하는 어떤 영역이라도 그것을 무한한 허공으로 생각하라."

어떤 영역이라도 좋다. 그대는 그저 눈을 감아라. 그리고 머리가 무한하게 되었다고 상상하라. 이제 그것에는 어떤 경계선도 없다. 그것은 끊임없이 넓어져 간다. 그대의 머리는 전 우주가 된다. 어떤 경계선도 갖지 않는다. 만약 그대가 이것을 상상할 수 있다면 갑자기 생각이 멈출 것이다. 만약 그대의 머리가 무한하다고 상상할 수 있다면 생각은 거기에 있지 않을 것이다. 생각은 오직 좁은 마음속에서만 존재할 수 있다. 좁을수록 생각하기에 좋다. 더 큰 마음일수록 생각은 적어진다. 그리고 마음이 전체적인 허공이 될 때 거기에는 어떤 생각도 없다.

붓다는 보리수 밑에 앉아 있었다. 그대는 그가 무슨 생각을 했다고 상상할 수 있는가? 그는 전혀 생각하지 않았다. 그의 머리는 전 우주가 되었다. 그는 허공이 되었다. 무한한 허공 말이다. 이 방편은 상상력이 뛰어난 사람들에게 좋다. 그것은 모든 사람에게 두루 좋지는 않을 것이다. 오직 상상할 수 있는 사람에게만 좋다. 그리고 그 상상은 너무나 실제적이어서 그대는 그것이 상상인지 실재인지 구분할 수 없다. 그때 그것은 그대에게 쓸모가 있다. 그렇지 않으면 별로 도움이 되지 않는다. 그러나 걱정하지 마라. 적어도 보통 사람들 중에서 30퍼센트는 그런 상상력을 갖고 있다. 이들은 매우 강력한 상상의 힘을 가진 사람들이다.

만약 그대의 마음이 교육을 받지 못했다면 상상하기에는 더 쉽다. 교육을 받으면 창조성을 잃게 되기 때문이다. 그때 마음은 하나의 저장고가 될 것이다. 그것은 은행과 같다. 모든 교육 체계는 은행 시스템이다. 그들은 그대 속에 마구 지식을 집어 넣는다. 그리고 그대의 마음은 은행 금고가 된다. 그때 그대는 상상력을 제대로 가동시킬 수 없다. 그때 그대가 하는 것은 무엇이든지 그저 반복이다. 그대가 완전히 숙달할 때까지 계속되는 것이다.

그래서 교육을 받지 못한 사람들은 이 방편을 쉽게 사용할 수 있다. 그리고 대학 교육에 의해서 왜곡되지 않은 마음을 가진 사람들 역시 이 방편을 잘 사용할 수 있을 것이다. 그리고 많은 교육을 받고도 여전히 생명력을 가진 사람들도 간혹 있다. 그들도 이것을 사용할 수 있다. 여자들이 남자들보다 더욱 쉽게 이것을 할 수 있다. 공상 속에 사는 사람들, 몽상가들은 매우 쉽게 이 방편을 수련할 수 있다.

그러나 그대가 그것을 할 수 있는지 없는지 어떻게 알 수 있겠는가? 그대는 수련에 들어가기 전에 간단한 실험을 할 수 있다. 먼저 손을 깍지 끼고 눈을 감아라. 5분 동안 의자에 앉아서 이완하라. 그리고 나서 손이 풀어지지 않는다고 상상하라. 그대는 그것들을 풀 수 없게 될 것이다. 단지 상상을 하라. 그리고 5분 동안 계속 그것을 상상하라. 그리고 마음속에서 이렇게 세 번 말하라.

"이제 나는 깍지를 풀려고 할 것이다. 하지만 나는 그것이 불가능한 것을 안다. 그것들은 완전히 잠겨져서 도저히 풀릴 수 없다."

그리고 나서 깍지를 풀려고 해보라. 열 명 중에 세 명은 손을 풀 수가 없게 된다. 그것들은 실제로 깍지를 낀 손가락이 굳어져서 마치 자물쇠로 잠근 것 같다. 그대가 그것을 풀려고 노력하면 할수록 더욱 불가능해진다. 그때 이 방편은 그대에게 맞는 것이다. 이를 수련하라.

만약 그대가 쉽게 깍지를 풀 수 있다면 이 방편을 통해서 아무것도 일어나지 않을 것이다. 이 방편은 그대에게 맞지 않다. 그대는 그것을 할 수가 없게 될 것이다. 112가지 방편 중에는 상상력을 통해서 수련하는 방편들이 많이 있다. 그것들 모두 그대에게 맞지 않는다. 그때는 쓸데없이 노력할 필요가 없다. 그러니 이 깍지 끼기 실험을 통해서 자신을 정확히 진단하라.

"그대의 형상이 현존하는 어떤 영역이라도 그것을 무한한 허공으로 생각하라."

어떤 영역……, 그대는 온몸을 생각할 수 있다. 이제 눈을 감아라. 그리고 몸 전체가 사방으로 퍼지고 있다고 생각하라. 그것은 경계선을 잃어버리고 무한히 퍼지고 있다. 무슨 일이 일어날 것인가? 그대는 무슨 일이 일어날지 생각할 수 없다. 만약 그대가 생각할 수 있다면 그대는 우주가 되었다. 무한의 의미가 바로 그것이다. 그대의 에고와 관련된 것은 거기에서 발견되지 않을 것이다.

그대의 이름, 그대의 동일시, 모든 의지들을 잃게 될 것이다. 그대의 가난함과 부유함, 그대의 불행과 건강, 그대의 질병 등이 모두 사라져 버릴 것이다. 그것들은 유한한 육체의 부분들이기 때문이다. 무한한 몸에는 그것들이 붙어 있을 수 없다. 그리고 한

번 그대가 이것을 알고 나면 다시 유한한 육체로 되돌아올 수 있다. 하지만 그대는 웃을 것이다. 그리고 유한 속에서조차 그대는 감각을 가질 수 있다. 그때 무한의 감각을 지니고 있지만 말이다. 그대는 그 감각을 지니고 있을 수 있다.

시도하라. 그대가 머리로부터 시도할 수 있다면 좋다. 이것은 모든 환상의 기초이기 때문이다. 그래서 눈을 감아라. 자리에 눕든지 편안한 의자에 기대 앉아라. 이완하라. 머리 속을 바라보라. 머리 뼈가 퍼져 나가는 것을 느껴라. 그것은 확대되고 있다. 만약 그대가 동요되는 것을 느끼면 그때는 좀 천천히 해라. 먼저 그대의 머리가 방 안을 채우고 있다고 생각하라. 실제로 그대는 살이 벽에 닿는 촉감을 느낄 것이다. 그대가 깍지를 끼는 실험에서 손이 풀어지지 않았다면 이 촉감 역시 일어날 것이다. 그대는 벽의 서늘함을 느낄 것이다. 눈을 감고서 그대의 피부로 그것을 만져 보라. 그대는 압력을 느낄 것이다.

그때 계속하라. 그대의 머리는 방을 넘어섰다. 이제 집 전체에 가득 찼다. 그리고 온 시가지가 그대의 머리 속에 있다. 그리고도 계속 확대된다. 3개월 안에 그대는 자신의 머리 속에서 태양이 뜨고, 별들이 운행하고 있음을 느끼게 될 것이다. 그것은 무한해졌다. 그것은 그대에게 알지 못했던 깊은 자유를 줄 것이다. 그리고 이 좁은 마음에 속했던 모든 불행은 사라질 것이다. 그러한 상태에서 우파니샤드의 수행자는 이렇게 말할 수 있다.

"아함 브라흐마스미(Aham Brahmasmi)!—나는 신성이다. 나는 절대자다."

그런 황홀경 속에서 '아날라학크(Analahak)—나는 신이다.'란 말이 뱉어질 것이다.

만수르(Mansoor)는 그런 엑스터시 속에서 이렇게 외쳤다.

"아날라학크―나는 신이다."

이슬람교도들은 그를 이해할 수 없었다. 어떤 종파주의자도 그런 것을 이해할 수 없다. 그들은 그가 미쳤다고 생각했다. 그러나 그는 미치지 않았다. 그는 가장 제정신의 사람이다. 그들은 그가 에고이스트라고 생각했다. 그가 '나는 신이다'라고 말했기 때문이다. 그래서 그들은 그를 죽였다. 그가 죽임을 당하는 동안에, 그의 손들이 잘려 나가는 동안에도 그는 웃으면서 말했다.

"아날라학크, 아함 브라흐마스미!"

어떤 사람이 그에게 물었다.

"만수르여 왜 웃는가? 당신은 지금 살해되고 있다."

그가 말했다.

"그대들은 나를 살해할 수 없다. 나는 전체다."

그대는 부분만을 살해할 수 있다. 어떻게 전체를 살해할 수 있겠는가? 그대가 무엇을 하더라도 전체를 사라지게 할 수 없다.

만수르는 죽으면서 이렇게 말했다고 한다.

"만약 그대들이 나를 실제로 죽이고 싶다면 그대들은 적어도 10년 전 나를 죽였어야 했다. 그때는 내가 있었다. 그때는 나를 죽일 수 있었다. 그러나 지금은 나를 죽일 수 없다. 왜냐하면 나는 더 이상 존재하지 않기 때문이다. 살해될 수 있고 죽임을 당할 수 있는 에고를 내 스스로 이미 죽여 버렸다."

만수르는 이런 유형의 수피 명상법을 수련하고 있었던 것이다. 끊임없이 확장되는 것, 그 확장은 무한하며 개체는 더 이상 존재하지 않는다. 그때 전체만이 남는다.

2,30년 전에 서양에서는 정신성 약품들이 매우 중요해졌다. 그것의 매력은 실제로 확장을 경험하게 하는 것이었다. 약물의 영향 아래서 그대의 좁음은, 그대의 한계는 사라진다. 그러나 그것

은 화학적인 변화다. 영적으로는 아무것도 변화되지 않았다. 그
것은 그대의 신경계에 폭력을 가하는 것이다. 그것이 터져 버리
게 만드는 것이다.

약물을 통해 그대는 어떤 것에도 한정되지 않는 무한한 자유에
대한 일별을 갖게 될 것이다. 그러나 이것은 화학적 힘에 의한 것
이다. 다시 그대는 더 좁고 더 한정된 육체로 돌아오게 될 것이
다. 이전과 똑같은 감옥에 갇히게 된다. 그리고 그 상황은 일별을
대하기 전보다 더 참기 어렵다. 그대는 그 일별을 맛보았기 때문
이다. 하지만 그대는 그것의 주인이 되지 못한다. 그대는 노예가
될 것이다. 중독된 것이다. 이제 그대가 같은 양의 환희를 맛보기
위해서는 더 많은 양의 약물을 필요로 한다.

그러므로 하나의 기준을 잡아라. 그대가 마스터가 된다면 그때
그것은 영적인 변화다. 그대가 만약 노예가 된다면 그것은 영적
인 것처럼 보이지만 실제로는 아니다. 그대는 중독된 것이다. 그
대는 더욱 그 굴레 속으로 빠져 들어간다. 부자유함을 더 느끼게
될 것이다. 따라서 그대가 무엇을 하든지 그것을 통해 그대가 주
인이 될 수 있는지 없는지를 살펴라. 그것을 기준으로 삼아라.

그래서 나는 반복해서 말한다. 진짜 명상이 그대에게 일어나면
그대는 그것을 다시 할 필요가 없다. 만약 그대가 여전히 그것을
다시 맛보고 싶어진다면 그것은 진짜로 일어난 것이 아니다. 그
것 역시 하나의 굴레인 것이다. 명상마저 사라져야 한다. 그대가
그 어떤 것도 필요로 하지 않는 순간이 와야 한다. 그저 있는 그
대로 그대는 신성이다. 있는 그대로 그대는 축복이며 엑스터시인
것이다.

이 방편은 확장을 위한 좋은 방법이다. 의식의 확장 말이다. 그
리고 이것을 시도하기 전에 먼저 깍지를 끼는 실험부터 하라. 그

대가 창조적인 상상력을 갖고 있을 때, 그대의 상상력이 불능이 아닐 때 그대는 그것을 통해 기적을 이룰 수 있다.

〈질문〉

"가슴의 중심을 열고 개발하는 방편에 대해 실제적인 요점들을 설명해 주십시오."

첫째로 머리가 없는 상태가 되어야 한다. 머리가 없는 자신의 모습을 그려 보라. 그리고 머리 없이 다녀 보라. 이 말은 이상하게 들릴 것이다. 그러나 이것은 가장 중요한 훈련 중에 하나다. 그렇게 해보라. 그러면 그대는 알게 될 것이다. 걸을 때마다 자신이 머리를 갖고 있지 않는 것처럼 느껴라. 처음에는 '없는 것처럼' 느끼게 되겠지만 나중에는 정말로 머리가 없다는 느낌이 확실하게 들 것이다. 그러면서 그대는 점점 가슴으로 깊이 들어가게 된다.

이것은 하나의 법칙이다. 어떤 사람이 눈이 멀게 되면 그는 청각이 예민해진다. 왜인가? 눈으로 흐르는 에너지가 귀로 흐르기 때문이다. 또한 장님들은 촉감에도 매우 예민하다. 만약 장님이 그대를 만진다면 그대는 보통 사람이 그대를 만질 때와는 전혀 다른 느낌을 받을 것이다. 우리는 보통 눈을 통해서 사물을 식별하지만 장님은 그 에너지가 손으로 흐른다. 그는 촉감을 통해서 사물을 식별하게 된다. 에너지가 다른 중심으로 흐르기 시작하면 이전에 있던 중심은 사라지고 만다.

꾸준히 이 방법을 실행해 보면 어느 날 이상한 것을 느끼게 될 것이다. 그대는 처음으로 자신이 가슴속에 있다고 느끼게 될 것이다. 그전에는 눈을 감으면 그대는 머리에 있었다. 하지만 이제 그대의 중심은 가슴으로 내려온 것이다. 그대는 가슴을 통해서 세상을 바라보게 될 것이다.

서양인들이 처음 일본에 도착했을 때 그들은 일본 사람들이 배를 통해서 생각한다는 사실을 알고는 경악했다. 그들은 일본 사람을 붙잡고 어디를 통해서 생각하는지를 물어보았다. 그러면 그들은 어김없이 손가락으로 배를 가리키는 것이었다. 선불교가 전해진 이후로 그들은 십수 세기 동안 그렇게 살아왔다. 그래서 그것은 하나의 사실로 굳어졌다. 일본의 문화가 조용한 것을 그 특징으로 하는 것도 바로 이 때문이다.

하지만 이제 세상엔 온통 서양 문화가 퍼져 있다. 이제 동양은 사라졌다. 전세계가 서양이 되었다. 동양의 문화란 박물관에서나 구경할 수 있는 것이다.

머리 없이 살아 보라. 거울 앞에 서서 그대의 눈을 깊이 들여다보면서 가슴으로부터 보고 있다고 느껴보라. 그러면 점점 가슴은 그 기능을 펼치기 시작할 것이다. 그러면 그대의 인격은 전체적으로 변화된다. 그대의 모든 심리 구조와 사고방식이 바뀔 것이다. 왜냐하면 가슴은 제 나름대로의 방식을 갖고 있기 때문이다.

그래서 첫번째로 할 것은 머리를 없애는 일이다. 그리고 두번째로는 사랑을 해보라. 머리를 통해서는 사랑이 안된다. 그대가 사랑을 할 수 있다면 그대는 이미 머리를 잃어버린 것이다. 머리가 정상적으로 작동하는 한 사랑은 가능하지 않다. 사랑은 가슴의 기능이다.

지적인 사람이 간혹 사랑에 빠질 때 그는 바보가 된다. 그것은 갑자기 그의 머리가 기능을 멈춰 버렸기 때문이다. 그는 자신이

하고 있는 행동을 도무지 이해할 수 없다. 그는 자신의 삶을 두 부분으로 나눠 놓았다. 그리고 먹고 사는 일에는 머리를 사용하고 사랑을 나눌 때는 가슴으로 내려온다. 하지만 이것은 말처럼 그리 쉬운 일이 아니다. 그것은 정말로 어려운 일이다.

한번은 내가 캘커타에 있는 친구 집에서 머물 때였다. 친구는 헌법 재판소 판사였는데 어느 날 그의 부인이 나에게 이렇게 말했다.

"문제가 하나 있는데 절 좀 도와주시겠어요?"

그래서 나는 말했다.

"말해 보세요."

그녀는 잠시 망설이다가 입을 열었다.

"그는 침대에서도 최고 법정의 판사처럼 굴어요. 나는 그를 남편이나 사랑하는 사람으로서가 아니라 판사로만 알아요. 그는 하루 24시간 계속 판사랍니다."

그것은 어려운 문제다. 사람이 자신의 지위에서 내려오기란 정말로 어렵다. 그것은 완전히 고정되어 버렸다. 만약 그대가 장사꾼이라면 침대 속에서도 장사꾼일 것이다. 자신에게 형성된 틀을 벗어나기란 무척 어렵다. 하지만 그대가 사랑에 깊이 빠져들면 그때는 그대의 머리에서 벗어나게 된다. 그때 그대는 가슴으로 내려온다.

따라서 그대가 진정 가슴 중심의 사람이 되고자 한다면 그때는 사랑이 풍부해지도록 노력하라. 내가 사랑에 풍부해지라는 말을 할 때는 그대의 인간관계에서 질을 변화시키라는 말이다. 인간관계에서 계산을 밑바탕으로 하지 말고, 사랑을 밑바탕으로 하라는 말이다. 그대의 아내나 남편 뿐만 아니라 그대의 친구들에게도 말이다. 삶을 향한 그대의 자세가 사랑을 밑바탕으로 하라는 말이다. 그것이 바로 마하비라나 붓다가 말한 비폭력의 참뜻이다.

마하비라가 길을 걸을 때 개미 한 마리도 밟지 않으려고 하는 것은 무엇인가? 그것은 개미가 중요해서가 아니다. 그것은 가슴에서 나온 말이다. 그가 삶을 가슴으로 바라보고 한 말이다. 그대의 인간관계 및 삶을 바라보는 모든 관점이 사랑을 밑바탕으로 할수록 그대의 가슴은 더욱 활발하게 기능할 것이다. 그때 그대는 세상을 완전히 다른 눈으로 바라보게 될 것이다. 왜냐하면 가슴은 세상을 바라보는 그 자체의 방식을 갖고 있기 때문이다. 마음은 절대로 그런 식으로 볼 수 없다. 마음은 단지 분석만 할 수 있다. 그러나 가슴은 모든 것을 합한다. 마음은 오직 나누고 쪼갤 뿐이지만 가슴은 전체를 바라보고 전체로 이끈다.

그대가 가슴으로 볼 수 있을 때 삼라만상은 하나의 유기체로 보인다. 그대가 마음을 통해서 접근할 때 우주는 단지 원자들의 조합일 뿐이다. 거기에는 어떤 통일체도 없다. 그저 하나하나의 원자들이 있을 뿐이다. 그러나 가슴은 유기체적 통일체로 바라볼 수 있다. 그리고 그것의 궁극적인 통합은 신이 된다. 그대가 가슴으로 우주를 바라볼 때 우주는 하나이며 그 하나는 바로 신이다.

과학이 신을 발견할 수 없는 것도 바로 그 때문이다. 그것은 불가능하다. 과학의 접근 방식은 궁극적인 통합에 결코 이를 수 없다. 과학은 오직 끊임없이 나누기만 한다. 분자로, 원자로, 전자로, 소립자로까지 말이다. 분석은 잘하지만 전체를 유기적인 통합체로 받아들이지는 못한다. 머리를 통해서는 그것이 불가능하다. 그리고 과학은 가슴의 길이 아니다.

그러므로 사랑이 밑바탕이 되어야 한다. 그대가 무슨 일을 하더라도 그 기초에 사랑이 있어야 한다. 그대가 머리에서 가슴으로 내려오려고 하는 한 항상 이 점을 명심하라. 그대가 풀밭 위를 걷고 있다면 풀 한 포기 한 포기가 살아 있음을 느껴라. 그것은 그대가 살아 있는 만큼이나 생생하게 살아 있는 것이다.

그대가 대하는 모든 사물을 사랑으로 대하라. 그대가 의자에 앉아 있다면 의자를 느껴라. 그리고 의자에 대해 감사의 느낌을 가져라. 의자는 그대에게 안락함을 준다. 의자의 감촉을 느끼고 그것을 사랑하라. 의자 자체가 중요한 것이 아니다. 그렇게 함으로써 그대의 가슴이 열리는 것이다. 그대가 식사를 할 때에도 음식을 사랑하라.

인도에서는 음식을 신성한 것으로 여긴다. 그 의미는 그대가 음식을 먹으면 음식은 그대에게 생명과 활력을 주는 데 있다. 음식에 대해 감사하라. 그리고 사랑의 감정을 느껴라.

보통 우리는 음식을 아주 폭력적으로 먹는다. 마치 어떤 것을 죽이는 것처럼 말이다. 어떤 것을 흡수하는 것이 아니라 마치 그것을 죽이는 것처럼 먹는다. 그리고 뱃속으로 들어가는 것들에 대해서 무관심하다. 아무런 느낌 없이 그냥 입 안으로 던져 넣는다. 그렇게 하지 말고 음식에 대해 사랑의 감정을 느껴라. 감사하라. 그것은 그대의 생명이다. 그것을 맛보고 진심으로 기뻐하라. 그대는 먹는 음식에 대해서 무관심해지지 말고 폭력적으로 되지도 마라.

우리의 이빨은 동물적인 유산이기 때문에 사실 그것은 매우 폭력적인 것이다. 동물은 다른 무기가 없다. 발톱과 이빨이 그들의 유일한 무기이다. 그대의 이빨은 기본적으로 하나의 무기이다. 그래서 사람들은 그들의 이빨로 음식을 죽이고 있다. 따라서 그대가 폭력적으로 될수록 그대는 더 많은 음식을 필요로 할 것이다.

그러나 음식에는 한계가 있다. 그래서 사람들은 담배를 피우거나 껌을 씹는다. 그것 역시 하나의 폭력이다. 그대는 음식과는 무관하게 이빨로 뭔가를 죽이고 갈고 씹고 있는 것이다.

그러므로 그대가 무엇을 하든지 사랑으로 하라. 무관심해지지 마라. 그때 그대의 가슴은 열리기 시작할 것이다. 그리고 그대는 가슴의 중심으로 깊이 들어갈 것이다.

첫째로 머리를 없애라. 둘째로 사랑하라. 셋째로 심미적으로 되라. 아름다움에 대해서 보다 민감해져라. 음악에 대해서, 그대의 가슴을 자극하는 모든 것에 대해서 예민해져라. 이 세상이 수학보다는 음악을 통해서 더 다듬어질 수 있다면, 철학이 아닌 시를 통해 마음을 훈련시킨다면 우리는 훨씬 나은 인간성을 갖게 될 것이다. 왜냐하면 우리가 음악을 듣거나 연주하는 동안에는 마음이 필요 없게 되기 때문이다. 그 동안에는 마음이 저절로 그 기능을 멈춘다.

좀더 심미적으로, 시적으로, 음악적으로 되라. 그대가 위대한 음악가나 시인이 될 필요는 없다. 그러나 그대는 즐거워질 수 있고 명랑해질 수 있다. 그대가 피카소가 될 필요는 없다. 하지만 그대의 집을 스스로 페인트칠 할 수 있고 또 스스로 그림을 그릴 수도 있다. 화구가 없다면 필기구만으로도 말이다.

알라우딘 칸처럼 명인이 될 필요는 없다. 그대는 집에서 뭔가를 연주할 수 있다. 피리나 하모니카라도 말이다. 문제는 얼마나 그대가 가슴으로 노래하고 춤추느냐 하는 것이다. 가슴을 통해 세상을 보라. 거기에는 그대가 전혀 느끼지 못한 새로운 세상이 있다.

가난한 사람도 섬세해질 수 있다. 섬세해지는 데는 부자가 될 필요가 없다. 그대가 저택을 갖고 있지 않아도 그대는 섬세해질 수 있다. 그대가 나무에 대해서, 꽃에 대해서, 태양에 대해서, 바람에 대해서 등등 그대가 보는 모든 것에 대해서 섬세해질 수 있다. 그리고 그것은 그대가 노력해야 하는 것이다. 그대가 능동적으로 섬세해져야 한다. 세상은 수동적인 것이기 때문이다.

그대는 극장에 가서 영화를 본다. 그러면 배우가 나와 연기를 하고 있다. 그대는 그저 앉아서 보기만 한다. 그대는 아무것도 하지 않는다. 방관자일 뿐이다. 그러나 가슴을 여는 일에는 그대가 직접 참여하지 않는 한 되지 않는다.

그대는 위대한 무용가가 될 필요는 없다. 하지만 혼자 있을 때라도 좋다. 춤을 춰 보라. 춤은 그대에게 가슴의 느낌을 전달해 줄 것이다. 어린아이들처럼 펄쩍 뛰어 보라. 그대가 춤을 추는 동안 그대의 중심은 가슴에 있게 된다. 때때로 그대의 이름과 지위와 모든 계급장들을 잊어버려라. 그리고 심각해지지 마라. 때때로 삶을 하나의 게임으로 생각하라. 그러면 가슴이 열릴 것이다. 그때 가슴으로 많은 에너지가 흘러갈 것이다.

그대가 살아 생동하는 가슴을 가질 때 마음의 자질도 변화하게 된다. 그때 그대는 마음으로 갈 수 있다. 그대는 마음을 통해서 가슴의 기능을 펼칠 수 있다. 그러나 마음은 단지 하나의 도구가 될 뿐이다. 그대는 마음을 이용할 수 있다. 더 이상 마음의 노예가 되지 않는다. 그대가 원하면 언제든지 마음으로부터 떠날 수 있다. 그때 그대는 한 사람의 마스터가 되는 것이다. 가슴은 그대가 마스터라는 느낌을 줄 것이다.

깨어나라! 주시하라! 이해하라!

마음도 아니고 물질도 아니다

여기의 방편들은 무딘 그대를
예민하고 섬세하게 만들어 줄 것이다.

마음도 아니고 물질도 아니다

94

그대 몸의 조직이, 뼈와 살과 피가
우주의 정기에 흠뻑 적셔져 있음을 느껴라.

95

창조의 순수한 자질들이
그대의 유방에 스며들고 있음을 느껴라.
그리고 섬세한 형체들을 상상하라.

전세계의 철학자들은 수세기를 걸쳐 우주를 구성하고 있는 근
본 재료가 무엇인지에 대해서 논쟁을 거듭해 왔다. 그것의 본질
이 무엇인지에 대해서 말이다. 그들은 여러 가지 가설들을 세우
고 체계를 정립했다. 물질이 기본 실체이며 마음은 그것의 부산
물이라고 말하는 사람도 있었고, 마음 역시 하나의 물질이라고
말하는 사람도 있었다. 인도에서는 챠르바(Charwak)이 이런
사상을 제시했고, 그리스의 에피쿠로스와 오늘날의 막시스트들
과 다른 유물론자들이 이것을 주장했다. 그리고 그 반대로 물질
이 이차적인 것이고 마음이 그 본질이며 물질은 마음의 형태일
뿐이라고 주장하는 측도 있었다. 베단타와 다른 이상주의적 철학
자들이 그렇게 말했다. 그들은 모든 것을 마음으로 집약시켰다.

금세기 초에 들어서는 유물론자들이 승리했다고 생각되었다.
왜냐하면 물리학과 다른 과학들의 연구 결과로 인해 물질이 우주
의 본질임이 증명되었기 때문이다. 그러나 그 후부터 2,30년이
지나자 모든 것이 완전히 변했다. 이 시대의 가장 위대한 과학자
중의 하나인 에딩턴(Eddington)은 이렇게 말했다.

"이제 우리는 우주가 사물보다는 하나의 의식에 더 가까운 것
이라고 말할 수 있다."

막스 플랑크(Max Planck)와 아인슈타인은 물질 속으로 깊
이 들어가면 물질은 사라져 버린다는 것을 발견했다. 거기에는
물질 이상의 다른 어떤 것이 있었다. 물질을 초월한 것이 거기에
나타났다. 그대는 그것을 물질보다는 마음이라고 부르는 것이 더
쉽다. 그것은 에너지의 한 형태이기 때문이다. 그리고 한 가지 확
실한 점은 그것이 구시대의 개념으로서의 물질은 전혀 아니라는
점이다.

탄트라와 요가에서는 어떤 선택도 없다. 탄트라는 물질이 혹은

마음이 그 본질이라고 결코 말하지 않는다. 탄트라는 제3의 관점을 갖고 있었다. 나는 이 관점이 궁극적으로 승리할 것이라고 생각한다. 탄트라는 마음과 물질이 우리가 'X'라고 부를 수 있는 어떤 것의 형태들이라고 말한다. 마음도 본질이 아니고 물질도 본질이 아니다. 제3의 그 무엇이 있다. 그것은 어떤 쪽으로도 정의할 수 없다. 그것은 실재이며 마음과 물질은 그것의 현현인 것이다. 마음과 물질은 실체가 아니다. 그것은 가려져 있는 제3의 실체의 한 형태일 뿐이다. 그것이 현현될 때마다 마음 내지는 물질로 나타난다.

그래서 마음과 물질 사이에 있었던 모든 공방전은 막을 내리게 되었다. 그 둘 중의 하나를 따르던 추종자들은 그만 사상적 토대를 잃고 말았다. 이것이 진리라면……, 그리고 그것은 물리학의 궁극적인 결론인 까닭에 진리처럼 보이기도 한다. 마음과 물질의 구분이 사라졌다. 이중성이 사라졌다. 그리고 그 본질이라는 것의 행동은 매우 모호한 것이다. 어떤 때는 물질로 행동하다가 어떤 때는 마음처럼 행동한다. 물리학에서 원자 한 개를 놓고 아무것도 말할 수 없다는 사실을 그대가 알면 아마 놀랄 것이다. 그것은 전혀 예상할 수 없는 것이다. 마치 인간처럼 말이다. 하나의 원자가 어떻게 행동할지에 대해서 그 어떤 것도 미리 말할 수 없는 것이다. 그대는 단 하나의 원자의 행동도 예측할 수 없다. 때때로 그것은 물질처럼 인간관계 속에서 행동한다. 그러다가도 마음처럼 자유 의지를 갖고 행동한다. 마치 선택권이 있는 것처럼 말이다.

탄트라는 이 물리학자의 시각과 잘 들어맞는다. 그 이유는 탄트라가 기본적인 실체는 제3의 것이며 미지의 X라고 말하기 때문이다. 탄트라는 실체에 대한 어떤 이론을 전개시키는 데 대해서 아무런 흥미도 없다. 탄트라는 오직 그대의 사드하나를 돕기 위해서 그런 것을 제시한 것이다. 영적인 성장을 돕기 위해서 그렇게 말한 것이다. ─실체는 제3의 어떤 것이며 마음과 물질은 그것의 두 가지 현현이라고. 그때 그대는 마음과 물질 두 가지 문을 통해서 실체로 들어갈 수 있다. 만약 그대가 물질로부터 들어가려 한다면 그때는 다른 방편들이 필요하다. 하타(Hatha) 요가는 물질을 통해 실체로 들어가는 한 방편이다. 육체를 통해서 말이다. 그대는 육체에 뭔가를 해야 한다. 육체를 변형시켜야 한다. 육체에 어떤 화학작용을 일으켜서 그것을 결정화시켜야 한다. 그때 그대는 실체 속으로 들어갈 것이다.

혹은 그대가 마음을 통해서 직접 들어갈 수 있다. 라쟈(Raja) 요가가 바로 그것이다. 그리고 탄트라는 이 모두를 포함하고 있다.

그대는 탄트라를 보고 이렇게 말할 수 없다.

"몸의 자세를 취하는 것만으로 어떻게 실체 속으로 들어가는 데 도움이 될 수 있는가?"

탄트라는 그것이 도움이 될 수 있다고 말한다. 몸의 어떤 자세가 단지 육체의 자세만은 아니다. 육체는 실체의 현현이기 때문이다. 그래서 그대가 육체로 하여금 어떤 자세를 취하게 하면 그대는 실체에 어떤 형태를 부여하는 것이 된다. 이것들은 그대 자신 속으로 쉽게 들어갈 수 있는 자세들이다. 어떤 음식도 도움이 될 수 있다. 어떤 호흡법도 도움이 될 수 있다. 이 모두가 물질적인 것이다. 그대는 그것들을 통해 들어갈 수 있다.

그리고 마음도 비슷한 경우이다. 마음에 어떤 작용을 가하므로써 그대는 실체 속으로 들어갈 수 있다. 거기에서 그대는 여러 번 의문이 일어난다. 경전에서는 시바가 데비에게 상상력처럼 보이는 어떤 방편들을 계속 말하고 있는데, 어떻게 상상력만으로 실체 속에 들어갈 수 있는지가 의심스러운 것이다. 그 의문은 일어날 수밖에 없다. 상상력이 무슨 도움이 될 수 있는가? 그러나 상상력조차도 실체의 한 형식이다. 마음이 실체의 현현이기 때문이다. 그대가 마음속에 상상력을 변화시키면 그것은 실체의 형식을 바꾸는 것이다.

탄트라에서는 비실재란 개념이 없다. 꿈조차 그 자신의 실체를 갖고 있다. 그것은 그대에게 영향을 준다. 꿈은 단지 꿈이 아니다. 꿈도 다른 것과 마찬가지로 하나의 실재하는 것이다. 그것은 그대를 변화시킨다. 그대는 그것을 꿈꾸었기 때문에 이전과 달라졌다. 똑같을 수가 없다. 그래서 만약 그대가 도둑이 되는 꿈을 꾸더라도 아침에 일어나면 아무 차이도 없다고 말할 것이다. 그것은 단지 꿈이라고 말할 것이다. 그러나 탄트라에서는 그렇게 말하지 않는다. 뭔가를 훔치는 꿈은 그대에게 영향을 주었다. 그대의 실체는 꿈꾸기 전과 달라졌다. 그대는 똑같을 수가 없다. 그대가 그것을 인정하든지 안하든지 그것은 그대에게 영향을 미친다. 그대의 미래에, 그대의 행동에 영향을 미친다. 그것은 하나의 씨앗이 되었다.

그래서 한 편의 꿈조차 가볍게 볼 수 없다. 그대는 그것이 단지 꿈일 뿐이라고 생각한다. 하지만 그렇지 않다. 그대는 의식적으로 꿈을 만들어 낼 수 없기 때문이다. 그대는 꿈을 선택할 수 없다. 그것은 그대와 상관없는 어떤 것이 일어나듯이 그대에게 일어난다. 그대는 꿈을 선택할 수 있는가? 그대가 오늘밤 어떤 꿈을 꾸겠다고 미리 결정할 수 있는가? 그렇게 할 수 없다. 왜냐하면 꿈을 의지대로 조종하려면 그대의 실체에 엄청난 변화가 필요하기 때문이다. 꿈은 하나의 꽃과 같다. 장미꽃은 장미넝쿨에서 나온다. 그대가 모든 과정을 변화시키지 않는 한 꽃을 변화시킬 수 없다. 씨앗부터 바꿔야 한다. 단지 꽃만 바꿀 수는 없다. 만약 그대가 꿈을 변화시킬 수 있다면 그대는 실체를 변화시킬 수 있다.

그래서 여러 번 많은 방편들이 상상력에 의존한 것으로 나타나고 있다. 그러나 그것들 또한 실제다. 탄트라는 그대의 상상력을 변화시키려고 한다. 상상력이 변화될 수 있다면 그때는 그 뒤에 감추인 실체가 자동적으로 변화될 것이다.

오늘 우리가 논의할 방편들은 그대의 상상력에서 출발할 것이다. 그대의 꿈으로부터, 마음으로부터 출발한다. 여기에서 세 가지 사항을 기억해야 한다. 첫째, 그대의 마음에 일어나는 것은 무엇이든 그 표면이 전부가 아니다. 그것은 그대라는 상황 때문에 일어나고 있다. 어떤 상황에 그대가 처해 있기 때문에 일어나는 것이다. 그때 두 가지 일이 행해질 수 있다. 상황을 변화시키는 것이 그중 하나다. 그때 그대는 육체에서부터 시작해야 한다. 육체가 그 상황이기 때문이다. 혹은 그대가 상황과 함께 시작하지 않는다면 그때는 이 꿈을 변화시켜야 한다. 마음을 변화시켜야 한다. 이것이 또 한 가지다. 하지만 그것은 쉽지 않을 것이다. 그러나 그대가 계속 노력한다면, 뒤로 물러서지 않고 매진한다면 그때 마음이, 꿈이 변할 수 있다.

둘째, 그때 확실한 사실이 한 가지 있다. 그대는 그대가 생각하는 목적을 이루지 못할 수도 있다. 그러나 그대가 이런 노력을 기울이는 것 자체로서 그대는 변화될 것이다. 그대는 달라질 것이다. 그대가 성공하든지 실패하든지 그대는 달라질 것이다. 바로 그 노력 때문에.

셋째, 마음은 단지 마음일 뿐이라고 생각하지 마라. 꿈은 단지 꿈이라고 생각하지 마라. 만약 그대가 꿈을 조절할 수 있다면 ―
지금 서양에서는 '백일몽 조절법'이라는 심리요법이 행해지고 있
다―그대는 자신을 조절하는 것이 된다. 그때 많은 변화들이 일
어날 것이다.

　여기에 관련된 고대 티벳의 명상법이 있다. 그들은 그것을 '사
자후(Lion's Roar)'라고 불렀다. 그대가 분노와 성욕, 증오와
질투로 가득 차 있을 때 스승은 그대에게 '사자후'라는 이 방편
을 하게 한다. 그러면 그대는 거울 앞에 앉아 자신이 사자가 되었
다고 상상한다. 그리고 사자와 같은 표정을 지어야 한다. 웅크리
고 앉아 혀를 내밀고 사자처럼 포효(咆哮)해야 한다. 그리고 그
대가 사람이라는 것을 잊어버리고 사자가 되었다는 백일몽을 꿀
정도가 될 때까지 이것을 계속해야 한다. 그 시점에 이르면 그대
는 자신의 상상력 속에 빠지게 된다. 그대는 사자가 되는 것이다.
실제로 사자의 포효가 그대 속에서 튀어나온다. 갑자기 그대는
변형된다. 그 포효 속에서 모든 증오와 분노와 성욕이 사라진다.
그리고 나서 그대는 이전에 몰랐던 깊은 침묵 속에 빠질 것이다.

　과거 티벳의 승원에는 사방에 거울이 붙어 있는 특별한 방이
있었다. 그래서 누구든지 분노와 증오와 시기 같은 것으로 고통
을 받으면 그는 그 거울의 방으로 보내어진다. 그리고 그것이 절
정에 이를 때까지 거기에 머문다. 그가 절정에 달하면 승원의 전
대중이 그것을 알게 된다. 왜냐하면 진짜 사자가 거기에서 포효
하고 있기 때문이다. 우리가 볼 때는 그는 완전히 미친 사람 같
다. 그리고 그가 방에서 나오면 완전히 다른 사람이 되어 있다.
보통 그 기간은 3일이 걸린다. 일주일이 걸릴 때도 있다. 그에게
는 음식만 제공될 뿐 나올 수가 없다. 그 절정의 순간이 올 때까
지 그는 자신이 사자라고 상상하고 계속 울부짖어야 한다. 마치

무의식의 밑바닥에서부터 그 포효가 나오는 것처럼 말이다. 그때 온몸으로 거기에 집중한다. 모든 세포가 그것으로 진동한다. 그 포효가 세포 하나하나 속으로 스며든다. 그것은 가장 깊은 카타르시스가 된다. 그대는 그가 분노에 휩싸이는 모습을 다시는 볼 수 없게 될 것이다. 이제 그 독이 빠져 버렸기 때문이다. 처음으로 그의 얼굴은 진짜 사람의 얼굴이 될 것이다.

그대의 얼굴은 사람의 얼굴이 아니다. 거기에는 억압되어 있는 것이 너무나 많기 때문이다. 질투와 시기, 분노가 거기에 억압되어 있다. 그대는 단지 피부 위로만 웃을 뿐이다. 이 방편은 그대의 얼굴을 새롭게 만든다. 만약 그 억압들이 모두 해소되면 그대는 딴사람이 된다. 그리고 이것은 하나의 백일몽 조절법이다.

그리고 서양에서는 또 하나의 방편이 사용되고 있는데 '사이코드라마'라고 불리는 것이 그것이다. 물론 이것도 가장 오래된 불교 수행법의 하나다. 그것은 하나의 드라마에서 자신이 배우가 되어 연기를 하는 것이다. 그 연기에 깊이 몰입해서 자신이 연기하고 있다는 사실을 잊어버리는 것이다. 그때 그대는 배우가 아니라 실제 행위자가 된다. 그리고 그것은 그대를 변화시킨다.

탄트라는 말한다. 만약 그대가 꿈을 변화시킬 수 있다면, 상상력을 변화시킬 수 있다면, 만약 그대가 마음과 그 형태를 변화시킬 수 있다면 그 뒤에 있는 실체가 변화될 것이다. 그것들은 실체에 깊이 뿌리박고 있기 때문이다. 그대는 마음을 통해서 움직일 수 있다. 이 방편들은 그대의 마음이 작용하는 길을, 지금까지 행동해 왔던 그 양식을 바꾸기 위한 것이다.

자, 이제 첫번째 방편으로 들어가자.

94

그대 몸의 조직이, 뼈와 살과 피가
우주의 정기에 흠뻑 적셔져 있음을 느껴라.

간단한 실험을 해보라. 7일 동안 한 가지 간단한 실험만 해보라. 슬픔으로 가득 찬 그대의 피를 느껴라. 그대의 뼈를 느껴라. 그대의 살을 느껴라. 슬픔으로 가득 찬 그대의 온몸을 느껴라. 그대의 세포마다 슬픔이 들어 있다. 어두운 밤이 그대를 둘러싸고 있다. 무겁고 침체되어 있다. 단 한 줄기 빛도 보이지 않는다. 생명은 그대 속에서 고동치지 않는다. 그대는 그저 죽음만 기다리고 있다. 이미 죽음이 거기에 자리잡고 있다. 7일 동안만 이렇게 상상해 보라. 뼈 속 깊이, 골수까지 죽음이 가득 차 있다고 말이다. 그리고 이 분위기를 환기시키지 마라. 7일 동안만 그렇게 계속한 뒤에 어떤 느낌이 일어나는지 지켜보라.

그대는 조금도 살아 있는 것처럼 느껴지지 않을 것이다. 그대는 무엇을 했는가? 그대는 식사도 했고 평소에 하던 그대로 모든 것을 다했다. 단지 상상력만으로, 새로운 상상력만 동원했을 뿐이다.

만약 그대가 여기에서 확실히 죽음을 느낄 수 있다면 이 방편을 수련하는 데 성공할 수 있을 것이다. 사실 그대는 이미 그것에 성공했다. 그대는 이것을 해오고 있었다. 그대는 이렇게 하는데 전문가다. 그러나 무의식적으로 해왔다. 그래서 내가 슬픔이라는 감정을 특별히 등장시킨 것이다. 만약 내가 처음부터 행복에 넘쳐 있음을 느끼라고 말했다면 그것은 매우 어려울 것이다. 그대는 그것을 상상할 수 없다. 그러나 그대가 슬픔을 상상하게 되면 그것은 금방 느껴질 것이다. 그런데 왜 행복을 느끼기는 어려운가? 만약 그대가 주위에 슬픈 분위기를 만들어 낼 수 있다면 왜 그대 주위에 생동하고 춤추는 분위기를 만들 수 없다는 말인가? 슬픔을 의식적으로 느끼는 데 성공할 수 있다면 그때는 기쁨도 의식적으로 느낄 수 있다.

두번째로, 그대는 자신이 겪는 슬픔이 실재가 아니라는 사실을 인식하게 될 것이다. 그것을 만든 사람은 그대 자신이다. 그대가 그 스토리를 만들어 낸 작가다. 물론 그대는 그것을 만드는 줄도 몰랐다. 그대의 슬픔이 단지 그대의 상상이라는 것을 믿기란 어렵게 보인다. 그때는 모든 책임이 그대에게 있기 때문이다. 그때는 다른 누구도 그대 대신에 책임져 줄 수 없다. 그대는 그 슬픔의 책임을 신에게도 던질 수 없고 운명이나 사회 혹은 아내나 남편에게 던질 수도 없다.

7일 동안만 의식적으로 그렇게 해보라. 그리고 나면 그대는 다시는 슬퍼지지 않을 것이다. 그대는 이미 그 열쇠를 알았기 때문이다. 그리고 나서 7일 동안은 행복의 흐름 속에 있어 보라. 행복 속에 떠다닌다고 느껴 보라. 호흡할 때마다 그대는 환희를 느낄 것이다. 단지 그렇게 느껴라. 먼저 7일 동안은 슬픔과 함께 시작하고 다음 7일 동안은 반대 방향인 행복과 함께 시작하라. 그대가 정반대로 향할 때 그 대비를 통해 행복을 더욱 강하게 느낄 것이다. 오직 그때만이 그대는 이 방편으로 들어갈 수 있다. 이것은 행복보다 더 깊은 것이기 때문이다.

슬픔은 표면적이다. 행복은 그보다 더 깊지만 중간이다. 그리고 마지막 이 정수, 이 순수한 핵심은 가장 깊은 것이다. 우주의 본질인 것이다.

"그대 몸의 조직이, 뼈와 살과 피가 우주의 정기에 흠뻑 적셔져 있음을 느껴라."

영원한 생명, 신성의 에너지, 우주의 정기로 흠뻑 적셔져 있음을 느껴라. 그러나 그것을 바로 시작하지는 마라. 그때는 그대가 아무것도 만져보지 못한다. 먼저는 슬픔에서 출발하라. 그리고 행복 속으로 들어가라. 그리고 그 다음 생명의 기원인 우주적 정기 속으로 들어가라. 그리고 그대 자신이 그것으로 가득 차 있음을 느껴라.

처음에는 그것이 단지 상상일 뿐이라고 그대는 느낀다. 그러나 멈추지 마라. 상상력이라도 좋다. 그대는 그것을 상상할 만한 가치가 있다. 그대는 상상하고 있다. 그대가 변하고 있다는 바로 그 상상 속에서 말이다. 상상하는 자는 바로 그대이다. 상상을 계속하라. 점점 그대는 자신이 그것을 상상하고 있다는 사실을 잊어버리게 될 것이다. 그리고 그것은 하나의 실체가 될 것이다.

가장 위대한 불교 경전 중의 하나인 '랑카바타르 수트라(Lankawatar Sutra; 楞伽經)'에서 붓다는 그의 제자 마하마티(Mahamati)에게 거듭 말하고 있다.

"마하마티여, 이것은 오직 마음이다. 지옥도 마음이고 천당도 마음이다. 세계가 모두 마음이다. 깨달음도 마음이다."

이에 마하마티는 이렇게 계속 묻는다.

"마음일 뿐입니까? 니르바나도 마음일 뿐이고 깨달음도 마음일 뿐입니까?"

그러자 붓다는 대답한다.

"그렇다. 마하마티여, 마음일 뿐이다."

그대가 모든 것이 마음일 뿐이라는 걸 이해할 때 그대는 자유로워진다. 거기에는 어떤 속박도 없다. 거기에는 어떤 욕망도 없다.

랑카바타르 수트라(능가경)에서 붓다는 이 세계가 하나의 요

술경과 같다고 했다. 간다르바(Gandharvas)의 도시와 같다고
말했다. 마치 마술사가 만들어 낸 세상처럼 그것은 분명히 거기
에 있는 것처럼 보이지만 생각의 형상 때문에 나타나는 것이다.

그러나 외부의 실체와 함께 시작하지는 마라. 그것은 너무 멀
다. 그것 역시 마음이다. 하지만 그 마음은 그대와 너무 멀리 떨
어져 있다. 그래서 매우 가까운 것부터 시작하라. 그대 자신의 기
분에서부터 시작하라. 그리고 그것에 마스터가 된다면 그대는 그
것들이 그대 자신의 창조물이라는 것을 알게 될 것이다.

슬픔을 생각하는 것에서부터 시작할 때마다 그대는 슬퍼진다.
그리고 그대는 모든 슬픔에 대해 수용적으로 된다. 그때 모두가
그대를 슬퍼지도록 도와줄 것이다. 모든 사람들이 도와줄 것이
다. 전세계는 항상 그대를 도울 준비가 되어 있다. 그대가 무엇을
하든지 말이다. 그대가 슬퍼지고자 한다면 전세계가 그것에 협조
적으로 나올 것이다. 그대는 수용적으로 된다. 실제로 그대가 일
정한 파장을 형성하면 그때는 슬픔만 받아들일 수 있다. 그래서
어떤 사람이 그대를 칭찬하더라도 그것은 그대를 더욱 슬프게 만
든다. 그대를 욕하고 비난하고 오해하는 것 뿐만 아니라 그대를
칭찬하는 것도 말이다. 그가 그대를 칭찬하는 것은 그대의 슬픔
이 표면적이라고 생각하기 때문이다. 그는 그대를 진지하게 받아
들이지 않고 있는 것이다.

그대가 행복할 준비가 되어 있다면 그대는 다른 파장 위에 놓
이게 된다. 이제 그대는 이 세상이 주는 모든 행복을 수용할 수
있도록 조정된다. 그때 모든 곳에서 꽃들이 피어나고 모든 소리
들이 즐거운 음악으로 변한다. 아무것도 일어나지 않았지만, 세
상은 그대로 있지만 그대가 변한 것이다. 그대의 자세가, 시각이
바뀐 것이다. 그 변화된 시각을 통해서 다른 세계가 그대에게 들

어온다.

그러나 슬픔과 함께 시작하라. 그대가 그것만큼은 전문가이기 때문이다. 한번은 고대 하시드(Hassid)의 격언을 본 적이 있다. 나는 그것을 무척 좋아한다. 그 내용은 '어떤 사람이 그의 전생애를 장미의 침대 위에서 보낸다면 장미 알레르기가 생길 때까지 그는 행복하지 않을 것이다'라는 것이다. 장미에 대해서 알레르기가 생기지 않는 한 장미는 그들을 행복하게 만들어 줄 수 없다. 뭔가 잘못된 것을 느낄 때만이 그들은 살아 있음을 느끼기 시작한다는 것이다. 그래서 사람들은 슬픔에 대해서, 병에 대해서, 어떤 부정적인 것에 대해서 알 때만이 뭔가 다른 것을 인식할 수 있다. 그들은 슬픔을 찾고 있다. 뭔가 잘못되고 어둡고 부정적인 것을 찾고 있다. 그들은 죽음에 집중된 것들을 찾고 있다.

나는 수많은 사람들을 깊이 그리고 친밀하고 보다 가깝게 만나 보았다. 그리고 그들이 자신들의 슬픔에 대해서 이야기할 때 나 역시 진지해져야 했다. 그렇지 않으면 그들은 내가 동정심이 없다고 생각한다. 나의 행동을 못마땅하게 여긴다. 그들은 다시는 나를 찾지 않는다. 나는 그들의 슬픔과 함께 슬퍼해야 한다. 그들처럼 심각해져야 그들은 자신의 가슴을 연다. 그리고 그 심각한 문제들은 자신들이 만들어 낸 것이다. 그들은 그것들을 만들기 위해 모든 노력을 아끼지 않는다. 그래서 내가 그것들을 끄집어내려고 하면 그들은 모든 종류의 방패를 만들어 그것을 보호한다. 물론 그 행위는 무의식적이다. 아무도 그것을 알면서 일부러 하지 않기 때문이다.

이것이 바로 우파니샤드가 말하는 무지라는 것이다. 붓다가 말하는 무명이라는 것이다. 부지불식간에 우리는 우리 자신의 삶을 계속 혼란스럽게 만든다. 불필요할 만큼 더 많은 문제들과 고민들을 지어낸다. 그리고 그것이 어떤 것이더라도 일정한 공식을 갖추고 있다. 그 공식에 따라 만들어 내는 것이다. 나에게 오는 사람들은 모두들 외롭고 불행하다고 말한다. 다음 순간 어떤 사람이 와서는 자신은 도저히 고독할 여유가 없다고 말한다. 생각해야 할 것이 너무 많아서 고독을 즐길 시간이 없다고 불행해 한다. 할일이 없어서 불행하다고 말하는 사람도 있다. 어떤 이는 결혼을 해서 불행하다고 말하고, 또 다른 이는 결혼을 하지 않아서 불행하다고 말한다. 사람이란 행복하기가 불가능한 것처럼 보인다. 어떤 상황에 놓이더라도 그대는 불행해 한다. 그래서 내가 그대를 보고 슬픔의 전문가, 불행의 전문가라고 말하는 것이다. 그대는 불행해지는 방법과 수단을 찾는 데 아주 효율적이다. 그리고 언제나 성공을 거둔다.

그러므로 슬픔에서 출발하라. 처음 7일 동안에는 의식적으로 불행하다고 느껴라. 그것은 그대를 전체적으로 변형시킬 것이다. 한번 그대가 상상만으로도 불행해질 수 있음을 확실히 알고 나면 그 다음부터 그대는 불행을 느낄 때마다 그것이 상상력 때문이라는 것을 인식하게 될 것이다. 그때 그대는 자신이 어떤 것을 하고 있다는 것을 알게 될 것이다. 만약 그대가 스스로의 마음에 의해서 불행해질 수 있다면 같은 방식으로 왜 행복해지지 못하겠는가? 거기에는 어떤 차이도 없다. 그 형식은 동일하다. 그때 그대는 이것을 시도할 수 있다.

"그대 몸의 조직이, 뼈와 살과 피가 우주의 정기에 흠뻑 적셔져 있음을 느껴라."

마치 신성이 그대를 통과해서 흘러가고 있다고 느껴라. 존재하는 것은 그대가 아니라 신성이다. 그대는 단지 통로일 뿐이다. 신이 그대 속에 존재한다. 그대가 배고프다고 느낄 때 그것은 신이

느끼는 것이다. 그래서 육체에게 음식을 주는 것은 곧 예배하는
것이다. 그대가 목마르다고 느낄 때는 그가 그렇게 느낀다. 그대
속에 있는 우주의 정기가 그렇게 느끼는 것이다. 그대가 졸리울
때는 그가 졸립다. 그가 쉬기를 원하는 것이다. 그대가 젊다면 그
가 그대 속에서 젊은 것이다. 그대가 사랑에 빠질 때는 그가 사랑
에 빠진 것이다. 그때 그에게 흠뻑 젖어라. 전적으로 그에게 몰입
하라. 어떤 구분도 짓지 마라. 선과 악을 따지지 마라. 일어나는
것은 무엇이든지 그에게 일어나는 것이다. 그대는 그저 사라져
라. 더 이상 거기에 존재하지 않는다. 오직 그만이 있다. 그래서
선과 악, 천국과 지옥을 따지지 마라. 무엇이든지 일어나는 것은
그에게 일어나는 것이다. 모든 책임은 그에게 있다. 그대는 더 이
상 존재하지 않는다. '더 이상 존재하지 않음'이 바로 종교의 궁
극이다.

이 방편은 그대를 위해 사용될 수 있다. 그러나 그대는 그로 충
만해야 한다. 그런데 그대는 어떤 충만도 모른다. 그대의 육체가
단지 하나의 통로인 것을 느끼지 못한다. 그대는 자신의 몸 속으
로 생명 에너지가 흘러가고 있음을 느끼지 못한다. 그대는 자신
이 주위와 분리되어 따로 존재하는 것으로 생각한다. 그러나 그
대가 완전히 열려 있을 때만 이것이 일어날 수 있다. 생명이 그대
를 통해서 움직인다. 일어나는 것은 무엇이든지 생명 에너지에게
일어나는 현상일 뿐 그대에게 일어나는 것이 아니다. 그대는 단
지 하나의 껍데기일 뿐이다. 그대가 그대 주위에 만들어 놓은 모
든 경계선은 거짓이다. 그것들은 실재하는 것이 아니다.

그대는 홀로 존재할 수 없다. 만약 그대가 이 땅에 홀로 존재한
다면……, 그대가 어떻게 존재할 수 있겠는가? 그대는 홀로 존재
할 수 없다. 그대는 별들 없이 존재할 수 없다. 물리학자 에딩턴

은 어디에선가 이렇게 말했다.

"전 존재계는 거미줄과 같다."

그렇다. 존재계는 하나의 거미줄이다. 그대는 어디에서나 그 거미줄을 만질 수 있다. 그리고 그 거미줄의 떨림을 감지할 수 있다. 그대는 어디서든지 존재계를 만질 수 있는 것이다. 그것은 하나다. 그대가 꽃을 만질 때 그대는 전 우주를 만지는 것이다. 그대가 옆사람의 눈을 들여다볼 때 그대는 전 우주를 들여다보는 것이다. 왜냐하면 거미줄은 하나이기 때문이다. 그대는 전체를 만지지 않고 어떤 부분도 만질 수 없다. 부분은 전체 없이 존재할 수 없다.

그대가 이것을 느끼기 시작하면 에고는 사라질 것이다. 에고는 그대가 전체를 어떤 특정한 부분으로 여길 때만이 존재할 수 있다. 그대가 진실을 알 때, 부분은 오직 부분일 뿐이며 전체만이 진짜 전체라는 것을 알 때 에고는 사라진다. 에고는 하나의 오해일 뿐이다.

그리고 이 방편은 수행자로 하여금 우주의 에너지로 충만하게 한다.

이른 아침에, 그대가 생명의 깨어남을 느낄 때, 잠이 달아났음을 느낄 때, 첫번째로 일어나는 생각은 바로 이 충만이어야 한다. 이제 신성이 열리고 있다. 잠에서 깨어나 정신이 되돌아오고 있을 때 거기에 있는 것은 그대가 아니다. 그래서 힌두교인들은 세계에서 가장 깊은 통찰력을 갖고 있는 민족 중의 하나가 되었다. 그들은 아침에 일어나면 첫번째 숨을 내쉴 때 신의 이름을 말하는 것으로 시작하기 때문이다. 하지만 이제 그것은 하나의 형식이 되었고 본질은 빠져 버렸다.

하지만 이 방편은 그것의 기원이다. 그대가 아침에 깨어나는 바로 그 순간 그대는 신성을 기억해야 한다. 그대는 자신을 기억해서는 안된다. 신성이 첫번째 기억이 되어야 한다. 그리고 잠에 떨어지기 직전에, 마지막 기억도 신성이 되어야 한다. 신은 첫번째와 마지막이 되어야 한다. 만약 신이 실제로 아침의 첫번째와 밤의 마지막이 된다면 신은 그대와 하루 종일 함께할 것이다.

그래서 그대는 신으로 충만되어 잠속으로 들어가야 한다. 이것을 해보라. 그대는 놀랄 것이다. 그대의 수면의 질이 완전히 달라질 것이기 때문이다. 잠을 자는 동안, 오늘밤 당장 그렇게 해보라. 제발 그대는 잠에 떨어지지 마라. 그대가 아니라 신성이 잠에 떨어지도록 하라. 그대가 잠자리를 준비하는 동안 신성을 위해서 잠자리를 준비하라. 손님이 오고 있다. 그대가 침대에 눕는 동안 그대가 아니라 신성이 거기에 있게 하라. 도리어 그대를 손님으로 취급하라. 잠을 자면서도 신성이 존재한다는 것을 계속 느껴라. 신성은 모든 호흡 속에 충만하게 배어 있다. 신성은 혈액 속에서 고동치고 있다. 가슴에서 뛰고 있다. 이제 신성은 하루의 일을 마치고 피로를 느낀다. 이제 신성은 휴식을 원한다.

그리고 아침에 그대는 완전히 다른 차원의 잠을 잤다고 느낄 것이다. 그 잠의 차원은 우주적이다. 가장 깊은 근원에서 만남이 이루어졌기 때문이다.

그대가 자신을 신성이라고 느낄 때 그대는 심연 속으로 떨어진다. 그때는 공포가 없다. 그렇지 않으면 그대는 두려워할 것이다. 잠자는 동안 끝이 없는 수렁 속으로 깊이 떨어질 것을 두려워한다. 졸리움이 찾아오는 것이 고통으로 다가올 것이다. 그것은 긴장 때문이 아니다. 잠에 떨어지는 것이 바닥 없는 심연으로 떨어지는 것처럼 느껴지기 때문이다. 나는 그것을 두려워하는 사람을 몇 알고 있다.

하루는 한 노인이 내게 와서 말했다. 그는 무서워서 도저히 잠들 수가 없다고 말했다. 그래서 내가 물었다.

"왜 두려워합니까?"

그가 말했다.

"내가 진짜로 잠들까봐 두렵습니다. 그리고 나는 죽을 것입니다. 그래서 나는 두렵습니다. 나는 의식을 잃을 것이기 때문입니다. 나는 죽을지도 모릅니다. 이렇게 늙었으니까요. 그리고 잠속에서도 죽음은 생각하기 싫습니다. 적어도 무슨 일이 일어나고 있는지 알 수 있도록 나를 깨어 있게 만들어 주십시오."

그대는 떨어지지 않기 위해 어떤 것에 계속 집착한다. 그러나 그대가 신성이 거기에 있다는 것을 느낄 때 그대는 받아들인다. 심연 또한 신성이다. 죽음 또한 신성이다. 이제 그대는 그대 존재의 근원 속으로 깊이 떨어질 것이다. 그리고 나서 아침에 눈을 뜨면 제일 먼저 생각나는 것이 바로 신성이다. 그때는 하루 전체가 달라질 것이다.

충만해져라. 그대가 무슨 일을 하든지 그것은 그대가 하는 것이 아니다. 신성이 그것을 하는 것이 되게 하라. 그대는 단지 허락만 하라. 먹어라. 잠자라. 걸어라. 그러나 신성이 그것을 하게 하라. 단 한순간만이라도 그대가 그것을 느낀다면 나는 말한다. 그대가 없고 신성이 그대를 완전히 물들이는 절정이 온다면 그대는 깨달을 것이라고. 단 한순간에 말이다. 그 시간이 흐르지 않는 순간에 말이다. 그대는 삶의 모든 신비를 인식하게 될 것이다. 그때 공포는 더 이상 없다. 죽음도 없다. 이제 그대는 생명 그 자체가 되었다. 그것은 계속되고 또 계속될 것이다. 끝도 없고 시작도 없이 계속될 것이다. 그때 삶은 엑스터시다.

그리고 모크샤의 개념도, 천국이나 낙원의 개념도 유치할 뿐이다. 왜냐하면 그것들은 여전히 공간적인 것이기 때문이다. 그것들은 존재의 궁극적인 상태의 상징일 뿐이다. 하나의 개체가 우주 속으로 용해되었을 때, 개체가 자신 속에 우주가 녹아들도록 허용했을 때, 두 개가 만나 하나가 되었을 때, 마음과 물질이 둘 다 궁극적인 것의 현현이 되었을 때 본래의 근원, 제3의 것으로 되돌아갈 것이다. 모든 탐구가 그것을 위한 것이다. 그것만이 유일한 탐구다. 그리고 이것이 성취되기 전에는 결코 만족하지 않을 것이다. 아무것도 그것을 대신할 수 없다. 그대는 수많은 생을 계속 이어갈 것이다. 그러나 이것이 달성되지 않는 한 그대의 탐구는 결코 그치지 않을 것이다. 그대는 결코 편히 쉴 수 없을 것이다.

이 방편은 매우 도움이 될 수 있다. 거기에는 어떤 위험도 없다. 그대는 이것을 스승 없이도 수련할 수 있다. 육체란 너무나 복잡한 현상이다. 그래서 무엇이 진행되고 있는지 정확하게 아는 사람 없이 시작한다는 것은 위험하다. 그대는 그 메커니즘을 혼란시킬 수 있기 때문이다. 그리고 그것을 다시 고치기란 쉬운 일이 아니다. 마음을 조절하는 모든 방편은 상상력에 기초하고 있다. 그리고 육체와 직접 닿을 기회가 없어서 위험하지 않다. 그래서 스승 없이도 이런 방편은 수련이 가능하다. 사실 스승 없이 방편을 수련하는 것은 힘들다. 그대는 어떤 자신감도 갖고 있지 않다. 실제로 스승은 아무것도 하는 것이 없다. 그는 카탈로그를 소개하는 대리점과 같다. 그는 아무것도 하지 않을 것이다. 또 실제로 할 것이 없다. 하지만 그의 현존만으로도 그대는 자신감을 얻는다. 그대는 용기 있게 매진할 수 있다. 그가 있기 때문에 그대는 두렵지 않다. 그대는 미지의 영역 속으로 들어갈 수 있다. 그리고 육체에 관한 방편만큼은 스승이 꼭 필요하다. 육체는 하나의 메커니즘이고 그대는 쉽게 되돌릴 수 있는 가능성이 없는 어떤 것을 할 수 있기 때문이다. 그대는 자신을 해칠 수 있다.

한 사람이 나를 찾아왔다. 그는 몇 시간씩 시르쉬아사나(sirsh-asana)를 해오고 있었다. 물구나무서기를 말이다. 처음에는 하루 종일 상쾌했고 긴장도 풀어지는 것을 느꼈다. 그러나 문제가 생겼다. 몸이 뜨거워지기 시작한 것이다. 이제 그는 거의 미칠 지경이 되었다. 왜냐하면 그는 시르쉬아사나가 그에게 많은 도움이 되리라고 생각했기 때문이다. 몸이 시원해지고 집중되고 고요해지고 이완되는 느낌을 받았다. 하지만 이제 그가 혼란을 느끼자 그것을 더욱 열심히 했다. 그는 그것이 자신을 도와주리라고 생각했다. 그러나 바로 시르쉬아사나가 원인이었다.

마음, 즉 두뇌의 메커니즘은 일정한 양의 혈액 순환을 필요로 한다. 그 양이 모자라면 그대는 어려워진다. 그 양이 많아도 곤란하다. 모든 것이 어려워진다. 그대가 베개를 베지 않고 잠들 수 없는 것도 바로 이런 이유다. 일정한 양보다 더 많은 혈액이 두뇌로 흘러 들어오기 때문이다. 그러면 잠들기가 어려워진다. 만약 그대가 물구나무서기를 너무 많이 한다면 그대는 완전히 잠을 못 들 수도 있다. 거기에 위험이 있다. 그대가 7일 동안만 잠을 자지 못하면 미칠 것이라는 기록이 있다. 그대는 잠을 자지 않고 7일 동안만 버틸 수 있다. 그런 상태로 시간이 더 지나가면 그대는 미칠 것이다. 두뇌 속에 아주 미세한 조직이 망가질 것이기 때문이다. 그리고 그것들은 쉽게 대체될 수 없다.

그대가 물구나무서기를 계속한다면 모든 혈액이 머리로 향해 흐르기 시작한다. 그래서 나는 물구나무서기를 하는 사람치고 지적인 사람을 보지 못했다. 그것을 너무 많이 하면 우둔해질 수밖에 없다. 두뇌 속의 아주 미세한 조직들이 죽어 버리기 때문이다.

과도한 양의 혈액이 공급되면 그 압력으로 미세한 조직이 파괴된다.

그래서 몇 초 동안이나 혹은 몇 분 동안 시간을 정할 수 있는 스승이 필요하다. 육체와 관계되는 방편, 아사나 같은 것들은 스승과 함께 행해져야 한다. 절대로 혼자 하지 마라. 그대의 육체는 매우 큰 것이고 그대의 두뇌는 너무나 미세한 것이다. 과학자들은 두뇌 속의 그 신경망이 전 우주만큼이나 복잡하다고 말한다.

고대 힌두교 현자들은 우주 전체가 머리 속에 축소판으로 존재한다고 말했다. 우주의 모든 복잡함이 머리 속에 축소되어 있다는 것이다. 뇌세포들의 관계성이 이해되면 그대는 전 우주의 복잡함을 이해할 수 있을 것이다. 그대는 어떤 뇌세포도, 그것의 어떤 관계성도 알지 못한다.

겨우 지금부터 3세기 전에야 몸 속에 혈액이 순환하고 있음이 밝혀졌다. 그전에는 혈액이란 고정되어 있는 것으로 알았다. 순환이란 매우 최근의 개념이다. 사람들은 수백만 년을 살아왔지만 혈액이 순환한다는 것을 아무도 느끼지 못했다. 그대는 그것을 느낄 수 없다. 얼마나 빠른 속도로 얼마나 많은 작업이 진행되는지 모른다. 그것은 커다란 공장이다. 그대의 몸은 가장 미세한 기계 중의 하나다. 그것은 계속 자가 진단을 하며 자가 치료까지 한다. 그리고 부드럽게 작동된다. 우리는 70년 동안 스스로를 돌보는 어떤 기계 원리도 만들어 내지 못했다. 그래서 그대가 육체에 대한 수행을 시작할 때 그것에 대해 잘 알고 있는 스승 옆에서 하라. 그렇지 않을 때는 하지 마라.

그러나 상상력을 통한 수행은 문제가 없다. 그것은 간단한 현상이다. 그대는 그것을 시작할 수 있다.

자, 두번째 방편이다.

95

창조의 순수한 자질들이 그대의 유방에 스며들고 있음을
느껴라.
그리고 섬세한 형체들을 상상하라.

시바는 지금 그의 연인인 데비, 즉 파르바티에게 말하고 있다.
이 방편은 특별히 여성들을 위한 것이다. 그래서 먼저 몇 가지 사
항들이 이해되어야 한다. 남성의 몸과 여성의 몸은 유사하다. 그
러나 서로 다른 점도 많이 있다. 이 상이한 점은 상호 보충적이
다. 남성에게는 긍정적인 부분이 여성에게는 부정적이다. 그리고
여성에게 있어서 긍정적인 부분은 남성에게 있어서 부정적이다.
남자와 여자가 깊은 오르가즘 속에서 만날 때 하나의 오르가즘이
되는 것도 바로 이 때문이다. 긍정적인 부분과 부정적인 부분이
만나서 하나를 이룬다. 전류의 흐름을 만드는 것이다.
따라서 섹스는 그토록 매력적인 것이다. 섹스가 그토록 호소력
이 있는 것도 바로 그 때문이다. 인간이 죄인이기 때문에, 부도덕
하기 때문에 성에 대해서 매력을 느끼는 것이 결코 아니다. 이 시
대가 너무 음란하기 때문도 아니다. 저질적이고 자극적인 영화나
책 때문이 아니다. 그것은 더욱 깊이 뿌리박힌 우주 에너지와 관
련되어 있다.
섹스에 대한 매력은 남성과 여성이 한 원의 절반만 갖고 있기
때문이다. 모든 존재는 완전해지려는 노력을 끊임없이 하고 있
다. 이 계속되는 완성에 대한 집착이 섹스에 대한 끌림으로 나타
나는 것이다. 완전해지고 싶은 것은 바로 궁극적인 우주의 법칙
이다. 뭔가 모자람을 느낄 때 그대는 그 모자라는 부분을 채우고
싶어한다. 자연은 불완전함을 싫어한다. 어떤 종류의 불완전이라

도 말이다. 남성은 불완전하다. 여성도 불완전하다. 이 양자는 오직 순간적으로만 완전할 수 있다. 서로의 극을 만나서 하나의 원이 될 때, 둘이 용해되어 하나가 될 때, 그때만이 완전이 가능하다.

이 세상의 모든 언어 가운데서 '사랑'과 '기도'가 가장 중요한 단어가 되는 것도 바로 그 때문이다. 사랑 속에서 그대는 상대방과 하나가 된다. 기도 속에서 그대는 전 우주와 하나가 된다. 내면적으로 볼 때 사랑과 기도는 같은 것이다.

그 육체들은 서로 닮았다. 그러나 그들의 긍정적인 부분과 부정적인 부분은 서로 다르다. 어머니의 자궁 속에서 갓 생성된 아기는 몇 주 동안은, 내가 생각하기로 적어도 6주 동안은 남자도 아니고 여자도 아니다. 그때는 중성이다. 6주가 지난 뒤부터 그 몸은 남성이 되든지 여성이 되든지 둘 중 한쪽으로 발육된다. 그 아기가 여성이라면 성 에너지의 극은 유방이 될 것이다. 유방은 양극(陽極)이 될 것이다. 여성의 질이 음극이기 때문이다. 그가 남성일 경우 그의 양극은 그의 성기가 될 것이다. 그리고 그의 음극(陰極)은 그의 유방이 될 것이다. 남성의 육체에도 유방이 있다. 여성의 육체에 있는 모든 부분이 남성에게도 다 갖추어져 있다. 하지만 남성의 육체에 있어서 여성적인 부분은 모두 음극이다. 그리고 여성의 육체에도 남성의 성기에 해당되는 것이 있다. 클리토리스가 바로 그것이다. 그러나 그 기능은 정지되어 있다. 그런 점에서 여성에 있어서 클리토리스의 경우는 남성의 유방에 해당된다.

심리학자들은 하나의 의문을 갖고 있다. 남성에게 유방은 아무 필요가 없다. 그런데 왜 남성의 육체에도 유방이 있는가? 그것이 도대체 무슨 필요가 있는가? 남성의 경우 자신의 유방은 음극이 된다. 따라서 남성은 여성의 유방에 매력을 느낀다. 여성의 유방은 전류의 양극에 해당되기 때문이다. 이 때문에 수많은 시와 그림, 그리고 조각들에서 여성의 유방이 관심 있게 묘사되었다. 사실 남성은 여성의 육체보다도 그 유방에 더 관심을 갖고 있는 것 같다. 이런 경향은 새삼스러운 것이 아니다. 고대 동굴벽화에서도 제일 강조되고 있는 부분은 유방이다. 육체는 유방을 그리기 위한 배경일 뿐이다. 유방이 근본이다.

이 방편은 여성만을 위한 것이다. 여성에게 있어서 유방은 그녀의 긍정적인 부분, 즉 양극이기 때문이다. 질은 유방보다 민감하지 않다. 여성의 육체 가운데서 가장 민감한 부분은 유방이다. 여성의 몸 전체는 유방의 둘레에 지나지 않는다.

이런 이유 때문에 힌두교는 여자가 어머니가 되지 않는 한 완전한 여자가 될 수 없다고 말하고 있다. 하지만 남자의 경우는 다르다. 아무도 남자가 아버지가 되지 않는 한 완전해지지 않는다고 말하지 않는다. 아버지가 되는 일은 우연한 일이다. 그것은 될수도 있고 안될 수도 있다. 그것은 기본이 되지 않는다. 남자는 아버지가 되지 않아도 전혀 잃는 것이 없다. 그러나 여성의 경우는 다르다. 어머니가 되지 않는다면 그녀는 많은 것을 잃어버리게 될 것이다. 여성의 창조력은, 여성의 모든 기능은 오직 어머니가 될 때만이 작동되기 때문이다. 따라서 유방이 그녀의 중심이 될 때 그녀는 전체가 된다. 그리고 어린아이가 태어나서 그것을 필요로 하지 않는 한 그 유방은 여자의 중심이 되지 못한다. 남자는 아내를 얻으려고 여자와 결혼한다. 그러나 여자는 어머니가 되기 위해 남자와 결혼한다. 따라서 여자의 가장 근본적인 관심은 여성 에너지를 일깨우게 하는 아기를 갖는 것이다. 그래서 남성은 두려워한다. 아기가 태어나는 순간 그는 여성의 관심 밖으로 밀려나기 때문이다. 대신에 아기가 그녀의 중심을 차지해 버린다. 그래서 아버지는 아기에게 질투를 느낀다. 그녀와 그 사이에 아기가 끼어들었기 때문이다. 그때부터 여성은 남편보다는 아기에게 더 관심을 쏟는다. 남성은, 아버지는 존재의 외곽이 된다. 본질이 아니라 생존적 차원에서만 필요하게 된다. 아기가 태어남으로써 여성의 근본적 욕구가 충족된 것이다.

서양에서는 근래에 와서 아기에게 젖을 물리지 않는 풍조가 일고 있다. 이것은 매우 위험한 일이다. 이것은 그녀가 자기 존재의 창조적인 중심에 이르려 하지 않는 것을 의미한다. 남자가 여자를 사랑할 때 그는 그녀의 유방을 사랑할 수 있다. 그러나 그 유방을 어머니라고 부를 수는 없다. 오직 아기에게만 그것이 가능하다. 혹은 사랑이 너무 깊어져서 남편이 아기처럼 될 수가 있다. 그때는 그것이 가능하다. 그리고 여성은 자신이 애인이라든지 그 남자의 어머니가 되었다든지 하는 것을 완전히 잊어버린다. 그때는 아기가 더 이상 필요 없다. 그녀는 어머니가 될 수 있다. 존재의 중심이 유방 부근에서 일어날 수 있다.

이 방편은 말한다.

"창조의 순수한 자질들이 그대의 유방에 스며들고 있음을 느껴라. 그리고 섬세한 형체들을 상상하라."

여성의 모든 창조성은 이 모성에 근거를 두고 있다. 이 때문에 여성은 어떤 종류의 창작 행위에도 별관심이 없다. 남성은 만들어 내는 자이다. 그러나 여성은 결코 만들어 내는 자가 아니다. 여성은 그림을 그리지 않는다. 시를 쓰지 않는다. 저술 활동을 하지 않는다. 그녀는 위대한 종교를 만들지 않는다. 그녀는 아무것도 하지 않는다. 그러나 남성은 '만들어 내는 자'이다. 남성은 창작광이다. 그는 발명을 한다. 무기를 만든다. 조각을 하고 그림을 그린다. 여기에 대해 탄트라는 이렇게 말한다.

"남성은 천부의 창조 능력이 없기 때문이다. 남성은 불완전하다. 긴장으로 가득 차 있다."

남성은 어머니가 되려고 한다. 창조자가 되려는 것이다. 그래서 그는 시를 짓는다. 책을 쓴다. 그림을 그린다. 이처럼 그는 많은 부분에서 어머니가 되고자 한다. 그러나 여성은 그렇게 하지 않고도 편안하다. 그녀가 어머니가 될 수 있다면 그녀는 이미 충족되었다. 그래서 창작 행위에 별관심이 없다.

여성이 어머니가 될 수 없을 때, 사랑할 수 없을 때, 창조성의 절정에 도달할 수 없을 때, 그때 여성은 뭔가를 하려고 한다. 따라서 창조 능력이 마비된 여성만이 창조자가 될 것이다. 시인이 되고 화가가 된다. 그러나 그들은 언제나 이류가 될 것이다. 그들은 결코 일류가 될 수 없다. 남성이 아이를 낳는다는 것이 불가능하듯이 여성들은 그림을 그리고 시를 짓고 다른 창작 행위를 하는 것이 불가능하다. 그리고 남자는 어머니가 될 수 없다. 생물학적으로 이것은 불가능하다. 그래서 그는 갭을 느낀 것이다. 그 갭을 메우기 위해 그는 많은 것들을 만들어 낸다. 그러나 그 많은 창작 행위에도 불구하고 그의 바람은 충족되지 않는다.

붓다의 경우 이 바람이 충족되었다. 그는 그 자신을 태어나게 했다. 그는 이제 아버지이면서 동시에 어머니이다. 그는 완전한 만족감으로 충만해 있다.

여성은 훨씬 쉽게 충족감을 느낄 수 있다. 그녀의 창조성이 유방에 모여 있다. 모든 여성들이 그토록 자신의 유방에 대해 신경을 쓰는 것도 바로 이 때문이다. 그들의 모든 관심이 이 유방에 집중되어 있다. 그녀는 언제 어디서나 자신의 유방을 의식한다. 그것을 감추든지 노출시키든지 여하튼 유방에 관심이 가 있다.

유방이야말로 그녀의 가장 비밀스런 부분이다. 유방이야말로 그녀의 보물 창고다. 그대의 중심이 된다. 창조의 중심이다. 어머니의 중심이다. 시바는 말한다.

"창조의 순수한 자질들이 그대의 유방에 스며들고 있음을 느껴라. 그리고 섬세한 형체들을 상상하라."

유방에 집중하라. 유방과 하나가 되라. 몸을 잊어버려라. 그대의 의식이 유방에 응집되면 될수록 많은 변화가 일어날 것이다. 온몸의 무게가 사라질 것이다. 깊고 달콤한 느낌이 그대를 감쌀 것이다. 그것은 그대 주위에서, 그대 속에서, 그대의 위와 아래와 모든 곳에서 고동칠 것이다.

실제로 모든 명상 방편은 남자에 의해서 만들어졌다. 그리고 남자가 수련하기 쉽게 되어 있다. 그러나 내가 아는 한 오직 시바만은 여성을 위하여 어떤 명상 방편을 만들었다. 남자는 이것을 수련할 수 없다. 만약 남자가 이 방편을 수련하려고 유방 주위에 집중한다면 몹시 불편해질 것이다. 5분도 채 안 되서 그는 지칠 것이다. 남성의 부분은 부정적인 부분이기 때문이다. 그대에게 부정적인 느낌을 준다. 그대는 불편함을 느낄 것이다. 뭔가 잘못되었다는 것을 느낄 것이다. 병이 날 것 같은 느낌이 들 것이다.

그러나 여성의 경우에 유방은 긍정적인 부분이다. 여성이 자신의 유방에 집중하게 되면 편안해지는 것을 느낄 것이다. 축복을 느낄 것이다. 축복이 그녀의 온몸 구석구석으로 스며들게 될 것이다. 그리고 마침내는 몸무게마저 느끼지 않게 될 것이다. 그들은 빛을 느낄 것이다. 마치 날 수 있을 것처럼 느낄 것이다. 그리고 이 집중은 많은 변화를 일으킬 것이다. 그대는 더욱 모성적으로 될 것이다. 그대가 어머니가 되지 않았어도 그대는 더욱 모성적으로 될 것이다. 그대를 아는 모든 사람이 그대에게서 진한 모성애를 느낄 것이다. 그대는 그들에게 자비심을, 사랑을 줄 것이다. 그러나 이 유방에 대한 집중은 완전히 이완된 상태에서 행해져야 한다. 긴장 상태에서 이것을 하면 그대와 유방 사이에 분리가 일어난다. 이완하라. 그 속으로 녹아 들어라. 그대는 더 이상 존재하지 않고 거기에 유방만 있다고 느껴라.

남성도 이와 같이 하려면 그는 유방이 아니라 자신의 성기에 집중해야 한다. 모든 쿤달리니(Kundalini) 요가에서 첫번째로 중요시 여기는 챠크라가 바로 이것이다. 그는 페니스의 뿌리에 집중해야 한다. 거기에 창조성이 있기 때문이다. 거기에서 그는 긍정적으로 된다. 그러므로 기억하라. 절대로 부정적인 부분에 집중해서는 안된다. 부정적인 부분에 집중하게 되면 모든 부정적인 것이 그대를 따라올 것이다. 긍정적인 부분에 집중하게 되면 모든 긍정적인 것이 따를 것이다.

남성과 여성이 만날 때 남성에게는 상체가 음극이고 하체는 양극이다. 그리고 여성의 경우 그와 반대가 된다. 이 두 개의 양극과 음극이 만나서 하나의 순환이 만들어진다. 이 원은 지복 그 자체이다. 그러나 그것은 일상적인 차원이 아니다. 일상적인 섹스의 동작 속에서는 결코 이 에너지의 순환이 이루어지지 않는다. 섹스에 대해서 그토록 매력을 갖는 이유가, 그리고 섹스를 그토록 거부하는 이유가 바로 여기에 있다. 그대는 섹스에 강하게 이끌린다. 그래서 그것에 대해 강한 거부심도 일어난다. 그대는 성욕을 느낀다. 섹스 행위를 필요로 한다. 그러나 막상 그 기회가 주어지면 그대는 좌절을 느끼게 된다. 좌절을 통해서는 아무것도 일어나지 않는다. 두 육체가 완전히 이완되어 어떤 저항이나 두려움이 없이 서로에게 활짝 열릴 때 완전한 원이 만들어진다. 두 전극이 서로 만나서 하나로 용해된다.

그때 이상한 현상이 일어난다. 탄트라는 그것을 기록해 놓았다. 그대가 들어본 적이 없는 현상을 말이다. 이것은 매우 이상한 현상이다. 두 연인들이 서로 만나서 하나의 에너지 고리를 형성할 때 스파크 현상이 일어난다. 어느 순간에 남자는 여자가 되고 여자는 남자가 된다. 에너지가 흘러가 하나의 원을 만든다. 그래서 섹스 행위에서 처음에는 남자가 능동적으로 되지만 곧 수동 상태에 들어간다. 그러면 그때까지 수동적인 상태에 있던 여성이 능동적으로 된다. 이는 남성의 에너지가 여성으로 흘러갔다는 것을 의미한다. 하지만 보통의 경우 남성은 어디까지나 능동적이고 여성은 어디까지나 수동적인 상태에서 끝을 맺는다. 그러므로 깊은 사랑 속에서, 오르가즘 속에서만이 에너지의 변형이 가능하다. 그 순간 남성은 여성이 되고 여성은 남성이 된다. 그리고 이는 확실히 느껴진다.

삶 속에는 리듬이 있다. 모든 것 속에 하나의 리듬이 있다. 호흡을 예로 들면 숨이 들어와서 잠시 머물다가 다시 나간다. 다음에 또 정지 상태가 일어난다. 그리고 다시 숨을 들이마신다. 심장이 뛰는 것도 마찬가지다. 한 번 뛰고 멈추고 다시 뛰고 멈춘다. 그리고 다시 뛴다. 호흡이 들어가고 나감은, 심장의 고동은 남성 에너지의 현상이다. 그리고 호흡 사이의 정지 상태나 심장 고동 사이의 정지 상태는 여성 에너지의 현상이다.

삶은 그 자체가 하나의 리듬이다. 남성과 여성이 서로 만날 때 그것은 하나의 순환이 된다. 여기에도 일정한 간격의 멈춤이 있다. 그때 그대는 여성이다. 다음 순간 그대는 남성이 된다. 남성이 여성이 되고 여성이 다시 남성이 된다. 이 상태가 리드미컬하게 계속된다. 이 정지 상태를 통해 그대는 순환의 차원을 경험하게 될 것이다. 에너지의 두 극이 하나로 만나 순환되면서 그 합일을 경험하게 될 것이다. 우주 그 자체를 경험하게 될 것이다. 이 순환이 바로 데비의 요니(yoni)와 시바의 링가(linga)로 표현된 다. 따라서 이 순환은 두 에너지의 가장 차원 높은 만남의 현상이 다.

이것은 좋은 방편이 될 것이다. 단순히 이완하라. 유방으로 옮 겨 가라. 유방과 하나가 되라. 그대의 유방은 그대 존재 전체가 된다. 몸 전체는 그저 유방이 존재하기 위한 하나의 배경이 된다. 몸은 두번째다. 그것은 배경이 될 뿐이다. 그리고 그대는 유방 속 에서 전적으로 휴식하라. 그때 그대의 창조성이 일어날 것이다. 유방이 활동적으로 될 때만이 여성의 창조성은 일어날 것이다. 그 속으로 몰입하라. 그리고 창조성이 일어나는 것을 느껴라.

창조성이 일어날 때 그것은 무엇을 의미하는가? 그대는 많은 비전을 보게 될 것이다. 붓다와 마하비라가 말했다. 그들은 그들 의 전생에서 그 말을 했다. 그들이 태어날 때 그들의 어머니들이 그러한 비전을 보게 되리라고 말이다. 그 비전 때문에, 그 꿈 때 문에 한 사람의 붓다가 태어날 것이라는 점이 예견될 수 있다고 말했다. 그리고 열여섯 가지의 비전을 보았다.

나도 이것에 대한 실험을 해왔다. 한 여성이 실제로 그녀의 유 방 속으로 녹아 든다면 어떤 비전을 보게 된다. 그 비전은 이렇 다. 그녀는 한 인간의 모습을 보게 된다. 그녀가 아기를 낳게 될 것이라면 앞으로 태어날 아기의 모습을 보게 된다. 그러나 임산 부가 아닐 경우 그녀의 주위에는 신비한 향기가 감돌 것이다. 그 향기는 유방으로부터 나오는 것이다. 그 향기는 결코 어떤 화학 약품으로도 만들 수 없는 것이다. 이와 동시에 그녀는 지극히 조 화로운 음악을 듣게 될 것이다. 그리고 위대한 화가나 음악가들 에게 보였던 신비한 영상들과 소리들이 보이고 들릴 것이다. 이 영상들은 그녀를 변형시킬 것이다. 얼마 동안의 기간이 지나게 되면 이 영상들은 하나하나 사라져 버린다. 그러다가 마침내는 어떤 영상도 일어나지 않을 때가 온다. 쑤냐타(쑙)의 상태를 경험하게 된다. 그 쑤냐타는 명상의 가장 높은 차원이다.

그러므로 이것을 기억하라. 그대가 여성이라면 제3의 눈에 집중하지 마라. 두 유방에, 두 유두에 집중하라. 여기에 명심해야 할 점이 있다. 집중이 한쪽 유두에 머물러서는 안된다는 점이다. 한쪽 유두에만 집중하면 당장 혼란을 느끼게 된다. 그러니 두 유두에 동시에 집중하라. 그것들 속으로 녹아 들어라. 그리고 무엇이 일어나든지 일어나도록 허용하라. 단지 지켜보라. 어떤 리듬에도 집착하지 마라. 리듬은 매우 아름답기 때문에, 천국의 리듬이기 때문에 그것에 집착하기가 쉽다. 그러므로 단지 그것을 주시하라. 주시자가 되라. 그러면 그것들이 사라지는 순간이 올 것이다. 쑤냐타가 일어날 것이다. 그 쑤냐타 속에 남아 있어라. 유방은 사라지고 없다. 어느덧 그대는 보리수 아래 앉아 있다.

〈질문〉

"인간이 그토록 무감각한 이유가 무엇이며 어떻게 그
무딘 상태를 벗어날 수 있겠습니까?"

아기가 태어난다. 아기는 도움이 필요하다. 인간의 아기는 특히 절대적인 도움이 필요하다. 그가 생존하고 못하고는 다른 사람에게 달려 있다. 이 의존은 하나의 타협이다. 아기는 민감하다. 그의 온몸은 매우 민감하다. 그러나 그는 능력이 없다. 그는 독립할 수 없다. 그는 부모에게, 가정에, 이 사회에 의지해야 한다. 따라서 그는 굴복해야 한다. 누구에겐가 의지하지 않으면 그는 살아 남을 수 없다. 그래서 그는 많은 것을 타협할 수밖에 없다.

첫번째로 중요하고 의미심장한 것은 감수성이다. 그는 그것을 버려야 한다. 왜인가? 어린아이가 예민할수록 그는 상처를 받기 쉽다. 조금만 자극이 와도 그는 울기 시작한다. 결국 그 울음은 부모에 의해서 멈춰진다. 하지만 이것이 계속 반복되면 부모들은 당연시한다. 결국 아이는 울다가 지쳐서 죽지 않으려면 스스로 자신을 억제해야 한다. 그리고 조그만 자극 정도는 참을 수 있기 위해서 스스로 무감각해진다.

그 다음에 아기는 자신의 몸을 발견해 나가기 시작한다. 손가락을 발견하고 자신의 몸을 발견한다. 그리고 나중에는 자신의 성기관까지도 발견한다. 하지만 이때 그가 자신의 성기를 만지면 부모들은 질색을 한다. 부모들은 그것이 나쁜 것이라고 가르친다. 그래서 그는 억압받는다. 이것은 그의 무의식에 깊은 영향을 미친다. 그는 자신의 성기를 만지는 것이 대단히 나쁜 짓이라고 생각하기 시작한다. 다른 곳을 만질 때는 아무런 반응도 보이지 않던 부모들이 유독 거기에만 손이 가면 질색을 한다. 하지만 성기관은 그대의 몸 중에서 가장 예민한 부분이다. 그러나 그곳에 손이 가서는 안된다. 결국 그는 민감성의 근원을 죽일 수밖에 없다. 그때 아이는 무감각해진다. 그는 성장해 나갈수록 더욱 무감각해진다.

첫번째로 거기에 타협이 있다. 그것은 필요악이다. 어쩔 수 없다. 그대가 그 상황을 이해하는 순간 그 타협을 내던져 버리고 다시 예민함을 되찾아야 한다. 하지만 그렇게 하지 못한다.

두번째는 타협을 통해 안정감을 느낀다. 나는 한 친구의 집에서 수년 동안 함께 생활했다. 나는 그의 방갈로에서 살았는데 하루는 그의 행동이 이상하다는 사실을 문득 발견했다. 그는 매우 부자였는데도 방갈로에서 잠을 잤다. 그리고 절대로 그의 하인들을 똑바로 쳐다보지 않는 것이었다. 뿐만 아니라 그의 자녀들도 쳐다보지 않았다. 그는 밖에서 들어오면 그의 방갈로로 뛰어들어 갔다. 그리고 나갈 때도 방갈로에서 차를 타는 데까지 뛰어갔다. 그래서 어느 날 나는 그에게 물었다.

"무슨 문제가 있는가? 왜 자네는 자녀들이나 하인들에게 눈길을 주지 않는 거지?"

그러자 그는 이렇게 대답했다.

"만약 내가 하인들을 유심히 쳐다보면 결국 정이 들게 되고 그러면 나는 돈이나 물건들을 주게 될 걸세. 그리고 자녀들도 마찬가지야. 그들에게 정을 주면 그들은 친근감을 느끼고 더 이상 내 말을 듣지 않게 될 거야. 그래서 나는 그들을 똑바로 쳐다보지 않아."

그는 무감각의 울타리를 높이 쳐 놓고 그 속에서 살아가고 있었다. 그는 자신이 그들에게 정을 느끼게 되면 혹시 그들이 아프거나 어려운 일이 생길 때 자신이 돈을 주게 되리라는 것을 두려워하고 있었던 것이다.

사람들은 예민하면 많은 것을 손해본다는 사실을 알고 있다. 그래서 그들은 스스로 보호막 속에 갇혀서 무감각하게 살아가고 있다. 그대는 길을 걸어 보라. 인도의 거리에는 수많은 거지들이 산다. 그들은 일제히 그대에게 다가와 손을 벌린다. 하지만 그대는 무척 태연하다. 그대는 아무것도 느끼지 못한다. 더럽고 추악한 현실을 그대는 실감하지 못한다. 그대는 혼자 깨끗하고 편안하게 살기 위해 일부러 자신의 감각을 무디게 만들어 버렸다. 그렇게 하지 않으면 살기가 힘들다.

무감각해지는 것이 바로 이런 이유들 때문이다. 추악하고 더러운 세상에서 그대가 거뜬하게 살아 나가기 위해서는 무감각해져야 한다. 하지만 그와 동시에 그대는 신성 속으로, 전체 속으로, 존재계 속으로 들어갈 수 없다. 다른 세계로 들어가지 못한다. 이 세계를 위해서는 무감각한 것이 좋지만 저 세계에서는 섬세하고 예민한 것이 좋다. 그대가 그리로 들어가기 원한다면 그때는 자신을 섬세하고 예민하게 만들어야 할 것이다. 그래서 그대를 둘러싼 모든 장벽, 모든 보호막들을 걷어치워야 할 것이다.

그렇게 되면 물론 그대는 상처받기 쉽다. 그대는 더 많은 고통을 받을 것이다. 하지만 예민함을 통해서 그대가 이를 수 있는 축복의 경지와는 아무것도 비교할 수 없다. 그리고 그대가 예민하면 예민해질수록 더 풍부한 자비심을 느끼게 될 것이다. 하지만 그와 동시에 그대는 더욱 고통스럽다. 그대가 살고 있는 이 사회는 그야말로 지옥이기 때문이다. 지금 그대가 그 고통을 느끼지 못하는 것은 그대가 닫혀 있기 때문이다. 한번 그대가 마음의 문을 열면 그대는 이 세상의 지옥과 저 세상의 천국에 동시에 문을 여는 것이다. 열게 된다. 한 쪽만 열고 한 쪽만 닫기는 불가능하다. 닫게 되면 둘 다를 향해 닫힐 것이고 열게 되면 둘 다를 향해 열리게 될 것이다. 그러므로 이 점을 명심하라. 붓다는 축복으로 충만해 있으면서 동시에 고통으로 가득 차 있다는 사실을!

그 고통은 붓다 자신 때문에 일어나는 것이 아니다. 그것은 다른 사람들 때문이다. 그는 깊은 축복 속에 있다. 동시에 다른 사람들 때문에 고통을 느낀다. 대승불교에서 전해지고 있는 붓다에 관한 아름다운 이야기가 여기에 있다.

붓다가 열반의 문에 이르렀을 때 문지기가 문을 열었다. 그런데 붓다는 들어가려고 하지 않았다. 문지기가 말했다.

"붓다여! 왜 들어오지 않는가? 백만 년 동안 우리는 당신을 기다려 왔다. 당신을 환영한다. 어서 들어오라!"

그러자 붓다가 말했다.

"모든 사람이 다 들어가기 전에 나는 결코 이 문을 들어갈 수 없다. 나는 여기서 기다릴 것이다. 단 한 사람이라도 빠진다면 나는 결코 이 문을 들어가지 않겠다."

붓다의 고통은 다른 사람을 향한 고통이다. 그 자신은 축복 속에 깊이 들어가 있다. 이 평행 관계를 보는가? 하지만 그대는 붓다와 정반대의 상황 속에 있다. 그대는 자신에 대한 고통이 깊고 다른 사람들은 모두 삶을 즐기고 있다고 생각한다.

이제 여기에 나오는 방편들은 무딘 그대를 예민하고 섬세하게 만들어 줄 것이다. 앞으로도 계속 그 방법들에 대해서 이야기하자.

깨어나라! 주시하라! 이해하라!

그대 자신은 그대에게 낯설다

홀로 있음은 거울처럼 그대를 드러낸다.
그대가 이제 나는 본질을 알았다 라고
말할 수 있을 때까지 이르지 않는 한
그대는 홀로 있어야 한다.

그대 자신은 그대에게 낯설다

96

끝없이 넓은 공간에 거주하라.
나무도, 산도, 집도 없는 곳에서 말이다.
그때 마음의 압박은 끝이 난다.

97

생각하라.
그 공간이 축복으로 가득 찬
그대 자신의 몸이라고.

인간은 홀로 태어나고 홀로 죽는다. 그러나 이 두 지점 사이에서 인간은 사회 속에 살아간다. 다른 사람과 살아간다. 홀로 있음은 인간의 기본이다. 사회는 그저 우연한 것일 뿐이다. 인간이 홀로 살 수 없는 한 자신의 깊이를 모른다. 그는 자신을 발견하지 못한다. 사회에서 일어나는 모든 것은 외부적인 것이다. 그것은 그대가 아니다. 그대와 다른 사람과의 관계일 뿐이다. 그대 자신은 미지의 것으로 남아 있다. 외부로부터 오는 것은 아무것도 그대 자신에 대해서 알게 해주지 못한다.

그러나 우리는 타인들과 살고 있다. 이 때문에 자기 인식이라는 것이 완전히 잊혀져 버렸다. 그대는 그대 자신에 대해서 어떤 것을 직접 알지 못한다. 타인에 의해서 말해지는 것만 안다. 그리고 이것은 이상하고 우스꽝스런 일이다. 다른 사람이 그대 자신에 대해서 그대에게 알려줘야 하다니 말이다. 그대가 지니고 있는 모든 동일시는 타인에 의해서 주어진 것이다. 그것은 실재가 아니다. 그것은 단지 제목 붙이기일 뿐이다. 하나의 이름이 그대에게 주어진다. 그 이름은 이 사회 속에서 불편하지 않도록 하기 위한 것이다. 이름 뿐만 아니라 그대가 자신에 대해 생각하는 그 인상 역시 사회로부터 주어진다. 그대가 착하다든지, 아름답다든지, 지적이라든지, 혹은 그대가 도덕적이라든지, 성자라든지 등등의 모든 인상들은 이 사회가 그대에게 준 것이다. 그러나 정작 그대는 자신이 누군지 모른다. 그대의 이름은, 사회가 준 형식은 아무것도 그대 자신에 대한 것을 드러내 주지 않는다. 그대는 자신에 대해 무지한 채로 남아 있다.

이것이 기본적인 고뇌다. 그대는 거기에 있다. 그대 자신에 대해서 무지한 채로 말이다. 이 무지야말로 진짜 무지다. 이것은 타인이 그대에게 주는 어떤 지식으로도 해결될 수 없다. 그들은 그대를 보고 이름이나 형식이 그대 자신이 아니라고 말한다. 그들은 그대가 '영원한 영혼'이라고 말하기도 한다. 그러나 이것 역시 아무런 도움도 되지 못한다.

그대가 자신을 직접 알지 않는 한 그대는 이 무지 속에 남을 것이다. 그리고 이 무지는 고뇌를 만들어 낸다. 그대는 다른 사람이 두려운 것이 아니다. 자신이 두려운 것이다. 그것은 그대가 자신이 누구며 그대 속에 감추어진 것이 무엇인지 모르기 때문이다. 다음 순간 그대 속에서 무엇이 터져 나올지 그대는 전혀 예상할 수 없다. 그대는 계속 떨고 있다. 삶은 깊은 고뇌 속에 빠져 든다. 고뇌를 만들어 내는 문제들이 많이 있다. 그러나 그 문제들은 이차적인 것이다. 만약 그대가 깊이 관통하게 되면 그때 모든 문제는 하나의 근본적인 고뇌를 드러낼 것이다. 그것은 바로 그대 자신에 대한 무지다. 그대가 시작된 원천과, 그대가 마지막으로 이르게 될 종착점과, 지금 당장의 그대 존재에 대해 무지한 것이다.

그래서 모든 종교는 홀로 있음 속으로 들어가라고 말한다. 그대가 한순간이라도 사회와 사회가 그대에게 준 모든 것들로부터 떠나서 자신과 직접 대면하라고 말한다.

마하비라는 12년 동안을 숲 속에서 홀로 살았다. 그는 그 기간 동안 말을 하지 않았다. 그대가 말을 하는 순간 그대는 다시 사회 속으로 들어간다. 언어는 곧 사회인 것이다. 그는 완전히 침묵했다. 그는 어떤 말도 입 밖에 내지 않았다. 그래서 사회를 향한 다리가 단절되었다. 그는 홀로 있게 된 것이다. 그대가 말하지 않을 때 그대는 홀로 있다. 깊이 홀로 있다. 그때는 타인에게로 다가갈 길이 없다. 12년 간 마하비라는 숲 속에서 말없이 홀로 살았다. 그가 무엇을 하고 있었겠는가? 그는 자신이 누구인지 찾고 있었다. 사회가 그에게 준 모든 인상을 파괴하고 있었다. 어떤 제목도, 명칭도 붙이지 않는 것이 좋았던 것이다. 사회가 준 인상은 있을 필요도 없는 것이다.

그는 사회가 준 모든 쓰레기들을 내버렸다. 그는 전적으로 벌거벗으려고 노력했다. 어떤 이름, 어떤 직함도 없이 말이다. 이것이 바로 마하비라의 나체가 의미하는 바다. 그것은 단지 옷만 벗어 던진 것이 아니다. 완전한 나체는 바로 홀로 있음을 의미한다. 그대가 옷을 입는 것은 사회를 위한 것이기 때문이다. 옷은 타인의 눈으로부터 그대의 몸을 감추기 위한 것이다. 사회는 그대의 몸에 찬성하지 않는다. 사회가 찬성하지 않는 것은 무엇이든지 그대는 감추어야 한다. 오직 육체의 특별한 부위만을 내놓도록 허락된다. 사회는 그대의 부분만을 선택한다. 그대의 전체성은 용납되지 않는다.

같은 경우가 몸 뿐만 아니라 마음에도 적용된다. 그대의 얼굴은, 그대의 손은 용납된다. 그러나 온몸을 다 드러내는 것은 용납되지 않는다. 특히 섹스에 대한 암시를 주는 부위는 받아들여지지 않는다. 그래서 옷이 중요해지는 것이다. 이것은 마음에 있어서도 마찬가지다. 그대는 마음을 감추고 억압해야 한다. 그대는 마음을 열어 젖힐 수가 없다. 가장 친한 친구에게조차 마음을 열 수 없다. 그 역시 판단을 내릴 것이기 때문이다. 그는 이렇게 말할 것이다.

"이것이 당신이 생각하는 것인가? 이것이 당신의 마음에서 진행되고 있는 것인가?"

그래서 그대는 오직 용납될 수 있는 부분만 그에게 보여주어야 한다. 아주 부분적인 것만을 말이다. 나머지는 모두 깊이 감추어 둬야 한다. 그리고 감추어진 부분은 많은 병들을 만들어 낸다. 프로이드의 정신분석은 마음속에 감추어진 부분을 끄집어내는 것이 전부다. 그렇게 하는 데도 수년이 걸린다. 그러면 그 환자는 치료된다. 정신과 의사는 하는 일이 아무것도 없다. 그는 단지 그대가 억압하는 부분을 털어놓도록 할 뿐이다. 털어놓는 것이 치유력이 되는 것이다.

그것은 무엇을 의미하는가? 억압된 것이 병이 된다는 뜻이다. 그것은 무거운 짐이다. 그대는 누군가에게 고백하고 싶다. 사실을 이야기하고 싶다. 자신을 표현하고 싶다. 그대는 누군가가 그대의 전체성을 받아들이기를 원한다. 그것이 바로 사랑의 의미다. 사랑에 있어서만큼은 그대가 거부당하지 않는다. 그대가 어떠하든지, 선하든 악하든 죄인이든 성자든 말이다. 누군가가 그대의 전체성을 받아들이고 그대의 어떤 부분도 거부하지 않는다면 그것이 바로 사랑이다. 그래서 사랑은 가장 위대한 치유력이다. 그것은 가장 유서 깊은 정신분석이다. 그대가 누군가를 사랑할 때마다 그대는 그를 향해 마음이 열린다. 단지 열림을 통해서 그대의 잘려지고 분열되었던 여러 부분들이 하나가 된다. 그대는 하나가 되는 것이다.

그러나 이제 사랑조차 불가능해졌다. 그대의 아내조차 진실을 말할 수 없다. 그대의 연인조차 그대에게 전적으로 솔직해질 수 없다. 사랑하는 사람의 눈조차 그대를 판단하고 있다. 그는 그대가 이상적인 사람이 되기를 원한다. 그대의 실체는 중요하지 않다. 이상형이 중요한 것이다. 그대는 안다. 만약 그대가 자신의 전체성을 표현했을 때 그녀 혹은 그에게 거부당하리라는 것을 그대는 안다. 그대는 사랑받지 못하리라는 것을 안다. 그래서 그대는 두렵다. 그리고 이 공포 때문에 사랑이 불가능해진다. 정신분석은 감추어진 것을 드러내는 것이다. 정신과 의사가 어떤 것을 하는 것이 아니다. 그는 단지 앉아서 그대의 말을 들어줄 뿐이다.

아무도 그대의 말을 들어주지 않을 것처럼 보인다. 그래서 그런 직업을 가진 사람을 찾는 것이다. 아무도 그대의 말을 들어줄 준비가 되어 있지 않다. 아무도 시간이 많지 않다. 아무도 그대에게 관심을 가져 주지 않는다.

그래서 직업으로 하는 이가 필요하다. 그대는 누군가에게 들어달라고 애걸하고 있다. 그때 이런 목소리가 들린다.

'그가 그대의 말을 매일, 혹은 일주일에 두 번, 일주일에 세 번씩 들어줄 것이다.'

그리고 그대는 병이 고쳐진다. 이것은 얼마나 기적적인 일인가? 왜 그대의 말을 단지 들어주는 것만으로 병이 낫는가? 어떤 사람이 아무런 판단도 하지 않고 그대의 말을 들어준다. 그대는 자신 속에 있는 어떤 것도 말할 수 있다. 단지 말하는 것만으로 그것은 무의식에서 의식의 일부가 된다. 그대가 어떤 것을 잘라버릴 때, 어떤 것을 부정해 버릴 때, 어떤 것을 금지하고 억압할 때 그대는 의식과 무의식의 구분을 만들어 내는 것이다.

그래서 마하비라는 아무도 두려워하지 않고 그 자신이 되기 위해서 홀로 있음 속으로 들어갔다. 그는 다른 사람들에게 어떤 얼굴을 내보일 필요가 없었다. 그는 모든 가면을 벗어 던졌다. 그는 완전히 하늘 아래서, 별 아래서 그리고 강 앞에서, 숲 속에서 벌거숭이로 살았다. 아무도 그를 판단할 사람이 없고 '당신은 이렇게 해서는 안된다'라고 말하는 사람도 없었다. 사회를 떠난다는 것은 억압이 명백하게 드러나는 상황을 만드는 것을 의미한다.

그래서 나체가 된다는 것은 어떤 장벽도 없고 어떤 것에도 매이지 않았음을 뜻한다. 마하비라는 침묵 속으로 들어갔다. 고독 속으로 들어갔다. 그리고 그는 생각했다.

'내가 나 자신을 찾지 못하는 한 나는 사회로 돌아가지 않을 것이다. 내가 누군지 알지 못하는 한, 나의 실체와 직접 대면하지 않는 한, 내 속에 있는 본질과 만나지 못하는 한 나는 말하지 않을 것이다. 왜냐하면 말할 필요가 없기 때문이다.'

그대는 우연한 존재다. 그대가 자신이라고 생각하는 것은 무엇이든지 우연한 부분이다. 예를 들면 그대는 인도에서 태어났다. 그대는 영국에서나 프랑스 혹은 일본에서 태어날 수도 있었다. 그것은 우연한 부분이다. 그러나 인도에서 태어난 것만으로도 그대는 다른 종류의 동일시를 갖게 되었다. 그대는 힌두교도가 되었다. 그대는 자신을 한 사람의 힌두교도라고 생각한다. 그대가 일본에 태어났다면 자신을 불교도라고 생각했을 것이다. 그리고 영국에 태어났다면 기독교인이라고, 러시아에 태어났다면 공산주의자라고 생각했을 것이다. 그것은 그대가 힌두교도가 되기 위해 어떤 특별한 것을 하지 않았기 때문이다. 그것은 단지 하나의 우연이다. 그래서 그대가 어디에 있든지 그대는 상황과 그대 자신을 연결시킨다.

그대는 자신이 종교적이라고 생각한다. 그대의 종교는 단지 우연한 것일 뿐이다. 만약 그대가 공산주의 국가에서 태어났다면 그대는 종교적으로 되지 않았을 것이다. 그대는 여기에서 종교적인 것처럼 거기에서 비종교적으로 되었을 것이다. 그대는 자이나교 가정에서 태어났다. 그러면 그대는 신을 믿지 않는다. 그것은 신이 없다는 것을 발견한 것이 아니다. 단지 그대 집안의 분위기 때문에 힌두교의 교리를 믿지 않을 뿐이다. 같은 날 힌두교를 믿는 이웃집에서 한 아이가 태어나면 그는 힌두교도가 된다. 그는 신을 믿을 것이고 그대는 신을 믿지 않을 것이다. 이것은 우연한 것이다. 이것은 본질이 아니다. 이것은 환경에 의존한다. 그대는 힌두어를 말한다. 어떤 사람은 구쟈라티어를 말한다. 또 어떤 사람은 프랑스어를 말한다. 이것들 역시 모두 우연이다. 언어는 우연이다. 그리고 침묵은 본질이다. 그대의 영혼은 본질이고 그대의 에고는 우연이다. 본질을 찾는 것만이 진정한 구도 행위다. 유일한 구도 행위다.

그러면 어떻게 본질을 찾는가? 붓다는 6년 동안 침묵으로 들어갔다. 예수 역시 깊은 숲 속에서 살았다. 그의 추종자들은 그를 항상 따라다녔다. 그리고 어디까지라도 따라가고 싶어했다. 하지만 어떤 순간에 와서 예수는 이렇게 말했다.

"멈춰라. 그대들은 나와 함께 갈 수 없다. 이제 나는 홀로 나의 아버지(God)를 만나야 한다."

그는 광야 속으로 들어갔다. 그가 돌아올 때 그는 완전히 다른 사람이 되어 돌아왔다. 그는 자신의 얼굴을 대면했다.

홀로 있음은 거울처럼 그대를 드러낸다. 사회는 하나의 속임수가 될 수 있다. 그대가 홀로 있는 것을 두려워하는 것도 바로 그 때문이다. 그대는 자신을 알아야 한다. 자신을 알되, 완전한 나체 속에서 알아야 한다. 그대는 두렵다. 홀로 있는 것은 어려운 일이다. 그대가 홀로 있을 때마다 즉시 그대는 홀로 있지 않기 위해서 뭔가를 시작한다. 그대는 신문을 읽기 시작한다. 혹은 TV를 켠다. 혹은 클럽으로 가서 친구를 만난다. 그러나 그대는 뭔가를 해야 한다. 왜인가? 그대가 홀로 있는 순간 그대의 동일시는 녹아 없어지기 때문이다. 그대가 자신에 대해 아는 모든 것은 거짓이다. 그리고 실재하는 것이 점점 떠오르기 시작한다.

모든 종교가 말한다. 인간이 자신을 알기 위해서는 홀로 있음 속으로 들어가야 한다고 말이다. 물론 영원히 거기에 있을 필요는 없다. 그것은 쓸데없는 짓이다. 그러나 당분간, 일정 기간 동안에는 홀로 있음이 필요하다. 그 기간의 길이는 각자에 따라 다르다. 모하메드도 그랬고 예수도 그랬으며 마하비라나 붓다 역시 그러했다. 마하비라는 그 기간이 12년 걸렸고 붓다는 6년 걸렸으며, 예수는 40일이고, 모하메드는 몇 달이었다. 그러나 그대가 '이제 나는 본질을 알았다'라고 말할 수 있을 때까지 이르지 않는 한 그대는 홀로 있어야 한다.

이 방편은 고독에 관한 것이다.

96

끝없이 넓은 공간에 거주하라.
나무도, 산도, 집도 없는 곳에서 말이다.
그때 마음의 압박은 끝이 난다.

우리가 이 방편에 들어가기 전에 고독에 대해 이해해야 할 것들이 몇 가지 있다. 첫째, 홀로 있는 것은 기본이며 근본적인 것이다. 그것은 그대의 존재가 있는 방식이다. 어머니의 자궁 속에서 그대는 홀로 있었다. 전적으로 홀로 있었다. 심리학자들은 이 니르바나를 찾아서, 깨달음을 찾아서, 구원을 찾아서, 파라다이스를 찾아서 헤매는 것은 어머니의 자궁 속에 있을 때 각인된 기억 때문이라고 말한다. 그대는 그것을 알고 있다. 전적으로 홀로 있음 말이다. 그것의 지복을 알고 있다. 그때 그대는 홀로 있었다. 그대는 신이었다. 다른 누구도 거기에 없었다. 아무도 그대를 간섭하지 않았다. 홀로 있을 때 그대는 주인이다. 그대는 신이 된다. 아무런 갈등이 없다. 평화로움만이 거기에 있다. 침묵이 거기에 있다. 어떤 언어도 거기에 없다. 그대는 자신 속에 깊이 빠져 있었다. 그대는 무의식 속에 깊이 각인된 사실을 의식적으로 인식할 수 없다.

이 때문에 심리학자들은 '모든 사람은 어린 시절이 아름다웠다고 생각한다'라고 말한다. 모든 나라, 모든 민족이 과거 어디에선가 황금 시대가 있었다고 생각한다. 과거의 어느 때는 삶이 지복의 순간인 적이 있었다고 생각한다. 힌두교는 그것을 '사티야 유가(satya-yuga)'라고 부른다. 진리의 시대라는 뜻이다. 역사가 시작되기 훨씬 오래 전, 과거에는 모든 것이 아름답고 지복이 넘치는 때가 있었다고. 갈등도 투쟁도 폭력도 없는, 오직 사랑만으로 온통 뒤덮인 때가 있었다고 생각한다. 그것이 곧 황금 시대였다. 기독교에서는 그때 아담과 이브가 에덴동산에서 살았다고 말한다. 절대적인 순수함과 행복함 속에서 살았던 것이다. 그러다가 그들은 타락했다. 그래서 황금 시대는 끝났다. 모든 국가, 모든 민족, 모든 종교가 과거 어느 때에 황금 시대가 있었다고 믿는다. 그리고 이것은 신기한 일이다. 그대가 과거 속으로 아무리 깊이 들어가도 그것은 계속 믿음으로 남아 있다.

메소포타미아 지방에서 6천 년 전에 뭔가가 새겨진 비석이 나왔다. 그런데 거기에 실린 내용들은 요즘 나오는 조간신문의 사설 같은 것이었다. 그것은 이렇게 말하고 있다.

"요즘 시대는 죄악의 시대다. 모든 것이 잘못되어 가고 있다. 아들은 아버지를 믿지 않고 아내는 남편을 믿지 않는다. 어둠의 시대가 왔다."

과거에 그런 시대가 어디 있었는가? 황금 시대 같은 것이 어디에 있는가? 이것은 6천 년 전에 쓰여진 내용이다.

노자는 과거 어느 때에, 태고의 날에 모든 것이 아름다웠다고 말했다. 그때는 도(道)가 널리 퍼져 있었고 잘못된 것은 하나도 없었다. 그래서 아무도 설교할 필요가 없었다. 고쳐져야 할 잘못이 없었기 때문이다. 성직자도 없었고 설교자도 없었다. 도덕군

자도 없었다. 모든 것이 옳았기 때문이다. 그때는 종교도 없었다
고 말했다. 모든 사람이 이미 종교적이어서 그것이 있을 필요가
없는 것이라고 말했다. 그때는 성인도 없었다. 그래서 자연스럽
게 누가 성인이고 누가 죄인인지 아무도 몰랐다고 말했다.

심리학자들은 이런 과거는 결코 존재하지 않았다고 말한다. 이
런 과거는 모든 개인의 자궁 속에 있었던 기억이라고 말한다. 자
궁 속에서 도는 엄연히 존재했다. 모든 것이 아름다웠고 있어야
하는 대로 있었다. 그리고 세상에 대해서는 완전히 모르고 있었
다. 아기는 그저 지복 속에서 움직였다.

자궁 속에 있는 아기의 상황은 '쉐쉬나가(sheshnaga)' 속에
있는 비쉬뉴와 똑같은 상황이다. 힌두교도들은 비쉬뉴 신이 축복
의 바다 위에 떠 있는 그의 요람인 뱀의 또아리 속에 누워 있다고
믿었다. 그리고 실제로 이것은 자궁 속에 있는 아기의 자세다. 아
기는 떠다닌다. 어머니의 양수는 바다와 같다. 그대는 놀랄 것이
다. 바닷물과 양수의 성분이 농도가 같다는 사실을 말이다. 양수
는 곧 바닷물인 것이다. 자궁 속은 항상 같은 온도로 유지되어야
한다. 어머니는 밖에서 추워 떨고 있어도 자궁 속에는 아무런 변
화가 없다. 그는 따뜻하고 편안하게 떠다닌다. 어떤 걱정도 없이,
어떤 고뇌도 없이, 어떤 책임감도 없이 홀로 있다. 그는 어머니를
인식하지 못한다. 그를 위해 존재하는 어머니 같은 것이 그에게
는 없다.

이 산스카르(sanskar)가, 이 기억이 그대에게 각인된다. 이것
은 근본적인 실체다. 그대가 사회 속으로 들어가기 전에 존재했
던 방식이다. 그리고 또한 사회 속에서 빠져나와 죽을 때 다시 이
실체가 된다. 그대는 다시 홀로 있게 될 것이다. 그리고 고독이라
는 이 두 지점 사이에 그대의 삶은 많은 사건들과 함께 채워진다.

하지만 그 사건들은 우연한 것이다. 그대 속으로 깊이 들어가 홀로 남아 있어라. 그것이 그대의 근본 실체이기 때문이다. 홀로 있음 주위에 많은 것들이 일어난다. 그대는 결혼한다. 그대는 둘이 되었다. 그때 그대는 아기를 낳게 되고 많은 것을 해야 한다. 모든 일이 일어난다. 단지 주변에서 말이다. 깊은 흐름 속에서는 전적으로 홀로 있음만이 남아 있다. 그것이 그대의 실체다. 그대는 그것을 아트마(atma), 즉 본질이라고 부르기도 한다.

깊은 고독 속에서 이 본질은 드러난다. 그래서 붓다는 니르바나를 성취했을 때 이 고독을 성취했다고 말했다. 마하비라는 카이발리아(kaivalya)를 성취했다고 말했다. 그것은 고독, 홀로 있음을 의미한다. 홀로 있음이 거기에 있을 때 모든 사건들의 혼란스러움도 거기에 있다. 그것은 마치 염주의 실과도 같다. 염주알은 나타나 보이지만 실은 보이지 않는다. 그러나 염주알은 실에 꿰어져 있다. 그리고 염주알은 많지만 실은 오직 하나다. 실제로 염주는 실체의 상징이다. 실은 그대의 홀로 있음을 상징하고 염주알은 사건들을 의미한다. 그대가 실에까지 이르지 않는 한 그대는 번민과 고통을 벗어날 수 없을 것이다.

그대는 하나의 역사를 갖고 있다. 그 역사는 우연의 역사다. 그대는 본성을 갖고 있다. 그 본성은 비역사적인 것이다. 그대는 어떤 날, 어떤 부모에게서, 어떤 사회에 태어났다. 그대는 어떤 방식으로 교육을 받았다. 그리고 특별한 직함을 갖게 된다. 그리고 여자와 사랑에 빠진다. 자녀들을 갖게 된다. 이 모든 드라마들이, 역사들이 염주알이다. 그러나 깊이 들어가면 그대는 언제나 홀로 있음으로 남아 있다. 그리고 그대가 이 사건들 속에서 자신을 완전히 잊어버리면 그대는 존재의 목적마저 놓칠 것이다. 그때 그대는 자신을 드라마 속에서 잃어버린 꼴이 된다. 그대는 단지 배우라는 것을, 모든 것이 연극임을 잊어버린 것이다.

이 때문에 우리-인도인-는 역사를 기록하기가 어렵다. 크리슈나가 언제 태어나 언제 죽었는지, 라마가 정말로 태어났는지 아니면 단순히 신화인지 기록하고 판별하기 어렵다. 그것은 우리-인도인-가 염주알이 아니라 염주의 실에 관심을 두고 있기 때문이다. 그리고 사실 종교의 세계에서는 그리스도가 첫번째 역사적인 인물이다. 그가 인도에서 태어났다면 그 역시 역사적인 인물이 되지 못했을 것이다. 우리-인도인-는 항상 실을 중요시할 뿐 염주알은 바라보지 않는다. 그러나 서양에서는 본질적인 것이나 영원한 것보다는 역사적인 일에, 사건에 관심을 쏟는다. 하지만 역사는 하나의 드라마일 뿐이다.

인도에서는 라마와 크리슈나가 모든 시대마다 태어나고 있다고 말한다. 그들은 계속 태어나고 있기 때문에 한 시대만을 꼬집어서 살았다고 말하기 힘들다. 그래서 그들의 존재가 의미 있는 것이다. 염주의 실이기 때문이다. 그래서 우리에게는 그들이 정말 역사적인 인물인지 아닌지는 중요하지 않다. 존재에게 일어나는 외부적인 사건은 관심 밖이다. 우리는 오직 존재 그 자체에 관심이 있는 것이다.

그대가 홀로 있음 속으로 들어갈 때 그대는 염주의 실이 되는 것이다. 그것은 그대의 본성 속으로 들어가는 것이다. 그때 우리는 처음으로 우리 주위에 펼쳐진 본성의 세계를 느끼게 될 것이다. 그리고 그것에 맞게 조정될 것이다. 지금 그대는 이 사회에 맞도록 조정되어 있다. 그러나 본성에는 맞지 않는다.

지금 비가 내리고 있다. 하지만 이 사회에 맞추어진 우리에게는 비가 내리는 것이 아무런 의미도 없다. 우리는 비의 언어를 이해하지 못한다. 기껏해야 물이 필요하기 때문에 내리는 비쯤으로 이해할 수밖에 없다. 경제학적 관점에서 말이다. 그때 비는 어떤 인격도 갖고 있지 않다. 그러나 잠시 동안만이라도 사회를 떠나서 홀로 있음 속에 남게 되면 그대는 새로운 현상을 느끼기 시작할 것이다. 그때 비는 그대에게 뭔가를 이야기할 것이다. 그대는 비의 분위기를 느끼게 될 것이다. 어떤 때는 매우 화가 나 있다. 그리고 어떤 때는 매우 사랑스럽고 부드럽다. 어떤 날의 하늘은 매우 침울하지만 어떤 날에는 춤을 추고 있다. 어떤 날은 태양이 책임감 때문에 할 수 없이 솟아오르지만 어떤 날에는 자기의 일을 즐거워하며 기꺼이 떠오른다. 일이 아니라 놀이로서 말이다.

그대는 그대 주위를 둘러싼 모든 분위기를 느끼게 될 것이다. 그때 본성은 제나름의 언어를 갖고 있다. 그러나 그 언어는 침묵의 언어다. 따라서 그대가 침묵하지 않는 한 그 언어를 이해할 수 없다.

사회에 맞게 조정되는 것은 그대의 가장 표면적인 첫번째 층이다. 그리고 두번째 층에서 그대는 본성과 조화를 이루는 것이다. 그리고 마지막으로 가장 깊은 층인 세번째 층에서 그대는 도(道)와, 다르마(Dharma)와 조화를 이룬다. 그것은 순수한 의식이며 존재다. 그때는 나무나 비가, 자연이 뒤에 남겨진다. 오직 존재계만 현존한다. 그리고 존재계는 분위기의 어떤 변화도 갖고 있지 않다. 그것은 언제나 동일하다. 항상 축제 분위기다. 그것은 언제나 에너지로 차고 넘친다. 그대가 존재계와 하나가 될 때 그대는 전적으로 홀로 있다. 이 홀로 있음은 자궁 속에서의 홀로 있음과 다른 것이다. 태아가 홀로 있는 것은 사실 홀로 있는 것이 아니다. 그가 다른 존재를 인식하지 못하는 것일 뿐이다. 그는 어둠 속에 갇혀서 전세계가 자기를 둘러싸고 있음을 자각하지 못한다. 그의 홀로 있음은 무지에서 나온 것이다. 그대가 의식적으로 침묵할 때, 존재계와 하나가 될 때 그 홀로 있음은 어둠에 둘러싸인 것이 아니다. 그것은 빛으로 둘러싸인 것이다.

태아에게는 세상이 존재하지 않는다. 그가 인식하지 못하기 때문이다. 그러나 세번째 층에서 그대 역시 세상을 인식하지 못할 수 있다. 그것은 세상과 그대가 하나가 되었기 때문이다.

그대가 존재의 가장 깊은 심층에 이를 때 그대는 다시 홀로 있게 된다. 에고가 사라졌기 때문이다. 에고는 사회에 의해서 주어진 것이다. 그것은 그대가 본성에 있을 때도 약간 남아 있다. 사회에 맞도록 조정되었을 때만큼 많지는 않지만 말이다. 그대가 홀로 있음 속으로 완전히 들어갈 때 그대의 에고는 완전히 사라진다. 그것은 항상 관계성이기 때문이다. 이 현상을 보라. 모든 개체와 함께 그대의 에고는 변한다. 그대가 하인에게 말할 때 내면을 들여다보라. 그때 에고를 보라. 그것이 어떤가를 보라. 그대가 사랑하는 연인에게 말할 때 내면을 보라. 거기에 에고가 있는지 없는지 보라. 그대가 순진한 아이에게 말할 때 내면을 들여다보라. 에고는 거기에 없다. 어린아이와 함께 있을 때도 에고이스트가 되는 것은 우둔한 것이기 때문이다. 어린아이와 놀 때는 어린아이가 되어야 한다. 아이는 에고의 언어를 이해하지 못하기 때문이다. 그래서 아이들과 함께 놀 때는 그대 역시 어린 시절로 돌아간다.

그대가 한 마리의 개하고 장난을 친다면 거기에 에고는 존재할 수 없다. 에고는 사회가 그대에게 준 것이다. 그래서 개와 함께 있을 때는 에고가 문제되지 않는다. 그러나 값비싼 개를 몰고 거리로 나간다면 그때는 에고가 생겨날 것이다. 지나가는 사람들이 그대를 바라보고 있기 때문이다. 그때 그대는 우월감을 느끼게 되고 뽐내고 싶어진다. 아름다운 개와 함께 있을 때 사람들은 부러운 눈초리로 그대를 바라보며 에고는 슬며시 고개를 들고 생겨난다.

만약 그대가 아무도 없는 숲 속으로 들어가면 에고는 사라질 것이다. 그래서 모든 종교에서 그것을 주장한다. 잠깐 동안만이라도 본성의 세계 속으로 들어가라고 말이다. 그리고 이 방편은 간단하다.

"끝없이 넓은 공간에 거주하라."

끝이 보이지 않는 산이나 언덕 위로 올라가라. 그리고 그 지평선이나 수평선을 바라보라. 그대의 시야에는 끝이 보이지 않을 것이다. 그때 에고는 해체된다. 에고는 한계를, 경계선을 필요로 한다. 경계선이 확실하게 한정될수록 에고는 존재하기 더 쉬워진다.

"끝없이 넓은 공간에 거주하라. 나무도, 산도, 집도 없는 곳에서 말이다. 그때 마음의 압박은 끝이 난다."

그리고 마음은 매우 미묘하다. 그대는 언덕이나 산꼭대기에 살 수 있다. 거기에는 아무도 없다. 그러나 그대가 골짜기로 깊이 내려가면 오두막을 볼 수 있다. 그때 그대는 그것과 관계를 맺는다. 사회가 그 속으로 들어온다. 그대는 거기에 누가 사는지 모른다. 그러나 누군가가 산다. 그리고 그것은 하나의 경계선이 된다. 그대는 거기에 사는 사람에 대해 꿈꾸기 시작한다. 그리고 그대의 눈은 누가 사는지를 보려고 거기에 집중될 것이다. 그때 오두막은 인간의 상징이 된다. 그래서 방편은 어떤 집도 보이지 않는 곳을 말하고 있다. 나무도 용납하지 않는다. 왜냐하면 고독을 느낄 때 나무와 말하기 시작할 것이기 때문이다. 나무와 친구가 된다. 고독해지면 나무를 바라보고 인사를 나눌 것이다. 나무도 하나의 존재이기 때문이다. 그래서 그대의 인사에 대답하기 시작할 것이다. 거기에 반응이 생겨난다. 그래서 그대는 거기에 사회를 만들 수 있다.

이 방편은 다음과 같은 의미를 갖고 있다. 즉 그대가 다시는 사회를 만들어 낼 수 없는 곳에 가서 깨어 있으라는 뜻이다. 그대가 나무을 좋아하고 나무와 사랑에 빠질지도 모르기 때문이다. 나무의 목마름을 그대가 느끼고 물을 줄지도 모른다. 그대는 나무와 관계를 맺기 시작한다. 그러면 그것은 홀로 있는 것이 아니다. 그래서 나무도 없는 곳을 강조한다. 어떤 관계도 성립시킬 수 없는 곳으로 가라. 모든 관계를 떠나라. 관계성의 세상을 말이다. 홀로 거기에 머물러라. 처음에는 무척 어려움을 느낄 것이다. 그대의 마음은 사회에 의해서 만들어진 것이기 때문이다. 그대는 사회를 떠날 수 없다. 그대는 어디에서 마음을 떠날 수 있겠는가? 마음은 그림자처럼 그대를 따라다닌다. 마음은 꿈속에서마저 그대를 괴롭힐 것이다. 많은 얼굴들이 꿈속에 나타나서 그대를 잡아당길 것이다. 그대는 명상을 하려고 할 것이다. 하지만 생각들은 잠시도 쉬지 않고 일어날 것이다. 그대는 자신의 집에 대해서, 아내와 자식들에 대해서 생각하기 시작할 것이다. 바로 그것이 인간이다.

그것은 그대에게만 일어나는 일이 아니다. 그것은 붓다나 마하비라에게도 일어난다. 그것은 모든 사람에게 일어난다. 붓다조차 야소다라 생각을 떨쳐 버릴 수가 없었다. 6년이란 오랜 세월이지만 말이다. 그는 나무 밑에 앉아서 명상을 하려 했지만 야소다라의 생각이 계속 따라다녔다. 그는 그녀를 사랑했다. 그는 죄의식을 느꼈다. 한마디 말도 없이 그녀 곁을 떠났기 때문이다. 불교 경전 어디에서도 그가 야소다라 생각을 하고 있었다는 표현은 없다. 그러나 나는 확신할 수 있다. 그는 분명히 야소다라를 생각했다. 그도 인간이다. 그것은 자연스러운 것이다. 오랜 투쟁 끝에 겨우 그는 마음을 벗어 던질 수 있었던 것이다.

사회를 벗어나도 마음은 계속된다. 마음은 사회가 내면화된 것이다. 사회는 그대 속으로 들어가 있다. 그것이 바로 그대의 마음이다. 그대가 사회로부터는 쉽게 탈출할 수 있다. 그러나 마음은 그대를 계속 따라다닐 것이다.

붓다는 여러 번 야소다라와, 그의 부친과, 그가 떠나올 때 태어난 어린 아들과 이야기를 나누었음에 틀림없다. 아기의 얼굴이 그의 눈앞에 어른거릴 것이다. 사실 그는 떠나는 날 밤, 마지막으로 아기의 얼굴을 보기 위해 야소다라의 방으로 갔다. 아기는 태어난 지 하루밖에 되지 않았다. 야소다라는 자고 있었고 아기는 그녀의 품에 안겨져 있었다. 그는 아기의 손이라도 한 번 잡고 싶었지만 야소다라를 깨우지 않고서는 불가능했다. 그는 결국 아기를 보지 못하고 그 방을 나왔다. 그는 세상과 이별하는 중이었다.

만약 아기의 손을 만지고 볼에 키스라도 하다가 야소다라가 깨어나면 그는 집을 떠날 수가 없다. 그녀는 울기 시작할 것이고 그는 인간적인 가슴을 지녔다. 그렇게 되면 떠나기가 매우 어려워진다. 그때 그가 마음속에 생각한 것들은 모두 사라질 것이다. 이 세상은 쓸모없고 의미 없다고 생각한 것들이 말이다. 그는 야소다라가 울부짖는 것을 바라볼 수가 없을 것이다. 그는 그녀를 사랑했다. 그래서 그는 말없이 떠났다. 어떤 소리도 내지 않고 방을 나왔다.

그런 상황에서는 아무도 쉽게 떠날 수 없다. 그가 거리의 방랑자가 되어 구걸을 시작했을 때 그의 마음속에는 과거의 생각이 계속 일어났다. 그 소리는 그에게 '돌아가라'라고 말했다. '나는 지금 실수를 하고 있는 것이 아닌가?'라는 생각을 했다. 그것은 그럴 수밖에 없다. 물론 어디에도 이런 기록은 없다. 하지만 종종 나는 붓다의 마음에 일어났던 일들을 일기처럼 더듬어 보곤 했다. 6년 동안 그의 마음속에 일어났던 일들을 말이다.

마음은 그대가 어디를 가든지 그림자처럼 따라다닐 것이다. 마음을 떨쳐 버리기란 쉽지 않을 것이다. 한 사람의 주시자로 남기 위해서는, 침묵 속에 깨어 있을 수 있기 위해서는 오랜 투쟁을 거쳐야만 할 것이다. 그리고 마음은 마지막 지점까지 따라올 것이다. 더 이상 고칠 수 없는 상황, 아무것도 할 수 없는 상황에 이르러서야 비로소 그것은 멈출 것이다. 마음은 더 이상 그대에게 일어나지 않을 것이다.

마음은 가능한 모든 방법으로 그대에게 다가온다. 그것은 환상을 만들고 꿈을 만들 것이다. 모든 종류의 유혹을 만들어 낼 것이다. 모든 깨달은 사람들의 삶 속에 나타나는 사탄이나 악마의 유혹 장면이 바로 그것이다. 실제로 아무도 나타나지 않는다. 그것은 단지 그대의 마음일 뿐이다. 그 마음은 그대에게 이렇게까지 말한다.

"온 세상을 너에게 다 주겠다. 그러니 돌아오라. 너는 정말 바보다. 온 세상이 다 삶을 즐기고 있는데 그대 혼자 산꼭대기에 살고 있다. 자, 세상을 내려다보라. 그대는 미쳤다. 이 모든 종교는 햄버그일 뿐이다 돌아오라. 세상은 즐거운 곳이다."

마음은 모든 사람이 즐거워하고 있는 아름다운 그림들을 그대속에 그려낼 것이다. 그리고 그대가 뒤에 남겨 놓은 모든 것이 그대를 잡아당기고 있다.

이것은 기본적인 투쟁이다. 이것은 마음이 습관의 메커니즘이기 때문이다. 기계적인 항상성이다. 그 언덕 위에서 마음은 지옥처럼 느낄 것이다. '여기에는 아무것도 좋은 것이 없다. 모든 것

이 엉망이다.' 마음은 그대 주위에 모든 부정적인 것을 늘어놓는
다. '그대는 여기에서 무엇을 하고 있는가? 그대는 미친 것이 아
닌가?'

그대가 뒤에 남겨 둔 세상은 더욱더 아름답게 보일 것이다. 그
리고 그대 자신은 더욱더 누추하게 보인다. 그러나 그대가 흔들
리지 않는다면, 마음의 그런 작태를 관찰한다면 그대는 마음과
자신을 동일시하지 않을 것이다. 마음에 속지 않을 것이다. 그때
마음이 그대를 떠나는 순간이 올 것이다. 그 모든 압박과 함께 말
이다. 그때 그대는 너무나 가벼워서 날아갈 것처럼 느껴진다. 마
음은 그저 짐 덩어리였던 것이다. 이제 그대에게는 어떤 고민도,
사념도, 고통도 없다. 그대는 존재계의 자궁 속으로 들어갔다. 아
무 걱정 없이 그대는 둥둥 떠다닌다. 깊은 침묵이 그대 속에서 흘
러넘친다.

이 방편은 말하고 있다.

"그때 마음의 압박은 끝이 난다."

이 고독 속에서, 이 홀로 있음 속에서 그대는 깨닫게 될 것이
다. 그대가 알든 모르든 군중은 그대에게 무거운 압박감이었음을
말이다.

이제 동물에 대한 실험을 계속하던 과학자들은 매우 기본적인
법칙을 발견했다. 모든 동물이 자신의 영역으로서 일정한 공간을
갖고 있다는 것을 말이다. 만약 그대가 그 공간에 들어가면 그 동
물은 긴장하게 되고 그대를 공격하게 될 것이다. 모든 동물은 자
기 주위에 일정한 공간을 갖고 있다. 그는 누구라도 그 속으로 들
어오는 것을 허락하지 않는다. 왜냐하면 누군가가 거기에 들어오
는 순간 그는 압박감을 느끼게 되기 때문이다. 그대는 새들이 나
무에서 지저귀는 것을 듣는다. 그대는 그들이 무엇을 하고 있

지 모른다. 과학자들은 몇 년 간의 연구 끝에 이제 말한다. 새들의 지저귐은 여러 가지 의미가 담긴 행동이다. 첫째로 자신의 암컷을 부르고 있다는 것과, 둘째로 다른 경쟁자 수컷이 자기의 영역 속으로 들어오지 말라고 경고하는 것이다. 만약 다른 수놈이 들어오면 싸움이 일어날 것이다. 암놈은 누가 이기는지 지켜보며 기다린다. 그리고 지는 편을 떠나서 이기는 편으로 갈 것이다. 모든 동물들은 소리를 통해서, 또는 몸 냄새를 통해서 하나의 영역을 만든다. 그리고 어떤 경쟁자도 그 영역 속으로 들어오는 것을 허락하지 않는다.

그대는 개들이 걸어가면서 여기저기 오줌을 갈기는 걸 보았을 것이다. 과학자들은 그것이 바로 자신의 영역을 표시하는 행위라고 말한다. 그의 오줌에는 특별한 냄새가 있다. 그리고 그것이 자기의 영역임을 말해 주는 것이다. 아무도 거기로 들어가서는 안 된다. 그것은 위험하다. 그는 자신의 영역을 정해 놓고 그 속에서 주인으로 산다.

계속 많은 연구가 진행되고 있다. 과학자들은 많은 동물들을 몸도 움직일 수 없는 좁은 우리 속에 각각 집어 넣고 숲 속에서보다 더 풍족한 먹이를 주었다. 그러나 그들은 미치기 시작했다. 왜냐하면 그들은 공간을 가지지 못했기 때문이다. 아무리 먹이가 풍부해도 그들은 긴장하고 두려워하며 싸울 태세를 갖추었다. 이 지속적인 전투 태세가 계속 심장과 뇌에 부담을 주어 결국은 미치게 된다. 그러다가 죽기도 한다. 그 압박감이 그토록 가중했기 때문이다. 그리고 야생 상태에서는 결코 발견되지 않는 많은 비정상적 징후들이 나타났다. 동물원 우리 안에서 사육되는 원숭이들은 밀림의 원숭이들과 완전히 다르다. 그리고 우리 안에 적당한 공간을 마련해 주면 그들은 즐거워한다. 하지만 누군가가 그 공간 안에 들어가게 되면 그들은 압박감을 느낀다. 그들은 긴장하게 된다. 그들은 잠들 수 없다. 먹이도 제대로 먹을 수 없다. 그들은 사랑의 행위도 제대로 할 수 없다.

이제 과학자들은 인간에 대한 결론까지 내리기에 이르렀다. 인간 역시 인구 수가 너무 많아지면 미치게 된다는 것이다. 그 압박감이 너무 크다는 것이다. 사회는 그대를 결코 홀로 내비켜두지 않는다. 기차 속에서, 버스 속에서, 사무실 속에서 수많은 군중들이 붐빈다. 인간 역시 자기만의 공간을 필요로 한다. 홀로 남아 있을 수 있는 공간을 말이다. 그러나 그런 공간은 없다. 그대는 결코 홀로 있을 수 없다. 집에 가면 아내가 있다. 아이들이 있다. 친척들이 계속 찾아온다. 그들은 손님이 왕이라고 여전히 생각한다. 그대는 벌써 미쳐 있다. 그대를 둘러싼 압박감이 너무 크다. 그대는 누구에게도 이렇게 말할 수 없다.

"제발 나를 혼자 내버려둬!"

만약 그대가 아내에게 그렇게 말한다면 그녀는 화를 낼 것이다. 그녀는 심각하게 말할 것이다.

"그게 무슨 말이죠?"

그녀는 하루 종일 직장에 나가 있던 그대를 기다리고 있었던 것이다.

마음은 휴식할 수 있는 공간을 필요로 한다. 그래서 이 방편은 정말로 아름답고 매우 과학적인 것이다.

"그때 마음의 압박은 끝이 난다."

그대가 한적한 산꼭대기에 홀로 머문다면, 그래서 더 넓은 공간, 끝없는 공간을 갖게 된다면 군중의 압박감은 그대에게서 사라질 것이다. 그대는 깊은 잠을 잘 수 있을 것이다. 그대는 아침에 깨어나도 다른 기분을 느낄 것이다. 그대는 자유로움을 느끼게 될 것이다. 그대는 감옥에서 풀려난 것처럼 느낄 것이다.

이것은 좋다. 그러나 우리가 3, 4일만 이런 식으로 지내고 나면 또다시 군중들에게 돌아가고 싶은 욕망을 느끼게 된다. 휴가가 끝나면 그대는 다시 돌아가기를 원한다. 그것은 습관 때문이다. 홀로 있음은 쓸데없는 시간 낭비처럼 보인다. 홀로 있을 때 그대는 아무것도 할 수 없다. 그대의 삶 전체가 다른 사람을 위해서 뭔가를 해왔기 때문이다. 홀로 있게 되면 그대가 뭔가를 해도 아무도 알아주지 않는다. 아무도 봐 주는 이가 없다.

그러니 기억하라. 그대가 이 홀로 있음의 방편을 수행하려 한다면 그때는 효용에 대해서는 완전히 잊어버려라. 완전히 쓸데없는 사람이 되라. 오직 그때만이 그대는 홀로 있을 수 있다. 효용을 생각한다면 그대의 마음은 또다시 사회에 사로잡히게 되기 때문이다. 사회는 언제나 이렇게 말한다.

"어떤 가치 있는 일을 하라. 쓸모 없는 인간이 되지 마라."

사회는 그대에게 경제적인 인간, 가치 있고 쓸모 있는 인간이 되기를 원한다. 사회는 그대가 한 송이의 들꽃처럼 되기를 원치 않는다. 사회는 그대를 시장에 팔 수 있는 상품가치가 있기를 바란다. 최고의 상품가치가 그대 삶의 궁극적인 목표라고 사회는 계속 설교한다. 그러나 이것은 넌센스일 뿐이다.

지금 내 말은 쓸모 없는 인간이 되라는 것이 아니다. 단지 이 쓸모 있음이 삶의 목적이 되어서는 안된다고 말하는 것이다. 그대는 결국 이 사회에서 살아야 한다. 어느 정도는 쓸모를 갖추어야 한다. 그러나 단지 얼마간만이라도 쓸모 없는 상태로 남아 있어 보라는 뜻이다. 그렇게 할 수 있는 능력은 있어야 한다. 그렇지 않으면 그대는 인간이 아니라 그저 물건일 뿐이다. 그대가 고독 속으로, 홀로 있음 속으로 들어갈 때 이것은 문제가 될 것이다. 그대는 자신이 쓸모 없다고 느낄 것이다.

나는 많은 사람들과 함께 실험해 왔다. 때때로 나는 그들에게 3주일 혹은 3개월 동안 전적인 홀로 있음과 침묵 속으로 들어가 보라고 제안한다. 일주일 후에 돌아오고 싶으면 돌아와서 왜 거 기에 더 머물지 않고 돌아오게 되었는지 그 이유를 토론하자고 말한다. 그러나 될 수 있는한 마음속에 일어나는 말들을 듣지 말 고 결심한 날까지 채우고 돌아오는 것을 원칙으로 정하라고 말한 다. 그러면 그들은 이렇게 말한다.

"내가 스스로 정해서 갔는데 왜 내가 돌아오겠습니까?"

그때 나는 그들에게 말한다.

"그대는 자신을 모른다. 그대의 결심은 사흘 아니면 일주일 이 상 계속되지 못한다. 그 기간이 지나게 되면 그대는 돌아오고 싶 어서 안절부절못한다."

그대는 사회에 깊이 중독되어 있다. 냉정한 순간 속에서 그대 는 홀로 있겠다고 결심할 수 있다. 그러나 그대가 막상 홀로 있게 되면 사흘도 안 지나서 이렇게 생각한다.

'지금 내가 무엇을 하고 있는가? 쓸데없는 일에 시간을 쏟고 있다.'

그래서 나는 그들에게 말한다.

"쓸모 없음으로 머물러라. 쓸모 있고 없고를 따지지 마라."

때때로 그들은 3주일이나 3개월 동안 그런 상태에서 머무르는 데 성공한다. 그리고 와서 이렇게 말한다.

"그것은 너무나 아름다웠습니다. 나는 너무나 행복했습니다. 하지만 '무슨 소용이 있는가, 나는 무엇을 하고 있는가'라는 생각 이 계속 내 가슴을 때렸습니다."

기억하라. 쓸모란 사회를 위한 것이다. 사회는 그대를 사용한다. 그리고 그대는 사회를 사용한다. 이것은 상호간의 타협이다.

그러나 삶은 어떤 소용을 위한 것이 아니다. 그것은 효용성이나 목적성을 갖고 있지 않다. 그것은 하나의 유희이며 축제다. 그래서 그대가 홀로 있음 속으로 들어갈 때 이 방편을 사용하라. 그리고 그때 처음부터 그대는 쓸모 없음 속으로 들어가게 될 것을 준비해야 한다. 그 상태를 즐겨라. 그것에 대해 울적하게 생각하지 마라. 마음은 그대가 상상하지 못했던 것까지 속삭일 것이다.

"세상은 고통 속에 빠져 있고 너는 지금 여기에서 침묵 속에 빠져 있다. 세계 각처에서 일어나고 있는 것을 보라. 수많은 사람들이 식량과 마실 물이 모자라서 굶어 죽어가고 있다. 그런데 너는 가만히 앉아서 명상만 하고 있느냐? 이게 도대체 무슨 소용 있는 일인가? 그것이 이 사회를 살기 좋은 곳으로 만들어 주는가?"

마음은 화려하고 아름다운 논쟁들을 계속 끄집어낼 것이다. 마음은 위대한 논쟁자다. 그것이 바로 악마다. 그것은 그대를 설득시키려 할 것이다. 그대가 시간을 낭비하고 있다고 그대에게 확신시킬 것이다. 그러나 그 말에 귀기울이지 마라. 처음부터 아예 이렇게 시작하라.

'나는 시간을 낭비할 것이다. 나는 당분간 아무 소용도 없는 인간이 될 것이다. 나는 그저 거기에 있는 것을 즐길 것이다.'

세상은 그대가 걱정하든 안하든 그대로 계속된다. 그것은 언제나 문제 속에 있었다. 그것은 앞으로도 문제투성이일 것이다. 그것이 세상이 존재하는 방식이다. 그대는 위대한 개혁자, 혁명가, 메시아가 되려고 하지 마라. 그런 생각을 갖지 마라.

그대는 단지 그대 자신이 되라. 그대의 홀로 있음을 즐겨라. 하나의 바위처럼 쓸모 없이 남아 있어라. 그저 바위가 되라. 비가

와도 태양이 비쳐도 그대로 있는 바위 말이다. 일본의 선원에서는 정원 마당에 바위를 갖다 놓는다. 거기에는 어떤 나무도 없다. 단지 모래 위에 바위만 하나 놓여 있다. 그것엔 깊은 의미가 있다. 선사는 제자들에게 바위를 가리키면서 바위처럼 되라고 말한다. 이 세상에 대해서 신경 쓰지 말라는 뜻이다. 바위는 무슨 일이 일어나도 그냥 그대로 남아 있다. 그것은 걱정하지 않는다. 언제나 깊은 명상 속에 빠져 있다.

그대가 진짜로 쓸모 없을 준비가 되어 있지 않는 한 그대는 홀로 있을 수 없다. 한번 그대가 그것의 깊은 맛을 알고 나서도 그대는 다시 사회로 되돌아갈 수 있다. 그리고 되돌아가야 한다. 고독이, 홀로 있음이 삶의 전부는 아니기 때문이다. 그것은 단지 하나의 훈련이다. 그것은 삶을 살아가는 방식이 아니다. 단지 그대의 시각을 바꾸기 위한 깊은 이완이다. 그대가 사회에서 벗어날 때 그대는 자신을 바라볼 수 있다. 그러니 이것이 삶이라고 생각하지 마라. 많은 사람들이 이것을 삶이라고 생각한다. 그리고 그들은 여전히 시행착오를 저지르고 있다. 그들은 절대적으로 실수 속에 있다. 그들은 약을 음식으로 삼은 것이다. 이것은 삶 자체가 아니라 더욱 풍부한 삶을 살기 위한 약이다. 이것을 통해 그대는 사회를 벗어나서 그대가 무엇이며 사회가 그대에게 무엇을 하고 있는지 보아야 한다. 그대가 사회 밖에 있을 때 사회를 더 잘 볼 수 있다. 그대는 관찰할 수 있다. 그대는 주시자가 될 수 있다. 어떤 편견도 갖지 않고, 동요되지 않은 채로 삶을 구경할 수 있다.

나는 세상을 떠나라고, 히말라야로 출가해서 은둔자가 되라고 말하는 것이 아니다. 그러나 때때로 휴식이, 깊은 이완이, 홀로 있음이 필요하다. 바위처럼 존재하는 것이 필요하다. 세상으로부터 자유로워지는 것이 필요하다. 본성으로 되돌아가는 것이 필요하다. 그때 그대는 다시 태어날 것이다. 다시 젊어질 것이다. 그리고 나서 사회로 되돌아올 수 있다. 군중 속으로 다시 돌아올 수 있다. 그리고 그 아름다움을 간직하라. 그대가 홀로 있을 때 그 침묵이 일어날 것이다. 그것을 그대 속에 지녀라. 그리고 군중 속으로 깊이 들어가라. 그러나 군중에 휩쓸리지는 마라. 군중은 그대 바깥에 있게 하라. 그 속에서도 홀로 남아 있어라.

그리고 그대가 군중 속에서도 홀로 남을 수 있을 때 그대는 진정한 홀로 있음을 성취하는 것이다. 산꼭대기에서 홀로 있기란 쉽다. 그것은 저절로 이루어진다. 아무것도 장벽이 되지 않는다. 시장바닥에서, 상점에서, 사무실에서, 가정에서 홀로 있어 보라. 그래야만이 진짜 성취한 것이다. 그때 그대는 어떤 것을 이루었고 그것은 우연히 일어난 것이 아니다. 거기는 산꼭대기가 아니기 때문이다. 이제 의식의 질이 바뀌었다.

그러니 군중 속에서 홀로 있어라. 군중은 밖에 있게 하고 그대 속으로 들어오게 하지 마라. 그대가 거기에서 무엇을 얻든지 그것을 지켜라. 그것을 보존하라. 그대의 느낌이 둔해질 때 그것을 놓치고 있는 것이다. 그것은 사회가 그대를 어지럽힌 것이다. 신선한 샘은 더 이상 신선하지 않은 것이다. 그것은 오염되었다. 사회로부터 벗어날수록 그것은 새로워질 것이다. 그것은 다시 신선해질 것이다. 근본적인 샘물이 새롭게 될 때 아무도 그것을 오염시킬 수 없다. 그때는 더 이상 다른 곳으로 도망갈 필요가 없다.

그러므로 이것은 하나의 방편이지 삶이 아니다. 수도승이 되지 마라. 여승이 되지 마라. 어떤 수도원에 가서도 거기에서 영원히 살지 마라. 그것은 넌센스일 뿐이다. 그대가 영원히 수도원에서 산다면 그대가 무엇을 얻었는지 모르게 되기 때문이다. 수도원이 그대에게 준 것조차 모르게 된다. 그것은 우연한 것이 될 것이며 본질이 아니다. 본질은 시험을 거쳐야 한다. 본질은 이 사회와 맞부딪쳐 보아야 한다. 본질은 돌멩이로 깨 보아야 한다. 그것이 절대로 깨지지 않으면, 그 어떤 것으로도 그것을 바꾸지 못하면 그때 그것은 그대 속에서 결정체가 될 것이다.

자, 이제 두번째 방편으로 넘어가자.

97

생각하라.
그 공간이 지복으로 가득 찬 그대 자신의 몸이라고.

이 두번째 방편은 첫번째와 관련된 것이다. 그대의 몸이 지복(至福)의 공간이라고 생각하라. 산꼭대기에서 명상하는 동안 그대 앞에 끝없는 공간이 펼쳐져 있다. 그때 그대는 이것을 할 수 있다. 그 공간이 지복의 몸으로 가득 채워졌다고 말이다.

일곱 가지 몸이 있다. 지복의 몸은 마지막 몸이다. 그래서 그대가 더 깊이 내면으로 들어갈수록 그대는 자신이 지복으로 가득 차 있음을 느끼게 된다. 그대는 지복의 몸을 향해 다가가고 있다. 마지막 지복의 중심을 향해서 말이다. 그것은 그대의 본질적인 혼으로 둘러싸여 있다. 첫번째 몸인 육체는 내면으로부터 밖으로 향하지만 마지막 몸인 지복체는 밖에서부터 안으로 향한다. 그것은 그대의 존재로, 본질적인 혼으로 둘러싸여 있다. 지복의 층으로 싸여 있다. 이것을 지복체라고 부른다.

산꼭대기 위에 앉아서 끝없는 하늘을 바라보라. 전 공간이 그대의 지복체로 가득 차 있다. 그대의 지복체는 점점 증가한다. 전 우주가 이것으로 가득 찬다. 그대는 어떻게 그것을 느끼겠는가? 그대는 지복이 무엇인지 모르니 그것을 어떻게 상상하겠는가? 그래서 먼저 그대는 전 공간이 지복이 아니라 침묵으로 가득 차 있다고 생각하는 것이 좋다. 침묵으로 가득 찬 그 공간을 느껴라.

그리고 본성이 그 상황에서 도움이 될 것이다. 왜냐하면 본성 속에서는 소리들도 침묵이기 때문이다. 도시에서는 침묵조차 소음이다. 그러나 자연적인 소리들은 침묵처럼 보인다. 그것들은 그대를 방해하지 않기 때문이다. 그것들은 조화롭게 어울려 있다. 그러므로 침묵이 반드시 소리 없음이라고 생각하지 마라. 음악 소리도 침묵이 될 수 있다. 그것이 조화롭다면 말이다. 그것은 그대를 방해하지 않는다. 오히려 그대의 침묵을 더욱 깊게 해준다. 그래서 그대가 본성 속으로 들어갈 때 미풍이 불어올 것이다. 강물 소리가, 바람 소리가, 거기에 무슨 소리가 일어나더라도 모두 조화의 극치를 이룬다. 그것들은 전체를 이룬다. 그것들은 전혀 귀에 거슬리지 않는다. 그대는 완전히 이완된 채로 그것들을 들을 수 있다. 그리고 그것들을 들음으로써 그대의 침묵은 더욱 깊어진다. 그러므로 먼저 침묵이 공간 전체를 메우고 있다고 느껴라. 그것이 점점 커지면 커질수록 침묵은 더한다는 것을 깊이 느껴라. 하늘은 그대를 둘러싼 침묵 자체가 될 것이다.

그대가 하늘이 침묵하고 있다고 느낄 때 오직 그때만 이 방편을 시도하라. 지복으로 가득 차 있음을 느끼는 것 말이다. 침묵이 깊어져서 그대는 지복의 첫 일별을 대하게 될 것이다. 긴장이 증가함에 따라 그대는 불행의 첫 일별을 대한다. 마찬가지로 침묵이 깊어질수록 그대는 편안함을, 이완됨을 느낄 것이다. 지복의 첫 일별이 그대에게 다가올 것이다. 그 일별이 일어날 때 그대는 지복으로 가득 찰 수 있다. 그때 그대는 전 공간이 지복으로 가득 차 있음을 느낄 수 있다.

"생각하라. 그 공간이 지복으로 가득 찬 그대 자신의 몸이라고."

온 하늘이, 허공 전체가 그대 지복의 몸이 된다. 그대는 이것을 분리해서 수련할 수도 있다. 첫번째 방편에 결합시킬 필요 없이 말이다. 그러나 같은 조건이 필요하다. 그것은 끝없는 공간과 침묵과 그대 주위에 인기척이 없는 것이다. 왜 그대 주위에 어떤 사람도 있어서는 안되는가? 그대가 사람을 보는 순간 그대는 이전의 방식으로 반응하기 시작할 것이기 때문이다. 그대는 아무런 반응 없이 인간을 볼 수 없다. 사람을 보는 순간 어떤 것이 즉시 일어날 것이다. 그의 출현은 그대로 하여금 이전의 그대 방식으로 되돌아가게 한다. 만약 그대가 아무도 볼 수 없다면 그대는 자신이 인간이라는 것조차 잊어버리게 될 것이다. 만약 그대가 인간을 보지 않는다면 그대는 인간이라는 것, 사회의 일부라는 것을 잊게 된다. 그리고 그렇게 잊어버리는 것이 좋다. 단지 그대 자신을 있는 그대로 기억하는 것이 좋다. 그대는 그대가 무엇인지 모른다. 그대는 누구에게도, 어떤 사회, 어떤 단체, 어떤 종교에도 속하지 않았다. 이 무소속이 도움이 될 것이다. 그러니 그대가 홀로 있게 되면 어디에서든지 이것을 수련하라.

홀로 있게 되면 이 방편은 매우 도움이 될 것이다. 그러나 그대가 느낄 수 있는 어떤 것에서부터 시작해야 함을 잊지 마라. 그렇지 않으면 느낄 수 없는 것을 상상하는 방편을 수련하는 꼴이 된다. 그대가 느낄 수 없다면, 어떤 경험도 가지지 않았다면, 일별조차 일어난 적이 없다면 그때는 수련 전체가 거짓이 된다. 어떤 사람이 내게 와서 이렇게 말했다.

"저는 신이 모든 곳에 있다는 느낌을 갖는 수련을 하고 있습니다."

그래서 나는 그에게 이렇게 물었다.

"그대가 어떻게 수련할 수 있는가? 그대가 무엇을 상상하고 있는가? 신에 대한 어떤 느낌, 어떤 맛이라도 보았는가? 신에 대한 경험이 있을 때만이 상상이 가능하다. 그렇지 않다면 그대는 단지 상상하고 있다고 생각할 뿐이다. 아무것도 일어나지 않을 것이다."

이 점은 어떤 방편을 수련할 때도 마찬가지라는 것을 명심하라. 그대는 그대에게 진실한 어떤 것에서부터 시작해야 한다. 전체적인 것이 아니라도 좋다. 그러나 아무리 작은 일별이라도 좋으니 그것이 꼭 필요하다. 오직 그때만이 그대는 한걸음씩 나아갈 수 있다. 절대적인 미지의 상태 속에 마구 뛰어들지 마라. 그때 그대는 그것을 느낄 수 없다. 상상조차 할 수 없다.

이 때문에 많은 스승들이, 특별히 붓다 같은 사람들이 '신'이라는 단어를 완전히 없애 버렸다. 그는 이렇게 말했다.

"그대는 그것과 함께 할 수 없다. 그것은 바로 종착점이다. 그대는 처음부터 어떤 종착점을 갖고 있을 수 없다. 그러니 바로 그 처음의 것부터 시작하라. 끝에 대해서는 잊어버려라. 끝은 자동적으로 따라올 것이다."

그는 제자들에게 이렇게 말했다.

"신을 생각하지 마라. 자비를 생각하고 사랑을 생각하라."

그래서 그는 신이 모든 곳에 있다는 식의 말을 결코 하지 않았다. 그대는 단지 거기에 있는 모든 사람에게 자비심을 느껴라. 사람 뿐만 아니라 동물과 나무에게도 말이다. 그대는 단지 자비심을, 연민을 느껴라. 동정심을 느껴라. 그때 사랑이 나온다. 그리고 그대가 아는 사랑 때문에, 그것이 아무리 작은 것이라도 모든 사람의 삶 속에는 사랑과 같은 어떤 것이 있다. 그대가 한번도 사랑해 보지 않았더라도, 적어도 어떤 다른 사람이 그대를 사랑했을 것이다. 적어도 그대의 어머니가 있지 않는가. 그대는 그녀의 눈을 들여다본 적이 있다. 그녀는 그대를 사랑한다.

붓다는 말한다.

"존재계에 대해 모성애를 가져라. 자비심 속에서 깊이 느껴라. 온 세상이 그대의 자비심으로 가득 차 있음을 느껴라. 그때 다른 모든 것이 따라올 것이다."

이 점을 기본 법칙으로 기억하라. 언제나 그대가 느낄 수 있는 어떤 것에서 시작한다는 것을. 오직 그때만 미지의 것이 그것을 통해 들어올 수 있다.

〈질문〉

"저는 감정적인 유형도 아니고 그렇다고 지적인 유형도 아니라고 생각됩니다. 나는 그 두 유형이 마구 섞여 있습니다. 그러니 명상의 방편 역시 혼합된 것을 택해서 수련해야 되지 않겠습니까? 설명을 부탁합니다."

이것은 중요한 질문이다. 많은 것들이 이해되어져야 한다. 먼저 자신이 지적인 유형도 아니고 감정적인 유형도 아니라고 생각될 때 그대는 바로 전형적인 지적 유형이라는 사실을 알아야 한다. 혼란은 지적인 것이기 때문이다. 감정적인 유형은 절대로 혼란스러워하지 않는다. 감정적인 사람은 항상 전체적이다. 그러나 지적인 사람은 언제나 분열되어 있다. 그것이 지성의 본질이다. 왜인가? 지성은 의심을 기초로 하고 있고 감정은 믿음에 의존해 있기 때문이다. 그리고 의심이 있는 곳에 언제나 분열이 있다. 의심은 결코 전체를 하나로 통일하지 못한다. 그대는 전체적으로 의심할 수 없다. 만약 그대가 전체적으로 의심한다면 그것은 바로 믿음이 된다.

의심은 항상 혼란으로 나타난다. 본질적으로 그대가 의심할 때 그대는 그대의 의심을 의심한다. 그대는 그 의심에 대해서도 확실하지 않다. 의심하는 마음은 의심 자체를 의심한다. 그래서 언제나 분열이 있다.

지적인 유형은 항상 이렇게 생각한다.

"나는 그 어디에도 속하지 않았다. 여기에도 속한 것 같고 거기에도 속한 것 같다. 어떤 때는 이것이고 어떤 때는 저것이다."

이런 식으로 항상 우유부단한 것이 지적인 유형이다. 그러나 감정적인 유형은 자신에 대해서 그토록 고심하지 않는다. 거기에는 신뢰가 기초가 되어 있다. 그래서 감정은 분열되지 않는다. 그래서 만약 그대에게 어떤 의심이 있다면, 그대가 무슨 유형에 속하는지 확실히 모르겠다면 그때는 그대가 지적인 유형이라고 믿어도 된다. 그때는 지적인 사람을 위한 방편을 수련하라. 만약 그대가 어떤 혼란도 느끼지 않는다면 그때 그대는 감정적인 유형에 속한다.

예를 들면 라마크리슈나 같은 사람은 전형적인 감정적 유형이다. 그는 의심을 할 수 없다. 그것은 불가능하다. 의심이란 기본적인 의심이 이미 존재할 때 생겨날 수 있는 것이다. 그것이 미리 갖추어지지 않은 사람은 일부러 의심을 만들어 낼 수 없다. 믿음도 마찬가지다. 그것은 이미 속에 있던 것이 겉으로 나오는 것이다.

그대의 기본적인 유형은 변화될 수 없다. 그래서 그대의 본래 유형을 아는 것은 매우 중요하다. 왜냐하면 그대가 뭔가를 할 때 그것이 그대에게 적합하지 않은 것이라면 그것은 에너지와 시간만 낭비한 것이 되기 때문이다. 그리고 잘못된 노력 때문에 더욱 혼란스러울 것이다. 그대는 새로이 의심도 만들어 낼 수 없고 믿음도 만들어 낼 수 없다. 그것의 씨앗은 이미 들어 있다. 이것 아니면 저것으로 정해져서 말이다. 만약 그대가 의심을 갖고 있다면 그때는 믿음이 더 좋은 것이라고 생각하지 마라. 그것은 하나의 사기나 가식일 뿐이다. 만약 그대가 의심을 갖고 있다면 두려워 마라. 의심조차 신성으로 인도될 수 있다. 그대는 의심을 이용해야 한다.

다시 말한다. 의심조차 신성에 도달할 수 있다. 그대의 의심이 신성을 파괴시킬 수 있다면 그것은 신성보다 더욱 강력한 것이다. 그래서 의심조차 하나의 방편을 통해서 궁극에 이를 수 있다. 다만 속이지 마라. 그러나 의심을 갖고 있다면 결코 신성에 이를 수 없다고 가르치는 사람들이 있다. 그래서 그대는 의심을 억압하고 감추고 속인다. 그리고 거짓 믿음을 만들어 낸다. 그러나 그 모두가 표면적이다. 그것은 결코 그대의 본질에 와닿지 못한다. 그러므로 그대에게 의심이 있다면 그 의심 속으로 깊이 들어가라. 표면적인 거짓 믿음을 만들어 내지 마라.

믿음과 신뢰 사이에는 약간의 차이가 있다. 믿음은 사실 언제나 거짓이다. 그러나 신뢰는 차원이 다르다. 믿음은 하나의 개념인 데 비해 신뢰는 존재에서 우러나오는 것이다. 그래서 의심이 많은 사람은 계속 믿음에 집착한다. 그는 계속 '나는 믿는다'라고 말한다. 그러나 그는 신뢰하지 못한다. 마음속 깊은 곳에서는 믿지 않고 있다는 사실을 스스로 안다. 그래서 그들은 항상 두려워한다. 만약 그대가 그의 믿음을 조금이라도 비판한다면 그는 당장에 화를 낸다. 왜인가? 왜 그토록 민감하게 반응하는가? 그들은 그대가 아니라 자신의 의심 때문에 신경질적이다. 그러나 신뇌 속에 있는 사람은 그대가 아무리 그의 믿음을 비판해도 그는 그저 웃을 뿐이다. 그대의 비판이 그의 신뢰를 흔들 수 없다.

뱅갈의 가장 아름다운 마음인 라마크리슈나는 전형적인 감정형이다. 그의 이름을 듣고 인도에서 가장 지성적인 마음인 케샵 찬드라(Keshav Chamdra)가 찾아왔다. 그는 라마크리슈나를 단순히 만나 보기 위한 것이 아니라 그를 자신에게 굴복시키려고 온 것이다. 그래서 그가 다크쉬네바르로 라마크리슈나를 찾아 왔을 때 캘커타의 모든 지성인들이 그 토론을 보려고 모여들었다. 케샵 찬드라가 먼저 논쟁을 시작했다. 그런데 그는 논쟁을 이기기 위해 신경을 바짝 쓰고 있었고 라마크리슈나는 논쟁을 즐기고 있었다. 케샵이 먼저 신에 대해 반대하는 말을 제안했다. 그러자 라마크리슈나는 갑자기 펄쩍펄쩍 뛰면서 춤을 추기 시작했다.

케샵은 갑자기 당황스럽게 느껴졌다. 그래서 말했다.

"당신은 무엇을 하고 있는가? 당신은 내 질문에 대답해야 한다."

그때 라마크리슈나는 이렇게 말했다고 한다.

"당신을 보는 것만으로도 나의 믿음은 더욱 굳어진다. 신이 없이는 당신과 같은 지성이 생겨날 수가 없다. 내가 예언하건대 당신은 나보다 더 위대한 헌신자가 될 것이다. 왜냐하면 당신은 위대한 마음을 가졌기 때문이다. 그런 위대한 마음을 가진 당신이 어떻게 신성과 싸울 수 있겠는가? 나 같은 바보조차 도달한 그곳에 당신 같이 위대한 지성이 어떻게 도달하지 않을 수 있겠는가?"

라마크리슈나는 화내지 않았다. 그는 논쟁도 하지 않았다. 그러나 결국 그는 케샵 찬드라를 굴복시켰다. 케샵은 라마크리슈나의 발을 만지면서 이렇게 말했다.

"당신은 논쟁이 아무런 의미가 없음을 처음으로 내게 가르쳐 준 유신론자이십니다. 당신의 눈을 보고 당신이 내게 대하는 행동을 보면 신의 존재가 가능하다는 것을 느끼게 됩니다. 당신은 내게 어떤 증거도 제시하지 않았지만 당신 자체가 이미 신성의 증거입니다."

라마크리슈나는 증거가 되었다.

지적인 유형들은 의심을 통해 나아가야 한다. 어떤 믿음도 자신에게 강요하지 마라. 그것은 스스로를 속이는 것이다. 그대는 다른 어떤 사람도 속일 수 없다. 그러나 자신을 속일 수는 있다. 그러므로 자신에 대해서 진실하라. 만약 의심이 그대의 본성이라면 그때는 의심을 통해서 나아가라. 믿음에 기초한 어떤 방편도 택하지 마라. 그것은 그대에게 맞지 않다. 과학적이고 실험적인 방편을 택하라. 아무런 믿음도 필요치 않은 것으로 말이다.

두 가지 유형의 방편들이 있다. 그중 한 가지는 실험적인 유형이다. 그 방편들 속에서 그대는 믿음에 대해 운운할 필요가 없다. 결과가 말해 줄 것이다. 과학자들은 믿을 수가 없다. 그는 가설을 취할 수는 있다. 그리고 실험을 통해 가설이 옳다는 것이 증명되면 또 믿을 필요가 없다. 그것이 진실이라는 것을 알기 때문이다. 그래서 여기 112가지 방편 속에는 그대의 믿음을 전혀 요구하지 않는 것들이 있다.

마하비라나 붓다가 지적인 유형이라는 것도, 라마크리슈나가 감정적인 유형이라는 것도 바로 이 때문이다. 붓다 같은 사람은 신을 믿을 필요도 없으며 아예 신에 대해 언급도 하지 않는다. 그는 이렇게 말했다.

"내가 말한 대로 해보라. 내 말을 믿지 마라. 내가 한 말을 실험해 보라. 옳다는 것이 증명되면 그때는 내 말이 진실이라는 것

을 알 것이다. 따라서 나를 믿을 필요도, 내 말을 믿을 필요도 없
다. 그저 그대 자신이 실험해 보라. 의심이 다 풀릴 때까지 실험
을 계속하라."

마하비라도 이렇게 말했다.

"그 누구의 말도 믿을 필요가 없다. 스승조차도 말이다. 그저
방편을 수련하라."

과학은 믿음을 말하지 않는다. 오직 실험과 연구만을 주장한
다. 이것은 지적인 유형들에게 알맞다. 그러므로 그대 자신에게
거짓 믿음을 강요하지 마라. 언제나 자신에게 진실하라. 때때로
무신론자들이 신성에 도달하는 경우가 있다. 마하비라가 바로 그
런 경우이다. 그는 신을 믿지 않았다. 붓다도 마찬가지였다. 붓다
는 어떤 신도 믿지 않았다. 그러나 그에게 기적이 일어났다. 자신
이 신과 같은 경지에 이른 것이다. 그리고 그는 절대적으로 지적
인 타입이다. 하지만 그는 도달했다. 그는 자신을 속이지 않았기
때문이다. 그는 실험을 계속했다. 6년 동안 그는 모든 실험을 시
도했다. 하지만 그는 아무것도 믿지 않았다. 어떤 것이 실험을 통
해 진리로 증명되지 않는 한 그는 믿지 않았다. 그래서 그는 결국
어떤 결론에 도달했다.

어느 날 그에게 어떤 일이 일어났다. 그때까지 그는 의심의 고
삐를 늦추지 않았다. 모든 것을 의심하며 실험을 계속했다. 그리
하여 그는 더 이상 어떤 것도 의심할 것이 남아 있지 않는 지점까
지 이르렀다. 그리고 대상이 없어지자 의심도 떨어져 나갔다. 그
순간 그는 깨닫게 되었다. 의심은 실체가 아니라는 사실을 알았
던 것이다. 의심하는 자는 남아 있었지만 의심하는 자를 의심할
수가 없었다. '아니다, 이것은 옳지 않다'라고 말하는 의심의 주
체가 거기에 있었다.

옳지 않을 수도 있고 옳을 수도 있다. 그러나 그렇게 생각하고 말하는 주체는 도대체 누구인가? 그 주체는 분명히 존재한다. 그대는 신이 없다고 말할 수도 있다. 그리고 '나는 없다'라고 말할 수도 있다. 그러나 그대가 '나는 없다'라고 말하는 그 순간 누가 그렇게 말했는가? 그 주체는 누구인가? 그대는 자신을 부정하는 그 주체를 부정할 수는 없다. 그것은 불가능하다. 부정하는 순간 그대는 거기에 있는 것이다. 그것을 부정하기 위해서라도 그대는 거기에 존재해야 한다. 누군가 그대의 방문을 두드리는데 그대는 '나는 여기에 없다'라고 말할 수 있는가? 그렇게 말한다면 그것은 이미 이율배반이다.

붓다는 모든 것을 부정했다. 그러나 자기 자신을 의심할 수는 없었다. 그것은 결국 자기 자신에게 되돌아오는 길이었다. 거기에서는 더 이상 자신을 부정할 수 없다. 의심은 저절로 떨어져 나가 버렸다. 갑자기 그는 자신의 실체를 깨달은 것이다. 자기 의식의 근본을 말이다. 그래서 그는 신이 되었다. 신과 같은 경지가 된 것이다. 이 세상에서 그보다 더 신성으로 충만한 사람은 없었다. 그러나 그의 본성은 매우 지적인 것이었다.

이 두 가지 방편들이 모두 준비되어 있다. 만약 그대가 지적인 유형이라면, 의심과 혼란으로 가득 차 있다면 굳이 믿음을 가지려고 하지 마라. 하나의 방편이 누구나 똑같이 적용되는 것은 아니다. 그리고 만약 그대가 의심이 없는 신뢰를 갖고 있다면 그때는 다른 방편을 굳이 찾을 필요가 없다. 그때는 신뢰의 길을 통하는 것이 그대에게 진실이다. 이 점을 잊지 마라.

속이는 것은 매우 쉬운 일이다. 우리는 모두 타인을 모방하고 있기 때문이다. 그대는 자신이 무슨 유형인지도 모르면서 라마크리슈나를 흉내내기 시작한다. 그대가 한번 흉내내기 시작한다면 그것은 끝까지 흉내의 차원에서 끝날 것이다. 거기에 진짜는 아무것도 없다. 그대는 붓다를 흉내낼 수 있다. 우리는 태어날 때부터 종교 속에서 태어난다. 그 때문에 얼마나 많은 넌센스가 저질러지는지 모른다. 그대는 자신의 의지로 선택해야 한다. 종교는 피와 살, 그대의 탄생과 아무런 관계가 없다.

어떤 사람이 불교도의 가정에서 태어난다. 하지만 그는 감정형에 속할 수가 있다. 그러나 그는 붓다를 따를 것이다. 그렇게 되면 그는 전생애를 낭비하는 것이다. 어떤 사람은 지적인 유형에 속한다. 하지만 그는 기독교 집안에서 태어난다. 그래서 자신을 모태 신앙이라고 부른다. 그러나 그는 언제나 고민하게 될 것이다. 그는 억지 믿음을 갖게 될 것이고, 가식적이고 표면적인 삶을 살 수밖에 없게 된다. 그대는 자신이 무슨 유형인지 먼저 이해하고 그 다음 종교를 선택해야 한다. 그때 세상은 진정으로 종교적이 될 수 있다. 우리는 모든 사람이 그 스스로의 의지대로 종교나 방편을 선택할 수 있도록 해야 한다.

그러나 종교는 매우 조직적이고 정치적이다. 모든 아이들이 태어나면서부터 자신의 의지와 상관 없이 종교를 믿도록 강요되고 있다. 부모들은 자신의 아이들이 다른 종교를 믿을까봐 두려워한다. 그래서 아이들이 성숙해서 스스로의 길을 선택하기 전에 미리 세뇌교육을 시킨다. 그리고 아이들은 자유롭게 생각할 수 없게 된다. 그래서 그대 역시 자유롭게 생각하는 능력을 상실했다. 그대는 이미 선입관과 편견에 휩싸여 있다.

버터란드 럿셀은 이렇게 말했다.

"지적으로는 붓다가 예수보다 더 위대하다고 나는 생각한다. 그러나 가슴속 깊이 들어가 보면 예수가 붓다보다 더 위대해진다. 그래서 나는 억지로 그들을 평행선으로 놓으려 한다. 하지만 지적으로 보자면 붓다는 거인이다. 예수는 그 앞에서 아무것도 아니다."

왜 버트란드 럿셀은 그렇게 느꼈는가? 그는 지적인 유형이기 때문이다. 그래서 그에게는 붓다가 훨씬 설득력이 있는 것이다. 그러나 그의 마음은 이미 기독교로 물들어 있었다. 그의 비교는 사실 무의미한 것이다. 그것은 버트란드 럿셀의 개인적인 사항이기 때문이다. 붓다와 예수를 비교하는 것은 불가능한 것이다. 감정적인 유형에게는 예수가 붓다보다 더 위대하게 보일 것이다. 그러나 불교도에게는, 지적인 유형에게는 붓다보다 더 위대한 사람을 찾는다는 것이 매우 어렵다.

그대의 마음은 컴퓨터와 같다. 무슨 정보가 먼저 입력되느냐에 따라서 그대의 생각은 상당히 좌우될 것이다. 그리고 사실 그것은 우스꽝스런 일이다. 하지만 그대는 이미 머리 속에 박힌 선입관을 쉽게 던져 버릴 수 없다. 오직 몇몇 사람만이 자신의 종교에 대해서 혁명적으로 될 수 있다. 오직 혁명적인 마음을 가진 사람에게만 가능한 것이다.

그러므로 그대가 어떤 유형인지 먼저 이해하라. 그것은 그리 어려운 일이 아니다. 우선 그대가 혼란을 느낀다면 그대는 이미 지적인 유형이다. 만약 그대가 의심보다는 신뢰 속에 머무르고 싶다면, 뭔가를 믿고 싶다면 그대는 감정적인 타입이다. 그때는 신뢰를, 헌신을 기초로 하는 방편을 사용하라.

감정과 지성을 모두 겸비한 방편 같은 것은 존재하지 않는다. 그런 것이 있다면 혼란만을 초래할 것이다. 라마크리슈나는 옳다. 그리고 붓다 역시 옳다. 이 세상에는 그대를 진리로 인도할 수 있는 길이 많다. 완전히 상반된 길처럼 보일지라도 그대에게 맞는 것을 선택할 때 그대는 똑같은 결과에 이를 것이다. 모든 종교가, 모든 도(道)가 그 나름대로의 이념과 사상과 방편을 갖고 있다. 그러나 그 목적지는 같은 것이다. 하지만 그대가 명심해야 할 점은 그대가 그 길을 찾아가야 한다는 것이다. 이미 길이 준비되어 있어도 그대가 가지 않는 한 그저 얻을 수 있는 것은 아무것도 없다. 내면에의 탐구는 땅보다는 하늘에 더 가깝다.

새가 날아가고 있다. 새는 날아가면서 허공에 흔적을 남기지 않는다. 하늘은 언제나 텅 비어 있다. 어떤 새라고 해도 스스로 항로를 만들어서 날아가야 한다. 땅 위의 철도나 고속도로처럼 미리 정해진 궤도가 하늘에는 없다.

의식은 하늘과 같다. 마하비라도 움직이고 붓다도 움직인다. 예수도 움직인다. 그대는 그들의 움직임을 볼 수 있다. 그들의 성취를 바라볼 수 있다. 그러나 그대가 움직이려는 순간 그 흔적들은 사라져 버린다. 그대는 그들의 발자국을 따라갈 수가 없다. 허공에는 발자국이 남지 않기 때문이다. 그대는 자신의 항로를 만들면서 날아가야 한다.

먼저 그대가 어떤 유형인지에 대해 알아라. 그리고 자신에게 맞는 방편을 선택하라. 이 112가지 방편 속에는 지적인 것도 많고 감정적인 것도 많다. 그대가 그 두 가지 모두에 해당된다고 생각하지 마라. 그것은 그대의 착각이다. 두 가지 모두를 갖춘 방편을 찾지 마라. 그런 것은 존재하지도 않을 뿐더러 누군가가 있다고 하더라도 그렇게 해서는 혼란만을 초래할 뿐이다. 그대는 분열되고 결국에는 미칠 것이다. 그렇게 하지 마라.

깨어나라! 주시하라! 이해하라!

위험 속에서 살아라

"위험하게 살아라."

그것은 적극적으로 위험을 찾아다니라는 뜻이 아니다.

그대 주위에 어떤 장벽도 쌓지 말라는 뜻이다.

자연스럽게 살아라.

그때 그대는 이 방편을 수련할 수 있다.

위험 속에서 살아라

98

어떤 자세 속에서도,
그대의 두 겨드랑이 사이의 영역이
점차 거대한 평화 속으로 스며들고 있음을 느껴라.

99

그대 자신이 모든 방향으로
퍼져 나가고 있음을 느껴라.
멀리 그리고 가까이.

외부의 삶은 하나의 태풍이다. 끊임없는 갈등과 곤란과 투쟁 속에 있다. 그러나 그것은 단지 표면일 뿐이다. 그것은 엄청난 소음과 바람과 파도로 쉴 새 없이 요동하는 바다 위와 같다. 하지만 이것이 삶의 전부는 아니다. 깊이 들어가 보면 거기에 하나의 중심이 있다. 거기에서 삶은 소리없이 흐르고, 휴식이 넘치며, 어떤 투쟁과 폭력 없이 유유히 흐르는 강물과 같다. 그대는 표면과 동일시해 왔다. 외부와 자신을 동일시해 왔다. 그때 고뇌와 근심이 따른다. 이것이 모든 사람들이 살아가는 형편이다. 우리는 표면과 동일시한다. 거기에서 계속되는 투쟁과 동일시한다.

표면은 동요될 수밖에 없다. 아무것도 이상하거나 잘못되지 않았다. 그것은 당연하다. 그리고 만약 그대가 중심에 자리잡을 수 있다면 표면의 동요는 아름다운 광경이 될 것이다. 그것은 제나름대로의 매력을 갖고 있다. 만약 그대가 내면에서 침묵할 수 있다면 그때 외부의 모든 소리들은 하나의 뮤지컬이 될 것이다. 그때 거기에 아무것도 잘못된 것은 없다. 그것은 한 편의 연극이다. 그러나 그대가 내면의 정수, 침묵의 중심을 모른다면, 단지 전적으로 표면과만 동일시한다면 그때 그대는 미칠 것이다. 그리고 모든 사람이 거의 미칠 지경에 있다.

모든 종교적 방편들은, 요가와 선(禪)과 선술(仙術)은 그대를 다시 이 중심과 접촉할 수 있도록 도와주려는 것이 그 기본이다. 그대를 내면으로 들어가게끔, 주변에 대해서는 잊어버리게끔 하려는 것이다. 당분간 주변을 떠나 자신의 존재 속에서 깊이 이완하려는 것이다. 그 이완은 너무나 깊어서 그대에게는 외부가 완전히 사라지고 오직 내면만이 거기에 남게 된다. 그리고 한번 그대가 내면으로 들어가는 길을 알면, 그대 자신 속으로 깊이 들어가는 방법을 알면 그것은 이제 어렵지 않다. 만약 그대가 표면에 집착하고 있는 마음만을 안다면 그것은 매우 어려울 것이다. 자신을 이완시키는 것은 어렵지 않다. 그러나 표면에 대해 집착을 끊는 것은 어렵다.

한 수피에 대한 일화가 생각난다. 수피인 파키르는 여행을 하고 있었다. 그때는 어두운 밤이었고 그는 길을 잃었다. 너무나 캄캄해서 자신이 어디로 가고 있는지조차 분간할 수 없었다. 그러다가 갑자기 그는 심연으로 떨어졌다. 그는 너무나 무서웠다. 그는 그 어둠 속 아래에 무엇이 있는지 몰랐다. 그리고 그 심연이 얼마나 깊은지도 몰랐다. 그러다가 간신히 나뭇가지 하나를 붙잡았다. 그리고 기도하기 시작했다. 밤은 몹시 추웠다. 그는 울부짖었지만 아무도 듣는 사람이 없었다. 자신의 메아리만 계속 되돌아올 뿐이었다. 그는 손이 완전히 얼어붙었다. 그리고 얼마 안 가서 가지를 놓치게 되리라는 것도 예상했다. 죽음은 명백하게 가까이 있었다. 한순간 그는 떨어져서 죽을 것이다.

그리고 그때 마지막 순간이 왔다. 그는 그것이 얼마나 끔찍한 공포라는 것을 이해할 수 있었다. 순간 순간 죽음이 다가오는 것을 말이다. 그는 손아귀에서 나뭇가지가 조금씩 미끄러지는 것을 보았다. 그리고 그의 손은 완전히 얼어붙어서 다시 잡을 수도 없었다. 이제 그는 떨어져야만 했다. 그러나 다음 순간 그는 춤을 추기 시작했다. 심연 같은 것은 아무데도 없었다. 그는 맨땅 위에 서 있었다. 그는 그 순간까지 엄청난 고통을 겪은 것이다.

이것이 바로 그대의 상황이다. 그대는 표면에 계속 집착하고 있다. 그대는 표면을 떠나면 자기를 잃게 될까봐 두려워한다. 실제로는 표면에 집착하는 것이 바로 자기를 잃어버리는 것이다. 어둠이 있는 곳으로 깊이 들어가라. 그대는 어떤 땅도 볼 수 없다. 그대는 표면과 같은 어떤 것도 거기에서 볼 수 없다. 그리고 이 모든 방편들이 그대에게 용기를 주고 강하게 하고 모험을 즐기도록 만들 것이다. 그대가 표면을 떠날 수 있게 하기 위해서, 잡았던 손을 놓고 자신 속으로 떨어지게 하기 위해서 말이다. 바닥 없는 수렁처럼, 심연처럼 보이는 것이 바로 그대 존재의 토대다. 한번 그대가 표면을, 주변을 떠나게 되면 그대는 중심에 이르게 될 것이다.

이 중심에 이르는 것이 목표다. 한번 그대가 중심에 이르면 다시 그대는 주변으로 옮겨 갈 수 있다. 그러나 그대는 전적으로 달라질 것이다. 그대 의식의 질이 변했다. 그때 그대는 주변으로 갈 수 있지만 주변이 되지는 않을 것이다. 그대는 중심에 머무를 것이다. 그리고 중심에 머무르며 주변을 바라보면 그것은 아름답다. 그때 그대는 주변을 즐길 수 있다. 그것은 신나는 연극이다. 그때 거기에는 갈등이 없다. 심각해 보이는 것도 하나의 게임인 것이다. 그때 그대 내면에는 어떤 긴장도 생기지 않는다. 고뇌가, 근심이 사라진다. 어떤 짐이 너무 무겁다고 느껴지는 순간 그대는 중심으로 돌아갈 수 있다. 그 근원적인 샘물 속에 잠길 수 있다. 그때 그대는 재충전될 것이며 다시 젊어질 것이다. 그대는 다시 주변으로 나아갈 수 있다.

한번 그대가 그 길을 알고 나면……, 그 길은 멀지 않다. 그대 자신 외에 다른 어디로도 갈 필요가 없다. 그것은 가까이 있다. 장벽이 있다면 그것은 그대의 집착이다. 그대는 주변을 붙잡고 있다. 자기를 잃어버릴까봐 두려워하면서 말이다. 마치 그대가 죽을 것 같은 공포를 느낀다. 내면의 중심으로 들어가는 것은 하나의 죽음이다. 주변과의 동일시가 죽는다는 것이다. 그리고 새로운 존재의 느낌, 새로운 이미지가 일어난다.

그래서 만약 탄트라의 방편이 무엇을 말하는지 몇 마디로 요약

하자면 그것은 자신 속에서의 깊은 이완, 전체적인 이완이라고 말할 수 있다.

그대는 항상 긴장해 있다. 그것은 집착 때문이다. 붙들고 놓지 않기 때문이다. 그대는 결코 이완할 수 없다. 흘러가는 대로 맡기지 못한다. 그대는 항상 뭔가를 하고 있다. 그 행위가 바로 문제다. 그대는 결코 비행위의 상태에 머물 수 없다. 비행위의 상태에서라야 어떤 것들이 저절로 일어날 수 있다. 그대는 단지 아무것도 하지 않고 있는 상태여야 한다. 호흡은 들어가고 나온다. 혈액은 순환한다. 육체는 살아 있고 심장은 고동친다. 온 세상이 그대를 중심으로 돌아가고 있다. 그리고 그대는 아무것도 하지 않는다. 그대는 행위자가 아니다. 그대는 단지 쉬고 있고 어떤 것들이 저절로 일어나고 있다. 어떤 것들이 저절로 일어날 때 그대는 행위자가 아니다. 그대는 전적으로 이완되어 있다. 그대가 행위자가 될 때 어떤 것들은 저절로 일어나지 않는다. 그대에 의해서 조종되는 것이다. 그때 그대는 긴장하고 있다.

그대는 잠잘 때조차도 부분적으로만 이완한다. 잠속에서도 뭔가를 계속 조종하고 있기 때문에 그 이완은 전체적이지 않다. 그대는 잠속에서도 모든 것이 일어나도록 허용하지 않는다. 잠자는 사람을 관찰해 보라. 그대는 그가 무척 긴장해 있음을 알게 될 것이다. 그의 온몸이 긴장하고 있다. 그러나 어린아이가 잠자는 것을 바라보라. 그는 실제로 이완되어 있다. 동물들 역시 잠들면 이완되어 있다. 그러나 그대는 잠자면서 이완되지 못한다. 그대는 어떤 것과 싸우고 있다. 그대의 얼굴은 긴장되어 있다. 꿈속에서 그대는 싸우고 있을지 모른다. 자신을 방어하고 있을지 모른다. 그대가 낮 동안에 한 일을 잠자면서 그대로 반복하고 있다. 내면의 드라마로서 재연하고 있는 것이다. 그때 그대는 이완될 수 없다. 그대는 노심초사하게 된다. 잠을 자도 피로가 계속되는 것은 바로 이 때문이다. 낮에 있었던 흐름이 밤에도 계속 흐르기 때문이다. 그리고 충분히 쉬지 못한 채 다시 날이 샌다. 그대는 진짜 잠을 자지 못한 것이다. 결국 잠은 약품을 통해서 강제로 재워져야 한다. 그대는 자연스럽게 잠에 떨어지지 못한다. 낮이 멀지 않고 시간은 자꾸 흐르고 있기 때문이다. 빌써 그대가 일어나야 할 시간이 되어 간다. 결국 그대는 부분적으로만 잠자는 것이 된다. 부분적으로만 이완되고 휴식하는 것이다.

명상은 가장 깊은 잠이다. 그것은 전체적인 이완에 뭔가가 덧붙여진 것이다. 그대가 전체적으로 이완되면서 동시에 의식의 각성이 일어난 상태다. 자각이 거기에 있다. 깨어 있으면서 전체적으로 잠든 것이 바로 명상이다. 어떤 일들이 일어나고 있지만 그대는 거기에 개입하지 않는다. 거부하지 않는다. 행위자는 거기에 없다. 행위자는 깊은 잠속으로 들어가 버렸다. 오직 주시자만이 거기에 있다. '각성 속의 비행위'가 거기에 있다. 무위(無爲)가 거기에 있다. 그때는 어떤 것도 그대를 동요시킬 수 없다. 만약 그대가 이완하는 방법을 모른다면 모든 것이 그대를 혼란스럽게 하고 흔들어 놓을 것이다. 나는 모든 것이라고 말한다. 어떤 특정한 것이 아니다. 모든 것이 그 경우에 해당된다. 그대는 거의 항상 동요될 준비가 되어 있다. 이것이 동요되지 않으면 저것이 동요되는 식으로 말이다. 어쨌든 그대는 동요되고 있다. 동요될 기질을 갖고 있다.

모든 원인들이 그대에게서 제거된다고 해도 그대는 동요될 것이다. 그대는 동요될 이유를 찾을 것이며 어떤 이유라도 만들어 낼 것이다. 외부로부터 찾지 못하면 그대는 내부에서 뭔가를 만들어 낼 것이다. 어떤 생각, 어떤 사상을 말이다. 그리하여 결국에는 동요되고 말 것이다. 그래서 그대에게는 어떤 체험이 필요하다. 확증이 필요하다. 한번 그대가 이완하는 방법을 알게 되면 그때는 그 어떤 것도 그대를 동요시킬 수 없다. 세상이 변하는 것이 아니다. 사물이 변하는 것이 아니다. 세상은 그대로 있다. 단지 그대가 그 기질을 갖지 않게 되는 것이다. 편집증을 갖지 않게 되는 것이다. 그때 모든 것이 그대 주위에서 일어나지만 그대는 고요하다. 자동차의 소음들도 음악 소리로 들린다. 그대가 이완되기만 한다면 말이다. 시장바닥의 분주함도 문제가 되지 않는다. 그것은 그대에게 달린 것이다. 내면의 자질에 달린 것이다.

그 자질이 그대에게서 많이 개발될수록 그대는 중심으로 향한다. 그와 반대로 그대가 주변을 향해 다가갈수록 그대는 더욱 동요하게 된다. 혼란스럽게 된다. 그대가 혼란스러운 기미를 보이는 것은 이미 그대가 주변 가까이에 존재한다는 것을 나타낸다. 그러므로 다른 아무것도 필요 없다. 단지 중심에 다가가라. 그대의 혼란은 그대가 표면에 집착해 있는 정도를 나타낸다. 그리고 그대의 삶은 거짓 투성이일 뿐이다. 그대의 진짜 집은 중심에 있기 때문이다. 그대 존재의 바로 그 중심 말이다.

이제 우리는 그 첫번째 방편으로 들어갈 것이다.

98

어떤 자세 속에서도,
그대의 두 겨드랑이 사이의 영역이 점차 거대한 평화 속으로 스며들고 있음을 느껴라.

너무나 간단한 방편이지만 이것은 기적을 만들어 낸다. 이것을 시도하라. 그리고 누구라도 이것을 수련할 수 있다면 거기에 어떤 위험도 없다.

"어떤 자세 속에서도……."

첫째는 이완될 수 있는 자세가 필요하다. 그대에게 편안하고 손쉬운 것이라면 어떤 자세라도 좋다. 굳이 특별한 아사나 (asana)를 고집하지 마라. 붓다는 특정한 자세로 앉는다. 그에게는 그것이 편안한 자세다. 그대에게도 그 자세가 쉬운 것일 수 있다. 당분간 그대가 그것을 훈련한다면 말이다. 그러나 처음에는 그 자세가 쉽지 않을 것이다. 그러니 굳이 그 자세를 연습할 필요가 없다. 지금 당장 그대에게 쉬운 자세를 선택하라. 그것에서부터 시작하라. 자세에 대해서 고심하지 마라. 의자에 앉는 것이 편하면 의자에 앉아라. 중요한 것은 그대의 육체가 이완된 상태에 있어야 한다는 것이다.

그리고 눈을 감고 몸 전체를 느껴라. 다리에 긴장이 있는지를 느끼는 것에서부터 시작하라. 만약 그대가 신체 어느 부분에 긴장이 있음을 느낀다면 그 긴장을 더욱 강렬하게 만들어라. 만약 다리에 긴장이 있다면, 오른쪽 다리에서 그것이 느껴진다면 그때는 가능한 한 그것을 더욱 긴장시켜라. 그때 긴장의 절정이 오게 되고 갑자기 그것이 이완되는 것을 그대는 느끼게 될 것이다. 그때는 다른 긴장이 있는지를 찾아서 몸의 각부분들을 살펴 나가라. 긴장이 발견될 때마다 그것을 더욱 강렬하게 만들어라. 긴장이 강렬해진 다음에야 쉽게 이완될 수 있기 때문이다. 어중간한 상태에서는 이완되기 어렵다. 그대가 그것을 느끼지 못하기 때문이다.

한 쪽 극단에서 다른 쪽 극단으로 옮겨 가기는 쉽다. 극단이란 것 자체가 이미 반대 방향으로 움직일 준비가 되어 있기 때문이다. 만약 그대가 안면 근육에 긴장을 느낀다면 그때는 가능한 한 그 근육에 더욱 힘을 주어 긴장을 강렬하게 만들어라. 더 이상 긴장할 수 없는 지점에 이르면 갑자기 이완될 것이다. 그래서 이런 식으로 몸의 모든 부분을 살펴라. 모든 긴장의 90%는 안면 근육의 긴장이다. 나머지 몸의 부분들은 10% 밖에 긴장을 갖고 있지 않다. 그것은 그대의 모든 긴장이 마음에서 일어나는 것이기 때문이다. 그리고 얼굴은 그것을 반영하는 것이다. 그러므로 그대의 얼굴을 될 수 있는 한 긴장시켜라. 그것을 고민과 번뇌 속에서 강하게 만들어라. 그때 갑자기 이완된다. 5분 동안 그렇게 하면 그대는 몸 전체를 느낄 수 있게 된다. 모든 관절이 이완된다. 이것이 바로 그대에게 편안한 자세다. 침대에 누워서도 할 수 있다. 앉아서도 할 수 있다. 그대가 편하게 느끼는 것은 무엇이든지 좋다.

"어떤 자세에서도, 그대의 두 겨드랑이 사이의 영역이 점차 거대한 평화 속으로 스며들고 있음을 느껴라."

두번째로 그대의 몸이 손쉬운 자세를 취했다는 것을 느낄 때 거기에 대해서 흥분하지 마라. 단지 온몸이 이완된 것을 느끼기만 하라. 몸에 대해서는 잊어버려라. 실제로 몸을 기억하는 것 또한 긴장의 일종이다. 그래서 나는 그것에 어떤 흥분도 일으키지 말라고 말하는 것이다. 이완하고 그것을 잊어버려라. 잊는 것이 바로 이완되는 것이다.

그대는 지켜보지 않았을 것이다. 그러나 아주 쉬운 실험을 한 가지 할 수 있다. 손을 그대의 심장에 올려놓고 맥박을 재어 보라. 눈을 감아라. 5분 동안만 그 맥박에 주의를 집중하라. 그리고 그것을 세어 보라. 사실 의사가 그대의 맥박을 잴 때는 정상적인 맥박이 나오지 않는다. 의사가 그대의 손목에 손을 댈 때 그대는 긴장하게 된다. 그러면 심장이 더 빨리 뛰는 것이다. 만약 의사가 젊은 여자일 경우에는 맥박이 더 빨라진다. 그래서 젊은 여의사들은 그대의 맥박 수에서 열 개쯤 뺀다. 그래야 평소의 그대 맥박 수가 되기 때문이다.

그대가 의식을 몸의 어떤 부분에 집중할 때마다 그 부분은 긴장된다. 어떤 사람이 그대를 지켜볼 때 그대는 긴장하게 된다. 그대가 혼자 방 안에 있는데 누군가가 방 안으로 들어오면 그때는 온몸의 대사작용이 빨라진다. 하지만 그대가 혼자 있을 때는 달라진다. 그러므로 이완하려고 너무 야단을 떨지 마라. 잘못하면 그것은 강박관념이 된다. 5분 간만 맥박을 세고 그 다음에는 잊어버려라. 그 잊어버림이 도움이 될 것이다. 그대의 몸은 더 깊이 이완될 것이다. 그때 두번째 과정이 시작된다.

"……그대의 두 겨드랑이 사이의 영역이 점차 거대한 평화 속으로 스며들고 있음을 느껴라."

그리고 눈을 감아라. 두 겨드랑이 사이의 영역은 심장의 영역이다. 그대의 가슴이다. 먼저 그것을 느껴라. 거기에 온 신경을 집중하라. 몸의 다른 부분에 대해서는 완전히 잊어버려라. 단지 심장의 영역만을 느껴라. 거기에 거대한 평화가 깃들 것이다. 그대가 몸에 대해서 완전히 잊을 때 그대의 가슴에 평화가 가득 차 있음을 의식적으로 느껴라. 그러면 바다와 같은 평온함이 즉시 일어날 것이다.

그대의 몸에는 두 가지 영역이 있다. 두 가지 특별한 중심이 있다. 거기에서 특별한 느낌이 의식적으로 만들어질 수 있다. 그 중에 하나인 가슴의 영역은 그대에게 느껴지는 모든 평화의 원천이 된다. 그것이 곧 가슴의 중심이다. 그대가 평온할 때마다 그 평화는 가슴에서부터 나오는 것이다. 가슴은 평화를 뿜어낸다. 어떤 민족 어떤 문화를 떠나서, 문명인이건 원시인이건 이 세상 모든 사람이 사랑을 느낄 때는 가슴으로 느낀다. 사랑은 가슴에서부터 일어난다. 물론 이것은 과학적인 설명이 아직은 불가능하다.

그래서 그대는 사랑을 생각할 때마다 가슴을 생각한다. 심장이 사랑의 상징물이 되는 것도 그 때문이다. 실제로 그대가 사랑 속에 있을 때 그대는 이완된다. 그대가 이완되기 때문에 어떤 평온함을 느끼는 것이다. 그 평화는 가슴으로부터 일어난다. 그래서 평화와 사랑은 함께 결합되어 있다. 그대가 사랑에 빠질 때마다 그대는 평화롭다. 그대가 사랑 속에 있지 않을 때 그대는 동요한다. 평화 때문에 가슴은 사랑과 결합되는 것이다.

그래서 그대는 두 가지를 할 수 있다. 그대는 평화를 느끼기 위해 사랑을 찾을 수 있다. 하지만 그 방법에는 위험성이 들어 있다. 그대가 사랑하는 다른 사람이 그대보다 더욱 중요해지기 때문이다. 다른 사람은 다른 사람이다. 그리고 그대는 그에게 의존하게 된다. 그래서 사랑은 그대에게 평화를 주지만 항상 그런 것은 아니다. 거기에는 많은 고뇌와 고통이 따른다. 왜냐하면 상대방도 그대처럼 똑같이 사랑에 빠지라는 보장이 없기 때문이다. 그는 단지 그대의 표면적인 것을 보고 좋아할 수 있다. 그리고 그 표면은 쉽게 혼란에 빠질 수 있다. 그러나 때때로 나는 두 사람 모두 사랑에 깊게 빠져서 충분히 이완되고 가슴은 평화로 넘치는 광경을 볼 수 있다.

그래서 사랑이 그대에게 평화의 일별을 줄 수는 있지만 그것이 영구적인 것은 못된다. 평화 속에 뿌리를 내리게 하지는 못한다. 사랑을 통해서는 어떤 평화도 영원해지기는 불가능하다. 그리고 두 사람의 일별 사이에 갈등의 골이 깊어질 것이다. 폭력과 증오와 분노가 거기에 생겨날 것이다.

또 한 가지 방법은 사랑을 통하지 않고 평화를 직접 찾는 길이다. 만약 그대가 평화를 직접 찾을 수 있다면―이 방편이 바로 그것이다―그대의 삶은 사랑으로 충만해질 것이다. 그리고 그 사랑은 이제 차원이 달라질 것이다. 그것은 소유욕에서 나오는 사랑과 다르다. 그것은 상대방에게 매달리는 것이 아니다. 그것은 또한 상대방을 그대에게 의존하도록 만들지도 않는다. 그대의 사랑은 단지 어여삐 여김이 될 것이다. 자비심이, 깊은 공감이 될 것이다.

그리고 이제 아무도, 그대의 연인조차도 그대를 동요시킬 수 없다. 그대의 평화가 확고하게 뿌리박았으며, 그대의 사랑은 내면적 평화의 그림자로서 다가온 것이기 때문이다. 그때는 모든 것이 변화된다. 그래서 붓다는 사랑하지만 고뇌하지는 않는다. 만약 그대가 사랑할 때 그것이 고통스럽다면 사랑하지 않을 때도 고통스러울 것이다. 사랑할 때는 사랑 때문에 고통스럽고 사랑하지 않을 때는 사랑이 없어서 고통스럽다. 그것은 그대가 표면에, 주변에 집착해 있기 때문이다. 그대가 무엇을 하든지 그것은 잠깐 동안의 자기 만족을 줄 수는 있지만 또다시 어두운 골짜기로 떨어질 것이다.

먼저 그대 자신을 평화 속에 뿌리박아라. 그때 그대는 의존하지 않게 될 것이다. 그때 사랑은 그대의 부족함에서 생기는 것이 아니다. 그때 그대는 구속되지 않을 것이다. 이전에 그대의 사랑은 일종의 속박이었다. 그러나 이제 그대의 사랑은 그 차원이 바뀌었다. 그대는 거대한 평화 속에 자리잡고 있기 때문에 그대는 사랑을 나누어주고 싶어한다. 어떤 보상도 바라지 않고 말이다. 그것은 무조건적이다. 이것은 하나의 비밀이다. 그대가 나누어주면 줄수록 그것은 더욱 풍부하게 된다. 그대가 그 보물 속으로 깊이 들어갈수록 그것은 무진장으로 존재한다. 그대는 그 사랑을 모든 사람에게 계속해서 나누어줄 수 있다. 그것은 결코 지치는 법이 없다.

사랑은 내면의 평화에서 나오는 결과로서 그대에게 일어나야 한다. 하지만 보통 그 현상은 반대로 일어난다. 평화가 사랑의 결과가 된다. 그때 사랑이 주가 되면 고뇌와 번민이 따른다. 사랑은 열병을, 추함을 만들어 낼 것이다.

"점차 거대한 평화 속으로 스며들고 있음을 느껴라."

그때 단지 두 겨드랑이 사이의 영역을 자각하라. 그것이 깊은 평화로 충만해 있음을 느껴라. 평화가 거기에 있음을 느껴라. 그러면 그대는 평화로 충만해진다. 그것은 언제나 충만해 있다. 단지 그대가 자각하지 못할 뿐이다. 자각만 일어나면, 그대의 중심에 다가가기만 한다면 그것은 언제든지 느낄 수 있다. 그때 그대는 표면에서 멀어진다. 주변에서 멀어진다. 그대가 평화로 충만해질 때마다 그대는 표면에 대해 거리를 느끼게 될 것이다. 그때 외부의 소음들은 단지 멀리서 들려오는 메아리 같이 느껴질 것이다. 그대의 침묵은 조금도 흔들리지 않는다.

이것은 하나의 기적적인 현상이다. 옆에서 아이들이 떠들고 있고 누군가 라디오를 크게 틀어 놓았다. 또 누군가는 싸우고 있다. 그대의 주위가 온통 떠들썩하다. 그러나 그대는 그것들이 멀게만 느껴진다. 그것은 그대가 주변으로부터 철수해 버렸기 때문이다. 그대의 주변에서 일어나는 일들은 마치 타인에게서 일어나는 것처럼 느껴진다. 그대는 개입되지 않는다. 그래서 아무것도 그대를 동요시킬 수 없다. 그대는 초월한 것이다. 이것이 바로 초월이다.

그리고 가슴은 자연스럽게 평화의 원천이 된다. 그래서 그대는 어떤 것을 만들어 낼 필요가 없다. 그대는 단지 항상 거기에 있어

왔던 근원에 이르기만 하면 된다. 그리고 이 상상력은 그대의 가슴이 평화로 충만되어 있음을 느끼는 데 도움이 될 것이다. 상상력이 평화를 만들어 내는 것이 아니다. 이것이 탄트라의 접근 방식과 서양의 최면요법이 다른 점이다. 최면요법가들은 그대가 상상력을 통해서 그것을 만들어 낸다고 생각한다. 그러나 탄트라는 그대가 그것을 만들어 낸다고 생각하지 않는다. 탄트라에서 상상력은 단지 이미 거기에 있는 것을 자각하도록 돕는 것에 지나지 않는다. 그대가 상상력으로 만들어 내는 것은 영구적인 것일 수 없다. 그것은 실체가 아닌 것이다. 그것은 거짓이며 환상이다.

그러므로 평화의 환상을 만들어 낼 바에야 차라리 평화롭지 않는 것이 더 낫다. 환상 속에 있으면 그대는 그것에 중독되어 더 이상 성숙되지 않기 때문이다. 조만간 그대는 다시 깊은 골짜기로 떨어질 것이다. 실체가 환상을 깨뜨려 버릴 것이기 때문이다. 오직 더 큰 실체만이 깨뜨려지지 않는다.

더 큰 실체는 그대가 집착하는 주변에서 생긴 작은 실체들을 깨뜨려 버릴 것이다. 그래서 샹카라나 다른 전통에서도 이 세상이 환상이라고 말한다. 그것은 이 세상이 환상뿐이라는 뜻이 아니다. 그들은 더 높고, 더 거대한 실체를 알았기 때문이다. 그 관점에서 바라보면 이 세상은 꿈처럼 보인다. 그것은 너무나 아득하게 멀리 보여서 실제라고 느껴지지 않는다. 거리의 소음들도 마치 그대가 꿈꾸는 것처럼 들려올 것이다. 그래서 그것은 그냥 일어났다가 지나갈 것이고 그대는 어떤 영향도 받지 않는다. 그대가 실체에 영향을 받지 않는다면 어떻게 그것이 실체라고 느낄 수 있겠는가? 실체는 더 깊이 느껴지기 때문에 그것은 그대를 꿰뚫는다. 그것이 그대를 더 깊이 꿰뚫을 때 그대는 더욱 실재하는 것이라고 느끼게 된다.

샹카라는 온 세상이 비실재라고 말했다. 그는 모든 것이 멀어져 가는 어떤 지점에 이르렀음이 틀림없다. 모든 것이 아득하게 멀어져 마치 꿈속에서 벌어지는 것처럼 느꼈던 것이다. 그것은 그를 꿰뚫지 못했다. 꿰뚫는 것은 실체의 몫이다. 만약 내가 그대에게 돌을 던진다면 그대는 그 돌에 맞는다. 그 아픔이 철저하게 그대를 꿰뚫지 않으면 그대는 그것이 거짓이라고 느낄 것이다. 마야라고, 환상이라고 말할 것이다. 그러나 상처를 입고 그 아픔이 철저하게 그대를 관통한다면 그대는 그것이 실재라고 느낄 것이다. 꿈인지 생시인지를 알아보기 위해 사람들이 자신의 살을 꼬집어보는 것도 바로 그 때문이다. 아픈지 안 아픈지, 확실하게 느껴지는지 아닌지를 알아본다. 만약 내가 붓다의 몸에 돌을 던진다면, 그래서 그대가 실제라고 느낄 만큼 그의 몸도 상처를 입는다면. 그러나 그는 주변에 머물러 있지 않다. 그는 중심에 서 있다. 그는 돌이 자신의 몸을 때리고 상처를 입히는 것을 멀리서 느낄 것이다. 마치 다른 사람에게 일어나는 것처럼 말이다. 마치 그것이 그에게는 꿈처럼, 환상처럼 느껴진다. 그대에게 실제처럼 느껴지는 것이 말이다. 그래서 붓다는 모든 사물에 본질이 없다고 말한 것이다. 공(空)이라고 말한 것이다. 샹카라도 같은 말을 했다. 이 세상은 환상이라고.

이것을 해보라. 그대가 두 겨드랑이 사이에 평화가 충만해 있음을 느낄 수 있을 때마다 그대 가슴의 중심은 널리 퍼진다. 그리고 세상은 환상처럼 보일 것이다. 이것은 그대가 명상 속으로 들어가고 있다는 징조다. 세상이 환상이라고 일부러 생각할 필요는 없다. 그것은 생각이다. 생각이 아니라 그것을 느껴야 한다. 그것은 갑자기 그대 마음속에 일어난다. 세상이 변한 것이 아니다. 그런데도 세상은 갑자기 꿈결같이 느껴진다. 어떤 본질도 없이 그저 영사막에 상영되는 필름처럼 느껴진다. 마치 3차원 영상처럼 말이다. 세상은 빛의 장난으로 보인다. 그러나 세상은 환영이 아니다. 세상은 실재다. 단지 그대가 세상과 자신 사이에 거리를 만들어 냈기 때문에 그렇게 보이는 것이다. 그리고 그 거리는 점점 벌어진다. 그 상황을 그대는 이해할 수 있다. 그대가 세상에 대해 느끼는 정도에 따라서 그 거리가 멀어지고 있는지 아닌지를 알 수 있다. 그래서 그것이 기준이 된다. 세상이 실재하지 않는다는 말은 완전한 진리가 아니다. 이것은 하나의 명상의 척도일 뿐이다. 만약 세상이 실재하지 않는 것으로 느껴진다면 그대는 중심 속으로 완전히 들어간 것이다. 이제 표면과 그대 사이에는 대단한 간격이 생겼다. 그대는 표면을 하나의 대상으로 바라볼 수 있다. 그대와 다른 어떤 것으로 말이다. 그대는 이전처럼 그것과 동일시하지 않는다.

이 방편은 무척 쉽다. 그리고 많은 시간이 요구되지도 않을 것이다. 때때로 그것은 시작부터 그 아름다움과 기적 같은 신비를 느낄 수 있다. 그러므로 이 방편을 시도해 보라. 그대가 많은 노력에도 불구하고 아무것도 느끼지 못한다 해서 실망하지 마라. 기다려라. 그것을 계속하라. 그것은 손쉬운 방법이라서 언제 어디서든지 가능하다. 밤에 침대 위에 누워서 그것을 할 수도 있다. 아침에 눈을 떴을 때 그대로 누운 채로 할 수도 있다. 10분이면 충분하다. 잠자기 전에도 10분이면 족하다. 침대 위에 누워서 세상을 비실재로 만들어 버려라. 그러면 그대의 잠은 너무나 깊어져서 이전과는 완전히 다른 기분을 느낄 것이다. 꿈은 점점 줄어들 것이다. 세상이 비실재가 된다면 그대는 전적으로 이완될 것이다. 지금까지 세상이라는 실체가 그대를 계속 번거롭게 만들어 왔기 때문이다.

내가 아는 한 지금까지 나는 불면증으로 고생하는 모든 사람들에게 이 방편을 권해 왔다. 그것은 큰 도움이 되었다. 만약 세상이 비실재가 된다면 긴장은 풀어지고 만다. 그리고 만약 그대가 주변으로부터 벗어날 수 있다면 이미 그대는 더 깊은 잠의 상태 속으로 들어간 것이다. 그대가 잠을 자기 전에 이미 잠보다 더 깊은 상태에 들어가 있다. 그때 아침은 아름답다. 그대는 신선해지고 상쾌해지며 보다 젊어졌기 때문이다. 모든 에너지가 약동하고 있다. 중심에서부터 주변으로 퍼져 나가고 있다.

그러니 아침에 그대가 잠을 깨면 눈을 뜨지 마라. 먼저 이것부터 하라. 육체는 잠을 잔 직후라 충분히 이완되어 있다. 생기가 넘치는 것을 느낀다. 그때 10분 동안 이 실험을 하라. 그리고 나서 눈을 뜨라. 이완하라. 그대는 이미 이완되어 있다. 그것은 많은 시간이 걸리지 않는다. 단지 이완하라. 그대의 의식을 가슴에 모아라. 두 겨드랑이 사이에 말이다. 거기에 깊은 평화가 가득 차 있음을 느껴라. 그대의 눈에서 평화가 흘러나올 것이다. 그때 그대에게는 세상이 전적으로 달라져 보일 것이다. 그리고 그대를 대하는 사람들의 태도가 달라져 있음을 느낄 것이다. 왜냐하면 사람들의 눈에 그대가 달라진 것처럼 보이기 때문이다. 그들은 그대에게 더 친절하고 가까워지고 더 열려질 것이다. 거기에는 자력 같은 것이 있다. 평화가 곧 자력이다. 그대가 평화롭게 될 때 사람들은 그대에게 더 가까이 끌린다. 그러나 그대가 혼란스럽다면 사람들은 그대를 경원시할 것이다. 그것은 물리적인 현상이라서 그대는 쉽게 그것을 관찰할 수 있다. 그대가 평화로워질 때 사람들은 그대를 가까이 하려 한다. 평화가 그대에게서 방사되기 때문이다. 평화의 순환이 그대 주위를 돌고 있다. 그대에게 가까이 다가오는 사람은 누구든지 그것을 느낄 것이다. 마치 나무 그

늘처럼 그대는 이완된 분위기를 갖고 있다.

평화로 가득 찬 사람은 그의 주변에 평화적인 분위기를 갖게 된다. 그가 가는 곳은 어디든지 사람들이 그를 신뢰하게 될 것이다. 내면에 고통과 갈등과 근심과 긴장으로 가득 찬 사람은 누구든지 그 곁에 가기를 꺼린다. 그는 위험한 사람이다. 왜냐하면 그대가 무엇을 갖고 있든지 갖고 있는 것을 계속 나눠주기 때문이다. 그래서 그대가 누군가를 사랑하기 원하는데 그대가 내면에 혼란을 갖고 있다면 상대방은 그대로부터 달아나려 한다. 그대가 그의 에너지를 빼앗아 가기 때문이다. 그는 그대와 함께 있으면 행복을 느끼지 못한다. 그대와 헤어지고 나면 그는 지치게 되고 심하면 탈진하게 된다. 그것은 그대가 생명의 에너지를 가진 것이 아니라 파괴적인 에너지를 갖고 있기 때문이다.

그래서 이 방편을 수련하면 그대만 자신이 달라졌다고 느끼는 것이 아니라 그대 주위에 있는 다른 사람들도 느낀다. 그대가 자신의 중심에 조금이라도 가까이 간다면 삶의 형태가 전적으로 변화될 수 있다. 그대가 평화로워진다면 온 세상이 그대에게 평화롭게 보인다. 그것은 하나의 반사작용이다. 그대가 무엇이든지 모든 것에서 그대의 상황이 반사된다. 모든 사람은 그대에게 하나의 거울이다.

자, 다음 방편으로 넘어가자.

99

그대 자신이 모든 방향으로 퍼져 나가고 있음을 느껴라.
멀리 그리고 가까이.

탄트라나 요가는 그대의 협소함이 문제가 된다고 생각한다. 그대는 자신을 너무 협소하게 만들어 버렸다. 그 때문에 그대는 항상 속박 속에 있다고 느낀다. 속박은 다른 어떤 곳에서 오는 것이 아니다. 그것은 그대의 좁아터진 마음에서부터 나온다. 그것은 점점 더 좁아져 간다. 그대는 한정되어 간다. 사실 그대는 무한한 영혼을 갖고 있다. 무한한 존재다. 그 무한한 존재가 갇혀 있다고 느낀다. 그래서 그대가 무엇을 하든지 모든 곳에서 한계를 느낀다. 그대가 어디로 움직이든지 막다른 골목이 나타난다. 그대는 그것을 뛰어넘을 수 없다. 그대는 온 사방이 경계선으로, 벽으로 둘러쳐져 있음을 느낀다. 날아갈 수 있는 하늘도 없다. 그러나 그 경계선들은 그대가 스스로 만든 것이다. 거기에는 일정한 이유가 있다. 안전을 위해서, 무사하기 위해서 만든 것이다. 그 경계선이 좁아질수록 그대는 더욱 안전함을 느낀다. 만약 그대가 큰 경계선을 갖는다면 그것을 모두 살펴볼 수 없다. 그래서 그대는 좁은 곳에 갇힌 채 남아 있다. 주위를 손쉽게 경계하기 위해서다. 그리고 안전함을 느끼는 동시에 답답함을 느낀다. 속박을 느낀다.

이것은 마음이 얼마나 역설적인 것인가를 보여준다. 그대는 좀 더 안전하기를 원하면서 동시에 더 많은 자유를 구하고 있다. 하지만 그 둘은 양립할 수 없다. 그대가 자유를 원한다면 안전성을 잃게 될 것이다. 그리고 그 어떤 경우에도 안전성이란 그대의 환상일 뿐이다. 실제로 거기에는 그것이 존재하지 않는다. 그대가 무엇을 하든지 죽음은 반드시 일어나고야 말 것이기 때문이다. 그대는 죽을 것이다. 아무리 안전하게 보여도 그것은 단지 허상일 뿐이다. 죽음 앞에서는 아무것도 도움이 되지 않을 것이다. 그대는 높은 벽을 쌓고 지붕을 덮었다. 그때 하늘은 완전히 닫혀 버린다. 그때 그대는 고통으로 절규한다.

"어디에 툭 터진 하늘이 있는가? 나는 자유롭고 싶다. 나는 벗어나고 싶다.”

그러나 이 장벽들은 그대가 만든 것이다.

그래서 그대는 이 방편에 실제적으로 들어가기 전에 한 가지 명심해야 할 것이 있다. 그렇지 않으면 수련이 불가능하다. 그대가 장벽 속에 갇혀 있는 한 그대는 이 방편을 수행할 수 없다. 먼저 만들어 놓은 철창들을 걷어 치워라. 그리고 담을 쌓는 일을 멈추어라. 그때야 비로소 그대는 이 방편을 느낄 수 있고 수련할 수 있다.

“모든 곳으로 퍼져 나가라. 멀리 그리고 가까이.”

어떤 경계선도 없이 무한한 공간과 하나가 되는 것은 그대에게 상상조차 불가능하다. 어떻게 그대의 마음이 그것을 느낄 수 있겠는가? 어떻게 그것을 실행할 수 있겠는가? 그래서 우선 그대는 어떤 것들을 만들어 내는 작업을 멈추어야 한다.

첫번째로 그대는 안전성에 너무나 매달려 있다. 그러면 얽매일 수밖에 없다. 실제로 감옥의 독방만이 가장 안전한 곳이다. 거기에서는 아무도 그대를 해칠 수 없다. 죄수들만큼 안전한 사람들은 없다. 그대는 죄수들을 살해할 수 없다. 그것은 매우 어렵다. 죄수는 왕보다 죽이기 힘들다. 그대는 대통령을 암살할 수 있다. 그것은 그리 어렵지 않다. 언제나 정치 지도자들은 곳곳에서 암살되고 있다. 그러나 그대가 한 사람의 죄수를 죽이기는 어렵다. 안전하기를 바라는 사람은 감옥으로 가야 한다. 감옥 밖으로 나와서는 위험해서 살 수가 없다. 어떤 일도 일어날 수 있는 것이다. 그래서 우리는 정신적인 감옥을 우리 주위에 만들어 놓았다. 심리적인 감옥을 만들었다. 그리고 그것을 항상 갖고 다닌다. 그 감옥은 휴대용이다. 그대는 힘들게 그것들을 들고 다닐 필요가 없도록, 아예 자동적으로 그대를 따라다니도록 만들어 놓았다.

그대가 어디에 가든지 그대의 감옥은 그대와 동행할 것이다.

그대는 언제나 벽 뒤에 가려져 있다. 아주 드물게 그대는 손을 그것 밖으로 뻗어서 누군가를 만진다. 그러나 오직 손만 내민다. 그대는 감옥 밖으로 결코 나오지 않는다. 그래서 우리가 만날 때마다 우리는 단지 손만 내미는 것이다. 두려워하면서 창문 밖으로 손을 뻗친다. 그리고 하시라도 다시 손을 집어 넣을 준비가 되어 있다. 이제 심리학자들은 손을 내미는 것조차 하나의 형식이라고 말한다. 손에도 무기를 감추고 있기 때문이다. 이제 장갑을 끼지 않은 손은 없다. 엘리자베스 여왕만 장갑을 사용하는 것이 아니다. 그대 역시 다른 사람이 그대의 손을 만지지 못하도록 장갑을 사용한다. 악수를 할 때 거기에는 죽은 손 하나가 나온다. 그리고는 얼른 다시 집어 넣는다. 상대방이 두렵기 때문이다. 샤르트르가 '타인은 적이다'라고 한 말처럼 그대 주위에 있는 모든 사람을 적으로 생각한다. 그리고 자신을 무장한다. 모든 사람이 무장하고 있다고 생각하기 때문이다. 무장한 사람끼리는 어떤 우정도, 사랑도, 교류도 일어날 수 없다. 그대는 두려워하고 있다. 어떤 사람이 그대를 지배하고 소유할지 모르기 때문이다. 누군가가 그대를 노예로 만들어 버릴지도 모른다. 따라서 그대는 스스로 감옥을 만든다. 안전한 감옥을 말이다. 삶은 이제 지겨움 그 자체가 되었다. 답답하고 따분하다. 그리고 너무나 조심스럽다. 삶은 모험이 될 수 없다. 그대를 과잉 보호하고 있기 때문이다. 그토록 자신을 보호하려는 이상 그대는 이미 죽어 있다.

그러므로 한 가지 기본 법칙을 기억하라. 삶은 불안전하다는 것을. 삶은 불안전성이다. 그대가 불안전 속으로 들어갈 준비가 되었을 때만이 그대는 살아 있을 수 있다. 불안전성이 곧 자유다. 만약 그대가 끊임없는 불안전 속으로 들어갈 준비가 되어 있다면 그대는 자유로울 것이다. 그리고 자유는 신성으로 들어가는 문이다.

두려워서 그대는 감옥을 만들었다. 그대는 죽어 있다. 그리고 더욱더 죽으려고 한다. 그때 그대는 '신이 어디에 있는가?'라고 말할 것이다. 그때 그대는 이렇게 절규할 것이다.

"삶이 어디에 있는가? 삶의 의미가 무엇인가? 축복이 무엇인가?

삶은 그 자신의 위치에서 그대를 기다리고 있다. 그러나 그대는 절대로 그것을 만나려 들지 않는다. 위험하기 때문이다. 그대는 그대의 감옥 속에서 삶을 만나려고 한다. 그래야만 안심할 수 있다. 그러나 삶의 근본은 불안전 속에 남아 있다. 그래서 삶을 위해서 그대는 아무것도 할 수 없다. 그대는 단지 환상만 자꾸 만들어 낸다. 그 환상 속에서 그대의 생을 낭비할 수 있다. 그때 그대가 무엇을 하든지 그것은 모두 거짓이다. 사기 행각이다.

그대는 사랑에 떨어진다. 그때 그대는 두려워한다. 이 여자는 혹은 이 남자는 어느 순간에라도 그대를 떠날 수 있다. 그때 즉시 공포가 엄습한다. 사랑에 빠지기 전에는 그렇게 두렵지 않았다. 하지만 이제 그대는 사랑에 빠졌다. 삶이 들어온다. 그리고 그것과 함께 불안전이 들어온다. 사랑하지 않는 사람은 두려워하지 않는다. 아무도 그를 떠나지 않기 때문이다. 온 세상이 그를 떠나도 그는 두려워하지 않는다. 그대는 그를 해칠 수 없다. 그는 안전하다. 그러나 그대가 누군가를 사랑하는 순간 불안전이 들어온다. 삶이 들어왔기 때문이다. 삶과 함께 죽음도 들어온다. 그대가 사랑하는 순간 그대는 두렵다. 그 사람이 죽을 수 있다. 떠날 수 있다. 그대 말고 다른 사람을 사랑할 수 있다. 이제 어떤 안전 조치가 취해져야 한다. 그대는 그 사람과 결혼한다. 법적인 구속 말이다. 그래서 이제 그 사람은 그대를 떠나기 어렵다. 사회가 그대를 지켜줄 것이다. 법이 그대를 지켜줄 것이다. 경찰이, 판사가 그대를 지켜줄 것이다. 이제 그 사람이 떠나기를 원하면 그대는 그를 법정에 끌어낼 수 있다. 그가 이혼을 원한다면 그대의 잘못된 점을 증명해야 한다. 그것은 이미 3년에서 5년의 세월이 걸린다. 이제 그대는 안전 조치를 취한 것이다. 하지만 그대가 결혼하는 순간 그대는 죽는다. 그것은 살아 있는 관계가 아니다. 그것은 하나의 법이다. 법적인 현상이지 생명의 그 무엇이 아니다. 법정은 삶을 지킬 수 없다. 법정은 오직 거래 관계만을 지킬 수 있다. 법정은 오직 법만을 지킬 수 있다. 이제 결혼은 죽은 관계다. 그것은 정의될 수 있다. 그러나 사랑은 뭐라고 정의될 수 없다. 이제 그대는 정의된 세상 속에 들어왔다.

그대가 안전하기를 바라는 순간, 문을 닫으려는 순간, 새로운 것은 어떤 것도 일어나기를 원치 않는 순간 그대는 갇히게 된다. 그리고 고통을 겪게 될 것이다. 그때 이렇게 말할 것이다.

"아내 때문에 나는 자유롭지 않다."

그대가 아내라면 남편 때문에 자유롭지 않다고 말할 것이다. 그대는 서로를 소유했기 때문에 서로 갇힌 것이다. 이제 그대는 싸움을 벌일 것이다. 사랑은 사라지고 거기에 갈등만 남았다. 이 모든 것이 안전을 찾아다닌 덕분에 일어났다.

이런 현상은 모든 것 속에서 일어나고 있다. 삶은 불안전성이라는 점을 잊지 마라. 그것은 삶의 본성이다. 그래서 사랑이 거기에 있을 때, 사랑하는 사람이 그대를 떠날 수 있다는 공포로 고통을 당한다. 그러나 어떠한 안전 조치도 취하지 마라. 그때 사랑은 성숙될 것이다. 사랑하는 사람은 죽을 수도 있다. 그리고 그대는 아무것도 할 수 없다. 사실 사랑이 그대를 죽이는 것은 아니다.

안전성이 그대를 죽일 것이다. 안전성을 추구하지 않을 때 사랑은 더욱 성장할 것이다.

실제로 만약 인간이 죽지 않는다면 사랑은 불가능하다. 생각해 보라. 만약 인간에게 죽음이 없다면 나는 사랑이 불가능할 것이라고 말한다. 만약 그대가 죽지 않는다면 그대는 어떤 사람도 사랑하기 어려울 것이다. 사실 너무나 위험한 나머지 사랑에 빠지는 것이다. 죽음이 거기에 있고, 생명은 흔들리는 잎새 위에 있는 한 방울의 이슬이다. 언제라도 바람이 불면 이슬은 사라질 것이다. 이와 같은 것이 삶이다. 죽음이 항상 도사리고 있기에 사랑이 가능한 것이다. 사랑은 강렬해지는 것이다. 생각해 보라. 그대가 사랑하는 사람이 다음 순간에 죽을 수 있다는 것을 알기 때문에 모든 의미가 있는 것이다. 모든 갈등이 일어날 것이다. 그리고 지금 이 순간이 영원으로 변한다. 그대는 사랑 속에 전 존재를 쏟아 부을 것이다. 그러나 그대의 연인이 앞으로도 계속 살아 있을 것이라는 점을 안다면 서두를 필요가 없다. 그대는 사랑을 뒤로 미룰 수도 있다. 사랑으로 뛰어들 필요가 없는 것이다. 힌두교에는 아름다운 신화가 하나 있다. 힌두교에는 인드라(Indra) 신이 다스리는 천상세계가 있다. 그런데 거기에는 사랑이 없다. 거기에 아름다운 여인들은 얼마든지 있다. 지상의 여인보다 훨씬 아름다운 신들이 있다. 그들은 섹스 행위를 하기도 한다. 그러나 사랑은 없다. 왜냐하면 그들은 죽지 않기 때문이다.

아름다운 이야기란 천상의 여인들 중에서 가장 높은 직위에 있는 우르바쉬(Urvashi)라는 여인에 관한 이야기이다. 하루는 우르바쉬가 인드라에게 가서 한 가지 청을 했다. 그녀는 한 남자를 사랑하기 위해 며칠 동안만이라도 지상으로 내려가고 싶다고 말했다. 인드라는 그 말을 듣고 이렇게 말했다.

"무슨 멍청한 말인가? 그대는 여기에서도 얼마든지 사랑할 수 있다. 그리고 지상에서는 이렇게 아름다운 사람들을 찾을 수가 없다."

그러자 우르바쉬가 말했다.

"그들은 아름답습니다. 그러나 그들은 죽지 않습니다. 그래서 아무런 매력이 없습니다. 그들은 이미 죽은 존재들입니다."

생기가 넘치게 만드는 죽음이 없기에 그들은 이미 죽은 것과 다름없다. 그들은 언제나 거기에 있다. 그들은 죽을 수 없다. 그러니 어떻게 그들이 살아 있을 수 있겠는가? 살아 있다는 것은 죽음의 반대 상황일 뿐이다. 사람이 살아 있다는 것은 언제든지 거기에 죽음이 계속되기 때문이다. 죽음을 배경으로, 토대로 삶이 존재할 수 있는 것이다.

그래서 우르바쉬는 말했다.

"제발 지상으로 내려가도록 허락해 주십시오. 나는 누군가를 사랑하고 싶습니다."

결국 그녀는 허락을 받아냈다. 그리고 푸루루바(Pururuwa)라는 젊은 남자와 사랑에 빠졌다.

그러나 인드라는 한 가지 조건을 달았다.

"그대는 지상으로 갈 수 있다. 그리고 누구를 사랑할 수 있다. 그러나 한 가지 조건이 있다. 사랑하는 사람에게 가서 그대가 누구인지 묻지 말라고 말하라. 만약 그대가 누구인지 묻는다면 그대는 다시 여기로 와야 한다."

사실 사랑하는 사이에서 상대방에 대해 묻지 않는다는 것은 어려운 일이다. 사랑은 호기심이기 때문이다. 사랑은 사랑하는 사람에 대해 모든 것을 알고 싶어한다는 뜻이다. 모든 신비가 알고 싶은 것이다. 그래서 교활하게도 인드라는 그 조건을 달았다. 그러나 우르바쉬는 그 의도를 이해하지 못했다. 그녀는 말했다.

"좋습니다. 나는 그에게 말하겠습니다. 나에 대해서 호기심을 갖지 말라고, 내가 누군지 묻지 말라고 말입니다. 그가 만약 내가 누군지 묻는다면 나는 즉시 그를 떠나서 여기로 되돌아오겠습니다."

그래서 지상에 내려온 우르바쉬는 푸루루바를 만나서 말했다.

"나에게 대해서 아무것도 묻지 말아 달라. 내가 누군지 묻지 마라. 당신이 묻는 순간 나는 지상을 떠나야 한다."

그때도 사랑은 호기심이 되었다. 푸루루바는 우르바쉬의 말 때문에 더욱 호기심이 생겼다. 그녀가 누군지에 대해 너무나 궁금한 나머지 그는 잠도 못 잘 지경에 이르렀다. 그는 그녀를 바라보면서 생각했다.

'저렇게도 아름다운 여인이……, 도저히 이 세상 사람같지 않은데……, 그녀는 미지의 차원 어딘가에서 왔을 것이다.'

그는 호기심이 생길수록 점점 두려워졌다. 그녀가 그를 버리고 떠날지도 몰랐기 때문이다. 그는 너무나 두려워서 잠을 자면서도 그녀의 사리를 쥐고서 잠을 잤다. 그는 자신을 믿을 수가 없었다. 어떤 순간에도 그는 물을 수 있다. 그는 항상 머리 속에 그 질문을 갖고 있었다. 그는 잠속에서도 물을 수 있을 것 같았다. 우르바쉬가 이렇게 말했기 때문이다.

"당신은 잠을 자면서도 내가 누구인지 물어서는 안되요."

그래서 그는 그녀의 사리를 움켜쥐고 잠을 잤다.

그러던 어느 날 그는 도저히 참을 수가 없었다. 이제 그녀는 자기를 사랑하니 떠나지 않을지도 모른다는 생각을 했다. 그래서 그는 그 질문을 하고 말았다. 그러자 우르바쉬는 사라져야 했다. 푸루루바의 손에 사리를 남겨 두고서 떠났다. 그리고 그는 아직도 그녀를 찾고 있다고 한다.

천상에서는 사랑이 있을 수 없다. 거기에는 진정한 삶이 없기 때문이다. 삶은 오직 지상에서만 가능하다. 죽음이 있는 곳에서만 삶은 존재한다. 그대가 어떤 것을 안전하게 만들 때마다 거기에 생명은 사라진다. 불안전성 속에 남아 있어라. 그것이 삶의 성질이다. 그것은 어떤 식으로도 변경시킬 수 없다. 그리고 그것은 아름답다!

생각해 보라. 만약 그대의 몸이 불멸이라면 그것은 추해진다. 그대는 모든 수단과 방법을 다 찾을 것이다. 자살할 수 있는 길을 말이다. 만약 자살하는 것이 불가능하다면, 법으로 금지되어 있다면, 그대는 상상할 수 없는 고통을 겪을 것이다. 불멸은 너무나 지루한 것이다. 지금 서양에서는 안락사에 대해서 계속 생각한다. 사람들이 너무 오래 살기 때문이다. 백 살이 가까운 사람들이 수두룩하다. 그들은 자신을 죽일 권리를 갖고 싶어한다. 그리고 실제로 그 권리는 주어져야 한다. 우리의 수명이 너무 짧을 때 자살하지 못하도록 법을 만든 것이다. 실제로 붓다의 나이가 40세나 50세면 너무 많다. 평균 연령이 거의 20세에 달한다. 인도에서는 20년 전에 평균 연령이 23세에 불과했다. 이제 스웨덴 같은 곳은 83세까지 된다. 그래서 사람들은 150세까지 쉽게 살 수 있다. 러시아에는 150세에 이른 사람들이 15명이나 된다. 이제 그들은 이렇게 말한다.

"우리는 우리 자신을 죽일 권리를 가져야 한다. 왜냐하면 너무 오래 살았기 때문이다."

우리는 그들에게 그 권리를 부여해야만 한다. 더 이상 그들의 말을 부정할 수 없다. 조만간 자살은 기본권 중의 하나가 될 것이다. 어떤 사람이 어떤 특별한 이유가 아니라 너무 오래 살았기 때문에 죽기를 원한다면 그대는 그것을 부정할 수 없다. 백 살도 너무 긴 세월이다. 백 살이 된 사람은 50년을 더 살고 싶어하지 않는다. 그가 좌절하는 것은 음식이 없어서가 아니다. 돈이 없어서가 아니다. 삶의 의미가 없기 때문이다.

삶이 불멸이 될 때 삶은 모든 의미를 잃어버릴 것이다. 그 의미는 죽음과 함께 생겨난다. 사랑도 그 사랑을 잃어버릴 수 있기 때문에 의미를 갖는 것이다. 그때 사랑은 불타오르고 진동하며 고동친다. 그것은 잃어버릴 수 있다. 그대는 그것에 대해 어떤 확신도 할 수가 없다. 그대는 내일을 위해 그것에 관한 어떤 생각도 할 수 없다. 그것은 거기에 있지 않을 수도 있다. 그리고 그대는 거기에 내일이 존재하지 않을 것이라는 생각을 갖고 그대의 연인을 사랑해야 한다. 그때 사랑은 강렬해진다.

그래서 먼저 안전한 삶을 만들려는 노력을 그만두라. 그때 그대를 둘러싼 벽은 무너질 것이다. 처음으로 그대는 그대에게 직접적으로 다가오는 비를 느낄 수 있다. 그대에게 직접적으로 불어오는 바람을 느낄 수 있다. 태양이 직접 그대에게 떠오른다. 그대는 툭 터진 하늘 아래 있게 될 것이다. 그것은 아름답다. 그리고 그것이 무섭게 보인다면 그것은 그대가 감옥 생활에 너무 익숙한 탓이다. 그대는 이 새로운 자유에 익숙해져야 한다. 이 자유는 그대를 더욱 생기에 넘치게, 더욱 열려 있게, 더욱 풍부하게, 더욱 에너지를 발산하도록 만들 것이다. 그때 그대의 삶은 절정에 이를 것이다. 그리고 그대 가까이 있는 죽음은 더욱 깊어질 것이다.

죽음 가까이 있으라. 그대는 죽음에 대항해 왔다. 죽음의 골짜기를 멀리했다. 그러나 삶의 봉우리가 높을수록 죽음의 골짜기는 깊다.

그래서 나는 항상 니이체의 좌우명을 즐겨 사용한다. 그것은 매우 종교적인 금언이다. 니이체는 이렇게 말했다.

"위험하게 살아라."

그것은 그대가 적극적으로 위험을 찾아다니라는 뜻이 아니다. 일부러 위험을 찾아다닐 필요는 없다. 방어벽을 쌓지 말라는 뜻이다. 그대 주위에 어떤 장벽도 쌓지 말라는 뜻이다. 자연스럽게 살아라. 그것은 위험할 수도 있다. 충분히 위험하다. 그러나 일부러 어떤 위험을 추구할 필요는 없다. 그리고 그때 그대는 이 방편을 수련할 수 있다.

"그대 자신이 모든 방향으로 퍼져 나가고 있음을 느껴라. 멀리 그리고 가까이."

그때 이것은 매우 쉽다. 거기에 벽이 없다면 그대는 이미 모든 곳으로 퍼져 나가는 그대 자신을 느낄 것이다. 그때 그대가 끝나는 지점은 없다. 그대는 하나의 중심만을 갖고 있으면서 어떤 경계선도 갖고 있지 않다. 경계선은 계속 확장되고 있기 때문이다. 계속 말이다. 전 공간이 그것 안에 의해 둘러싸여 있다. 별들이 그것 속에서 돌고 있다. 항성이 그 속에서 태어나고 사라진다. 전 우주가 그대의 주변이 되었다. 이 무변 광대함 속에서 그대의 에고가 어디에 있겠는가? 이 광대함 속에서 그대의 고통이 어디에 있겠는가? 그대의 좁아 터진 마음이 무슨 의미가 있겠는가? 그토록 무변 광대함 속에서 마음은 간단히 사라져 버린다. 그것은 오직 좁아 터진 공간 속에서만 존재할 수 있다. 그것은 제한되고 닫히고 사로잡힌 공간 속에서만 존재할 수 있다. 그리고 그 사로잡힘이 문제다. 위험하게 살아라. 불안전 속에서 살 준비를 갖추어라.

그리고 그대가 위험 속에서 살지 않겠다고 결심하더라도 그대는 어차피 위험 속에 살 수밖에 없다. 그대는 아무것도 할 수 없다.

어떤 왕에 대한 이야기를 들은 적이 있다. 그는 죽음에 대해서 무척 두려워했다. 그리고 사실은 모든 왕들이 죽음을 두려워한다. 그들은 많은 사람들을 다스리고 못살게 굴기 때문에 적이 많을 수밖에 없다. 그리고 한 사람의 친구도 없다. 그는 친구를 가질 수 없다. 가장 가까운 친구 역시 또 하나의 적일 뿐이다. 그는 왕을 죽이려고 기회를 기다리고 있을 뿐이다. 왕궁에 살기 위해서 말이다. 그래서 권력을 가진 사람은 친구가 없다. 히틀러 같은 사람이나 스탈린 같은 사람은 단 한 명의 친구도 가질 수 없다. 그들 주위에 있는 사람은 모두가 적이다. 마치 친구처럼 다가와서는 기회를 보아 그를 밀어내고 자신이 왕좌에 앉으려고 한다. 그리고 그 기회가 올 때마다 그들은 무슨 일이든지 해치운다. 조금 전까지 아주 친한 친구였는데 갑자기 적으로 돌변한다. 그들의 우정은 전술일 뿐이다. 권력을 가진 사람은 친구가 없다.

그래서 노자는 이렇게 말했다.

"그대가 친구를 원한다면 권력을 갖지 마라. 그때 온 세상이 친구가 될 것이다. 그대가 힘을 갖고 있다면 그때는 그대 자신만이 유일한 친구일 뿐이다. 다른 모든 사람은 적이 된다."

그 왕 역시 무척 겁이 많았다. 그는 다른 사람보다 특히 죽음을 두려워했다. 그것은 동서고금을 막론하고 하나의 공식이었다. 세상 모든 사람이 자신을 죽이려고 한다는 생각 때문에 그는 잠시도 마음을 놓지 못했다. 그는 잠도 제대로 잘 수 없었다. 결국 그는 자신의 국사(國師)와 고문들에게 찾아가서 어떻게 해야 좋을지 물었다. 그러자 그들은 이렇게 말했다.

"왕궁을 짓되 문을 오직 하나만 내십시오. 그리고 문에다가 병사들을 일곱겹으로 배치하십시오. 첫번째는 파수를 보게 하고, 두번째는 첫번째를 지키게 하고, 세번째는 두번째를 지키게 하십시오. 그리고 마지막 일곱번째 다음에 문을 하나 내십시오. 그러면 아무도 들어오지 못할 것이고 전하께서는 안전하실 것입니다."

그래서 그 왕은 궁전을 새로 지었다. 그리고 오직 하나의 문만을 만들었다. 일찌감치 그런 궁전은 어디에도 없었다. 그리고 그 문 주위로 일곱 겹의 병사들을 배치해서 병사들끼리 서로를 감시하게 했다. 그러자 그 소식이 전국에 퍼졌다. 이웃 나라의 왕이 그 소식을 듣고 그 궁전을 찾아왔다. 그 역시 무척 겁이 많았기 때문이다. 궁전을 둘러보고 그는 이렇게 생각했다.

'정말로 안전한 궁전이로군. 이런 곳에 사는 그를 죽이기란 불가능하다.'

그리하여 왕은 그런 생각을 제안한 국사와 고문들에게 감사했다. 오직 문이 하나밖에 없었기 때문에 어떤 위험도 없었고 무척 안전해 보였다.

그 왕이 문을 바라보고 흡족해 하는 동안 문 옆에 거지가 하나 앉아 있었다. 그는 연신 조롱 섞인 웃음을 띠고 있었다. 그러자 그 궁전의 주인인 왕이 거지에게 물었다.

"그대는 왜 그렇게 웃고 있는가?"

거지가 말했다.

"저는 당신이 결정적인 실수를 한 걸 보고 웃고 있습니다. 안으로 들어가서 이 문마저 잠궈 버리십시오. 이 문도 위험합니다. 누군가가 이 문을 통해 들어갈 수 있습니다. 문이란 누군가가 들어갈 수 있다는 뜻입니다. 만약 아무도 못 들어간다면 적어도 죽음은 들어갈 것입니다. 그러니 당신은 한 가지 일을 더 하셔야 합니다. 이 문마저 잠궈 버리십시오. 그때는 당신이 진짜로 안전할 것입니다. 어떤 죽음도 들어가지 못할 것입니다.”

그러자 왕은 말했다.

“하지만 내가 이 문마저 닫아 버린다면 나는 이미 죽었다는 뜻이 된다.”

그러자 거지가 말했다.

“그렇지 않아도 당신은 이미 99%는 죽어 있습니다. 오직 이 문만큼만 살아 있습니다. 그리고 이 문이 유일한 위험입니다. 그러니 이 문마저 막아 버리십시오. 그러면 절대적으로 안전할 것입니다.”

모든 사람이 자신의 둘레에 성을 쌓았다. 그리고는 아무것도 들어갈 수 없게 했다. 그 안에서 그는 평안하게 앉아 있다. 그러나 그대는 이미 죽어 있다. 그리고 평안은 살아 있는 자에게만 일어난다. 평안은 죽은 것이 아니다. 살아 있어라. 위험하게 살아라. 열린 삶, 닫히기 쉬운 삶을 살아라. 그러면 모든 것이 그대에게 일어날 수 있다. 많은 것이 그대에게 일어날수록 그대는 더욱 풍부하게 될 것이다.

그때 그대는 이 방편을 수행할 수 있다. 이것은 매우 쉽다. 그대는 이 방편을 수련할 필요조차 없다. 그저 생각만 하라. 그대가 전 공간으로 퍼져 나가고 있음을.

〈질문〉

“어떤 사람을 하루 24시간 동안 계속 사랑하기란 매우 어려워 보입니다. 왜 그런 일이 일어납니까? 사랑은 지속

적인 흐름이 되어야 합니까? 그러면 어떤 단계에 가서야
비로소 사랑이 헌신으로 바뀌어집니까?"

사랑은 행위가 아니다. 그것은 그대가 해야 할 어떤 일이 아니
다. 만약 그대가 그것을 한다면 그것은 사랑이 아니다. 행위하지
않는 것이야말로 사랑과 관계 있는 것이다. 아무도 하루 24시간
계속 뭔가를 할 수는 없다. 만약 그대가 사랑이라는 것을 행위로
생각한다면 그대는 24시간 사랑을 계속할 수 없다. 그대가 무슨
행동을 하든지 계속하게 되면 지쳐서 쓰러질 것이다. 체력을 소
모시키지 않는 것이라도 지루해서 계속할 수 없다. 사랑이라는
행위를 하고 나면 그대는 미움 속에서 이완되어야 한다. 오직 반
대극에서만 이완할 수 있기 때문이다.

우리의 사랑이 항상 증오와 뒤섞여 있는 것도 바로 이런 이유
다. 그대가 이 순간에는 사랑하지만 다음 순간 증오하기 시작한
다. 똑같은 사람이 사랑과 증오의 대상이 된다. 이것이 바로 연인
들 사이에 일어나는 갈등이다. 그대의 사랑이 행위가 되기 때문
에 그런 불행이 일어나는 것이다.

먼저 이해해야 할 것은 사랑이란 행위가 아니라는 점이다. 그
것은 그대의 의지대로 할 수 있는 것이 아니다. 그대가 사랑에 빠
질 수는 있다. 그러나 행위로서 사랑할 수는 없다. 사랑에 있어서
행위란 우스운 것이다. 그것은 노력이 아니다. 만약 그것이 노력
이라면 그대는 사랑을 하려다가 곧 지쳐서 쓰러질 것이다. 그것
이 바로 마음의 작동 원리이다.

그대가 사랑에 빠져 있다면 그것은 마음의 상태이지 행위가 아
니다. 그 마음의 상태가 한 인간에게 초점이 맞추어지면 사랑으
로 나타나고 한 인간에게 초점이 맞추어지지 않으면 기도로 나타

난다. 그때 그대는 단지 사랑 속에 있는 것이다. 마치 그대의 호흡이 자연스러운 것처럼 사랑 속에 있는 것도 자연스러운 상태이다.

그러나 만약 그대가 호흡을 인위적으로 조절하려 든다면 그대는 곧 호흡하는 행위 때문에 지쳐 버릴 것이다. 그래서 그대는 이완해야 하고 그때 죽게 될 것이다. 이완은 호흡의 반대극 속에서 가능하기 때문이다. 만약 호흡이 그대의 노력 때문이라면 그대는 언젠가 호흡을 깜빡 잊어버릴 것이고 그대의 육체는 죽게 될 것이다.

마찬가지로 사랑은 호흡과 같은 것이다. 그것은 더 높은 차원의 호흡이다. 그대가 호흡하지 않으면 육체가 죽게 되듯이 사랑하지 않으면 그대의 영혼은 태어날 수 없다.

그러니 사랑을 영혼의 호흡으로 여겨라. 그대가 사랑 속에 있을 때 그대의 영혼은 활기에 넘칠 것이다. 만약 내가 그대에게 '그대가 내 곁에 있을 때에만 호흡하고 다른 데 가서는 호흡하지 말라'라고 이야기한다면 그대는 죽을 것이다. 일단 죽고 나면 그대는 다시 살아날 수 없다.

사랑도 마찬가지다. 우리는 사랑을 소유의 대상으로 생각한다. 연인들은 이렇게 말한다.

"다른 사람을 사랑하지 마라. 오직 나만을 사랑하라."

그때 사랑은 위축되기 시작해서 결국 죽게 될 것이다. 그것은 불가능하다. 그대는 모든 사람을 사랑해야 하는 것이 아니다. 사랑은 무슨 도덕 규범이 아니다. 그대는 행위로서 모든 사람을 사랑할 수 없다. 단지 사랑의 상태 속에 있는 것이 가능할 뿐이다. 그대는 원수가 옆에 있어도 호흡을 한다. 마찬가지로 원수가 옆에 있을 때에도 사랑의 상태 속에 있을 수 있다.

'원수를 사랑하라'라는 예수의 말도 바로 그런 의미이다. 그런데 기독교인들은 그 사랑을 하나의 행위로서 이해했다. 그때 매우 큰 곤란에 봉착하게 된다. 원수를 사랑하라고 한 말은 불가능하게 들린다. 사랑을 하나의 행위로 이해했기 때문이다. 하지만 사랑은 행위가 아니다. 그것은 마음의 상태이다. 그대 곁에 원수가 있든 친구가 있든 그것은 문제가 되지 않는다. 그대는 언제나 사랑 속에 있을 수 있다.

증오의 상태 속에 있는 두 사람이 사랑을 표현하려면 매우 어려울 것이다. 많은 노력이 필요하다. 그들의 사랑은 이제 하나의 행위인 것이다. 그들은 증오라는 마음의 상태 속에 있기 때문이다. 그때는 노력이 필요하다. 마찬가지로 그대가 사랑이라는 마음 상태 속에 있다면 그때 미워한다는 것은 매우 어렵다. 원수라 할지라도 말이다. 어떤 사람이 슬픈 상태 속에 있을 때 마음껏 웃기란 정말로 어렵다. 그때 웃음은 완전히 인위적인 노력이다. 자신과 싸움을 해야 하는 것이다. 그래서 그 웃음은 가식이다. 그것은 마음속 깊은 곳에서 터져 나오는 웃음이 아니다.

계속 분노의 상태 속에 있는 사람들은 사랑이 불가능하다. 그때 사랑은 노력이 필요하며 하나의 행위가 된다. 억지 사랑이 된다. 반면에 그대가 사랑의 상태 속에 있을 때 분노란 하나의 노력이며 행위가 된다. 그때의 분노는 억지 분노다.

붓다나 예수는 미워할 수 없다. 미워하려면 인위적인 행위가 필요한데 그들은 그런 가식적인 행동을 하지 않는다. 그러나 그대는 그와 정반대 상황 속에 있다. 그대는 사람을 사랑할 수 없다. 그대가 증오의 상태 속에 있기 때문이다. 그래서 사랑을 하려는 것이 무척 어렵고, 사랑한다 할지라도 이미 거짓이다. 결국 그대는 마음의 상태가 변화되어야 한다. 그렇다면 어떻게 마음의 상태를 변화시킬 수 있을까? 어떻게 사랑의 상태 속에 들어갈 수 있을까? 그것은 시간의 문제가 아니다. 그래서 '하루 24시간 종일 사랑할 수 있는가'라는 질문은 어리석은 질문이다.

만약 그대가 한순간이라도 사랑의 상태 속에 있을 수 있다면 그것으로 충분하다. 그 순간은 항상 그대에게 주어질 것이다. 그대가 아무런 노력을 하지 않아도 그대는 언제나 사랑 속에 있을 수 있다. 24시간이 아니라 일생 동안 그 상태 속에 있을 수 있다.

오직 한순간만이라도 사랑의 상태 속에 들어갈 줄 안다면 그때는 한순간이 시간이 아니다. 그것은 영원이다. 그 한순간이 바로 지금이다. 한번 그대가 사랑의 상태 속으로 들어가는 비밀을 알 수 있다면 그대는 영원 속으로 들어간다. 거기에 시간은 더 이상 존재하지 않는다. 붓다는 지금이라는 순간 속에 산다. 시간은 과거의 생각과 미래의 생각을 의미한다. 그대가 과거나 미래를 생각할 때 현재를 잃어버린다. 현재만이 유일한 존재이다. 과거와 미래는 존재하는 것이 아니다. 바로 이 순간, 지금 여기만이 유일한 존재이다. 그대가 사랑 속으로 들어가는 것을 안다면 그대는 비밀을 안 것이다. 다음 순간이란 결코 오지 않는다는 것을 말이다. 그래서 그대는 시간에 대해서는 아무런 걱정도 할 필요가 없다.

이 순간은 언제나 존재한다. 이 순간은 지금이라는 모습으로 항상 그대 곁에 있다. 기독교 신비주의자 에크하르트(Eckhart)는 이렇게 말했다.

"그 시간은 지나가지 않는다. 시간은 언제나 같은 모습으로 남아 있다. 지금이라는 모습으로 말이다. 지나가는 것은 우리들이다."

지나가는 것은 우리들일 뿐 시간은 언제나 지금이라는 모습으로 영원히 변치 않는다. 그러니 '24시간'이라는 것에 대해서는 잊어버려라. 그때 그대는 현재라는 순간조차도 생각할 필요가 없다.

한 가지 더 짚고 넘어가야 할 것이 있다. '생각하는 것(think-ing)'은 시간을 필요로 한다. '산다는 것(living)'은 시간을 필요로 하지 않는다. 그대는 바로 이 순간을 생각할 수 없다. 그대가 생각할 수 있는 것은 과거와 미래뿐이다. 현재 순간에는 생각이 들어올 틈이 없다. 그대가 현재에 대해서 생각하는 순간 그것은 과거가 된다.

꽃 한 송이가 여기 있다. 그대는 아름다운 꽃이라고 말한다. 그대가 말하는 순간 그 말은 현재가 아니다. 그것은 이미 과거다. 그대가 생각으로 뭔가를 붙잡으려 하면 그것은 이미 과거가 되어버린다. 현재 속에서는 아무것도 생각할 수 없다. 생각은 시간을 필요로 한다.

따라서 생각하지 않는다면 거기에 시간은 없다. 그래서 명상 속에서는 그대가 시간을 느끼지 못하는 것이다. 마찬가지로 사랑 속에서도 그대는 시간을 느끼지 못한다. 그것은 생각의 멈춤이다. 존재의 순간이다. 그대가 사랑하는 사람과 함께 있을 때 그대는 사랑에 대해서 생각할 수 없다. 사랑하는 사람에 대해서도 생각할 수 없다. 생각이란 지금 이 순간에 존재하지 않는다는 것을 의미한다. 생각을 하고 있을 때 그대는 거기에 없다.

그래서 생각에 너무 사로잡힌 사람이 사랑을 할 수 없는 이유도 바로 이것이다. 그들이 신을 만난다고 할지라도 신에 대해서 생각하느라고 바빠서 신을 놓치고 말 것이다. 그들은 계속 생각하고 또 생각하지만 그것은 사실과 거리가 멀다.

사랑의 순간은 시간이 없는 순간이다. 그때 24시간 어떻게 사랑하는가 하는 것은 아무 문제도 되지 않는다. 그대는 24시간 어떻게 살아야 할지에 대해 생각하지 않는다. 그대는 그저 살아 있든지 아니면 죽든지 할 뿐이다. 그래서 문제는 시간이 아니다. 사랑의 상태 속에서 지금 여기에 어떻게 존재할 수 있는가 하는 것이 문제다.

왜 증오가 거기에 있는가? 그대가 증오심을 느끼는 것은 안전만을 생각하는 그대의 마음 때문이다. 그대의 생명이 위험 속에 있다고 느낄 때, 그대의 존재가 소멸될 수 있다고 느껴질 때 갑자기 증오심이 그대 속에 불쑥 치민다. 그대는 자신이 파괴될 위험에 처했다고 생각하고 다른 사람을 파괴하기 시작한다. 그대가 위험을 느낄 때마다 그대는 증오로 가득 차게 된다.

그대의 삶은 위험할지 모르지만, 그대의 육체는 죽을지 모르지만 그대의 존재에게는 죽음이 없다는 사실을 이해하지 않는 한 그대를 진정시키는 것은 불가능하다. 그때 그대는 절대로 사랑으로 가득 찰 수 없다. 예수는 사랑 속에 머물 수 있다. 그것은 자신의 존재가 죽을 수 없다는 사실을 알았기 때문이다. 그러나 그대는 사랑 속에 머물 수 없다. 그대는 오직 죽음에 속한 것만, 육체만, 마음만 알고 있기 때문이다. 매순간 거기에 죽음이 있다. 매순간 그대는 두렵다. 그런데 어떻게 사랑으로 가득 찰 수 있겠는가? 사랑은 공포와 함께 있을 수 없다. 공포가 거기에 있고 그래서 그대는 억지로 자신이 사랑 속에 있다는 믿음을 만들어 낸다.

그래서 그대의 사랑은 그대의 심리 상태를 반영해 주는 것일 뿐이다. 그대는 두려워하지 않으려고 사랑한다. 그대는 사랑에 빠져 있으면 공포를 덜 느낄 것이라고 믿기 때문이다. 적어도 사랑하는 순간만큼은 죽음을 잊을 수 있다. 그리고 그대는 존재계에 의해 받아들여졌다는 환상을 갖게 된다. 사랑을 가진 그대는 거절당하지 않을 것이다. 그 때문에 그대에게는 사랑이 필요한 것이다.

그대가 누군가로부터 사랑을 받을 때마다 그대는 자신이 존재계로부터 받아들여졌다는 환상을 만들어 낼 수 있다. 그대는 누군가에게 필요한 존재다. 그래서 적어도 그대의 삶은 황폐한 삶이 아니다. 그대는 적어도 우연히 태어난 존재는 아니다. 그대는 어디엔가 필요한 존재다. 그대가 없이는 존재계도 뭔가를 잃은 상태가 될 것이다. 이런 기분들이 그대를 행복하게 만들어 준다. 그대는 목적의식을 느끼고 가치 있는 존재가 된다.

그대가 그 누구로부터도 사랑받지 못할 때, 누구에게나 거부당할 때 그대는 자신이 쓸모없는 존재라고 느낀다. 그때 그대는 자신의 삶이 아무런 목적도 의미도 없음을 느낀다. 아무도 그대를 사랑하지 않는다면 그대가 죽어도 죽었다는 사실조차 모를 것이다. 아무도 그대가 있었다는 기억조차 하지 않는다.

사랑은 그대에게 자신의 존재가 필요하다는 느낌을 준다. 사랑 속에서 공포를 덜 느끼는 것도 바로 그런 이유이다. 사랑이 사라질 때마다 그대는 공포를 느끼게 된다. 그리고 증오심을 갖게 된다. 증오는 하나의 방어 수단이다. 그대는 파괴당할까봐 두려워한다. 그래서 도리어 그대가 파괴적으로 변한다.

사랑 속에서 그대는 환영받고 있음을 느낀다. 자신은 불청객이 아니라 초대받은 손님이다. 존재계는 그대가 존재하는 것으로 인해 기뻐한다. 그대를 사랑하는 사람은 전 존재계를 대표하는 입장이 된다. 그러나 이 사랑 역시 그 기초는 공포다. 그대는 공포에 대항해서, 죽음에 대항해서, 존재계의 냉담한 무관심에 대항해서 사랑을 하려는 것이다.

실제로 존재계는 그대에게 무관심하다. 적어도 표면적으로는 말이다. 태양, 바다, 대지와 별들은 전적으로 그대에게 무관심하다. 그 누구도 그대에 대해 걱정해 주지 않으며 특별히 그대만을 필요로 하지도 않는다. 그야말로 하늘은 무심한 것이다. 그대 없이도 모든 것이 잘 돌아간다. 아무것도 잃어버린 것이 없다. 존재계를 보라. 표면적으로 보면 그 무엇도 그대에게 관심을 두지 않는다. 태양도 그대를 걱정하지 않으며 별들도 마찬가지다. 그대가 어머니라고 부르는 대지조차도 그대에게 무심하다. 그대가 있든지 없든지 아무런 차이도 없다.

그대는 그저 우연히 존재하게 된 것처럼 느껴진다. 그대는 필요 없는 존재다. 아무도 그대를 초대하지 않았다. 그런 느낌은 그대에게 공포를 준다. 키에르케고르가 고뇌라고 부른 것도 바로 이것이다. 거기에 미묘하게 지속되는 공포가 있다. 그대는 이 세상에서 아무 필요도 없는 존재라고 느끼는 기분 말이다.

어떤 사람이 그대를 사랑할 때 그대는 다른 차원이 그대의 존재 속으로 흘러 들어오는 것을 느낀다. 이제 적어도 한 사람은 그대가 죽었을 때 울고 슬퍼해 줄 수 있다. 그대가 사라지면 그대의 부재를 느낄 사람이 한 사람은 있는 것이다. 적어도 그 한 사람 덕분에 그대는 삶의 가치와 목적을 갖게 된 것이다.

그래서 사랑은 무척이나 소중한 것이다. 만약 그대가 사랑을 받지 못한다면 그대의 뿌리가 뽑히는 것과 같다. 그러나 이런 사랑은 내가 말하는 진정한 사랑이 아니다. 이것은 서로에게 환상을 갖게 해주는 계약 관계와 같은 것이다.

"나는 당신이 필요하다. 당신 역시 내가 필요하다. 나는 당신으로부터 내 삶의 목적과 가치를 얻었다. 또한 당신 역시 나에게서 당신 삶의 목적과 가치를 얻었다. 그래서 우리는 서로를 도와 계속 환상을 가질 수 있도록 해야 한다. 그러면 이 광대한 우주의 무관심을 잊어버릴 수 있을 것이다.”

연인들은 서로의 꿈속에 빠져 산다. 그들은 자신들의 세계를 따로 만들어 낸다. 사랑이 그토록 사생활을 필요로 하는 것도 그 때문이다. 그대가 무엇을 하든지 무심한 세상은 그대에게 그것이 꿈이며 환상이라고 말한다. 그래서 그런 세상을 잊어버리기 위해 그대는 연인과 함께 그대만의 세상을 만들어 낸다. 그 속에서 그 대는 삶의 목적과 의미를 느낀다.

그러나 그 이전에 삶은 의미가 있다. 나는 그런 사랑에 대해서 말하는 것이 아니다. 그대가 하는 사랑은 환상에 지나지 않는다. 그것은 교묘하게 조작된 환상이다. 인간은 나약해서 환상 없이는 살 수 없다. 환상 없이 살 수 있는 사람은 붓다밖에 없다. 그는 어 떤 환상도 만들지 않는다.

환상 없이 사는 것은 다른 차원의 사랑 속에 살 때 비로소 가능 해진다. 그것은 한 인간이 그대를 필요로 하는 사랑이 아니다. 그 것은 완전한 이해, 즉 깨달음에서 나오는 사랑이다. 그토록 무관 심해 보이던 존재계가 사실은 그대와 전혀 다른 것이 아니다. 그 대는 그 존재계의 일부이다. 완전히 유기체적 결합으로 이어져 있다. 나무가 꽃을 피울 때 그것은 그대와 분리된 현상이 아니다. 그대와 나무는 같은 존재계의 부분이며 그대의 의식은 곧 나무의 의식이다.

바다와 모래와 별들 역시 그대와 하나를 이룬다. 그대는 고립 된 섬이 아니다. 그대는 우주와 하나가 되어 있다. 전 우주는 그 대 속에 있고 그대는 우주 속에 있다. 그대가 이 사실을 깨닫지 못하는 한 그대는 행위가 아닌 진정한 사랑의 상태 속으로 들어 가지 못한다.

그대가 이 사실을 깨달을 때 어떤 환상도 만들어 낼 필요가 없다. 그때는 굳이 다른 사람의 사랑을 받아야 할 필요가 없다. 어떤 죽음도 그대를 소멸시킬 수 없다. 그래서 그대는 더 이상 두려워하지 않는다. 그대는 공포로부터 완전히 자유롭다. 그것은 그대가 바로 존재계 자체가 되었기 때문이다.

이것이 바로 명상 속에서 일어나는 것이다. 명상이 의미하는 것이 바로 이것이다. 명상 속에서 그대는 존재계와 완전히 하나가 되었음을 확연히 느낄 수 있다. 그때 사랑의 꽃은 저절로 피어난다. 아무런 행위와 노력도 없이 말이다. 그때 사랑은 호흡처럼 자연스럽다. 그대는 사랑을 호흡한다.

이 사랑은 헌신 속에서 자라난다. 그때 그대는 자신이 사랑하고 있다는 사실조차 잊게 된다. 그것이 사랑의 궁극이다. 호흡이 잘못되야 그대가 호흡을 느끼는 것처럼 사랑이 자연스럽게 흐르고 있을 때 그대는 자신이 사랑 속에 있다는 사실을 느끼지 못한다. 그대는 그 속에서 느긋하게 쉬기만 하면 된다. 이것이 바로 헌신이다. 그것은 궁극적인 헌신이며 지복의 절정이다. 그 상태를 무엇이라고 불러도 좋다.

그래서 그대가 진정한 사랑 속에 있을 때는 일부러 헌신하려고 하지 않아도 된다. 사랑이 자연스런 것처럼 헌신 또한 자연스런 것이다. 만약 그대가 자신이 특별히 사랑을 하고 있다고 느끼게 되면 그것은 뭔가 잘못되고 있는 것이다. 그것은 결국 자연스런 상태의 사랑이 아니라 행위로서의 사랑인 것이다. 그리고 사랑이 행위가 될 때 그 속에는 공포가 숨어 있다.

인간은 두려움에 떨고 있다. 그래서 인간은 자신이 환영받고 있다는 느낌을 주는 사람을 필요로 한다. 그러나 두려워하지 마라. 그대는 의미 없는 존재가 아니다. 그대는 환상을 주는 사랑 같은 것을 추구하지 마라. 그것은 붓다나 예수가 말한 사랑이 아니

다. 그들은 사랑의 행위가 아닌 자연스런 사랑의 상태를 강조했
다. 그대가 명상 속으로 들어가지 않는 한, 죽음이 없는 그대의
내면을 깨닫지 않는 한, 그대가 존재계라는 것을 느끼지 못하는
한 그 상태에 들어갈 수 없다.

그래서 이 명상의 방편들은 그대의 삶을 인위적인 행위에서 자
연적인 상태로 옮겨 가게 도와준다. 시간에 대해서는 생각하지
마라. 시간은 사랑과 아무런 관계가 없다.

깨어나라! 주시하라! 이해하라!

변형의 공포

변형의 공포는 죽음의 공포와 똑같은 것이다.

죽음은 깊은 명상으로 이용될 수 있다.

그러므로 죽음을 이해하라

그리고 삶도 이해하라

거기에 양쪽을 모두 초월한 길이 있을 것이다.

변형의 공포

100

대상과 주체의 세계는 깨닫지 못한 사람에게서처럼
깨달은 사람에게도 동일하게 일어난다.
그러나 깨달은 사람은 한 가지 위대함을 갖고 있다.
그는 언제나 주인의 기분으로 남아 있다.
사물들 속에서 자기를 잃지 않고서.

101

전지하다고 믿으라.
전능하다고 믿으라.
그리고 편재한다고 믿으라.

많은 사람들이 명상에 관심을 갖고 있는 것처럼 보인다. 그러나 그 관심은 깊은 것일 수가 없다. 아주 극소수의 사람만이 그 관심을 통해서 변형되기 때문이다. 만약 관심이 진짜로 깊다면 그것은 저절로 불꽃이 된다. 그것은 그대를 변형시킨다. 강렬한 관심만을 통해서도 그대는 달라지기 시작한다. 존재의 새로운 중심이 일어난다. 그러나 많은 사람들이 관심이 있는 것처럼 보이지만 그들에게는 그 어떤 새로운 것도 일어나지 않는다. 새로운 중심이 태어나지 않는다. 새로운 결정화가 성취되지 않는다. 그들은 언제나 그저 그렇게 남아 있다.

이것은 그들이 자신을 속이고 있다는 뜻이다. 그 속임수가 너무나 미묘하다. 그러나 그것은 속임수일 수밖에 없다. 그대는 약에 대해서, 치료에 대해서 계속 이야기하고 있다. 하지만 병은 조금도 고쳐지지 않고 그대로 남아 있다. 오히려 그 병은 더욱 깊어진다. 그것은 그대의 약이, 그대의 치료법이 가짜라는 것이다. 아마도 그대 내면의 깊은 곳에서는 변형되기를 원치 않는지도 모른다. 변형되기를 두려워한다. 그래서 표면에서만 자신이 깊은 관심을 갖고 있다고 생각할 뿐이다. 그대는 자신을 속이고 있는 것이다.

변형의 공포는 죽음의 공포와 똑같은 것이다. 그것은 일종의 죽음이다. 옛사람은 완전히 사라지고 새사람이 존재 속으로 들어올 것이다. 그대는 거기에 더 이상 있지 않을 것이다. 그대에게 전적으로 낯선 것이 그대 대신에 존재하게 될 것이다. 그대가 죽을 준비가 되지 않는 한 명상에 대한 그대의 관심은 거짓이다. 오직 죽을 준비가 되어 있는 자만이 다시 태어날 수 있기 때문이다. 새사람은 옛사람의 연속체일 수 없다. 옛사람은 멈추어져야 한다. 완전히 사라져야 한다. 오직 그때만 새사람이 존재 속으로 들어올 수 있다. 새사람은 옛사람이 성장한 것이 아니다. 그것과 이어질 수 없다. 새사람은 전적으로 새롭다. 그것은 오직 옛사람이 죽었을 때만 나타난다. 그래서 옛사람과 새사람 사이에는 하나의 틈이 생겨난다. 그 틈이 그대에게 공포스러운 것이다. 그대는 두렵다. 그대는 변형되기를 원하지만 동시에 옛사람도 계속 남아 있기를 바란다. 그러나 이것은 속임수일 뿐이다. 그대는 성숙하기를 원한다. 그러나 그대는 지금의 그대 자신이 남아 있기를 원한다. 그때 진정한 성숙은 불가능하다. 그때 그대는 자신을 속일 수밖에 없다. 어떤 변화가 일어나고 있다는 꿈을 꿀 수밖에 없다. 그러나 아무것도 일어나지 않을 것이다. 이미 기초부터 틀렸기 때문이다.

그래서 이 세상의 많은 사람들은 명상에, 해탈에, 열반에 관심이 있지만 아무것도 일어나지 않고 있다. 그것에 대한 많은 소리 소문들이 있지만 아무것도 실제로 일어나는 것은 없다. 무엇이 문제란 말인가?

때때로 마음은 너무나 교활해서 ─ 그대가 변형되기를 원치 않기 때문에 ─ 그대에게 이렇게 말한다.

"나는 관심을 갖고 있다. 나는 할 수 있는 것은 뭐든지 다하고 있다."

하지만 그대는 여전히 그대로 남아 있다. 그리고 아무것도 일어나지 않는다면 그대는 자신이 수련하는 방편에 문제가 있다고 생각한다. 혹은 스승이 틀렸다거나 경전이 왜곡되었다고 생각한다. 무엇이든지 그럴싸한 이유를 갖다 붙인다. 그러나 잘못된 방편을 가지고도 거기에 진짜 관심이 있다면 변형이 가능하다는 것은 모르고 있다. 그 점은 결코 생각해 보지 않았을 것이다. 그러나 나는 말한다. 잘못된 방편으로도 그대는 변형될 수 있다. 그대

가 변형에 진정으로 관심을 갖고 있다면, 진정으로 변형되기를
원한다면 말이다. 그때는 엉터리 스승을 따르더라도 그대는 달라
질 것이다. 만약 그대의 영혼과 가슴이 그대의 노력 속에 담겨 있
다면 아무도 그대를 잘못 인도할 수는 없다. 그대 자신을 제외하
고 말이다. 그대 자신의 속임수를 빼고는 그대가 변형되는 데 그
어떤 것도 장벽이 될 수 없다.

내가 잘못된 스승, 잘못된 방편, 잘못된 원리로도 그대가 진리
에 도달할 수 있다고 말할 때 그것은 이런 뜻이다. 그대가 변형에
대해 강력하게 몰두하고 있을 때, 그때는 방편을 통해서가 아니
라 그 열정 때문에 변형이 일어난다는 뜻이다. 그대의 존재가 몰
입했느냐 하는 것이 근본 문제다. 그러나 우리는 어떤 것을 실행
하지는 않고 그것에 대해 말만 하고 있다. 그리고 그 말들이 환상
을 만들어 낸다. 왜냐하면 그대는 그것에 대해서 많은 것을 생각
하고 있기 때문이다. 그대는 그것에 대해 많은 것을 읽고 들었기
때문이다. 그래서 그대는 자신이 뭔가를 하고 있다고 느끼기 시
작한다. 소위 종교인이라는 사람들이 이러한 속임수의 계략들을
발전시켰다.

이런 이야기를 들은 적이 있다. 한 운전사가 길을 지나가다가
학교 건물에 불이 난 것을 보았다. 그것은 작은 마을에 있는 작은
학교로 물라 나스루딘이 그 학교의 선생으로 있었다. 그런데 그
상황에서 나스루딘은 나무 아래 앉아 있었다. 그 운전사는 그를
보고 외쳤다.

"여기서 무엇을 하고 있소? 학교에 불이 났단 말이오!"

나스루딘이 말했다.

"나도 알고 있소."

그러자 그 운전사는 더욱 흥분해서 말했다.

"그런데 당신은 무엇을 하고 있소?"

나스루딘이 말했다.

"안그래도 그 때문에 지금 나는 비가 오기를 기도하고 있소. 나는 뭔가를 하고 있단 말이오."

기도는 명상을 피하기 위한 속임수다. 그래서 소위 종교인의 마음은 많은 유형의 기도들을 고안해 냈다. 기도도 명상이 될 수 있다고 말이다. 그러나 그것은 기도일 뿐 변형에 대한 깊은 관심과 열의가 없다. 기도도 명상이 될 수는 있다. 그러나 일반적인 기도는 도피 수단에 지나지 않는다. 명상으로부터 도피하는 것 말이다. 사람들은 기도를 계속한다. 어떤 실행을 피하기 위해 기도를 계속한다. 기도는 신이 뭔가를 실행해야 한다는 뜻이다. 그대 말고 다른 어떤 존재가 그대를 위해 뭔가를 한다는 뜻이다. 기도는 우리가 수동적으로 되고 싶다는 뜻이다. 어떤 것이 우리에게 찾아와야 한다. 그러나 명상은 다르다. 명상은 그대가 어떤 것을 한다는 뜻이다. 그대가 그대 자신을 위해서 하는 것이다. 그리고 그대가 변형될 때 전 우주는 지금까지와는 다르게 행동한다. 왜냐하면 우주는 그대에 대한 하나의 반응일 뿐이기 때문이다. 그대가 무엇이 되었든지 말이다. 만약 그대가 침묵한다면 전 우주는 그대의 침묵에 반응할 것이다. 수천 수만 가지 방법으로 말이다. 그것은 그대를 반사하고 있다.

그대의 침묵은 무한히 복제된다. 만약 그대가 지복에 차 있다면 전 우주는 그대의 지복을 반사할 것이다. 그대가 불행 속에 있을 때도 같은 현상이 일어난다. 그 수학적 원리는 항상 같다. 법칙은 동일하게 남아 있다. 우주는 그대의 불행을 복사할 것이다. 기도가 그런 작용을 하는 게 아니다. 오직 명상만이 도움이 될 수 있다. 명상은 그대의 부분이 어떤 일을 하도록 만드는 자동 장치인 것이다.

그래서 내가 그대에게 하고 싶은 첫번째 말은 그대가 자신을 속이지 않도록 계속 깨어 있으라는 것이다. 그대는 뭔가를 하면서 여전히 자신을 속일 것이다.

한 번은 물라 나스루딘이 우체국으로 달려 들어왔다. 그리고 우체부의 멱살을 잡고 흔들면서 말했다.

"나는 미쳐 버릴 것 같다. 내 아내가 사라졌단 말이다."

우체부는 연민을 느끼면서 말했다.

"정말로 그녀가 사라졌소? 정말 안됐군요. 하지만 당신은 지금 경찰서로 가야 한단 말입니다."

나스루딘은 고개를 저으면서 말했다.

"나는 다시는 잡히지 않을 테다. 과거에도 내 아내가 사라졌고 나는 경찰에 신고를 했지. 그들은 그녀를 찾아 주었어. 그래서 나는 다시 붙잡히고 말았어. 내 아내에게 말이야. 그러나 이번만큼은 다시 붙잡히지 않을 테다. 만약 당신이 신고하겠다면 마음대로 하게. 그렇게 하지 않을 테면 내가 하겠다."

그는 신고를 하는 것이 좋다고 생각했다. 그리고 그는 스스로에게 이렇게 말했다.

"내가 할 수 있는 조치는 뭐든지 했다."

그러나 그는 경찰서에만큼은 신고하고 싶지 않았다. 그는 두려웠다.

그대는 신고하는 것이 좋다고 느낀다. 그래서 그대는 뭔가를 한다. 그러나 그대는 쓸데없는 행동만 하고 있다. 변형될 준비가 아직 되지 않은 것이다. 그래서 그대가 하는 모든 행동은 단지 쓸모없는 활동일 뿐이다. 쓸모없을 뿐만 아니라 유해하기까지 하다. 그것은 시간을 낭비하며 에너지와 기회를 낭비하는 것이기 때문이다. 이 시바의 방편들은 뭔가를 할 준비가 된 사람들만을 위한 것이다. 그대는 그것들을 철학적으로 사색할 수 있다. 하지만 그렇게 해서는 아무런 의미도 없다. 실제로 그대가 뭔가를 할 준비가 되었다면 그때는 어떤 것이 일어나기 시작할 것이다. 그것들은 살아 있는 방편이지 죽은 교리가 아니다. 그대의 지적인 능력이 필요한 것이 아니라 그대 존재 전체가 필요하다. 그리고 어떤 방편이라도 뭔가를 보여줄 것이다. 만약 그대가 그것에게 기회를 준다면 어떤 방법도 가능할 것이다. 그리고 그대는 새사람이 될 것이다.

나는 다시 반복한다. 그대가 준비되어 있다면 그때는 어떤 방편이라도 가능하다. 그것들은 그대로 하여금 점프할 수 있도록 만드는 일종의 구름판이다. 그리고 어떤 구름판으로도 그대는 대양에 이를 수 있다. 그 구름판이 중요한 것은 아니다. 그것의 색깔과 재질에 좌우되는 것이 아니다. 그것은 단순한 구름판일 뿐이다. 이 모든 방편들이 그러하다. 그대는 거기에서 점프를 할 수 있다. 무슨 방편이 그대의 기분을 사로잡든지 그것에 대해서는 염려하지 마라.

어떤 사람이 뭔가를 하기 시작할 때 어려움이 생긴다. 만약 그대가 아무것도 하지 않는다면 그때는 아무런 어려움도 없다. 생각하는 것은 매우 쉬운 것이다. 그대가 실제로 여행을 떠나는 것이 아니기 때문이다. 그대가 뭔가를 하기 시작할 때, 그때 어려움이 따른다. 그래서 그대가 어려움이 생기는 것을 안다면 그대는 올바른 궤도에 들어섰다고 느껴도 된다. 어떤 것이 그대에게 일어난 것이다. 그때 이전의 모든 장벽들은 깨질 것이다. 옛 습관들이 사라질 것이다. 거기에 변화가 일어난다. 마음의 동요와 카오스가 생길 것이다. 그리고 모든 창조성이 그 카오스 상태에서 나올 것이다. 그대가 카오스 상태가 될 때만이 새로운 것으로 창조될 수 있다. 그래서 이 방편은 먼저 그대를 완전히 파괴할 것이다. 오직 그때만이 새로운 것이 창조될 수 있다. 그래서 어려움이 거기에 있다면 다행으로 생각하라. 그것은 그대가 성숙한다는 징조다. 어떤 성숙도 순풍에 돛단 듯이 이루어질 수는 없다. 아프지 않은 영적 성숙은 없다. 영적 성숙은 미지의 것 속으로 들어간다는 것이다. 그대가 이해하지 못하는 것으로 들어간다는 뜻이다. 어려움은 반드시 거기에 있을 것이다. 그러나 기억할 것은 각각의 어려움을 통과할 때마다 그대는 수정처럼 결정화된다는 점이다. 그대는 고체가 된다. 좀더 실재적으로 된다. 처음으로 그대는 자신 속에 어떤 중심이 있는 것을 느끼게 된다. 어떤 것이 딱딱하게 굳어진다.

지금까지의 그대는 액체 현상과 같았다. 계속 상황에 따라 변해 가며 고정된 것이 없었다. 실제로 그대는 어떤 '나'라고 하는 것도 주장할 수 없었다. 그대는 그것을 가지고 있지 못했다. 많은 '나'들이 단지 하나의 흐름일 뿐이었다. 그대는 군중이다. 아직 독존하는 개체가 아니다. 그러나 명상은 우선 그대를 독존하는 개체로 만들어 줄 것이다.

'개체(individual)'라는 이 말은 아름답다. 그것은 '분열될 수 없다(indivisibl)'는 뜻이다. 지금의 그대 상태는 여러 갈래로 분열되어 있다. 많은 조각들이 어떤 중심도 없이 서로 한데 엉켜 붙은 상태다. 주인 없이 하인만 있는 집과 같다. 순간에 하인은 주인이 될 수 있다.

매순간 그대는 달라진다. 그대가 없기 때문이다. 그대가 존재하지 않는 한 신성은 그대에게 일어날 수 없다. 아무도 없는데 그것이 누구에게 일어날 수 있단 말인가? 그대는 거기에 없다. 사람들은 나에게 와서 말한다.

"우리는 신을 보고 싶습니다."

나는 그들에게 묻는다.

누가 볼 것인가? 그대는 거기에 없다. 신은 항상 거기에 있다. 그러나 그대가 거기에 없다. 그러니 누가 본단 말인가? '신을 보고 싶다'라는 생각은 지나가는 것일 뿐이다. 다음 순간 그대는 관심이 없다. 그것에 대해 까맣게 잊어버린다. 강렬한 노력과 열망이 필요한 것이다. 그때는 어떤 방편이라도 효과를 발휘할 것이다.

이제 방편으로 들어가자.

100

대상과 주체의 세계는 깨닫지 못한 사람에게서처럼 깨달은 사람에게도 동일하게 일어난다.

그러나 깨달은 사람은 한 가지 위대함을 갖고 있다.

그는 언제나 주인의 기분으로 남아 있다.

사물들 속에서 자기를 잃지 않고서.

이것은 매우 아름다운 방편이다. 그리고 그대는 있는 그대로 그것을 할 수 있다. 다른 선결 조건이 필요하지 않다. 이 방편은 매우 간단하다. 그대는 많은 사람들, 사물들, 현상들 속에 둘러싸여 있다. 사물들이, 사건들이 사람들이 거기에 있다. 그러나 그대가 깨어 있지 않으면 그대는 거기에 없다. 모든 것이 거기에 있지만 막상 그대는 깊은 잠에 빠져서 거기에 없다. 사물들은, 사람들은, 모든 사건들은 그대를 싸고 돌아가지만 그대는 거기에 없다. 그대는 잠속에 빠져 있다.

　　그래서 그대의 주위에서 무엇이 일어나든지 그것은 그대의 주인이 된다. 그대를 지배하는 힘이 된다. 그대는 그것에 끌려 다닌다. 그대는 통제당하고 그 영향에 각인된다.

　　그대는 어떤 것에도 사로잡힐 수 있다. 그리고 그것을 따를 것이다. 누군가가 그대 곁을 지나간다. 그대는 그를 바라본다. 잘생긴 얼굴이다. 그대는 넋을 잃는다. 어떤 옷이 아름답다. 색깔과 재질이 아름답다. 그대는 넋을 잃는다. 어떤 멋있는 차가 지나간다. 또 그대는 넋을 잃고 바라본다. 그대 주위에 무엇이 일어나든지 그대는 그것에 사로잡힌다. 그대는 힘이 없다. 모든 것이 그대보다 강하다. 그대를 끌어당긴다. 그대의 기분, 그대의 마음, 그대의 존재가 다른 것들에 의존하고 있다. 대상들은 그대에게 깊은 영향을 미친다.

　　이 경전은 깨달은 사람이나 깨닫지 못한 사람이나 같은 세상에서 산다고 말한다. 붓다와 그대가 모두 같은 세상에서 살고 움직인다. 세상이 다른 것이 아니다. 그 차이는 붓다 자신 속에서 일어난 것이다. 그는 다른 방식으로 움직인다. 같은 대상 속에서 다르게 사는 것이다. 그는 자신의 주인이다. 그의 주체성은 홀로 독존한다. 어떤 것에도 물들지 않는다. 이것이 비밀이다. 사물은 그에게 영향을 미치지 못한다. 외부의 어떤 대상도 그를 다스리지 못한다. 그는 그 자신으로 남아 있다. 그가 어디를 가고 싶어한다면 그는 갈 것이다. 하지만 그는 여전히 주인으로 남아 있다. 만약 그가 그림자들을 추구하고 싶다면 그때는 추구할 것이다. 그러나 어디까지나 그것은 자신의 결정이다.

　　이 차이점이 이해되어야 한다. '초연함'을 통해서 그는 주인이 된다. 나는 그가 이 세상을 포기하고 은둔한 사람이라고 말하는 것이 아니다. 그때는 '초연함'이라는 말이 아무런 의미도, 소용도 없다. 초연한 사람은 그대가 살고 있는 이 세상에 함께 살고 있다. 그 차이는 세상에 있지 않다. 이 세상을 포기하고 은둔한 사람은 그 자신이 아니라 상황을 바꾼 것일 뿐이다. 그대는 자신을 바꾸지 않으면서 상황의 변화만을 계속 고집한다. 이것이 바로 나약한 인간성의 표본이다. 강한 사람은, 깨어 있고 의식 있는 사람은 그가 처해 있는 상황이 아니라, 그 자신을 바꾸려고 노력할 것이다. 실제로 상황은 변화될 수 없기 때문이다. 그대가 상황을 바꾸려 한다면 다른 상황에 놓여질 수 있다. 하지만 메뉴만 틀릴 뿐 똑같은 문제가 거기에 기다리고 있다.

이것이 바로 종교적인 태도와 비종교적인 태도와의 차이점이다. 비종교적인 태도는 언제나 상황의 변화만을, 환경의 변화만을 고집한다. 그들은 그대를 믿어 주지 않는다. 그들은 상황을 믿는다. 그들은 말한다.

"상황이 좋으면 당신도 좋아질 것이다."

그대는 상황에 얽매여 있다. 만약 상황이 좋지 않다면 그대 역시 좋지 않을 것이다. 그대는 독립된 개체가 아니다. 상황의 변화를 믿는 모든 공산주의자들, 사회주의자들, 막시스트들에게는 그대가 중요하지 않다. 실제로 그들에게는 그대가 존재하지 않는 것과 같다. 오직 상황만이 존재한다. 그리고 그들에게 그대는 단지 상황을 반사해 주는 거울일 뿐이다.

그러나 종교적인 태도는 지금의 그대를 그대 운명의 전부로 보지 않는다. 그대는 드러나는 상황 이상의 어떤 것이다. 상황에 대해 의존적이지 않은 어떤 것이다.

여기에는 성장의 세 가지 단계가 있다. 첫째는 상황이 그대의 주인인 단계다. 그대는 그것에 의해 끌려 다닌다. 그대는 자신이 존재한다는 것을 단지 믿기만 할 뿐이다. 거기에 그대는 없는 단계다. 두번째 단계는 상황이 그대를 끌고 다닐 수 없다. 상황은 그대에게 영향을 미칠 수 없다. 그대는 하나의 자유 의지다. 그대는 집중되고 결정화된다. 그리고 세번째 단계는 그대가 상황에 영향을 미치기 시작하는 단계다. 그대의 존재가 거기에 있고 상황이 그대에게 영향을 받기 시작한다. 그래서 그대는 자신의 발로 땅 위에 서 있다. 수행을 하고 있는 어떤 사람이 구도자인 사닥크(sadhak)의 단계라면 세번째 단계는 바로 싯다(shddha), 즉 깨달은 자의 단계다. 그는 깨어 있기 위해 노력하지 않는다. 그는 이미 깨어 있다. 거기에는 어떤 노력도 들어가 있지 않다. 그의 깨어 있음은 호흡과 같다. 그것은 계속된다. 그는 그것을 유지하거나 지탱하고 있는 것이 아니다. 자연스럽다. '사하지(sahaj)'이다. 자발적이다. 이런 유형의 사람은 중심을 가진 존재로서 상황에 자연스럽게 영향을 미친다. 그를 둘러싼 상황들은 그로 인해서 변화하게 된다. 그러나 그는 상황의 변화에 관심이 없다. 그에게는 힘이 있다.

　힘은 기억해야 할 어떤 것이다. 그대는 힘이 없다. 그래서 어떤 것이라도 그대를 지배할 수 있다. 그리고 힘은 깨어 있음을 통해서 나온다. 자각을 통해서 나온다. 그대가 덜 깨어 있을수록 더욱 나약하다. 보라. 그대는 깊이 잠들어 있어 꿈조차 그대를 지배한다. 그대는 모든 의식을 잃어버렸다. 그대는 너무나 나약해서 의심조차 할 수 없다. 말도 안되는 꿈에 대해서조차 회의적일 수 없다. 그대는 그것을 믿어야 한다. 그것이 지속되는 동안 그것은 실제처럼 보인다. 그리고 꿈에서 우스꽝스러운 말까지 한다. 그대는 의심할 수 없다. 그것이 실제가 아니라고 말할 수 없다. 그대는 '이것은 꿈이다'라고 말할 수 없다. 이것은 불가능하다고 말할 수 없다. 그대가 너무나 깊이 잠들어 있기 때문이다. 의식은 거기에 있지 않다. 한 편의 꿈조차 그대에게 강한 영향력을 행사한다. 만약 그대가 깨어 있다면 그대는 웃을 것이다. 그대는 이렇게 말할 것이다.

"이것은 웃기는 일이다. 불가능하다. 일어날 수 없다. 이 꿈은 그저 환상일 뿐이다."

그러나 그대는 잠들어 있기에 그것에 의해 영향을 받는다. 그것에 전적으로 지배당한다. 왜 그리도 꿈이 강력한 힘을 발휘하는가? 꿈이 강력한 것이 아니다. 그대가 나약한 것이다. 이 점을 명심하라. 그대가 힘이 없을 때 한 편의 꿈조차 강력하게 된다.

그대가 깨어 있는 동안에는 꿈이 그대를 지배할 수 없다. 그러나 실체는, 그대를 둘러싼 소위 실체라고 불리우는 것들은 우리에게 영향력을 미친다. 하지만 깨달은 사람에게는 실체라고 불리우는 것조차 영향을 미칠 수 없다. 한 여인이 지나간다. 아름다운 여인이다. 갑자기 그대는 넋을 잃는다. 욕망이 일어난다. 소유하고 싶은 욕망이 말이다. 그러나 그대가 깨어 있다면 아무리 아름다운 여인이 지나가도 욕망은 일어나지 않는다. 그대가 영향을 받지 않기 때문이다. 그대는 지배당하지 않는다. 이런 일이 처음 일어날 때-그대를 둘러싼 사물들에 대해서 그대가 영향받지 않을 때-그대는 존재의 미묘한 즐거움을 느끼게 될 것이다. 처음 그대는 자신이 존재한다는 것을 실제적으로 느낄 것이다. 아무것도 그대를 그대 밖으로 끌어내지 못한다. 만약 그대가 욕망을 따르고 싶다면 그것은 다른 문제다. 그때는 그대의 결정에 따른 문제다. 그러나 속이지 마라. 그대는 속일 수 있다. 그대는 스스로에게 이렇게 말할 수 있다.

"좋다. 여자는 내게 힘이 없다. 그러나 내가 그녀를 따르기 원한다. 내가 그녀를 소유하고 싶은 것이다."

이런 식으로 그대는 자신을 속일 수 있다. 많은 사람들이 이렇게 하고 있다. 하지만 그것은 다른 사람을 속이는 것이 아니다. 그대 자신을 속이는 것이다. 그것은 아무런 소용도 없는 일이다. 눈을 감고 내면을 들여다보라. 거기에 욕망이 있음을 알게 될 것이다. 먼저 욕망이 일어나고 그대는 그것을 합리화시키기 시작한다.

깨달은 사람에게는 사물이 거기에 있고 그도 거기에 있다. 그러나 그와 사물 사이에는 어떤 다리도 없다. 이전에 놓여 있던 다리는 끊어져 버렸다. 그는 홀로 존재한다. 홀로 살아간다. 그는 자신을 따른다. 다른 어떤 것도 그를 소유할 수 없다. 이 느낌 때문에 우리는 이러한 경지를 모크샤(moksha), 혹은 묵티(mukti), 즉 전체적인 자유라고 부른다. 그는 전적으로 자유롭다.

이 세상 어디에서나 사람들은 자유를 추구하고 있다. 그대는 제나름대로의 방식 속에서라도 자유를 추구하지 않는 사람은 한 사람도 찾아볼 수 없다. 여러 가지 길에서 인간은 자유로울 수 있는 존재의 상태를 찾는다. 그에게 속박을 느끼게 하는 모든 것을 그는 싫어하고 원망한다. 그를 방해하고 구속하는 것에 대해 반대하고 투쟁한다. 그래서 그토록 많은 정치적인 싸움과 분쟁과 혁명이 일어난다. 끊임없이 가족 분쟁이 일어난다. 아내와 남편 간에, 아버지와 아들간에 서로 싸운다. 싸움은 기본이다. 싸움은 자유를 위한 것이다. 남편은 구속되었다고 느낀다. 아내 역시 마찬가지로 느낀다. 이제 그의 자유는 단절되었다. 그들은 서로를 원망한다. 그들은 서로를 향해 싸운다. 서로 속박의 틀을 부수려고 한다. 아버지는 아들과 싸운다. 아들이 성장함에 따라 점점 더 많은 자유를 요구하고 있기 때문이다. 아버지는 자신의 권위를 잃고 있다고 느낀다. 가정에서, 국가에서, 문명 사회에서 인간이 찾아 헤매는 것은 유일한 것이다. 그것은 바로 자유다.

그러나 정치적인 투쟁을 통해서 얻는 것은 아무것도 없다. 혁명이나 전쟁도 마찬가지다. 거기에서 얻는 자유는 매우 피상적이고 표면적인 것일 뿐이다. 깊이 들어가 보면 여전히 속박 속에 있다. 그래서 모든 자유들이 하나의 환상임이 증명되었다. 사람들은 부를 갈망한다. 그러나 내가 이해하는 한 그들은 부를 갈망하는 것이 아니라 자유를 갈망하고 있다. 부는 그대에게 자유의 느낌을 주기 때문이다. 만약 그대가 가난하다면 그대는 가난에 매일 수밖에 없다. 그대의 행동에는 한계가 있다. 이것저것을 마음대로 할 수 없다. 그것들을 할 돈이 없기 때문이다. 돈을 많이 가질수록 그대는 자유를 많이 가졌다고 느끼게 된다. 그러나 그대가 모든 돈을 가지고 모든 욕망과 상상력과 꿈을 가질 때 갑자기 그대는 이 자유가 피상적인 것이라고 느끼게 된다. 그대 내면의 존재는 아무 힘도 없음을, 어떤 것에도 쉽게 끌려 다닐 수 있음을 알게 되기 때문이다. 그대는 사물과 타인으로부터 영향을 받고 그 인상이 각인되며 지배당한 상태에 있다.

이 방편은 아무것도 그대에게 영향을 끼칠 수 없음을 의식하는 상태에 이르러야 한다고 말한다. 그대는 초연한 상태로 남아 있어야 한다는 뜻이다. 그러기 위해서는 어떻게 해야 하겠는가? 언제라도 그것을 할 수 있는 기회가 있다. 내가 이 방편이 좋다고 말하는 것도 바로 그런 이유 때문이다. 그대는 그것을 할 수 있다. 언제라도 그대가 어떤 것에 사로잡혀 있다고 느끼는 순간 그것을 할 수 있다. 호흡을 깊이 하라. 숨을 깊게 들이쉬고 내쉰 다음 다시 그 사물을 보라. 그대가 하나의 증인으로 하나의 구경꾼으로 보라. 단 한순간이라도 주시하는 상태가 된다면 갑자기 그대는 홀로 있음을, 그 어떤 것에도 매여 있지 않음을 느끼게 될 것이다. 적어도 그 순간만큼은 아무것도 그대 속에 욕망을 만들어 낼 수 없다. 어떤 것이 그대를 짓누른다고 느낄 때마다 깊이 들이마시고 깊이 내쉬어라. 내쉬고 난 뒤의 그 짧은 틈 속에서 그 사물을 보라. 아름다운 얼굴, 아름다운 몸매, 아름다운 집과 자동차를 보라. 어떤 것이라도 좋다. 깊이 내쉬어라. 그리고 내쉬는 동안에 그것을 보라. 그것이 어렵게 느껴지면 내쉬고 난 뒤 잠시 숨을 멈추고 바라보라. 그대가 호흡을 멈추면 아무것도 그대를 지배할 수 없게 된다. 바로 그 순간 그대는 홀로 존재하게 된다. 다리는 파괴되었다. 호흡이 바로 그 다리다. 그렇게 해보라. 그대가 단 한순간이라도 주시하는 느낌을 가질 때 그때 그대는 그 맛을 볼 수 있다. 주시한다는 것이 어떤 것인지 알 수 있다. 그 다음에 다시 그것을 추구할 수 있다. 하루 종일 어떤 것이 그대를 부자유스럽게 만들 때마다, 욕망이 일어날 때마다 내쉬고 멈추고 그 간격 사이에서 그 욕망을, 그 사물을 바라보라. 사물이 거기에 있고 그대도 거기에 있지만 다리는 없다. 호흡이 곧 다리다. 갑자기 그대는 자신이 강해졌다고 느끼게 된다. 자신 속에 잠재되어 있던 힘을 느끼게 된다. 그대가 그것을 많이 느낄수록 그대는 홀로 존재함을 느끼게 될 것이다. 그리고 그대를 짓누르던 사물들이 떨어져 나갈수록 그대는 더욱 결정화된 자신을 느낄 수 있다. 그대는 하나의 개체로 독존하는 것이다. 이제 그대는 중심을 가졌다. 그리고 매순간 그대는 이 중심으로 들어갈 수 있다. 그때 세상은 사라진다. 그대가 자신의 중심이라는 방패를 가질 때 세상은 힘을 잃는다. 이 방편은 말하고 있다.

"대상과 주체의 세계는 깨닫지 못한 사람에게서처럼 깨달은 사람에게도 동일하게 일어난다. 그러나 깨달은 사람은 한 가지 위대함을 갖고 있다. 그는 언제나 주인의 기분으로 남아 있다. 사물들 속에서 자기를 잃지 않고서."

그는 주체적인 기분 속에 남아 있다. 그는 자신 속에 남아 있다. 그는 의식 속에 중심을 잡고 있다. 그리고 이 기분은 실행을 통해 획득되어져야 한다. 그리고 실행할 수 있는 기회는 얼마든지 있다. 매순간 거기에 기회가 있다. 어떤 것이 그대를 짓눌러올 때, 그대를 자신 밖으로 끌어낼 때, 어떤 욕망 속으로 밀어 넣을 때 이것을 하라.

세상을 포기한 위대한 왕 바르트루하리(Bharthruhari)의 이야기가 생각난다. 그는 세상을 전체적으로 살았기 때문에 결국 세상을 포기했다. 그는 세상에서의 삶이 무의미하다는 것을 깨닫게 되었던 것이다. 그는 자신의 삶을 통해서 하나의 결론에 이르게 되었다. 그것은 강한 욕망을 가진 사람으로서 그것을 위해 전적으로 세상에 몰두했다. 그러다가 갑자기 자신의 삶이 쓸모없다는 생각에 이르자 세상을 떠났다. 그리고 산 속으로 들어갔다.

그는 나무 밑에 앉아서 명상을 하고 있었다. 그때는 태양이 떠오르고 있었는데 그는 문득 길가에 커다란 다이아몬드가 떨어져 있는 것을 발견했다. 아침 햇살에 비쳐서 눈부신 광채를 발산하고 있었던 것이다. 바르트루하리조차도 처음 보는 커다란 다이아몬드였다. 그 순간 자신도 모르게 슬며시 그것을 줍고 싶은 욕망이 일어났다. 육체가 움직이기 전에 마음부터 먼저 움직였다. 그의 육체는 싯다아사나(達人坐)의 자세로 앉아 있었다. 그는 명상 중이었는데 명상은 더 이상 거기에 없었다. 오직 죽은 육체만이 거기에 있을 뿐 마음은 다른 곳으로 가 버렸다. 마음은 다이아몬드에게로 가 버렸다.

그러나 그가 움직일 수 있기 전에 다른 두 명이 말을 타고 그

다이아몬드가 있는 곳으로 달려왔다. 그들은 서로 반대편에서 오다가 동시에 다이아몬드를 발견한 것이다. 그들은 칼을 뽑아 들었다. 그리고는 서로 다이아몬드를 차지하기 위해서 싸워야 했다. 그들은 서로를 죽였다. 그리고는 다이아몬드 옆에 쓰러지고 말았다. 이를 본 바르트루하리는 웃었다. 그리고 눈을 감고는 다시 명상 속으로 들어갔다.

무슨 일이 일어났는가? 그는 다시 그 허무함을, 그 쓸데없음을 깨달은 것이다. 그리고 다이아몬드 옆에 나자빠진 두 사람에게는 생명보다도 다이아몬드가 중요했던 것이다. 이것이 바로 소유의 의미다. 그들은 돌멩이 하나에 목숨을 던질 수 있었다. 욕망이 거기에 있을 때 그대는 더 이상 존재하지 않는다. 욕망은 그대로 하여금 자기 파멸로 인도할 수 있다. 그때 그대는 제정신이 아니다. 일종의 미친 상태에 있는 것이다.

다이아몬드를 소유하고 싶은 욕망은 바르트루하리의 마음에도 일어났다. 단 한순간이지만 그것은 강렬하게 일어났다. 그는 다이아몬드를 향해 움직이려 했다. 그러나 그의 몸이 움직이기 전에 다른 두 사람이 나타나 싸움을 벌이다가 모두 나자빠졌다. 바르트루하리는 웃었고 눈을 감고 다시 명상 속으로 들어갔다. 단 한순간이지만 그는 주체성을 잃어버렸다. 그리고 나서 다시 주체성을 되찾았다. 그는 눈을 감았다. 다이아몬드와 함께 온 세상은 사라져 버렸다.

수세기 동안 명상 수행자들은 눈을 감아 왔다. 왜인가? 그것은 하나의 상징이다. 세상이 사라진다는 것이었다. 거기에 볼 만한 것은 아무것도 없다. 아무것도 쳐다볼 가치가 없다는 것이다. 그대는 욕망이 일어날 때마다 계속 그 사실을 기억해야 할 것이다. 그리고 자신의 주체성 속으로 들어가야 할 것이다. 이것이 세상이며 이것이 그 세상의 형편임을 알고 다시 그대의 중심으로 돌아가라. 그대는 그렇게 할 수 있다. 누구든지 그 능력을 이미 갖추고 있기 때문이다. 아무도 내적 잠재력을 잃어버릴 수는 없다. 그것은 언제나 거기에 있다. 그리고 그대는 이동할 수 있다. 만약 그대가 밖으로 나갈 수 있다면 안으로 들어올 수도 있다. 그대가 집 밖으로 나갔다면 왜 집 안으로 들어올 수가 없겠는가? 똑같은 통로가 거기에 있다. 똑같은 다리가 사용된다. 나는 나갈 수 있다. 그리고 나는 들어올 수 있다. 매순간 그대는 나가고 있다. 그대가 나갈 때마다 기억하라. 그대는 갑자기 돌아온다는 사실을 말이다. 중심에 서라. 만약 처음에 그대가 어렵다고 느껴지면 그때는 깊이 들이마시고 내쉰 다음 멈춰라. 그리고 그 멈춤의 순간에 그대를 끌리게 하는 사물을 바라보라. 실제로 아무것도 그대를 사로잡지 않고 있다. 그대가 스스로 그것에 이끌리는 것이다. 길에 놓여진 다이아몬드는 숲 속에 있는 누군가를 유혹하려고 있는 것이 아니다. 그것은 그저 거기에 있다. 다이아몬드는 바르트루하리가 자기에게 이끌리고 있다는 것을 모른다. 아무도 그를 명상으로부터, 그의 주체성으로부터 끌어낼 수 없다. 다이아몬드는 두 사람이 목숨을 걸고 싸우는 것을 모른다.

그래서 아무것도 그대를 유혹하지 않는다. 그대가 스스로 이끌릴 뿐이다. 깨어 있어라. 그러면 유혹의 다리는 끊어질 것이다. 그리고 그대는 다시 내면의 균형을 유지할 것이다. 계속 그렇게 하라. 그대가 더 깊이 들어갈수록 좋다. 그러다가 더 이상 그렇게 할 필요가 없는 순간이 올 것이다. 내면적인 힘이 그대에게 생겨나 그대는 더 이상 사물들의 유혹에 이끌리지 않을 것이다. 더욱 강해져라. 아무것도 그대를 지배하지 못하게 될 것이다. 오직 그때만이 처음으로 그대는 자기 존재의 주인이 된다.

이것은 그대에게 진정한 자유를 준다. 어떤 정치적 자유도, 경제적 자유도, 사회적 자유도 큰 도움이 되지 못한다. 그것들은 좋다. 그것 자체로 좋다. 하지만 그것들은 그대에게 내면의 중심이 바라는 것을 주지 못한다. 사물에 대한, 대상에 대한, 그대 자신에 대한 자유를 주지 못한다. 어떤 사물이나 타인에게 지배당할 가능성을 근절시키지 못한다.

자, 두번째 방편으로 들어가자. 이것은 비슷하긴 하지만 차원이 다르다.

101

전지하다고 믿으라.

전능하다고 믿으라.

그리고 편재한다고 믿으라.

이 방편 역시 내면의 힘, 내면의 강함에 기초한 것이다. 그대는 자신이 전지(全知)하다고 믿으라. 그리고 전능(全能)하다고 믿으라. 그리고 모든 곳에 편재(偏在)한다고 믿으라.

어떻게 그대가 그렇게 믿을 수 있겠는가? 그것은 불가능하다. 그대는 자신이 전지하지 않다고 알고 있다. 그대는 무지한 것으로 안다. 그대는 자신이 전능하지 않다고, 절대적으로 힘없고 나약하다고 믿는다. 또한 그대는 편재하는 것이 아니라 작은 육체 속에 갇혀 있다고 믿는다. 그러니 어떻게 그와 같은 엄청난 사실들을 믿을 수 있겠는가? 만약 그대가 그것을 잘 알고 있다면 그때 믿음은 아무 소용이 없다. 그대는 자신을 강제로 믿게 할 수 없다. 그런 믿음은 아무런 소용도 없고 의미도 없다. 그대는 그렇지 않다는 것을 잘 안다. 믿음은 오직 이것이 그렇다고 알 때에만 가능하다.

이것은 이해되어져야 할 부분이다. 믿음은 이것이 바로 그 경우라는 것을 알 때만 힘이 생긴다. 진리이건 진리가 아니건 그것은 문제가 아니다. 만약 그대가 이것이 그 경우라고 안다면 그때 믿음은 진리가 된다. 만약 이것이 그 경우가 아니라고 알고 있다면 그때는 진리조차 믿겨질 수 없다. 왜인가? 여기서 많은 것이 이해되어져야 한다.

첫째, 그대가 무엇이 되었든지간에 그것은 그대의 믿음이다. 그대는 그 방법을 믿는다. 그대는 그 방법으로 성장했고 그 방법으로 통제 받아왔다. 그리고 그대의 믿음은 그대에게 영향을 미친다. 그것은 악순환이 된다. 예를 들면 남자가 여자보다 약한 종족이 있다. 그 종족은 여자가 더 강하다고 믿는다. 그들의 믿음은 사실이 된다. 그래서 남자는 실제로 약해지고 여자는 강해진다. 여자는 다른 민족에서 남자가 하는 일을 하고 남자는 여자가 할 일을 한다. 그 뿐만 아니라 신체 구조도 점점 바뀌어서 여자는 근육형이 되고 남자는 지방형으로 된다. 그 믿음이 전혀 다른 현상을 낳게 된 것이다. 믿음엔 창조성이 담겨 있다.

왜 이런 일이 일어나는가? 마음이 물질보다 강하기 때문이다. 만약 마음이 진짜로 어떤 것을 믿으면 물질은 그것을 따르게 된다. 물질은 마음에 반대되는 어떤 것도 할 수 없다. 물질은 죽은 것이다. 그래서 불가능하게 보이는 것도 종종 일어난다. 예수는 믿음이 산을 옮길 수 있다고 말했다. 믿음은 옮길 수 있다. 만약 그대의 믿음이 잘 듣지 않는다면 그것은 그대가 믿지 않는다는 뜻이다. 믿지 않기 때문에 옮기지 못하는 것이다. 오히려 그대는 옮겨지지 않는다고 믿는다.

이제 믿음의 현상에 대해서 많은 연구가 진행되고 있다. 과학

은 이전에 믿을 수 없었던 많은 결론에 도달하고 있다. 물론 그
사실들을 종교는 믿어 왔었다. 그런데 이제 과학마저도 같은 결
론에 이르고 있다. 많은 현상들이 처음으로 조사되고 있기 때문
이다. 예를 들어 그대는 위약(僞藥) 요법에 관해 들어본 적이 있
는가? 이 세상에는 수많은 요법들이 많이 있다. 예를 들면 알로
파씨(allopathy; 대증 요법), 아유르베딕(ayurvedic; 인도 전
통의학), 우나니(unani; 주술 요법), 호메오파씨(homeo-
pathy; 동종 요법), 나투로파씨(naturopathy; 자연 요법) 등
등 수백 가지도 넘는다. 그리고 그들은 제각기 자신들의 방법으
로 병을 고칠 수 있다고 말한다. 그리고 실제로 고친다. 그들의
주장이 순전히 거짓은 아니다. 단지 희귀한 방법일 뿐이다. 병에
대한 그들의 분석과 접근 방식이 달라서 그런 것이다. 한 가지 병
에도 백 가지 진단 방법과 치료 방법이 있다. 그리고 모든 치료법
이 도움이 될 수 있다. 그래서 결국에는 실제로 이 치료법들이 효
과가 있는 것인지 아니면 환자의 믿음 때문에 나은 것인지가 문
제로 제기되는 것이다. 그것을 아는 길은 불가능하다.

  그래서 많은 나라에서, 많은 대학과 병원에서 이 위약 요법이
란 것을 연구하고 있다. 아무런 약효가 없는 음식을 약처럼 조제
하여 환자로 하여금 약을 먹고 있다고 믿게 만든다. 환자 뿐만 아
니라 의사도 믿게 만든다. 의사가 믿지 않으면 곤란하다. 의사로
부터 환자는 믿음을 가지기 때문이다. 그래서 그대가 중병에 걸
렸을 때 유명한 명의를 만나면 더 빨리 병이 낫는 이유도 거기에
있다. 그것은 약의 문제가 아니라 믿음의 문제다. 의사가 자기 환
자의 병세에 대해서 불신하면 환자는 병을 고치기가 매우 어려워
진다. 은연중에 의사의 암시를 받기 때문이다. 그래서 환자에게
있어서 의사의 성격은 매우 중요하다. 희망과 확신에 넘치는 의

사는 같은 난치병이라도 훨씬 그 치료율이 높다. 보통 통계적으로 30%의 사람들에겐 그 효과가 매우 높다. 그들은 의사를 믿으므로써 병이 즉시 낫는다. 이 30%의 사람들은 믿음이 상당히 강한 사람들이다. 그들은 좋은 스승을 만나면 즉시 변형될 수 있는 사람들이다. 그들이 한번 믿음을 갖게 되면 그 믿음은 즉각 효과를 발휘하기 시작한다. 인류의 3분의 1이 그런 식으로 즉시 변형될 수 있다. 그들은 별로 어려움을 겪지 않고 변형된다. 문제는 어떻게 그들에게 그런 믿음을 일으키느냐 하는 것이다. 한번 그들이 믿기 시작하면 어떤 것도 방해가 되지 않는다. 그대 역시 이같은 행운아인지 모른다. 그 30%에 들어갈지도 모른다. 그래서 그 30%의 사람들이 비난을 받는 것은 인류에게 매우 커다란 불운이다. 사회가, 교육이, 문명이 그들을 비난한다. 그들은 어리석고 순진한 사람이라고 취급받는다. 하지만 그들은 보다 많은 잠재력을 지닌 사람들이다. 그들은 큰 힘을 갖고 있다. 하지만 그들은 비난을 받는다. 이 사회에서는 지적 불능에 빠진 사람들이 칭찬을 받는 실정이다. 하지만 그들은 단지 불능자들일 뿐이다. 그들은 내면의 세계에 대해 실제적인 행동은 아무것도 하지 않는다. 단지 지적 유희만을 벌이고 있다. 그러나 그들은 대학을 점령하고 언론계를 점령하고 있다. 그들은 주인 노릇을 하며 마음대로 비평을 해댄다. 그리고 어떤 것이라도 비난할 준비가 되어 있다. 그들은 믿지 못한다. 다른 사람의 말을 믿을 수가 없다. 그러나 그들은 한 가지 커다란 오류를 갖고 있다. 그들은 자신들의 논리와 이성을 믿고 있다. 그들은 자신들의 에고를 믿고 있다. 그들은 변형될 가능성이 없다. 그래서 오직 인류의 30%만이 잠재적인 가능성을 갖고 있다. 믿을 수 있는 자는 변형될 수 있다. 물론 그들은 세밀하지 않다. 그렇게 될 수가 없다. 하지만 그들은 논쟁하지 않는다. 논리를 따지지 않는다. 그래서 그들이 믿음을 가질 수 있는 것이다. 하지만 그들이 다른 사람의 말을 믿을 때 그들은 자신들에 대해서는 의심한다. 이 점은 변형에 있어서 매우 중요한 점이다. 그들은 자신의 에고를 믿지 않는다. 그대가 누군가의 말을 믿을 수 있다면 그대는 자기가 뭔지 잘못되었다고 생각한다. 하지만 그대가 다른 사람의 말을 의심할 때 그대는 자신의 생각을 굳게 믿고 있다. 자신의 생각을 믿지 마라. 남을 의심하고 자신의 생각을 믿는 사람은 결코 궁극적인 엑스터시로 들어갈 수 없다. 그에게는 에고가 큰 장벽이 되기 때문이다. 그러나 만약 그대가 다른 사람을 믿을 수 있다면 그때 이 방편은 자신을 변형시키는 데 큰 도움이 될 것이다. 이 방편은 말하고 있다.

"전지하다고 믿으라. 전능하다고 믿으라. 그리고 편재한다고 믿으라."

그대는 이미 그런 상태이다. 단지 그것을 알지 못했을 뿐이다. 이제 사실을 믿음으로써 그대의 잠재력을 가리고 있던 거짓 선입견들이 떨어져 나갈 것이다. 그러나 앞에서 말한 30%의 사람들도 이렇게 되기란 쉽지 않다. 이들도 세상을 살아오면서 너무나 많은 사회의 기존 관념들에 물들어 있기 때문이다. 그들 역시 냉소적이고 회의적이 되도록 훈련받아 왔기 때문이다. 어떻게 그들이 이 엄청난 사실을 믿을 수 있겠는가? 만약 그들이 믿는다고 해도 주위의 다른 사람들은 그들이 미쳤다고 생각할 것이다. 만약 그대가 전지 전능하며 두루 존재한다고 믿고 있음을 사람들에게 말한다면 사람들은 그대를 동정에 찬 눈빛으로 바라볼 것이다. 미치지 않았으면 저런 말을 할 턱이 없다고 그들은 생각한다.

그러나 뭔가를 해보라. 처음부터 시작하라. 그대가 이 현상에 대해 미미한 느낌이라도 가져 보라. 그러면 따라서 그런 믿음이 생길 것이다. 그리고 한 가지만 해보라. 그대가 이 방편을 사용하기 원한다면 눈을 감고 육체가 없다고 느껴라. 마치 육체가 녹아서 사라져 버린 것처럼 말이다. 그때 그대는 자신이 퍼져 나가는 것을 느낄 수 있다. 육체를 갖고서는 이것이 어렵다. 그래서 많은 전통에서 '그대는 육체가 아님을 느껴라'라고 말하는 것이다. 육체가 있을 때는 거기에 한계가 생긴다. 그러나 더 이상 육체가 느껴지지 않을 때 이것은 어렵지 않다. 가장 커다란 방해물이 사라진 것이다. 그것은 하나의 조건으로서 그대의 마음속에 새겨진 것이다. 그대는 자신이 육체라는 생각에 세뇌되어 왔던 것이다.

이런 형상은 스리랑카에서 불교 승려들이 불 위를 걸어가는 것으로 증명된다. 인도에서도 그런 일이 벌어지고 있다. 하지만 스리랑카의 현상은 매우 희귀한 것이다. 그들은 몇 시간 동안 불 위에서 걸어다녀도 타지 않는다.

몇 년 전에 기독교 선교사가 스리랑카에 갔다가 바로 이 광경을 보았다. 그들은 그것을 붓다가 깨달음을 얻은 날 밤, 즉 보름달이 뜬 밤에 했다. 그들은 그날이 육체가, 물질이 아무것도 아니라는 사실을 세상에 보여준다고 말했기 때문이다. 하지만 그 일을 위해 승려들은 일년 동안 준비를 했다. 그들은 프라나야마(호흡 수련)를 통해서 그들의 마음을 완전히 비울 수 있도록 했다. 그 일을 위해 홀로 떨어진 오두막에서 그들은 자신이 육체가 아니라는 명상에 전념했다. 5,60명의 승려들은 그런 준비를 통해서 자신들의 생각을 사람들에게 보여주는 것이었다. 그러나 일년은 긴 시간이었다. 일년 동안 그들은 계속 자신이 육체가 아님을 주지시켰다. 그리하여 그 사실을 추호도 의심하지 않았다. 그때 그들은 불 위로 걸어갈 수 있었다. 조금만 의심이 남아 있어도 그 의식에 참여하는 것이 허용되지 않았다. 이것은 불의 문제가 아니라 의심의 문제였기 때문이다. 만약 그들이 조금이라도 주저되면 즉시 멈추어야 했다. 그래서 60명의 승려들은 철저히 준비를 했다. 그 어떤 때는 20명이나 30명만 그 의식에 참여했다. 준비 기간 중에 실패했기 때문이다. 그리고 일단 의식(儀式)이 시작되면 불 위에서 몇 시간이고 춤을 추면서 움직여도 그들은 조금도 타지 않았다.

한 선교사가 그 광경을 보러 왔다. 때는 1950년이었다. 그는 너무나 놀랐다. 그리고 붓다를 믿으면 이런 기적을 행사할 수 있다고 생각했다. 굳이 예수를 믿을 필요가 없었다. 그는 자신의 믿음에 갈등이 생겼다. 그래서 그는 잠시 생각을 했다. 만약 붓다가 그렇게 도울 수 있다면 예수도 돕지 못할 리가 없었다. 그리하여 그는 불 속으로 뛰어들었고 그 순간 온몸에 화상을 입었다. 그후 그는 6개월 동안 병원에서 살아야 했다. 하지만 그는 그 현상을 이해할 수가 없었다. 그것은 예수와 붓다의 문제가 아니다. 그것은 누구를 믿으며 누가 옳으냐의 문제가 아니다. 그대가 존재의 핵심에 도달할 때에야 비로소 그것이 가능한 것이다.

그래서 기독교 선교사는 영국으로 돌아가서 최면술에 대한 연구를 했다. 그와 관련되는 분야는 모두 조사했다.

"어떻게 불 위로 걷는 것이 가능했는가?"

그리하여 그를 위시한 몇 명의 사람들이 스리랑카의 승려 두 명을 옥스포드 대학으로 초청했다. 그것을 다시 한 번 시범 보이기 위해서였다. 그 승려들은 곧바로 영국으로 갔고 거기에서도 역시 불 위로 걸어다녔다. 아주 여러 번 그 실험이 시도되었고 그 때 그들은 자신들을 유심히 보고 있던 한 교수를 발견했다. 그 교수는 너무나 깊이 빠져 들었다. 그의 눈, 그의 얼굴 그의 온몸이 엑스터시 상태에 있었다. 그래서 그 승려들은 그 교수에게 말했다.

"당신도 우리와 같이 할 수 있소."

그러자 즉시 그 교수는 불 속으로 뛰어들었다. 그리고 조금도 불에 타지 않았다.

그 선교사도 역시 거기에 있었다. 그는 그 교수가 누군지 알고 있었다. 그 교수는 논리학 교수였다. 그는 언제나 전문적으로 의심을 하는 사람이었다. 그의 교수직은 전적으로 그의 의심에 달려 있었던 것이다. 그런 그가 불 속으로 뛰어드는 것이 아닌가! 그래서 실험이 끝나고 그는 그 교수에게 물었다.

"이게 도대체 어찌된 것인가? 당신도 기적을 행사하다니! 나는 믿는 자였는데도 실패했는데."

그 교수가 말했다.

"나도 그때는 믿는 자였다. 그 현상이 너무나 확실했다. 환상적일 만큼 확실했다. 그것은 나를 사로잡았다. 나는 마음이 전부이며 몸은 아무것도 아니라는 사실이 명확하게 느껴졌다. 나는 그 두 명의 승려가 나를 초대하는 순간 완전히 엑스터시에 빠진 것 같았다. 거기에는 추호의 의심이나 망설임도 없었다. 그 위를 걷는 것은 간단했다. 마치 불이 없는 것 같았다."

어떤 의심도, 망설임도 없는 것, 이것이 바로 열쇠다. 그러니 먼저 이 실험부터 시작하라. 앉아서 눈을 감고 생각하라. 자신이 육체가 아니라고 말이다. 생각 뿐만 아니라 그것을 실제로 느껴야 한다. 그대가 눈을 감을 때 하나의 거리가 생겨난다. 그대의 육체는 점점 멀어지고 있다. 그대는 중심으로 들어가고 있는 것이다. 상당한 거리가 생겨났고 그때 자신이 더 이상 육체가 아니라는 느낌이 일어난다. 그때 그대는 전지 전능하며 편재한다는 사실을 믿을 수 있다. 전지 전능은 지식과는 아무 관계가 없다.

그것은 하나의 느낌이다. 느낌의 폭발이다. 이 점이 이해되어져야 한다. 특히 서구인들에게 말이다. 그대가 안다고 말할 때마다 그들은 이렇게 반문할 것이다.

"뭐라고? 당신이 아는 것이 무엇인가?"

지식은 객관적이어야 한다. 당신은 어떤 것을 알아야 한다. 그러나 거기에 어떤 것이라고 못박는 순간 그대는 편재할 수 없다. 아무도 그렇게 될 수 없다. 그 누구도 무한의 요소들을 한정된 지식으로 알 수 없다. 그렇게 해서는 전지의 경지에 이를 수 없다.

그래서 자이나교도들이 마하비라가 사르바기야(sarvagya), 즉 전지한 자라고 말하면 서양에서는 웃는다. 코웃음을 치는 것이다. 만약 마하비라가 전지하다면 지금 현대과학이 발견한 것들도 모두 알고 있어야 했으며 미래에 발견될 것까지 알아야 하는 것이다. 그런데 그런 것처럼 보이지 않는다. 그가 말하는 많은 것 중에 지금의 과학에 모순되는 것들이 많기 때문이다. 그것은 진리일 수도 없고 사실일 수도 없다. 만약 그가 전능하다면 그의 지식은 실수가 없어야 한다. 그러나 거기에는 실수가 있다.

기독교도들은 예수가 전지하다고 믿는다. 하지만 현대인의 생각에는 그가 전지하지 않기 때문에 그 말을 들으면 현대인들은 웃을 것이다. 전지란 적어도 세상에 있는 모든 사실들을 알고 있어야 한다는 것이다. 그런데 예수는 지구가 둥글다는 것도 몰랐다. 그는 지구가 평평한 땅이라고 알았다. 지구가 수십억 년 동안 존재해 왔다는 것도 몰랐다. 그는 자기가 태어나기 4천 년 전에 신이 지구를 만들었다고 믿었다. 객관적인 사실에 관한 한 그는 전지한 사람이 아니었다.

그러나 이 '전지'라는 말은 전적으로 그것과 다르다. 동양의 현자들이 '전지'라고 말할 때 그들은 모든 사실을 알고 있다는 것을 의미하지 않는다. 그들은 의식 전체, 완전한 깨어 있음, 완전한 깨달음을 전지라고 말했다. 그들은 어떤 사물에 대한 지식에는 관심이 없었다. 그들은 앎이라고 하는 순수한 현상에만 관심이 있었다. 지식이 아니라 앎의 질에 관심이 있었던 것이다.

붓다가 알았다고 말할 때 그것은 아인슈타인이 알았다는 것과 같은 차원을 의미하는 것이 아니다. 붓다는 아인슈타인의 지식을 모른다. 그는 한 사람의 아는 자이다. 그는 자신의 존재를 알았고 그 존재가 편재한다는 것을 알았다. 그 존재의 느낌이 편재하는 것이다. 그리고 그 편재의 앎 속에는 알려져야 할 아무것도 남아 있지 않다. 이 점이 바로 요점이다. 이제 어떤 것을 알려는 호기심이 없다. 모든 질문들이 떨어져 나갔다. 이제 더 이상 궁금한 것이 없다. 풀려야 할 문제점이 없다. 내면의 빛으로 가득 차 있고 그것은 무한한 앎이다. 이것이 바로 '전지'의 의미다. 주체적인 깨어 있음인 것이다

그대도 이렇게 될 수 있다. 그러나 그대가 더 많은 지식을 마음에 자꾸 덧붙인다면 이것은 일어나지 않을 것이다. 그대는 몇 생을 그렇게 계속할 수 있다. 하지만 그대는 어떤 것만 알 뿐이지 모든 것을 알 수는 없다. 그 모든 것이란 무한하다. 그것은 그런 방식으로 알 수 있는 것이 아니다. 따라서 과학은 언제나 미완성인 채로 남을 것이다. 그것은 결코 완전해질 수 없다. 불가능하다. 과학이 아는 것이 많아질수록 알아야 할 것들도 더 많이 생겨날 것이다.

이 전지는 깨어 있음의 내면적 자질이다. 명상하라. 그리고 그대의 생각들을 떨쳐 버려라. 그대가 어떤 생각들을 갖고 있지 않을 때 그대는 이 전지가 무엇인지를 느낄 것이다. 이것의 의미를 느끼게 될 것이다. 거기에는 어떤 생각도 없이 순수한 의식만이

남아 있는 것이다. 그리고 그 순수한 의식 속에서는 아무것도 문제가 되지 않는다. 모든 질문들이 떨어져 나간다. 그대는 그대 자신을, 그대 존재를 안다. 그대가 그대 존재를 알 때 그대는 모든 것을 알았다. 왜냐하면 그대의 존재는 모든 존재의 중심이기 때문이다. 실제로 그대의 존재는 모든 사람의 존재이다. 그대의 중심은 우주의 중심이다. 이런 의미에서 우파니샤드는 '아함 브라흐마스미—나는 브라흐만이다, 나는 절대자다'라고 선언할 수 있는 것이다. 한번 그대가 이 존재의 작은 현상이라도 알고 나면 그대는 무한을 안 것이다. 그때 그대라고 하는 것은 한 방울의 바닷물이다. 그러나 한 방울의 바닷물 맛을 알면 바닷물 전체의 맛을 아는 것이다.

"전지하다고 믿으라. 전능하다고 믿으라. 그리고 편재한다고 믿으라."

그러나 이것은 오직 믿음을 통해서 올 것이다. 그대는 이것을 놓고 자신과 논쟁할 수 없다. 그대는 어떤 논쟁으로도 자신을 확신시킬 수 없다. 이런 느낌이 저절로 들 때까지 자신 속으로 깊이 파고드는 수밖에 없다. 그 느낌의 근원까지 말이다.

이 '믿으라'는 말은 매우 의미심장하다. 그것은 그대가 확증을 가져야 한다는 뜻이 아니다. 확증이란 말은 이성적인 것이다. 그대가 그것에 대한 논쟁을 끝냈다는 뜻이다. 논리적인 증명을 완성했다는 뜻이다. 그러나 여기서 믿으라는 말은 그대가 어떤 의심이나 증거를 갖고 있다는 뜻이 아니다. 확증이란 말은 그대가 증거를 가지고 있다는 뜻이다. '이것은 이렇게 해서 그러하다'라는 말을 할 수 있다는 뜻이다. 논리적인 해석이 가능하다는 뜻이다. 다른 사람에게도 절차를 밟아서 증명할 수 있다는 말이다. 그러나 여기에서 믿으라는 말은 그대가 그것에 대해 증명이나 합리화를 시킬 수 없다는 뜻이다. 그대가 만일 논쟁을 벌인다면 반드시 지고야 말 것이다. 그것은 그대의 느낌일 뿐이다. 이성이나 논리가 아니다.

오직 그런 방편만이 그대의 느낌과 조화를 이룰 수 있다. 그것은 그대의 지적 능력과 조화를 이루는 것이 아니다. 그래서 아주 무지한 사람들에게도 이런 일은 많이 일어난다. 교육받지 못하고 교양을 갖추지 못한 사람이라도 인간 의식의 정상에 이를 수 있다. 오히려 최고 교육을 받고, 학식 있고 지성적이고 합리적인 사람들은 놓칠 것이다.

예수는 목수였다. 프레드리히 니이체는 어디에선가 이렇게 말했다.

"신약 성서의 전편에 걸쳐서 가치 있는 사람은 오직 하나뿐이다. 그 사람은 교양이 있고 교육을 받았으며 철학적인 지식도 갖춘 현명한 사람이다. 그의 이름은 바로 빌라도(Pilate)이다. 그는 로마의 총독으로서 예수를 십자가에 못박게 한 장본인이다. 그는 철학이 무엇인지 알았던 사람이다. 예수가 사형되기 전에 그는 이렇게 물었다. '진리란 무엇인가?'"

이것은 매우 철학적인 질문이다. 예수는 침묵했다. 잘 몰라서가 아니라 대답할 가치가 없었기 때문이었다. 빌라도는 철학을 깊이 이해한 사람이다. 그러나 예수는 침묵했다. 예수는 오직 느낄 수 있는 사람과만 대화할 수 있었기 때문이다. 거기에 생각은 아무 쓸데가 없다. 그대는 계속 철학할 수 있다. 그렇지 않아도 그는 철학적인 질문을 계속 던졌다. 만약 그가 대학이나 학술단체에 가서 그렇게 물었다면 좋았을 것이다. 하지만 예수에게는 철학적인 질문이 아무런 의미가 없었다. 그는 침묵 속에 남았다. 그것은 대답할 가치가 없는 것이었다. 그래서 어떤 대화도 불가능했다.

그러나 니이체 자신은 철학적인 인간이다. 그 역시 지적인 사람이다. 그래서 예수를 비난했다. 그는 예수가 교육받지 못했으며 어떤 철학적 기본도 갖추지 못했다고 말했다. 그래서 그는 대답을 하지 못했다는 것이다. 빌라도는 매우 아름다운 질문을 던졌다. 그가 만약 니이체에게 그렇게 물었다면 그들은 그것에 대해서 몇 년씩 이야기를 나누었을 것이다.

'진리가 무엇인가?' 이것은 몇 년 동안 이야기를 계속해도 모자라지 않는 질문이다. 모든 철학이 바로 이 질문에 매달려 있다. 그 하나의 질문에 모든 철학자들이 목을 매는 것이다.

그래서 니이체의 비판은 이성의 비판이었다. 이성의 비난이었다. 이성은 언제나 느낌의 차원을 비난한다. 느낌은 너무나 공허하며 동시에 너무나 신비적인 것이기 때문이다. 그것은 거기에 있지만 어떤 말로도 표현할 수 없다. 그대가 느꼈든지 아니면 못 느꼈든지 둘 중 하나다. 그것이 거기에 있거나 아니면 없다. 그대는 그것에 대해 어떤 것도 할 수 없다. 토론할 수 없다. 그대는 많은 신념을 갖고 있다. 하지만 그 신념들은 모두 확증 내지는 공리들이다. 그것들에 대해서 의심할 수 있다면 그것은 이미 믿음이 아니다. 그대는 증명을 통해서 그 의심들을 처리할 수도 있다. 하지만 여전히 의심은 남아 있다. 그대는 그 의심의 꼭대기에 앉아 있다. 그대는 그것과 계속 싸울 수 있다. 하지만 그것들은 죽지 않는다. 사라지지 않는다. 그래서 그대의 삶이 그런 형편인 것이다. 그대의 신념이 힌두교나 이슬람교 혹은 기독교나 자이나교인지 모른다. 그러나 그것은 단지 확증일 뿐이다. 믿음은 거기에 없다.

여기 예수에 대한 일화가 한 가지 있다. 어느 날 예수는 제자들에게 배를 타고 호수 건너편 마을로 먼저 가라고 말했다. 그는 곧 뒤따라갈 것이라고 했다. 그래서 제자들은 배를 타고 먼저 갔다. 그런데 배가 호수 중간쯤 이르자 갑자기 풍랑이 일어났다. 그들은 모두 두려움에 떨고 있었다. 배가 마구 흔들렸던 것이다. 그들은 울부짖기 시작했다. 그들은 외쳤다.

"예수여!"

하지만 예수가 있는 곳과는 상당히 거리가 떨어져 있었다.

"우리를 구원하소서!"

그래서 예수는 왔다. 물 위로 걸어왔다고 한다.

그리고 예수는 제일 먼저 이렇게 말했다.

"믿음이 적은 자들아. 왜 울고 있는가? 왜 믿지 못하는가?"

그들은 경악했다. 예수는 말했다.

"너희가 믿는다면 배에서 나와 내게로 걸어오라."

그는 물 위에 서 있었다. 그리고 제자들은 눈으로 직접 그 광경을 바라보고 있었다. 그것은 믿기 어려운 광경이었다. 나도 그것은 믿기 어려운 광경이라고 말한다. 예수는 물 위에 서 있었다. 그러나 그들은 마음속으로 이렇게 생각했다.

'우리가 헛것을 보고 있는지도 모른다. 환상일 것이다. 예수가 아닐 것이다. 어쩌면 악마일지도 모른다. 우리를 유혹하는 어떤 것이리라.'

그들은 그렇게 생각하며 서로 얼굴만 쳐다보고 있었다.

"자, 누가 걸어올 것인가?"

그러자 한 제자가 용기 있게 배에서 뛰어내렸다. 그리고는 예수에게로 걸어갔다. 실제로 그는 걸을 수 있었다. 그는 자신의 눈을 의심하지 않을 수 없었다. 자신이 물 위를 걷고 있지 않은가. 예수에게 가까이 가자 그는 말했다.

"어떻게? 어떻게 이런 일이 일어날 수 있습니까?"

그 순간 그는 물 속에 빠져 버렸다. 예수는 그에게 손을 뻗쳐서 건져 올리며 말했다.

"믿음이 적은 자여? 왜 '어떻게'라고 묻는가?"

그러나 이성은 언제나 '어떻게'라고 묻고 있다. 이성은 항상 질문을 던진다. 그러나 믿음은 그 모든 질문들을 떨쳐 버린다. 그 대가 그 모든 질문을 떨쳐 버릴 수 있다면, 그리고 믿는다면 그때 이 방편은 그대에게 기적을 일으킬 것이다.

〈질문〉

"육체를 사라진 것과 같은 상태에 이르게 하는 것만으로 어떻게 마음을 변형시킬 수 있습니까?"

마음은 계속해서 활동을 한다. 그리고 활동 속에서는 명상이 불가능하다. 명상은 비행위성, 비활동성이기 때문이다. 그대는 모든 것이 고요해졌을 때에만 그대 자신을 알 수 있다. 침묵 속에서만 그대 자신과 만날 수 있다. 그렇지 않다면 그대는 이런 저런 행위 속에 파묻혀서 자신의 현존을 잊고 산다. 그리고 끊임없이 외물의 대상에만 이끌려 간다. 그대 자신을 완전히 잊어버리는 것이다.

행위한다는 것은 외부의 대상과 관계 맺는 것을 의미한다. 그리고 비행위성이란 그대가 내면으로 향한다는 말이다. 그때 그대는 아무것도 하지 않는다. 그대는 그저 빈둥거리며 시간을 보내는 것이다. 레저, 즉 여유를 즐기는 것이다. 오늘날에는 레저 역시 하나의 일처럼 되어 있다. 고대 희랍에서는 아무일 없이 빈둥거리며 시간 보내는 것을 숄레(scholé)라고 불렀는데 그것이 오늘날 영어의 school이 되었다. 그래서 school은 레저를 뜻한다. 그대는 레저 상태에 있을 때만이 배울 수 있다. 배움은 오직 레저 속에서만 일어난다. 만약 그대가 이런 저런 것들로 마음이 바쁘다면 결코 배울 수 없다.

학교는 레저를 위한 모임이다. 그대의 자녀를 학교에 보낼 때 그대는 이 사실을 잊지 마라. 그들은 완전히 자유로운 분위기 속에서만이 진정으로 배울 수 있다.

그대의 현존에 대해서, 그대의 내면에 대해서 배우는 것도 마찬가지다. 그대가 완전히 비행위, 즉 무위(無爲) 속에 있을 때 사념의 모든 잔물결이 멈출 수 있다. 그때 그대는 처음으로 자신의 현존을 깨달을 수 있다. 왜인가? 현존은 미묘한 것이기 때문이다. 그대가 외부의 대상에 정신이 팔릴 때 그대의 현존에 대해서는 그 무엇도 배울 수 없다. 현존은 고요한 음악과 같다. 그것은 세상에서 가장 미묘하고 섬세한 것이다. 그대가 잡다한 소음으로 가득 차 있을 때는 그 음악을 결코 감상할 수 없다.

외부를 향한 잡다한 행위들을 그만두라. 그때 그대는 처음으로 침묵의 소리를 들을 수 있게 된다. 소리 없는 소리, 소리 중의 소리를 말이다. 그대는 거친 세계를 떠나서 섬세한 세계로 들어간다. 그때 그대는 자신의 존재와 대면하게 될 것이다. 많은 명상 방편들이 그대의 육체를 마치 죽은 것과 같은 상태에 있게 하는 것도 바로 그 때문이다. 그것은 죽은 사람처럼 비활동 상태에 있게 하기 위한 것이다.

그대가 명상 중에 있을 때 그대의 육체를 죽음의 상태에 있게 하라. 그것은 하나의 상상이다. 그러나 그런 상상력은 그대의 명상을 도울 것이다. 상상력은 나름대로의 기능을 갖고 있다. 예를 들면 그대가 누구와 다투고 싸우는 것을 상상하면 심전도에 그대의 맥박이 빨라지는 것이 나타날 것이다. 성적인 것을 생각해도 마찬가지다. 의사는 그대의 몸에 변화가 생겼다는 것을 당장 눈치챌 것이다. 단지 상상만으로 그대의 신체는 변화가 일어난다.

마찬가지로 그대가 죽어가고 있다고 상상하면 그대의 호흡과 맥박은 느려진다. 전체적인 신체 기능이 떨어진다. 그대는 비활동성으로 돌입한다. 상상력은 상상에서 끝나지 않는다. 그것은 그대의 신체에 화학적 변화를 일으키는 것이다.

그대는 최면술 시범을 본 일이 있을 것이다. 집에 혼자 있을 때 그대는 쉽게 그것을 할 수 있다. 어린아이가 있으면 그를 이용해도 좋다. 사내아이보다는 여자아이가 더 좋다. 사내아이는 보다 투쟁적이고 도전적이기 때문이다. 그러나 여자아이는 협조적이다.

협조가 필요하다. 그 아이를 침대에 누워 편안히 쉬게 하라. 그리고 계속 이렇게 말하라.

"너는 이제 깊은 잠에 떨어지고 있다. 눈꺼풀이 무거워지고 있다. 점점 무거워지고 있다. 더 무겁다. 더 무겁다……."

그대의 목소리를 단조롭게 만들어라. 마치 잠꼬대를 중얼거리듯이 말이다. 그러면 5분 안에 아이는 깊은 잠에 떨어질 것이다. 그러나 이것은 일상적인 수면이 아니다. 그것은 일종의 최면 상태이다. 아이는 잠속에서도 그대의 말을 들을 수 있다. 그대의 주문에 따를 수 있다.

그리고는 손바닥에 차거운 조약돌을 올려놓고는 아이에게 이렇게 말해 보라.

"뜨거운 숯이 너의 손바닥에 올려져 있다. 살이 탈 것이다."

그러면 어린아이는 즉시 그 조약돌을 집어 던질 것이다. 그의
마음은 손이 탈 것을 두려워했기 때문이다. 그는 손이 타는 줄 알
고 비명을 지를 것이다.

그러나 기적이 일어난다. 진짜로 그의 손바닥이 불에 탄 것처
럼 그을려 있다. 무슨 일인가? 그것은 순전히 어린아이의 상상력
만으로 손바닥이 타 버린 것이다. 상상력은 단순히 상상에서만
끝나지 않는다. 그것은 실제적인 결과로 나타난다.

자신이 죽었다고 한번 상상해 보라. 먼저 땅 위에 쓰러져서 그
대로 누워 있어 보라. 그대의 몸은 죽어가고 있다. 그대는 점점 몸
이 무거워져 오는 것을 느낀다. 몸 전체가 납덩이처럼 무거워진
다. 이제 누가 그대를 보고 손을 움직여 보라고 해도 손을 움직일
수 없게 될 것이다.

그런 상태에서 그대는 자신을 행위 속에서 완전히 단절시킬 수
있다. 그대는 죽었기 때문에 행위하지 않는 상태가 될 수 있다.
이제 그대와 외부 세계를 이어주는 다리가 부서졌다. 육체는 하
나의 다리이다. 만약 육체가 죽으면 그대는 아무것도 할 수 없다.
육체 없이 무엇을 할 수 있겠는가?

모든 행위는 육체를 통해서 이루어진다. 그러나 육체가 죽음의
상태 속에 있을 때 그대는 아무것도 할 수 없다. 세상은 외부에
있고 그대는 내부에 있다. 세상으로 나가는 다리가 끊어진 것이
다. 그때 그대의 에너지는 내부를 향해 흐르기 시작한다. 외부로
나갈 길이 없기 때문이다. 그때 그대는 낯선 기분을 느낄 것이다.
처음으로 내부에서 그대를 바라보는 것이다.

탄트라, 요가, 아유르베다(Ayurveda) 등 모든 고대의 행법
(行法) 체계들이 바로 이 내면의 상태를 그대에게 드러내 보여주
기 위한 것이다. 그것은 고대의 생리학이다. 현대의 생리학은 해

부를 통해서 알려졌지만 고대의 생리학은 명상을 통해 알려졌다.

명상은 그대의 육체마저도 하나의 개체로 보지 않고 전체와 연결된 것으로 보게 한다. 그대가 살아 있는 육체에 대해서 알지 못하는 한, 요가와 탄트라 같은 모든 전통들은 그대의 지식이 거짓이라고 말한다. 어떻게 살아 있는 육체를 알 수 있는가? 그것은 딱 한 가지 방법밖에 없다. 그것은 바로 그대 자신 속으로 들어가 그대의 육체 구석구석을 살펴보는 것이다. 그때 이 방편들을 통해 완전히 다른 세계, 살아 있는 세계가 그대 앞에 펼쳐질 것이다.

그러니 먼저 그대는 자신의 중심에 서라. 그리하면 그대는 자신이 육체가 아니라는 관점에 서게 된다. 그대는 단지 지켜볼 것이다. 그대의 육체는 옷이라는 사실을 말이다. 그대는 그것과 다른 어떤 존재이다. 그때 그대는 당장 '나는 죽을 수 없다'라는 사실을 알게 될 것이다.

그대는 살아오면서 많은 죽음을 목격했다. 그들에게 무슨 일이 일어났는가? 그들의 육체는 죽었다. 그 다음은 더 이상 살펴볼 수가 없다. 그러나 이제 그것은 남의 일이 아니다. 그대 자신의 육체가 죽음의 상태에 들어갔다. 그러나 그대는 살아 있다.

그래서 육체의 죽음은 그대의 죽음이 아니다. 그대가 이 방편들을 계속한다면 시간은 그대에게서 매우 멀어질 것이다. 그리고 그대는 자신의 몸 밖으로 나와 자신의 육체를 바라볼 것이다. 이것은 그리 어려운 일이 아니다. 그대가 한번만 경험하게 되면 이제 그대는 예전과는 다른 사람이 될 것이다. 그대는 거듭난 것이다. 두 번 태어난 것이다. 이제 새로운 삶이 시작되는 것이다.

나는 내 운명을 점치려다 실패한 점성술사의 이야기를 한 적이 있다. 그는 내가 일곱 살이 되기 전에 죽어 버렸다. 그래서 그는 나의 운명에 대해 이야기할 수 없었다. 그래서 그의 뒤를 이은 아들이 나의 별자리를 연구했다. 그는 내가 7년 동안 죽음의 고비를 넘기다가 21세 때 죽을 것이라고 말했다. 그래서 나의 부모들은 매우 걱정했다. 사실 점성술사의 말이 맞았다. 나는 일곱 살 때 죽음의 경험을 치루었다. 물론 그것은 나의 외할아버지의 죽음이었다. 하지만 나는 그 사건에 너무 몰두한 나머지 마치 내 자신의 죽음처럼 느껴진 것이다.

나는 어린 나이에 이미 외할아버지의 죽음을 흉내내고 있었다. 나는 사흘 동안 밥을 먹지 않았다. 물도 마시지 않았다. 나는 깊은 배신감을 느꼈기 때문이다. 외할아버지는 나에게 매우 자상했고 나는 그를 깊이 사랑했다. 그래서 그가 죽었을 때 나는 일종의 배신감을 느꼈다. 나는 살고 싶지 않았다. 그래서 사흘 동안 침대에서 일어나지 않았다. 그 사흘은 나에게 죽음의 경험이 되었다. 그리고 당시에 그것은 나에게 값진 교훈이 되었다. 나는 죽음이란 것이 불가능하다는 느낌을 가졌던 것이다. 물론 그것은 어디까지나 느낌이었다.

열네 살 되던 해 나의 가족들은 나의 죽음에 대해서 또 한 번 걱정했다. 그러나 나는 다시 살아났다. 그때 나는 의식적으로 살아난 것이다. 나는 가족들에게 이렇게 말했다.

"만약 점성술사가 말한 대로 죽음이 온다면 그것을 미리 준비하는 것이 좋을 것이다. 왜 죽음을 억지로 피하겠는가? 어차피 죽을 운명이라면 의식적으로 죽음을 맞이하는 것이 더 좋다."

그래서 나는 학교를 7일 동안 쉬었다. 나는 교장에게 가서 이렇게 말했다.

"나는 죽을 것입니다."

그러자 그가 말했다.

"무슨 당치도 않은 말을 하느냐? 자살을 할 것이냐? 도대체 죽는다는 말이 무슨 뜻이냐?"

나는 점성술사가 말한 나의 운명에 대해서 이야기했다. 그리고는 이렇게 덧붙였다.

"어차피 죽을 것이니 나는 죽음을 맞이하기 위해서 미리 7일 동안 준비를 해야겠습니다. 죽음이 오면 의식적으로 그것을 맞이해야 좋은 경험이 될 것이기에 말입니다."

나는 마을에서 조금 떨어진 한 사원으로 갔다. 거기서 나는 사제에게 나를 방해하지 말 것을 부탁했다. 그곳은 찾아오는 사람이 없는 매우 한적하고 낡은 사원이었다.

7일 동안 나는 죽음을 기다렸다. 그 7일 간은 나에게 매우 아름다운 경험이었다. 죽음은 결코 찾아오지 않았다. 그러나 나는 죽음을 기다리고 있었다. 이상한 감정이 느껴지기 시작했다. 그것은 그대 역시 느껴 보았던 것일 수도 있다. 그대가 죽어가는 순간에 그대는 매우 고요해진다. 거기엔 어떤 걱정도 없다. 걱정은 삶과 관련된 것이기 때문이다. 삶은 모든 걱정을 그 뿌리로 삼고 있다. 그러나 그대가 죽을 때는 무슨 걱정이 있겠는가?

나는 거기에 누워 있었다. 3일이나 4일쯤 지났을 때였다. 사원에 뱀 한 마리가 들어왔다. 나는 그 뱀을 보고 있었다. 그러나 공포는 없었다. 갑자기 나는 뱀이 가까이 다가오는 것을 보고도 놀라지 않는 것이 이상하게 느껴졌다. 하지만 두렵지는 않았다. 그래서 나는 이렇게 생각했다.

'옳지. 이제 죽음이 이 뱀을 통해서 오는 것이구나. 그런데 뭐가 두려운가? 기다려 보자.'

뱀은 나를 타고 넘어갔다. 나는 아무렇지도 않았다. 만약 그대가 죽음을 받아들인다면 거기에 공포는 없다. 그대가 삶에 집착할 때 모든 공포가 생겨난다.

그리고 파리들이 계속 내 주위를 날아다니면서 나를 귀찮게 했다. 그것들은 내 얼굴에 앉아서 나를 번거롭게 했다. 때때로 나는 성가신 기분이 들었지만 곧 이렇게 생각했다.

'성가신 것이 무슨 상관인가? 나는 곧 죽을 것이다. 그러면 내 몸을 보호해 줄 사람은 아무도 없다. 그러니 파리들이 마음대로 하도록 내버려두자.'

내가 그렇게 생각하는 순간 성가신 기분은 즉시 사라졌다. 그것들은 여전히 내 몸 위에 앉아 있었지만 나는 아무 상관이 없었다. 그것들이 내 얼굴을 꼬집었지만 그것은 마치 다른 사람을 꼬집는 것 같았다. 거기에는 거리가 있었다. 만약 그대가 죽음을 받아들인다면 하나의 거리가 생겨난다. 삶과 함께 모든 걱정과 성가심이 저만큼 물러나 버린다.

그런 식으로 나는 죽었다. 하지만 나는 죽을 수 없는 어떤 것이 거기에 있음을 알 수 있었다. 한 번만 그대가 전적으로 죽음을 받아들인다면 그대는 그것을 깨달을 수 있다. 그리고 이제 세번째로 21세가 되었을 때 나의 가족들은 또 나의 죽음을 걱정하며 기다렸다. 그래서 나는 그들에게 말했다.

"왜 당신들은 기다리고 있습니까? 기다리지 마십시오. 이제 나는 죽지 않을 것입니다."

신체적으로는 언젠가 나도 죽을 것이다. 하지만 그 점성가의 예언은 나에게 큰 도움이 되었다. 왜냐하면 어린 나이에 죽음을 인식할 수 있었기 때문이다. 이제 계속해서 나는 명상을 할 수 있다. 그리고 내게 다가오는 것은 무엇이든지 받아들일 수 있다. 죽음조차 말이다.

죽음은 깊은 명상으로 이용될 수 있다. 그대가 무위하는 사실을 인식했을 때 말이다. 그때 에너지는 이 세계에서 완전히 해방된다. 그리고 그것은 내면으로 흘러 들어올 수도 있다. 그러므로 죽음을 이해하라. 그리고 삶도 이해하라. 거기에 양쪽을 모두 초월한 길이 있을 것이다.

깨이나라! 주시하라! 이해하라!

붓다의 오르가즘

만약 그대가 자신의 에고를
포기할 수 있다면, 허지놓할 수 있다면
즉시 그대는 상상하지도 못했던 것,
믿을 수 없는 것을 얻을 수 있다.

붓다의 오르가즘

102

영혼이 그대의 내면과 그대 주위에
동시에 존재한다고 상상하라.
전 우주가 영적화(靈的化)될 때까지.

103

바로 그 욕망의 상태 속에서, 앎의 상태 속에서
그대의 전체적인 의식으로 그 상황을 인식하라.

104

오, 샥티여,
각각의 특별한 지각력은 한계가 있다.
차라리 전능한 잠재력 속으로 녹아 들어라.

105

진리 속에서는 각각의 형상들을 서로 분리시킬 수 없다.
분리할 수 없음은 곧 전능한 잠재력을 가진 존재이며
그대 자신의 형상이다.
각각의 형상들이 이러한 의식으로 만들어졌음을 깨달아라.

　가장 위대한 시인 중의 한 명인 월트 휘트먼(Walt Whitman)은 이렇게 말했다고 한다.

　"나는 나 자신과 모순된다. 나는 거대하기 때문이다. 내 속에 모든 상대극들이 다 들어 있기에, 나는 모든 것이기에 나는 나 자신과 모순된다."

　같은 말이 시바의 입에서도 탄트라를 통해 나온다. 탄트라는 상대극 사이에, 모순들 사이에 존재하는 리듬을 찾는 것이다. 모순은, 양극(兩極)의 관점은 탄트라에서 하나가 된다. 이것은 깊이 이해되어져야 한다. 오직 그때만이 그대는 여러 가지 서로 모순적인 방편들을 이해할 수 있을 것이다. 삶은 이 양극 사이의 리듬이다. 남성과 여성, 긍정과 부정, 낮과 밤, 탄생과 죽음 등등과 같은 양극 말이다. 이 양극들 사이로 삶의 강물이 흘러간다. 이 양극은 두 강둑이다. 그것들은 모순처럼 보이지만 상호 협조적인 것이다. 그 겉모습은 거짓이다. 삶은 이 양극의 리듬 없이는 존재할 수 없다. 그리고 삶은 전체를 담고 있다. 탄트라는 이것을 위한 것도 아니고 저것을 위한 것도 아니다. 탄트라는 전체를 위한 것이다. 탄트라는 실제로 자신의 관점이란 것이 없다. 모든 관점이 가능하다. 그것은 큰 것이다. 그것은 그것 자체로 모순일 수 있다. 왜냐하면 부분이 아니라 전체를 담고 있기 때문이다. 그것은 모든 것이다. 그래서 그것은 거룩하다.

　모든 부분적인 관점들은 속된 것일 수밖에 없다. 그것들은 성스러울 수 없다. 그것들은 반대편을 포용하지 못한다. 그것들은 논리적이고 합리적이다. 그러나 거기에 생명력이 없다. 그것은 홀로 존재하지 못한다. 반대극은 필수적이다.

　그리이스 신화에는 양극에 해당하는 두 신이 나온다. 아폴로와 디오니소스가 바로 그것이다. 아폴로는 질서의 신이며 미덕과 문명의 신이다. 반면에 디오니소스는 무질서와 혼돈과 자유와 본능의 신이다. 그 둘은 상대극으로 존재한다. 거의 모든 종교들이 아폴로의 관점을 갖고 있다. 그들은 이성을 믿고 질서를 믿으며 미덕을 믿는다. 그들은 수양을 믿고 도덕을 믿는다. 하지만 그들은 모두 에고 속에서 믿고 있다.

그러나 탄트라는 기본적으로 다르다. 탄트라는 양쪽 모두를 갖고 있다. 디오니소스의 관점도 갖고 있다. 탄트라는 본성을 믿는다. 혼돈을 믿고 웃음과 춤과 노래를 믿는다. 탄트라는 심각한 면과 심각하지 않은 면을 동시에 갖고 있다.

니이체는 그의 편지에서 이렇게 말했다.

"나는 오직 춤추는 신만을 믿을 수 있다."

그는 기독교에서 춤추는 신을 발견할 수 없었다. 그가 만일 시바에 대해서 알았다면 그때는 그의 삶이 전적으로 달라졌을 것이다. 시바는 춤추는 선이다. 니이체는 기독교의 신에 관해서만 알았다. 기독교의 신은 심각한 면만을 갖고 있다. 때때로 그 면은 우스꽝스럽게 보이기도 한다. 유치하게 보이는 것이다. 왜냐하면 반대극에 대해서는 완전히 부정하고 있기 때문이다. 그대는 기독교의 신이 춤을 춘다는 것을 상상할 수 없다. 그것은 불가능하다. 기독교의 신이 웃는다는 것을 생각할 수 있겠는가? 불가능하다. 기독교의 신은 웃을 수가 없다. 웃는 자는 너무 세속적으로 보이기 때문이다. 기독교의 신은 심각한 영(靈)이다. 그리고 니이체는 그것을 믿을 수 없었다.

아무도 그런 신을 믿을 수 없다고 나는 생각한다. 그것은 반쪽이기 때문이다. 그것은 전체가 아니다. 빌리 그레함 같은 사람만이 믿을 수 있다. 어디에선가 그는 이렇게 말했다.

"당신이 섹스 잡지를 읽고 있을 때 하나님이 당신을 보고 있다는 것을 기억하라."

　바로 이런 태도가 멍청한 태도다. 이것은 정말 어리석은 생각이다. 그대가 섹스 잡지를 읽고 있는데 신이 그대를 보고 있다니! 이것은 정말 멍청하다. 바로 이런 멍청함 속에는 반대극이 포함되지 않는다. 그대는 반대극을 생각할 수 없을 만큼 멍청한 것이다. 그리고 그대는 살아 있는 것이 아니다. 그러나 만약 그대가 아무런 모순 없이 반대극으로 이동할 수 있다면 그대는 진지한 동시에 유우머가 있다. 웃을 수 있다. 붓다처럼 앉아 있을 수도 있고 크리슈나처럼 춤출 수도 있다. 그대는 그 양극을 쉽게 오갈 수 있다. 그때 그대는 살아 있는 것이다. 생명력이 넘치고 있는 것이다. 그렇게 할 수 있을 때 그대는 탄트라를 수행할 수 있다. 탄트라는 반대극 사이에서 물결 치는 리듬을 찾는 것이 기본인 것이다.

　그래서 탄트라는 모든 것에 적용될 수 있고, 모든 방편이 가능하다. 모든 마음의 유형들은 기독교가 될 수 없고 힌두교가 될 수 없다. 불교도가 될 수 없다. 오직 특정한 마음의 유형만이 붓다에게, 예수에게, 모하메드에게 이끌릴 수 있다. 하지만 시바는 그 모든 것을 포함한다. 모든 유형들이 시바에겐 가능하다.전체가 그 안에 들어 있다. 그것은 어떤 부분에만, 한 극단에만 치우친 관점이 아니다.

　그래서 탄트라에는 분파가 없다. 그대는 전세계를 통틀어 분파가 없는 종교를 찾을 수 없다. 그대는 언제나 분파를 만든다. 그대는 전체를 살 수 없기 때문이다. 그대가 분파를 만들지 않을 때에만 그대는 전체를 살 수 있다. 그대가 어떤 것에는 집착하고 어떤 것은 배척할 때 그것이 바로 분파를 만드는 행동이다. 만약 서로 상대되는 양극이 그대 속에서 동시에 융화된다면 어떻게 분파를 만들 수 있겠는가? 그래서 탄트라는 본질적인 종교다. 그것은 분파가 아니다. 그래서 그토록 많은 방편을 갖고 있는 것이다.

사람들은 나에게 와서 계속 이런 질문을 던진다.

"이렇게 방편이 많아서는 한 가지 방편이 다른 방편과 모순되지 않습니까?"

그렇다. 그것은 서로 모순된다. 이 112가지 방편은 모든 유형을 갖고 있다. 모든 인간성에게 적용될 수 있다. 그러니 제발 모든 방편에 전부 관여하지 마라. 그렇게 되면 그대는 혼란에 빠질 것이다. 그저 단순히 그대에게 맞는 방편을 찾기만 하면 된다. 그대에게 설득력이 있는 것으로 말이다. 그대가 깊은 매력과 풍부함을 느낄 때 그대는 그 방편에 깊이 몰입하게 될 것이다. 그때 다른 111가지 방편에 대해서는 잊어버려라. 만약 그대가 다른 여러 가지 방편을 계속 붙잡고 있다면 그대는 혼란에 빠질 것이다. 그 방편들의 모순을 모두 조화롭게 갖기 위해서는 그대가 큰 마음을 가져야 하기 때문이다. 그래서 지금 당장은 그것이 가능하지 않다. 그러나 어느 날엔가 그것은 가능해질 것이다. 그대는 완성되고 전체적으로 되어서 쉽게 반대극 사이를 오갈 수 있게 될 것이다. 그때는 문제가 없다. 그럴 필요도 없다. 지금 당장에는 그대의 방편을 찾아라.

그대에게 맞는 방편을 찾는 데 내가 도움이 될 수 있다. 다른 방편이 그대의 것과 모순이 된다면 다른 방편에 대해서는 생각하지 마라. 그것들은 실제로 모순적이다. 그것들은 그대에게 맞는 것이 아니다. 적어도 지금은 그대에게 맞지 않다. 어느 날 그것이 그대에게 맞는다면 그대는 아무 문제 없이 반대극으로 갈 수 있다. 사실 문제는 에고가 만들어 낸다. 그것은 항상 어느 한 쪽에 집착한다. 그것은 유동적이지 않다. 흐를 수 없다. 그런데 시바는 모든 방향으로 흘러가고 있다.

그러므로 기억하라. 이 여러 가지 방편들에 대해서 생각하기를 시작하지 마라. 이 방편은 그것들에 반대하고 있다. 시바는 여기에서 어떤 체계도 세우고자 하지 않는다. 그는 교리 설계사가 아니다. 그는 어떤 체계도 세우지 않고 모든 방편들을 그냥 제공할 뿐이다. 그리고 그것들은 하나의 체계 속에 묶을 수가 없다. 체계란 그 속에 모순이 없음을 의미한다. 정반대의 극이 있을 수 없다. 그러나 여기에서는 정반대의 극들이 함께 존재한다. 아폴로와 디오니소스가, 심각함과 유희가, 도덕과 본능이 함께 존재한다. 그래서 그것은 초월적이며 동시에 내재적이다. 그것은 세속적이며 동시에 성스러운 것이다. 그것이 전부이기 때문이다.

이제 우리는 그 방편으로 들어가야 한다. 첫번째 방편이다.

102

영혼이 그대의 내면과 그대 주위에 동시에 존재한다고
상상하라.
전 우주가 영적화(靈的化)될 때까지.

그대는 먼저 상상력이 무엇인지를 이해해야 한다. 그것은 오늘날 너무나 축소되었다. 그대가 '상상력'이란 말을 듣는 순간 그것은 쓸모없는 것이며 허황된 것이라고 생각한다. 그대는 뭔가 실제적인 것을 원한다. 그러나 상상력이란 그 자체가 하나의 실체다. 그것은 하나의 능력이며 그대 속에 깃든 잠재력이다. 그대는 상상할 수 있다. 그 사실이 바로 그대의 존재가 상상력의 능력을 가지고 있음을 단적으로 나타내고 있다. 이 상상력을 통해서 그대는 자신을 파괴할 수도 있고 창조할 수도 있다. 그것은 전적으로 그대에게 달려 있다. 그리고 그것은 매우 강력한 것이다. 잠재된 에너지다.

상상력이 무엇인가? 그 속으로 깊이 몰입하면 그것 자체가 바로 실체가 된다. 예를 들어 그대는 티벳에서 사용되는 한 가지 특수한 방편에 대해 들어보았는지 모른다. 그들은 그것을 발열 요가라고 부른다. 티벳의 밤은 무척 춥다. 눈까지 내린다. 그런 상태에서 티벳의 라마승들은 벌거벗은 채로 서 있다. 기온은 영하로 떨어진다. 그대가 그런 상태에 있다면 금방 얼어죽을 것이다. 그러나 그 라마승들은 특별한 방편을 수련하고 있다. 그들은 자신의 몸이 활활 타오르는 불이라고 생각한다. 몸에서 열이 난다고 생각한다. 그리고 실제로 그들은 땀을 흘린다. 그들의 몸은 진짜 뜨겁다. 이것은 상상력을 통해서 일어나는 일이다.

그대는 실체라고 하는 것이 상상력을 통해서 어떻게 구체화되는지를 간단한 방편을 통해서 실험해 볼 수 있다. 그대가 그것을 느끼지 않는 한 그대는 이 방편을 통해 뭔가를 얻을 수 없다. 우선 그대의 맥박을 재 보라. 그대의 침실에서 문을 잠그고 앉아서 맥박수를 세어 보라. 그리고 나서 5분 동안 그대는 달리기를 하고 있다고 상상하라. 단지 상상만 하라. 그러면 더워질 것이다. 숨이 가빠질 것이다. 땀이 나기 시작할 것이다. 맥박이 빨라질 것이다. 5분 동안 그렇게 상상한 뒤에 다시 맥박수를 세어 보라. 그러면 그대는 그 차이를 알게 될 것이다. 맥박수가 확실히 빨라져 있다. 그대는 단지 상상력만으로 달리기를 한 것과 같은 현상을 느끼게 될 것이다.

티벳에서는 불교 승려들이 단지 상상력만으로 운동을 했다. 그리고 이 방편은 현대인들에게 상당히 유용할 것이다. 실제로 거리에 나가서 달리기를 하기가 쉽지 않기 때문이다. 마음 놓고 달리기를 할 만큼 한적한 도로를 찾기가 쉽지 않다. 그대는 방바닥에 누워서 상상력을 통해 한 시간 동안 계속 빠르게 걷기 운동을 할 수 있다. 이제 전문가들은 그것이 실제 걷기 운동과 똑같은 효과를 내고 있다고 말한다. 그대는 상상력을 통해서 여러 차례 많은 병들을 앓았다. 그대가 어떤 병에 걸렸다고 상상하기 시작하면 실제로 그 병의 증세들이 몸에 나타난다. 병이 실제가 된 것이다. 하지만 그것은 상상력을 통해서 만들어진 것이다. 상상력은 힘이다. 에너지다. 그리고 마음은 그것을 통해서 움직인다. 그리고 마음이 움직이면 육체도 따라간다.

미국의 한 대학 기숙사에서 있었던 일이다. 네 명의 학생들이 최면술 실험을 하고 있었다. 최면술은 상상력에 지나지 않는다. 그대가 어떤 사람에게 최면을 걸면 그는 실제로 깊은 상상력 속으로 떨어진다. 그리고 그대가 제시하는 것은 무엇이든지 일어나기 시작한다. 그래서 그들은 한 소년에게 최면을 건 뒤에 많은 것들을 시도했다. 그 소년은 그들이 주문하는 것은 무엇이든지 즉시 행동에 옮겼다. 그들이 '뛰어올라라'라고 말하자 즉시 소년은 뛰어오르기 시작했다. 그들이 '울어라'라고 명령하자 그 소년은 울기 시작했다. 그들이 '눈물이 너의 눈에서 흘러내린다'라고 암시하자 진짜로 눈물을 흘렸다. 그리고 누군가 한 명이 농담으로 이렇게 말했다.

"자, 누워라. 너는 이제 죽는다."

그러자 소년은 바닥에 누워 죽어 버렸다.

이것은 1952년에 일어난 일이다. 그 사건 이후로 미국에서는 최면술을 금지하는 법안을 만들었다. 어떤 특별한 연구 목적이 있지 않는 한 아무도 최면술을 걸 수 없게 만들었다. 만약 그대가 최면술을 사용하려면 일부 의료기관이나 대학의 심리학과 실험실로부터 허락을 받아야 했다. 그때만이 그 실험은 가능하다. 그렇지 않으면 그것은 매우 위험하다. 그 소년은 단순히 자신이 죽었다고 상상했는데 실제로 죽어 버렸던 것이다.

죽음이 상상력을 통해서 일어날 수 있다면 왜 삶이라고 가능하지 않겠는가? 더욱 풍부한 삶이 말이다.

이 방편은 상상력에 기초한 것이다.

"영혼이 그대의 내면과 그대 주위에 동시에 존재한다고 상상하라. 전 우주가 영화(靈化)될 때까지."

아무도 방해하지 않는 한적한 장소에 앉아라. 문을 잠글 수 있는 골방 같은 곳이 좋다. 어딘가 야외에 그런 장소가 있다면 더욱 좋다. 그대가 자연 속에 있을 때 더욱 풍부한 상상력을 일으킬 수 있기 때문이다. 그대 주위가 인공물로 가득 찼을 때 그대의 상상력은 빈약해진다. 자연은 꿈과 가깝다. 그것은 그대에게 꿈꾸는 힘을 준다. 그리고 그대가 홀로 있을 때 더욱 풍부한 상상력을 발휘하게 된다. 그대가 혼자 있는 것을 두려워하는 것도 바로 그 때문이다. 사실 사람들과 함께 있을 때는 어떤 유령도 겁나지 않는다. 그러나 그대가 혼자 있을 때 그대의 상상력은 유령이나 귀신 같은 것을 만들어 낸다. 그대 곁에 누군가가 있다면 그대는 쉽게 절제된 이성 속에 있을 수 있다. 그때는 다른 사람과 그대가 지적으로, 이성적으로 관계를 맺기 때문이다. 그러나 그대 곁에 아무도 없을 때 그대의 이성은 쉬게 된다. 그리고 존재의 더 깊은 상상력 층으로 이동하게 된다. 그때 백일몽은 시작된다.

감각 박리에 관한 많은 실험들이 시도되었다. 만약 어떤 사람이 모든 자극에 대한 감각을 박탈당할 수 있다면, 예를 들어서 그대가 완벽한 차광과 방음 장치가 된 방 안에서 홀로 있게 되면 두세 시간이 지난 다음에 그대는 자기 자신과 이야기하기 시작할 것이다. 그대는 혼자 질문하고 혼자 대답하게 된다. 그대를 분열시키는 독

백이 시작되는 것이다. 그때 갑자기 그대가 이해할 수 없는 많은 느낌들이 일어나기 시작할 것이다. 그대는 어떤 소리들을 듣기 시작한다. 방 안은 완벽하게 방음 장치가 되어 있어서 외부의 어떤 소리도 들어올 수 없다. 이제 그대는 상상하기 시작한다. 그대는 어떤 향기를 맡기 시작한다. 그러나 방 안 어디에도 향수는 없다. 이제 그대는 또 상상한다. 36시간만 그렇게 외부와 격리되면 그대는 실제와 상상 사이를 분간할 수 없게 된다. 36시간만 외부의 자극을 차단시켜 보라. 상상력은 실체가 되고 실체는 환상처럼 될 것이다.

그래서 과거에 수행자들은 산 속으로 들어갔다. 한적한 장소를 찾아서 말이다. 그것은 현실과 상상의 세계에 어떤 구분도 잊어버리기 위해서였다. 한번 그 경계선을 잊어버리면 그대의 상상력은 강력한 힘을 발휘할 것이다. 이제 그대는 그것을 사용할 수 있고 그것을 통해 뭔가를 창조할 수 있다.

이 방편은 이렇다. 먼저 한적한 장소에 앉아라. 주위가 자연이면 더욱 좋다. 그것이 여의치 않으면 골방이라도 상관없다. 눈을 감아라. 그리고 내면과 외부가 영적인 힘으로 가득 차 있음을 느껴라. 그대 속에 의식의 강이 흘러가고 있고 그것이 방 전체를 가득 채워 급기야는 넘친다. 안팎으로, 그대 주위로, 모든 곳에서 영혼이 현존한다. 그 에너지가 현존한다. 그것을 단지 마음속에서만 상상하지 말고 몸으로 느껴 보라. 그대의 몸은 진동하기 시작할 것이다. 그대가 그 진동을 느낄 때 그것은 상상력이 그 기능을 시작한다는 사실을 나타낸다. 전 우주가 점점 영화(靈化)되어 가는 것을 느껴라. 그대를 둘러싼 벽이, 혹은 나무들이, 모든 것이 비물질로, 영혼으로 변해간다. 물질은 더 이상 존재하지 않는다.

그것 역시 실체다. 물리학자들은 물질이란 환상이며 에너지가 실체라고 말한다. 그대가 어떤 물질을 바라볼 때 그것은 하나의 겉

모습일 뿐 실제로 존재하는 것이 아니다. 현대 물리학은 물질의 세계로 깊이 들어가면 물질이 사라지고 비물질 상태의 에너지만 존재한다고 말한다. 무엇이라고 정의할 수 없는 상태로 말이다.

이 상상력을 통해서 그대는 어떤 지점에 도달하게 될 것이다. 그대의 의식적인 노력에 의해 그대는 모든 지적 인식의 구조를 파괴할 수 있다. 그대는 거기에 더 이상 물질이 존재하지 않음을 느낄 수 있다. 오직 에너지만이, 영(靈)만이 존재한다. 안팎으로 말이다. 그리고 그대는 곧 안과 밖의 구분도 사라짐을 느끼게 될 것이다. 그대의 몸이 영적으로 화할 때 그대는 그것이 에너지임을 느낀다. 그때 내면의 세계와 외부 세계 사이에 어떤 구분도 없어질 것이다. 그 경계선이 사라진다. 이제 거기에는 하나의 흐름만이, 바다만이, 파동만이 남아 있다. 그리고 이것 역시 실재다. 그대는 상상을 통해서 실재에 도달한 것이다.

상상력이 무엇을 하고 있는가? 상상력은 낡은 개념을, 물질을, 구태의연한 마음의 구조를 파괴시키고 있다. 일정한 방식으로 세상을 바라보던 모든 관점을 파괴시키는 것이다. 그리고 그때 비로소 실체가 드러날 것이다.

"영혼이 그대의 내면과 그대 주위에 동시에 존재한다고 상상하라. 전 우주가 영화(靈化)될 때까지."

모든 경계선이 사라지고 우주는 에너지의 바다가 된다. 그리고 그것은 사실이다. 그대가 이 방편으로 깊이 들어가면 들어갈수록 그대는 두려움을 더 크게 느낄 것이다. 그대는 자신이 미친 것이 아닌가 의심하게 될 것이다. 그대가 제정신이라고 부를 수 있는 인식 구조는 경계선들로, 분별심으로 이루어져 있기 때문이다. 그리고 그것을 소위 실체라는 말로 불러왔다. 이 실체가 사라지기 시작할 때 동시에 자신의 제정신마저 사라지고 있음을 느끼게 될 것이다.

　미친 사람들이나 현자들은 우리가 말하는 소위 실체라는 세계를 넘어서 살아가고 있다. 그들은 같은 비실체의 세계 속에 살고 있다. 하지만 미친 사람들의 움직임은 그 속에 빠져 있고 현자들의 움직임은 그것을 초월한다. 소위 환상의 세계에 살고 있는 것은 같지만 그 사는 방식이 다른 것이다. 그 차이점은 매우 작기도 하고 크기도 하다. 만약 자신의 어떤 노력 없이 그대가 마음을, 실재와 비실재의 구분점을 잃어버린다면 그대는 미친 것이 된다. 그러나 그대가 의식적인 노력을 통해서 기존 관념들을 파괴한다면 그대는 미친 것이 아니다. 그것은 미친 것이 아니라 종교가 말하는 궁극의 차원이다. 그것은 제정신인 상태를 초월한 것이다. 그래서 거기에 의식적인 노력이 필요하다. 그대는 희생물이 되어서는 안된다. 그대는 주인으로 남아야 한다. 만약 마음의 구조들을 파괴하는 것이 그대 자신의 노력이라면 그대는 유형화되지 않은 실체 속을 들여다보는 것이다.

　유형화되지 않은 실체만이 유일한 실체다. 유형화된 것은 이미 인위적으로 덧붙여진 것이다. 그래서 인류학자들이 모든 사회, 모든 문화가 같은 실체를 바라보면서도 각각 다르게 해석한다고 말하는 이유가 바로 그것이다. 그것은 그들의 사고 방식이, 그들의 개념이 다르기 때문이다. 이 세상에는 수많은 문화들이 있다. 원시 문화들도 있다. 그들은 같은 세상을 다른 방식으로 바라본다. 그대의 해석은 전적으로 다르다. 실체는 같은 것이지만 그들에게 이해되는 유형은 달라진다.

　예를 들면 불교도들은 이 세상에 본질이 없다고 말한다. 세상은 하나의 흐름일 뿐이다. 거기에 변하지 않는 본질 같은 것은 없다. 모든 것이 움직임 속에 있다. 혹은 그것조차 바르게 말한 것이 아닐 수도 있다. 움직임은 유일한 것이다. 우리가 모든 것이 움직임 속에 있다고 말할 때 그것은 과거의 오류를 반복할 수 있다. 마치 거기에 움직이는 무엇인가가 있는 것처럼 생각되는 것이다. 붓다는 움직이는 그 무엇이 없다고 말했다. 오직 움직임 그 자체만 있다고, 그것이 전부라고 말했다. 그래서 타이나 버마와 같은 불교 국가에서는 그들의 언어 속에 '존재한다'라는 말이 없다. 기독교의 성경이 처음 번역될 때 거기에 나오는 '신이 존재한다'란 말을 번역하기가 어려웠다. 그대는 버마어나 타이어로 신이 존재한다고 말할 수 없다. 그들은 겨우 '신이 되어가고 있다'고 말할 수 있을 뿐이다.

모든 것이 움직이고 그 움직임 외에 아무것도 없다. 버마인들은 세상을 그렇게 보았다. 하나의 움직임으로 보았다. 그러나 그리스의 철학에서 나온 서구의 마음에는 어떤 흐름이 아니라 본질만이 있는 것으로 보인다. 그래서 움직이지 않는 죽은 것마저 거기에 존재하는 것이다. 그대가 강을 바라볼 때 그대에게는 마치 강이 존재하는 것으로 보인다. 강은 거기에 있는 것이 아니다. 강이란 간다는 움직임을 뜻할 뿐이다. 그런데 서양의 사고 방식으로는 끝없는 흐름이라는 개념에 결코 도달할 수 없다. 우리는 나무를 본다. 우리는 나무가 있다고 말한다. 그러나 버마의 언어에는 그런 말이 없다. 그들은 나무가 되고 있다고 말한다. 나무는 자라고 있다. 그것은 하나의 흐름 속에 있다. 그대의 자녀가 모든 것이 흐름이라고 하는 사고 방식 속에서 성장한다면 그때는 세상을 보는 눈이 그대와 완전히 달라질 것이다. 그대의 해석과 그대 자녀의 해석 방식은 공통점을 찾을 수 없다.

그러니 이 기본적인 사실을 명심하라. 그대 마음의 유형이 내버려지지 않는 한, 그대의 조건이 철폐되지 않는 한 그대는 실체가 무엇인지 알지 못할 것이다. 그대가 지금 내리고 있는 해석은 그대 자신만의 해석이다. 그리고 어떤 유형으로 분류되지 않은 것만이 진짜 실체다. 그대의 마음은 여기저기서 주위 모은 말들로 가득하다. 그래서 그대는 그것들 때문에 제대로 볼 수가 없다. 그대에게 보여지는 것은 무엇이든지 한번 그 해석을 거친 것이다.

에너지를 상상하라. 본질이 아니다. 고정된 것은 아무것도 없다. 단지 흐름만이, 움직임만이, 박자만이, 춤만이 있다. 우주 전체가 영적화(靈的化)되었음을 계속 상상하라. 그러면 3개월 안에 그대는 이 느낌 속으로 들어갈 수 있다. 매일 한 시간만 투자하라. 그러나 그 시간 동안 강렬하게 하라. 그러면 그대에게 존재계 전체가 다른 느낌으로 다가올 것이다. 거기에 물질은 더 이상 존재하지 않을 것이다. 단지 에너지의 파동만이 거대한 바다가 되어 그대를 둘러쌀 것이다. 그리고 이 바다야말로 신이다. 신은 개인이 아니다. 신은 하늘의 보좌 위에 앉아 있는 존재가 아니다. 그런 사람은 아무도 없다. 신은 전체성이다. 존재계의 창조적 에너지가 바로 신이다. 그러나 우리는 신을 어떤 틀에 집어 넣어 생각해 왔다. 우리는 신을 창조주라고 말한다. 그러나 엄밀하게 말해서 신은 창조주가 아니다. 조물주가 아니다. 창조적인 에너지이며 창조 그 자체가 바로 신이다.

우리는 신이 세상을 창조했다는 과거의 생각에 물들어 있다. 그 생각대로 하자면 창조의 과정은 이미 끝난 것이다. 기독교인들은 신이 엿새만에 우주를 창조했다는 믿음을 갖고 있다. 그리고 이레째 되는 날은 쉬었다고 믿는다. 그래서 일요일이 공휴일로 지정된 것이다. 신이 그날을 휴일로 삼았기 때문이다. 그는 6일 동안 모든 창조를 끝내 놓고 영원히 더 이상 창조 행위를 하지 않은 것이다.

이것이 바로 죽은 개념이다. 탄트라는 신이 창조성 그 자체라고 말한다. 창조는 역사적인 사건이 아니다. 그것은 과거 어느 시점에 일어난 일이 아니다. 그것은 매순간 일어나고 있는 것이다. 매순간 신이 창조를 하고 있다. 그러나 여기서 언어의 문제가 다시 생겨난다. 우리는 '신이 창조를 하고 있다'라고 말하면 그것은 창조를 계속하는 어떤 주체가 있는 것처럼 보인다. 그러나 실제로는 그렇지 않다. 창조성이 매순간 계속 작동하고 있는 것이다. 그리고 신이라고 부르는 것은 바로 그 창조성이다. 그래서 그대 역시 매순간 창조 속에 있다. 이것이 바로 살아 있는 개념이다. 그러나 과거의 개념에 따르자면 신은 어디에선가 창조를 했고 그때는 신과 그대 사이에 어떤 대화도 없는 것이다. 실제로 어떤 연관도 없다. 그는 창조했고 창조의 과업은 완수되었다.

하지만 탄트라는 그대가 지금 이 순간에도 계속 창조되고 있다고 말한다. 이것이 바로 살아 있는 개념이다. 매순간 그대는 신성과, 창조성의 원천과 깊은 관계 속에 있다.

이 방편을 통해서 그대는 창조적 힘에 대한 일별을 갖게 될 것이다. 내면으로나 외부를 통틀어 말이다. 한번 그대가 창조력을 맛보면 그대는 전적으로 달라질 것이다. 그대는 다시는 똑같아질 수 없다. 이제 신이 그대 속으로 들어왔고 그대는 신의 집이 되었다.

자, 두번째 방편이다.

103

바로 그 욕망의 상태 속에서, 앎의 상태 속에서
그대의 전체적인 의식으로 그 상황을 인식하라.

이 방편에 대한 기본적인 요점은 바로 전체적인 의식이다. 그대가 어떤 것에 전체적인 의식을 동원할 수 있다면 그것은 변형의 힘이 될 것이다. 변형은 그대가 전체적인 의식 속으로 들어갈 때마다 일어난다. 그 대상이 무엇이라도 상관없다. 하지만 그대는 언제나 부분적인 의식 속에서 살아왔기 때문에, 한 번도 전체성 속으로 들어간 적이 없기 때문에 그것은 무척 어렵다.

그대는 지금 내 말을 듣고 있다. 지금 이 상황 속에서도 변형이 일어날 수 있다. 그대가 여기에 전직으로 몰입하면 바로 지금 이 순간 내 강의를 듣는 것 자체가 하나의 명상이 될 것이다. 그대는 엑스터시라는 색다른 영역 속으로 들어갈 것이다. 하지만 지금 그대는 전체적이지 못하다. 바로 이것이 문제다. 인간의 마음은 항상 부분적이다. 그대의 한 부분만이 내 말을 듣고 있다. 다른 부분은 잠을 잔다든지 생각을 한다든지 들리는 소리에 대해서 논쟁을 벌이고 있다든지 한다. 그것은 구분을 짓고 있고, 그 구분은 에너지를 분산시킨다. 그래서 어떤 것을 하되 그대의 전 존재를 거기에 몰입하라. 어떤 작은 부분도 따로 남겨 놓지 마라. 그때 그대는 비상할 것이다. 그때는 어떤 행동도 명상이 된다.

임제선사에 관한 유명한 일화가 있다. 하루는 임제선사가 밭에서 일을 하고 있는데 어떤 승려가 임제선사에게 다가와서 질문을 했다. 그 승려는 매우 철학적인 소양을 가진 구도자였다. 그 승려는 밭에서 일을 하고 있는 사람이 임제 자신인 줄 몰랐다. 아마 일꾼 중에 한 사람인 줄 알았던 모양이다. 그래서 그 승려는 이렇게 물었다.

"임제는 어디에 있는가?"

그러자 임제가 말했다.

"임제는 항상 여기에 있다."

그 말에 승려는 속으로 생각했다.

"무슨 말을 하는 거야? 이 일꾼이 미쳤구나. 임제가 항상 여기에 있다니."

그래서 그 승려는 미친 일꾼과 더 이상 말을 하지 않는 것이 좋겠다고 생각되어 발길을 돌리려고 했다. 그러자 다시 임제가 말했다.

"다른 데로 가지 마라. 당신은 어디에서도 그를 찾을 수 없다. 그는 항상 여기에 있다."

그러나 그 승려는 발길을 옮겨 버렸다. 미친 사람을 피해서 달아나듯이.

그리고 나서 다른 사람들에게 또 물었다. 그러자 그들은 밭에서 만난 사람이 바로 임제라고 말했다. 그래서 그 승려는 다시 밭으로 가서 임제선사에게 말했다.

"용서하십시오. 나는 당신이 미친 사람인 줄 알았습니다. 저는 뭔가 물어볼 말이 있습니다. 저는 진리가 무엇인지를 알고 싶습니다. 제가 그것을 알기 위해서는 어떻게 해야 합니까?"

임제가 말했다.

"그대가 하고 싶은 것이 무엇이든지 그것을 전체적으로 하라. 예를 들면 지금 나는 구덩이를 파고 있다. 나는 구덩이 파는 행위에 나의 전체가 몰입되어 버렸기 때문에 뒤에 남겨진 임제는 없다. 존재 전체가 이 구덩이 파는 행위 속으로 들어갔다. 거기에 파는 자는 더 이상 없다. 오직 파는 행위만이 있다. 파는 자가 남아 있다면 그때 그대는 분열된 것이다."

예를 들면 그대는 내 말을 듣고 있다. 만약 듣는 자가 남아 있다면 그대는 전체가 아니다. 거기에 오직 듣는 행위만이 있을 때, 그대 뒤에 그 누구도 남아 있지 않을 때 그대는 전체가 된다. 지금 그리고 여기에 말이다. 그리고 바로 이 순간 그것은 하나의 명상이 된다.

시바는 이 수트라에서 말한다.

"바로 그 욕망의 상태 속에서, 앎의 상태 속에서, 그대의 전체적인 의식으로 그 상황을 인식하라."

만약 욕망이 그대 속에서 일어나면 탄트라는 그것과 싸우지 말라고 말한다. 싸움은 쓸데없는 행위이다. 아무도 욕망과 싸워 이길 수 없다. 그것은 어리석은 짓이다. 그대가 그대 속에 일어나는 어떤 것과 싸우기 시작할 때 그것은 그대 자신과 싸우는 것이다. 그대는 정신분열증에 걸릴 것이다. 그대의 인격은 분열될 것이다. 소위 인간을 돕는다고 말하는 모든 종교들이 사실은 정신분열증을 걸리게 하는 원인이 된다. 모든 사람이 분열되어 있다. 그들은 그 자신과 싸움을 벌이고 있는 것이다. 소위 종교라는 것들이 그대에게 '이것은 나쁘다. 이것을 하지 마라.'라고 말했기 때문이다. 그리고 만약 욕망이 일어나면 무엇을 하겠는가? 그대는 욕망과 싸움을 계속해야 한다.

탄트라는 욕망과 싸우지 말라고 말한다. 그것은 욕망의 희생물이 되라는 뜻이 아니다. 그대가 그것에 탐닉하라는 뜻이 아니다. 탄트라는 매우 미묘한 방편을 제시한다. 욕망이 일어날 때 깨어 있으라고 말한다. 전체적인 의식으로 그것을 인식하라고 말한다. 주시하라. 그리고 주시하는 행위 뒤에 다른 부분을 남겨 두지 마라. 전 존재로 주시하라. 의식 전체를 거기에 투입하라. 이것은 매우 미묘한 방법이지만 또한 놀라운 것이기도 하다. 그 효과는 가히 기적적이다.

세 가지 사항이 이해되어져야 한다. 첫째 욕망이 일어날 때 그대는 아무것도 할 수가 없다. 그것은 완전히 풀코스로 진행된다. 그것은 그 자체의 완성된 순환을 갖고 있다. 그대는 어떤 것도 할 수가 없다. 그것이 처음 시작될 때는 마치 씨앗이 싹을 틔우는 과정

.

과 같다. 일단 싹이 트면 그것은 나무로 자라기 시작한다. 그때는 뭔가를 하기가 거의 불가능해진다. 그대가 무슨 조치를 취하든지 더 많은 고뇌와 에너지의 산란과 좌절감을 초래하게 될 것이다.

욕망이 일어날 때 첫번째 기별이 온다. 처음에 그것은 보다 가볍다. 바로 그때 그대는 전체적인 의식을 동원하라. 전 존재를 거기에 투입해서 주시하라. 행동은 일으키지 마라. 아무런 행동도 필요 없다. 단지 바라보기만 하라. 전 존재로 하여금 말이다. 거기에 어떤 거부나 갈등이나 적대감을 품지 마라. 그러면 그 욕망은 힘을 잃고 사라지기 시작한다. 사실은 반대하는 그대의 행위가 그 욕망에 싹을 틔우게 하는 에너지가 되기 때문이다. 그것이 완전히 사라질 때까지 그저 바라보기만 하라. 그것이 갈등 없이 사라지면 그대에게 에너지를 남겨 놓고 떠난다. 그대는 충만한 에너지를, 엄청난 자각을 갖게 된다. 그것은 그대가 지금까지 상상해 보지 못한 것이다.

만약 싸움을 시작한다면 그대는 반드시 패배하고 말 것이다. 만약 억지로 이긴다고 해도 그 상처는 마찬가지다. 어떤 에너지도 남아 있지 않을 것이다. 그대는 이기든지 지든지 좌절감을 느낄 것이다. 두 경우 모두 마지막에 가서는 탈진하게 될 것이다. 욕망 역시 그대의 에너지와 싸우기 때문이다. 그리고 그것은 같은 에너지로 싸움이 진행된다. 그대와 욕망 둘 다 같은 에너지의 원천을 갖고 있다. 결과가 어떠하든지 그 원천은 약해질 것이다. 그러나 만약 아무런 갈등 없이 처음부터 욕망이 사라지기 시작한다면 그대는 엄청난 에너지를 축적하게 될 것이다. 그것은 그 자체의 아름다움을 남기게 될 것이다. 은총을 남기게 될 것이다.

자신의 에너지와 계속 싸움을 벌이는 소위 성자라는 사람들은 언제나 추한 모습을 갖고 있다. 내가 추하다고 하는 뜻은 거기에 싸움이, 갈등이 있다는 의미다. 그들의 전 인격에 한 방울의 은총도 남아 있지 않다. 그들은 언제나 탈진한 상태다. 에너지가 부족하다. 내적인 갈등으로 에너지를 소진시켜 버렸기 때문이다. 하지만 붓다는 이런 성자들과는 전적으로 다르다. 붓다의 인격은 은총으로 가득 차 있다. 그것은 욕망이 아무 갈등 없이 사라졌기 때문에 그 자리에 남게 되는 에너지와 은총 덕분이다.

"바로 그 욕망의 상태 속에서, 앎의 상태 속에서, 그대의 전체적인 의식으로 그 상황을 인식하라."

바로 그 순간에 간단히 보라. 인식하라. 행위하지 마라. 어떤 행위도 필요 없다. 필요한 것은 그대의 전체적인 의식이 거기에 현존하는 것뿐이다. 그리고 기억하라. 폭력을 갖고서는 낙원으로 들어갈 수 없다. 어떤 문도 그대에게 열리지 않을 것이다. 아무리 두드려 봐야 헛일이다. 그대의 머리만 부서질 것이다. 비폭력 속으로, 어떤 것과도 싸우지 않는 상태 속으로 깊이 들어가는 자에게는 그 문이 항상 열려 있다. 그 문은 결코 닫히지 않는다. 예수는 말했다.

"두드려라. 그러면 열릴 것이다."

그러나 나는 말한다. 두드릴 필요도 없다. 그저 문이 열려 있음을 보라. 그것들은 항상 열려 있다. 결코 닫히지 않는다. 깊이 바라보라. 전체적인 의식으로 주시하라.

자, 세 번째 방편이다.

104

오, 샥티여,
각각의 특별한 지각력은 한계가 있다.
차라리 전능한 잠재력 속으로 녹아 들어라.

우리가 무엇을 보든지 그것은 한계가 있다. 우리가 무엇을 느끼더라도 마찬가지다. 모든 지각력은 자체의 한계를 갖고 있다. 그러나 그대가 깨어 있다면 모든 한계는 무한 속으로 녹아 들 것이다. 하늘을 바라보라. 그대는 그것의 한계를 보게 될 것이다. 하지만 그것은 하늘의 한계가 아니라 그대 시력의 한계일 뿐이다. 그 한계가 그대의 시력 때문에 생긴 것임을 그대가 자각한다면 그대 눈에 보이는 모든 경계선은 무한 속으로 녹아 드는 것을 알게 된다. 그대의 시력이 문제다. 존재계는 한계가 없다. 모든 것이 그 경계선을 갖고 있지 않다. 매순간 파도는 바다 속으로 사라지고 있다. 거기에는 시작도 없고 끝도 없다. 모든 것은 역시 또 다른 모든 것이다.

한계는 우리들 자신에 의해서 설정된다. 우리가 무한을 볼 수 없기 때문에 우리는 한계를 설정한다. 우리는 모든 것에서 그 작업을 계속하고 있다. 우리는 우리 주위에 울타리를 치고는 이렇게 말한다.

"이 땅은 나에게 속한 것이다. 울타리 밖은 다른 사람의 땅이다."

그러나 그대의 땅 속으로 들어가 보라. 그것은 타인의 땅과 하나를 이루고 있다. 울타리는 그대 때문에 생겨난 것이다. 땅은 나누어질 수 없다. 그대와 이웃 사람이 나누어지는 것은 그대의 마음 때문이다.

국가들 역시 그대의 마음 때문에 나뉘어 존재한다. 어디에서 인도가 끝나고 어디에서 파키스탄이 시작된다. 몇 미터 뒤에는 파키스탄인데 이제 인도다. 과거에는 인도와 파키스탄의 경계선이 없었지만 이제는 경계선이 있다. 그러나 땅은 하나다. 그것은 하나로 이어져 있다.

  이런 이야기를 들은 적이 있다. 인도와 파키스탄이 국경선을 정할 때 그 경계선 위에 정신병원이 하나 있었다. 그 지방 관리들은 그 정신병원이 인도에 속하게 될지 파키스탄에 속하게 될지 상당히 걱정했다. 그리고 그 병원의 감독도 무척 고심했다. 그런데 어느 날 델리에서 전갈이 왔다.

  "정신병자들에게 투표를 실시해서 그들이 원하는 곳에 속하게 하라."

  그 감독은 거기에서 제정신을 갖고 있는 유일한 사람이었다. 그래서 그는 정신병자들을 모아 놓고 설명을 해야 했다. 그들이 모두 모이자 그는 말했다.

  "이제 당신들에게 달려 있다. 당신들이 인도로 가기를 원하면 인도로 갈 수 있고 파키스탄을 원하면 파키스탄으로 갈 수 있다."

  그러자 정신병자들이 말했다.

  "우리는 여기에 남기를 원한다. 우리는 어디로도 가지 않을 것이다."

  그 감독은 무척 애를 썼다. 그는 그들에게 양자택일을 할 수밖에 없다는 사실을 납득시켜야 했다. 그는 이렇게 말했다.

  "당신들은 여기에 남게 될 것이다. 그 점에 대해서는 걱정하지 마라. 하지만 당신들은 어디로 가기를 원하는지 의사표시를 해야 한다. 어디로 가고 싶은가?"

  그러자 정신병자들이 말했다.

  "사람들은 우리를 보고 미쳤다고 말한다. 그러나 우리가 보기에는 당신이 미친 것 같다. 당신은 우리를 보고 여기에 남게 될 것이라고 말한다. 그리고 우리는 여기에 남기를 원한다. 왜 어디로 갈 것인가에 대해 걱정하는가?"

  그 감독은 전체 상황을 어떻게 설명해야 할지 몰라서 마냥 당황하기만 했다. 결국 한 가지 길밖에 없었다. 그는 하나의 벽을 세워 정신병원을 두 구역으로 나누었다. 한 구역은 인도 쪽이고 다른 구역은 파키스탄이 되었다. 그러자 때때로 파키스탄 쪽으로부터 담을 넘어 인도 쪽으로 가는 정신병자들도 있었고, 그 반대도 있었다. 그들은 계속 담을 넘어 다녔다. 그리고는 무슨 일이 일어나고 있는지를 몰라서 무척 혼란스러워했다. 그들은 이렇게 말했다.

"우리는 같은 장소에 있다. 당신이 파키스탄으로 가면 우리는 인도로 간다. 그러나 아무도 다른 데로 가지 않았다."

그 정신병자들은 당황할 수밖에 없었다. 그들은 결코 이해할 수 없을 것이다. 델리와 카라치에 더 심각한 정신병자들이 살고 있었기 때문이다.

우리는 나누어지지 않는 삶을, 존재계를 계속 나누고 있다. 모든 분별 행위는 인간의 작품이다. 그것들은 유용하기는 하다. 그러나 그대가 그것들에 미치지 않는다면, 그것이 인간이 필요해서 만든 것이지 실재나 진리가 아님을 잊지 않는다면 그것들은 단지 신화로 끝날 것이다. 그것들은 도움이 될 수 있다. 그러나 더 깊이 들어가지는 못한다.

이 방편은 말한다.

"오, 샥티여, 각각의 특별한 지각력은 한계가 있다. 차라리 전능한 잠재력 속으로 녹아 들어라."

그러니 그대가 어떤 한계를 볼 때마다 그 한계를 넘어가면 그것이 사라진다는 사실을 기억하라. 항상 그 너머를 바라보라. 그 너머의 너머를.

이것이 그대에게 하나의 명상이 될 수 있다. 나무 아래 앉아서 단지 바라보라. 그대에게 무엇이 보이든지 그 너머를 바라보라. 계속 그 너머의 너머를 바라보라. 어떤 곳에서도 멈추지 마라. 이 나무가 녹아 들어가는 지점을 발견하라. 그대의 정원에 있는 이 작은 나무 속에 전 존재계가 담겨 있다. 그리고 그것은 매순간 녹아 들고 있다. 만약 태양이 떠오르지 않는다면 이 나무는 내일 아침 죽을 것이다. 이 나무의 생명은 태양의 생명과 하나로 묶여 있다. 태양의 빛이 지구에 닿는 데는 10분이 채 안 걸린다. 하지만 그 10분의 시간은 매우 긴 시간이다. 빛은 일초에 30만 킬로를 달린다. 그래서 10분이란 거리는 엄청난 거리다. 그러나 그 엄청나게 멀리 떨어진 태양이 사라진다면 나무 역시 즉시 사라질 것이다. 그것들은 함께 존재하는 것이다. 나무는 매순간 태양 속으로 녹아 들고 태양은 나무 속으로 녹아 든다. 태양이 나무 속으로 녹아들므로 해서 나무의 삶이 유지되는 것이다.

아직 과학에서도 나무가 태양에게 생명을 주는 것에 대해서는 알려지지 않고 있다. 그러나 종교는 이미 그것을 말하고 있다. 생명은 주고받음 없이 홀로 존재할 수 없기 때문이다. 태양이 나무에게 생명을 준다면 나무 역시 태양에게 그만큼의 생명을 되돌려준다. 삶 속에는 언제나 응보가 있기 마련이다. 그리고 에너지는 평등하다. 나무도 태양으로부터 받은 만큼 되돌려 주고 있음이 틀림없다. 그것들은 하나다. 그때 그대가 바라보던 나무가 사라진다. 그 한계도 사라진다.

그대가 어떤 사물을 바라볼 때마다 그 너머를 바라보라. 어떤 지점에서도 멈추지 마라. 계속 그 너머의 너머를 바라보라. 그대가 마음을 잃어버릴 때까지, 그대의 모든 한계의 틀을 잃어버릴 때까지 말이다. 갑자기 그대는 밝아질 것이다. 전 존재계가 하나가 된다. 그 하나됨이야말로 이 방편의 목적이다. 갑자기 마음은 그 틀에, 그 한계에, 그 경계선에 지친다. 그리고 마음은 떨어져 나간다. 그대는 존재계를 광활한 하나됨으로 바라본다. 모든 것이 서로의 존재 속으로 녹아 든다. 모든 것이 다른 모든 것 속으로 변화된다.

"오, 샥티여, 각각의 특별한 지각력은 한계가 있다. 차라리 전능한 잠재력 속으로 녹아 들어라."

그대는 그것을 하나의 명상으로 만들 수 있다. 한시간 동안 앉아 있어라. 그리고 그것을 수련해 보라. 그 어디에도 어떤 한계를 짓지 마라. 그 한계가 어떤 것이든 그 한계 너머를 찾아보라. 그리고 그 너머의 너머로 계속 움직여 가라. 마음은 곧 피곤해질 것이다. 한계 없는 마음은 존립해 나갈 수 없기 때문이다. 마음은 한계의 틀을 가질 때만 존재할 수 있다. 그것이 한계가 없는 상황을 만나서 피곤해지면, 탈진하게 되면 그때 이렇게 말할 것이다.

"이제 충분하다. 멈춰라."

그러나 멈추지 마라. 마음의 말을 듣지 마라. 그대는 계속해 나가라. 그러면 마음은 뒤로 처지고 오직 의식만 계속 움직여 나가는 순간이 올 것이다. 바로 그 순간에 그대는 하나됨의 밝음을 갖게 될 것이다. 거기에는 어떤 이중성도 없다. 그것이 바로 목적 지점이다. 의식의 최고 정점이다. 그것은 인간의 마음에 일어날 수 있는 가장 위대한 엑스터시다. 가장 깊은 축복이다.

자, 네번째 방편이다.

105

진리 속에서는 각각의 형상들을 서로 분리시킬 수 없다.
분리할 수 없음은 곧 전능한 잠재력을 가진 존재이며 그대 자신의 형상이다.
각각의 형상들이 이러한 의식으로 만들어졌음을 깨달아라.

진리 속에서는 각각의 형상들을 서로 분리시킬 수 없다. 그것들의 겉모습은 분리되어 있는 것으로 나타난다. 그러나 모든 형상들은 다른 형상들과 함께 묶여서 존재한다. 그래서 하나의 형상은 다른 형상과 상호 공존한다고 말하는 것이 더 정확한 표현일 것이다. 우리의 실체 역시 하나의 공존 현상이다. 그것은 사실 연합 실체이며 연합 주체성이라고 불러야 할 것이다.

예를 들면 그대가 이 땅 위에 홀로 존재한다고 생각하리. 그대는 무엇이 될 것인가? 전인류는 사라져 버렸다. 그대는 3차 대전 이후 지구상에 홀로 살아 남은 존재이다. 이 거대한 지구에 혼자 남아 있다. 그대는 자신을 누구라고 생각할 것인가?

첫째 그대는 자신이 혼자라는 것을 상상하기가 불가능하다. 그대는 그 상황을 상상하려고 여러 차례 시도하겠지만 그때마다 거기에 누군가가 있을 것이다. 지금까지 항상 누군가가 그대 곁에 있어 왔기 때문이다. 그대의 아내, 자녀, 친구 등등이 그대 곁에 있어서 한번도 홀로 있어 본 적이 없었던 것이다. 그래서 상상 속에서도 혼자 있을 수 없다. 그대는 언제나 타인과 함께 있었다. 그들이 그대에게 존재를 주었다. 그들이 그대에게 공헌했다. 그리고 그대도 그들에게 공헌했다.

그대가 혼자 남게 된다면 그대는 누가 될 것인가? 그대는 선한 사람이 될 것인가? 아니면 악한 사람이 될 것인가? 아무것도 말할 수 없다. 선과 악은 관계 속에서 존재한다. 그대는 아름다운 사람이 될 것인가? 아니면 추한 사람이 될 것인가? 그대는 남자가 될 것인가? 아니면 여자가 될 것인가? 아무 말도 할 수 없다. 지금 그대가 어떤 존재라 할지라도 그것은 전부 다른 누군가와 관계되어 있는 것이다. 그대는 지혜로운 사람이 될 것인가? 아니면 어리석은 자가 될 것인가? 점점 그대의 모든 형상들이 사라진다. 외부의 형상과 함께 내면의 형상들도 사라진다. 그대는 어리석지도 현명

하지도 않다. 선하지도 않고 악하지도 않다. 남자도 아니고 여자도
아니다. 그때 그대는 무엇이 될 것인가? 만약 그대가 모든 형상들
을 계속 제거해 나간다면 그대는 곧 아무것도 존재하지 않음을 깨
닫게 될 것이다. 지금 우리는 모든 형상들을 분리된 것으로 보고
있다. 그러나 실상은 그렇지 않다. 모든 형상들은 다른 형상과 이
어져 있다. 형상들은 하나의 틀 속에서, 사고의 유형들 속에서 존
재한다.

이 방편은 말하고 있다.

"진리 속에서는 형체들을 서로 분리시킬 수 없다. 분리할 수 없
음은 곧 전능한 잠재력을 가진 존재이며 그대 자신의 형체이다. 각
각의 형제들이 이러한 의식으로 만들어졌음을 깨달아라."

그대의 형상과 전 존재계의 형상들이 서로 분리될 수 없다. 그대
는 그것과 하나다. 그대는 그것 없이 있을 수 없다. 다른 것들은 진
실이고 그대가 혼자 있다고 상상하기란 무척 어렵다. 우주는 그대
없이 존재할 수 없다.

그대가 우주 없이 존재할 수 없듯이 우주 역시 그대 없이 존재할
수 없다. 그대는 언제나 수많은 형상들 속에서 존재해 왔다. 그리
고 앞으로도 항상 수많은 형상들 속에서 존재할 것이다. 그대는 거
기에 있을 것이다. 그대는 이 우주에 있어서 본질적인 부분이다.
그대는 이물질이 아니다. 이방인이 아니며 방관자가 아니다. 우주
는 어떤 상태에서도 그대를 잃어버릴 수 없다. 만약 우주가 그대를
잃는다면 그것 자체를 잃어버리는 것이기 때문이다. 형상들은 서
로 분리될 수 없다. 그것들은 하나다. 오직 겉모습만이 구분할 수
있고 경계선을 그을 수 있는 것이다.

만약 이것이 하나의 깨달음이 된다면, 그대가 이것을 꿰뚫어 볼
수 있다면, 이것이 그대에게 교리나 도그머가 아니라 실존적인 체

험이 된다면 그때 이렇게 말할 수 있다.

"그렇다. 나는 우주와 하나이며 우주는 나와 하나다."

그래서 예수는 유태인들에게 이렇게 말했고 그들은 모욕감을 느꼈다. 예수는 이렇게 말했던 것이다.

"나는 하늘에 계신 나의 아버지와 하나다."

유태인들은 신성을 모독한다고 느꼈다. 그는 도대체 무엇을 주장하고 있는가? 그는 지금 하나님과 하나라고 말하지 않는가? 이것은 신성 모독이다. 그는 벌을 받아야 한다. 그러나 예수는 하나의 방편을 가르친 것뿐이다. 그들은 형상들이 분리될 수 없으며 그대와 존재계가 하나라는 것을 가르쳤다.

"나와 하나님은 하나다."

이것은 어떤 사상이나 교리가 아니다. 이것은 단지 하나의 방편을 제시하고 있는 것이다. 예수가 그렇게 말할 때 그것은 그대와 하나님과 신성이 모두 분리되어 있음을 의미하는 것이 아니었다. 모든 '나'라고 하는 것은 존재계 공통의 일인칭이다. 그가 '나'라고 말할 때 그것은 어디에서나 '나'란 것이 존재한다는 말이다. 그대도 '나'라고 느끼고, 신성도 '나'라고 느낀다. 그대와 신성은 둘이 아니다. 그러나 유태인들은 예수의 말을 오해했다. 그것은 충분히 이해할 수 있는 일이다. 하지만 기독교인들조차 그것을 오해하고 말았다. 기독교인들은 오직 예수만이 신의 독생자라고 말한다. 아무도 예수처럼 말할 수 없다고 생각한다.

나는 매우 웃기는 책을 읽은 적이 있었다. 그 책의 제목은 '세 명의 그리스도'라는 책이다. 어떤 정신병원에서 정신병자 세 명이 모두 자신이 그리스도라고 주장했다. 이것은 실제로 일어난 일이다. 꾸며낸 이야기가 아니다. 그래서 정신과 의사는 이 세 명을 모두 연구했다. 그때 한 가지 생각이 그에게 떠올랐다. 그들을 서로

소개시키는 일이었다. 그러면 어떤 일이 벌어질지 궁금했다. 그들의 반응이 어떨지 무척 궁금했던 것이다.

그래서 그는 세 사람을 한 방에 가두고 서로를 소개하도록 했다. 먼저 첫번째 사람이 말했다.

"나는 독생자 예수 그리스도다."

그러자 다른 한 명이 웃었다. 그는 그가 틀림없이 미쳤다고 생각했다. 그는 이렇게 말했다.

"좋다. 그러나 자네가 어떻게 예수가 될 수 있겠는가? 바로 내가 예수 그리스도인데, 자네 역시 전체의 한 부분이다. 그리스도 의식의 한 조각이 그대 속으로 들어갔다. 그러나 독생자인 예수는 오직 나뿐이다."

그러자 세번째 정신병자는 그들 둘 다 멍청하다고 생각했다. 그들이 제정신이 아닌 게 틀림없다고 믿었다. 그 세번째는 이렇게 말했다.

"무슨 말을 하고 있는가? 나를 보라. 하나님의 독생자는 여기 있다."

그때 의사가 그들을 따로 불러서 각각 이렇게 물었다.

"당신은 그 말을 듣고 어떻게 생각했소?"

그러자 그들은 하나같이 이렇게 말했다.

"그들 둘 다 미쳤다."

이것은 정신병자에게만 일어나는 경우가 아니다. 만약 그대가 기독교인들에게 '자신이 신이라고 말하는 크리슈나는 어떻게 생각하는가?'라고 묻는다면 그들은 이렇게 말할 것이다.

"무슨 말을 하는가? 오직 신은 한 분뿐이다. 그는 바로 예수 그리스도다. 인류 역사를 통틀어 이 세상에 온 신은 오직 예수 그리스도뿐이다. 크리슈나는 훌륭한 사람이지만 신은 아니다. 신 자체는 절대 아니다."

만약 힌두교인들에게 같은 질문을 한다면 그들은 예수에 대해서 웃을 것이다. 같은 정신병이 계속된다. 그러나 실상은 모든 사람이 신의 독생자이며 바로 신이다. 모든 사람이 말이다. 그렇지 않은 상황은 불가능하다. 그대는 같은 근원에서 나왔다. 그대가 예수든 크리슈나든 아니면 갑이든 을이든 병이든 그 누구라도 그대는 하나의 근원에서 나왔다. 그리고 그 모든 '나'는, 모든 의식은 즉각 신성과 연결되어 있다. 예수는 단지 하나의 방편을 제시한 예일 뿐이다. 그리고 이 방편이 바로 그 방편이다.

"진리 속에서는 형상들을 서로 분리시킬 수 없다. 분리할 수 없음은 곧 전능한 잠재력을 가진 존재이며 그대 자신의 형상이다. 각각의 형상들이 이러한 의식으로 만들어졌음을 깨달아라."

그대 뿐만 아니라 그대 주위의 모든 존재가 바로 이 의식으로 만들어져 있음을 깨달아라. 만약 그대 자신만 그렇다고 생각한다면 그것은 에고를 무척이나 만족시켜 줄 것이다. 그러나 다른 사람도 같다는 사실을 깨닫게 되면 그것은 곧 겸손의 근본이 될 것이다. 그때는 그대가 누구라도, 그 무엇이라도 문제가 되지 않는다. 존재계 전체가 신성이다. 그대가 보는 것은 무엇이든지 신성으로 볼 것이다. 보는 자와 보이는 대상 모두 신성이다. 형상은 나누어질 수 없기 때문이다. 모든 형상들 밑으로 형상 없는 하나됨이 감추어져 있다.

〈질문〉

"사랑과 헌신의 길에 있는 구도자는 112가지 방편 중에서 어떤 명상법이 맞겠습니까?"

여러 가지 방편이 있지만 사랑과 헌신 그 자체가 하나의 방편이다. 그러니 다른 방편을 찾지 마라. 모든 방편들이 헌신과는 아무런 상관이 없다. 왜냐하면 방편이란 뜻은 주도권이 그대에게 달려있음을 의미하기 때문이다. 그대는 어떤 것을 할 수 있다. 그러나 헌신의 길에서는 헌신 그 자체가 가장 좋은 방편이다. 그대는 궁극적인 것을 택했다. 헌신의 길에서는 헌신만이 유일한 방편이다. 그 길에서는 다른 어떤 것도 진정한 방편이 되지 않는다.

112가지의 모든 방편들이 일정한 의지를 요구한다. 그래서 그대는 어떤 행위를 해야 한다. 그대는 에너지를 써야 한다. 에너지의 균형을 맞추고 그대의 혼돈 속에서 하나의 중심을 잡아야 한다. 그때 그대의 행위는 중요해진다. 그러나 헌신의 길에서는 오직 한 가지만을 요구한다. 그것은 바로 그대의 헌신이다. 우리는 앞으로 112가지 방편을 모두 한 번씩 깊이 들어가 볼 것이다. 그래서 헌신에 대해서는 미리 이야기해 보는 것이 좋다. 왜냐하면 헌신의 길에는 특별한 방편이 없기 때문이다.

112가지 방편이 헌신하는 사람에게는 아무것도 아니다. 그럼 왜 시바는 헌신에 대해서 한마디도 하지 않았을까? 바이라비 자신, 데비 그녀 자신은 어떤 방편적인 명상법을 통해서 시바에게 다가간 것이 아니기 때문이다. 그녀는 그저 헌신했다. 그래서 이 점을 주목해야 한다. 그녀는 이 방편들을 자신을 위해 물은 것이 아니다. 이 물음들은 온 인류를 위해 물은 것이다. 그녀는 이미 시바를 얻었다. 이미 시바의 무릎 위에 올라 앉아서 그를 껴안고 있다. 그를 받아들여 그와 하나를 이루었다. 그러나 여전히 그녀는 질문을 하고 있다.

그러므로 이 한 가지는 꼭 기억하라. 그녀는 지금 자신을 위해

질문하는 것이 아니다. 그녀는 이미 헌신을 통해 궁극에 이르렀다. 따라서 궁극에 이르는 방편을 더 이상 알 필요가 없다. 사랑을 통해 그녀는 모든 의문이 사라지게 되었다. 사랑만으로 충분한 것이다. 사랑은 더 이상 아무것도 요구하지 않는다.

그래서 시바는 그녀에게 헌신에 대해서 새삼스레 강의할 필요가 없다. 그녀는 이미 헌신의 완성을 보았다. 그래서 시바는 112가지 방편에 대해서만 말하고 있는 것이다. 그대가 헌신의 길에 뛰어든다면 다른 방편은 아무 소용이 없다. 그리고 그대가 모든 방편을 다 동원해 봐도 별로 뾰족한 수가 없을 때 그대가 마지막으로 할 수 있는 것은 자신의 전부를 헌신하는 것이다. 그대에게 보이는 모든 문을 다 두드려 보지만 어떤 문도 열리지 않을 때 그대는 완전히 낙심한다. 절망적이다! 그래서 그대는 자신을 던진다. 더 이상 그대의 노력 자체를 믿지 않게 된 것이다. 그때 진정한 헌신의 길이 열린다. 그러므로 헌신의 길에는 방편이 따로 없다.

그래서 그대가 진정으로 헌신하고자 한다면 헌신 외에 다른 방편을 찾지 마라. 무엇하러 방편에 매달리는가? 어떤 특별한 방편이 그대에게 맞는지 안 맞는지 누가 알겠는가?

하지만 헌신의 길은 너무나 어렵다. 그대가 자신을 남에게 맡길 수 있을 때까지 되려면 얼마나 많은 절망이 필요하겠는가? 이런 길을 갈 수 있는 사람은 선택받은 사람인지도 모른다. 사실 그것은 세상에서 가장 어려운 길이다. 자신을 버리다니! 방편은 어려운 것이 아니다. 거기에는 아직 희망이 남아 있다. 하지만 헌신에는 그대가 스스로 뭔가를 할 수 있다는 희망 따위는 전혀 남아 있지 않다. 오직 엄청난 무력감만 느껴질 뿐이다. 그리고 헌신의 문턱에 이르러 보지 않은 사람은 그 심정을 알지 못한다. 절망해 보지 않은 사람, 인생을 쉽게 살아온 사람들은 어떻게 헌신하면 좋은지를 쉽게 묻고 있다. 어떻게 사랑하면 좋은지를 묻고 있는 것이다. 그러나 헌신하는 데 무슨 방법이 있겠는가? 그대는 어떻게 사랑하겠는가? 그대가 더 이상 어떤 행동도 할 수 없을 때 헌신은 저절로 일어나는 것인데 말이다. 사랑 또한 그대의 머리로 제어할 수 있는 것이 아닌데 말이다.

거기에 사랑의 격류가 흐르든지 아니면 전혀 사랑이 없든지 두가지밖에 없다. 만약 어떤 사람이 그대에게 어떤 식으로 사랑하라고 가르쳐 준다면 그때는 내 말을 기억하라. 그대는 결코 어떤 식으로 사랑할 수 없다. 사랑에는 방법이 없다. 사랑은 그대가 마음대로 할 수 있는 것이 아니다. 사랑은 그대의 생각을 앞서 나간다. 사랑은 그대의 에너지보다 더 근원적인 에너지이다. 그대보다 사랑이 더 원초적인 것이다. 단지 그대는 사랑의 기교만을 배울 수 있다. 하지만 사랑의 기교는 사랑이 아니다. 수많은 사람들이 수많은 기교들을 알지만 그들은 모두 배우일 뿐이다. 그들은 연기를 하고 있는 것이다. 사랑의 기교를 그대가 배우고 나면 이제 그대는 사랑할 수 없다. 그대는 남을 속일 수 있다. 그리하여 남으로 하여금 일순간 그대를 사랑하도록 만들 수는 있다. 하지만 결코 그대는 남을 사랑할 수 없다. 기교를 배우려는 마음에는 이미 사랑의 꽃이 피지 않는다. 사랑과 기교는 아무런 관계도 없다. 그것은 뿌리가 서로 다르다.

사랑은 완전히 자신을 열어젖히는 것이다. 그것은 위험하다. 그대는 불안하다. 우리는 어떻게 사랑하는지 물을 수 없다. 따라서 어떻게 헌신하는지도 물을 수 없다. 그것은 그저 일어날 뿐이다. 사랑이 일어나고 헌신이 일어난다. 사랑과 헌신은 똑같은 현상의 다른 이름일 뿐이다.

만약 그대가 헌신할 수 있는 방법을 묻는다면 헌신하지 않을 수 있는 방법도 물어야 한다. 헌신하지 않는 방법은 무엇인가? 만약 그대가 아직 사랑에 빠져 보지 않았다면 그때 진짜 문제는 어떻게 사랑하느냐가 아니다. 진짜 문제는 어떻게 사람이 사랑 없이도 살 수 있는가 하는 것이다. 도대체 그대가 어떤 재주를 갖고 있기에 사람이 사랑하지 않고 살 수 있단 말인가? 그대의 방어 구조가 어떻게 되었기에 말이다. 분명 그대는 깊은 병에 걸려 있다. 병에 걸리지 않고서는 사랑하지 않고 살 수 없다. 물론 이 말은 잘 이해되어야 한다.

첫번째로 우리는 에고를 갖고, 에고 속에서 에고를 중심으로 살아간다. 이 말을 자세히 살펴보자. 내가 누구인지 모르고서는 나는 살 수 없다. 그래서 우리는 '나는 무엇이다'를 계속 외치면서 살아간다. 왜냐하면 자신이 누구인지 진실로 모르기 때문이다. 내가 누구인지 모르면서 어떻게 '나'라고 자신있게 말할 수 있는가? 내가 '나'가 아니고 혹시 '남'이라면 어떻게 하겠는가? 그리고 그대가 모르면서도 '나'라고 말할 때 그 '나'는 거짓된 '나'이다. 거짓된 그 '나'란 것이 바로 에고다. 그리고 이것은 하나의 방어 수단이다.

그리고 이 방어 수단이 그대를 구분짓고 주위로부터 보호한다. 아니 고립시킨다는 말이 더 맞다. 그때 그대는 헌신할 수 없다. 자신을 내맡길 수가 없는 것이다. 그러나 그대가 이 방어 수단을 인식할 수는 있다. 그리고 그대가 그것을 인식하는 순간 그것은 해체되기 시작한다. 인식의 정도가 깊어질수록 그것은 약해진다. 그리고 어느날 그대는 문득 '나는 있지 않다(I am not)'를 느끼게 된다. 바로 그 순간 그대는 완전한 내맡김, 즉 헌신이 일어날 수 있게 된다.

그러므로 그대가 누구인지 알기 위해 노력하라. 그대 속에서 진짜로 어떤 중심이 있을 때, 그대는 비로소 '나의 나(My I)'라고 부를 수 있다. 그러니 그대 속으로 깊이 들어가서 찾아볼 수밖에 없다. 이 '나'라고 하는 것이 어디에 있는지 찾아보라. 그곳이 바로 그대 에고의 거처이다.

임제선사가 그의 스승에게 불려갔을 때 그는 말했다.

"나에게 자유를 주십시오!"

그러자 스승이 말했다.

"그대 자신을 내놓아 봐라. 네가 있다면 너를 자유롭게 해주겠다. 하지만 네가 없다면 어떻게 있지도 않은 것을 자유롭게 해줄 수 있겠느냐?"

스승은 또 이어서 말했다.

"그리고 자유란 '너의 자유'가 아니다. 진정한 자유는 '너 자신으로부터의 자유'다. 그러니 우선 나가서 네가 말하는 그 '나'라는 것이 어디에 있는지 찾아오라. 찾는 것이 바로 명상이다. 가서 명상하라."

그래서 임제는 몇 달 동안 명상을 했다. 그리고 다시 와서 말했다.

"나는 육체가 아닙니다. 나는 이 사실을 깨달았습니다."

그러자 스승이 말했다.

"너는 많은 자유를 얻었다. 하지만 아직 멀었다. 다시 가서 너를 찾아오라."

그래서 임제는 또 몇 달 동안 명상에 힘을 쏟았다. 그리고는 다시 스승에게 가서 말했다.

"나는 이제 알았습니다. 나의 마음도 내가 아니었습니다. 나는 나의 생각을 구경할 수 있었습니다. 만약 내 생각이 나라면 어떻게 내가 내 생각을 구경할 수 있겠습니까?"

그러자 스승이 말했다.

"이제 너는 거의 자유로워졌다. 하지만 조금만 더 너를 찾아오라. 그러면 완전해질 것이다."

그래서 임제는 생각에 잠겼다. 사실 그는 많은 경전을 읽었고 지식이 있었다. 그래서 그는 이렇게 생각한 것이다.

'나는 내 육체도 아니고 내 마음도 아니다. 그렇다면 분명 나는 내 영혼일 것이다. 아트만(梵我)일 것이다.'

그렇게 생각하고 명상을 했지만 거기에는 어떤 아트만도 없었다. 어떤 영혼도 없었던 것이다. 사실 아트만이니, 무슨 영혼이니 하는 것은 그대의 영적인 지식에 지나지 않는다. 그것들은 관념이고 철학일 뿐이다. 그래서 어느 날 그는 스승에게 갔다.

"이제 나는 더 이상 없습니다!"

그러자 그의 스승이 말했다.

"그래도 내가 그대에게 자유로워질 수 있는 방법을 꼭 가르쳐 주어야 하는가?"

임제가 대답했다.

"이제 나는 자유롭습니다. 더 이상 내가 없기 때문입니다. 속박되어 있는 사람이 없습니다. 나는 그저 텅 빈 공간이며 무(無)입니다."

오직 무가 될 때만이 자유로워질 수 있다. 그대가 뭔가라고 생각하는 한 그대는 얽매어 있다. 그대가 존재하는 한 그대는 속박되어 있는 것이다. 오직 텅 빈 공간일 때만이 자유로울 수 있다. 그때는 그 어떤 것으로도 그대를 묶을 수 없다. 이제 그는 처음으로 스승의 발 앞에 엎드릴 수 있었다. 처음으로 말이다. 사실 그는 그전에도 수없이 스승의 발 앞에 엎드렸다. 하지만 스승은 처음으로 이렇게 말했다.

"너는 처음으로 내 발 앞에 엎드렸다."

그러자 임제가 물었다.

"왜 처음이라고 말씀하십니까? 나는 수없이 스승님 앞에 엎드렸습니다."

스승이 말했다.

"하지만 그때는 거기에 아직도 그대가 있었다. 그러니 그대가 어떻게 진정으로 엎드릴 수 있겠는가?"

'나'라고 하는 것은 결코 다른 사람 앞에 엎드릴 수 없다. 겉으로는 엎드리지만 그것은 사실 자기에게 엎드리는 것이다.

헌신이란 그대가 존재하지 않을 때 진정으로 가능해진다. 그렇지 않는 한 그대는 결코 헌신할 수 없다. 헌신은 하나의 테크닉이 아니기 때문이다. 그대 자신은 헌신할 수 없다. 바로 그대 자신이 장벽이 되기 때문이다. 그대가 없을 때 헌신이 거기에 일어난다. 그래서 그대와 헌신은 양립할 수 없다. 그러므로 그대가 어디에 있는지, 그대가 누군지 먼저 찾아보라. 이 물음은 놀랄 만큼 수많은 해석들을 만들어 낸다.

라마나 마하리쉬는 항상 이렇게 말했다.

"그대들은 자신에게 '나는 누구인가?'라고 물어라."

하지만 그것은 잘못 전달되었다. 그의 가장 가까운 제자조차 그것의 의미를 오해했다. 그들은 자신이 누구인지를 스스로에게 계속 질문하라는 뜻으로 생각했다. 그러나 그것이 아니다! 만약 그대가 그렇게 질문을 계속한다면 그대는 결국 그대 자신이 없다는 결론에 이르고 말 것이다. 하지만 이것은 진짜로 자신이 누구인지 찾는 물음이 아니다. 단지 질문을 풀기 위한 질문인 것이다.

나는 많은 사람들에게 이 물음을 던진 적이 있었다.

'나는 누구인가?'

그러면 한두 달 지나고 나서 그들이 나에게 와서 말한다.

"나는 아직 내가 누구인지 알지 못했습니다. 질문은 여전히 질문으로 남아 있습니다. 해답이 없습니다."

그러면 나는 그들에게 이렇게 말한다.

"계속해 보라. 언젠가는 해답을 발견할 것이다."

그들은 해답을 찾을 수 있다는 희망을 품고 있지만 거기에는 어떤 해답도 없다. 단지 질문만 사라질 뿐이다. '그대는 무엇이다'라는 해답은 어디에도 없다. 오직 질문만 사라진다. 그리고 '나는 누구인가?'라고 묻는 사람조차 사라져 버린다. 그러면 그때 그대는 알게 된다.

'나'라는 것이 존재하지 않게 될 때 진짜 '나'라는 것이 열린다. 에고가 존재하지 않을 때 그대는 처음으로 그대의 존재와 만나게 되는 것이다. 그 존재는 바로 텅 비어 있음, 즉 공(空)인 것이다. 그때 그대는 헌신할 수 있다. 그리고 헌신의 상태 속에 들어와 있다. 그래서 거기에는 다른 방편이 있을 수 없다. 굳이 방편을 들라고 한다면 '나는 누구인가'라는 일종의 화두(話頭) 같은 물음만이 소극적인 방편이 된다.

그러면 헌신은 어떤 작용을 하는가? 그대가 헌신할 때 무슨 일이 일어나는가? 먼저 그 과정을 이해하게 될 때 우리는 그 속으로 깊이 들어갈 수 있다. 거기에는 분명한 과학적인 원리가 들어 있다.

그대가 헌신할 때 그대는 하나의 골짜기가 되는 것이다. 그대가 에고로 뭉칠 때 그대는 봉우리와 같다. 에고는 다른 누구보다도 그대 자신이 높다는 것을 뜻한다. 그대는 어떤 한 사람이다. 다른 사람이 그대를 인정해 줄 수도 있고 아닐 수도 있다. 그것은 다른 문제다. 하지만 그대는 자신이 다른 사람보다 우월하다고 인정한다. 그대는 하나의 봉우리가 되고 어떤 것도 그대 속으로 흘러 들어올 수 없다.

그러나 그대가 헌신할 때 그대는 골짜기가 된다. 그대는 가장 낮아지는 것이다. 그때 존재계 전체는 그대 속으로 흘러 들어올 수 있다. 존재계 전체가 마구 쏟아지기 시작한다. 그대는 단지 하나의 텅 빈 공간이다. 바닥 없는 심연이다. 그때 도처에서 전 존재계가 그대를 향해 쏟아지기 시작한다. 그대에게는 모든 곳에 신이 있으며 어디로 들어가도 거기에서 신을 만날 수 있다.

그러므로 헌신은 골짜기가 되는 것, 심연이 되는 것이다. 이러한 헌신은 여러 가지로 이해될 수 있다. 예를 들어 그대가 스승에게 헌신할 때 즉시 스승의 에너지가 그대에게 흘러 들어오기 시작한다. 그때 그대는 확연하게 느낄 수 있다. 만약 그대가 그것을 느끼지 못한다면 그대는 전혀 헌신하지 않은 것이다.

이런 사례는 너무나 많다. 어느 날 마하가섭이 붓다를 찾아왔다. 그는 붓다의 발을 만졌고 붓다는 마하가섭의 머리를 만졌다. 그런데 뭔가가 일어났다. 마하가섭이 갑자기 일어나서 춤을 추기 시작한 것이다. 그러자 아난다가 붓다에게 물었다.

"도대체 무슨 일이 일어났습니까? 저는 당신과 40년을 같이 살았습니다. 그런데 그가 미친 것입니까? 아니면 단지 우리를 놀리는 것입니까? 그에게 무슨 일이 일어났습니까? 나는 당신의 발을 수없이 많이 만졌습니다."

물론 아난다에게 마하가섭은 미친 사람처럼 보일지 모른다. 아니면 남을 속이려는 것처럼 보일 수도 있다. 그는 붓다와 40년을 함께 있었다. 그러나 바로 거기에 문제가 있다. 그는 붓다의 사촌 형이었다. 바로 그것이 문제가 되었던 것이다. 처음 그가 붓다에게 왔을 때 그는 이렇게 말했다.

"나는 너의 사촌 형이다. 내가 너에게 입문하면 나는 너의 제자가 될 것이다. 그러니 내가 너의 제자가 되기 전에 먼저 세 가지 약속을 해달라. 입문을 하고 난 뒤에는 아무것도 요구할 수 없으니 말이다. 첫째로 나는 항상 너와 함께 있을 것이다. 약속해 달라. 나보고 '어디로 가시오'라고 말하지 않겠다는 것을. 나는 항상 너를 따를 것이다. 둘째로 나는 너와 같은 방에서 잠을 자겠다. 너는 나보고 '나가라'라고 말할 수 없다. 세째는 내가 언제라도 질문을 하면 너는 나에게 대답해 주어야 한다. 이것이 세 가지 요구 사항이다. 만약 이 약속을 지켜 준다면 나는 형이지만 너에게 입문해서 너의 제자가 될 것이다."

그리하여 붓다는 그 조건을 받아들였다. 그런데 이것이 바로 문제였다. 40년 동안 아난다는 붓다와 함께 있었다. 그러나 그는 결코 헌신할 수가 없었다. 그는 언제나 이렇게 물었다.

"내가 언제나 깨달음을 얻을 수 있겠습니까?"

그러면 붓다는 대답했다.

"내가 죽지 않는 한 그대는 깨달음을 얻을 수가 없다."

결국 붓다가 죽은 후에야 아난다는 깨달음을 얻을 수가 있었다. 그런데 마하가섭에게는 갑자기 무슨 일이 일어났는가? 그 일의 직접적인 이유가 붓다 때문이었는가? 아니면 마하가섭 때문이었는가? 마하가섭은 존재하지 않았다. 그는 끊임없이 흐르는 물과 같았다. 그러므로 그대는 골짜기가 되어야 한다. 자궁이 되어야 한다. 만약 그대가 스승보다 높이 있다면 어떻게 스승으로부터 뭔가를 받을 수 있겠는가? 오직 진정으로 헌신한 자만이 스승의 에너지를 받을 수 있다. 스승과 함께 있을 때 그대가 제대로 헌신만 한다면 그 즉시 스승의 에너지를 받을 수 있다. 그대는 그 에너지를 흐르게 하는 거대한 통로가 될 수 있다. 그리고 그런 이야기들은 수없이 많다. 단지 한번 만져 주는 것으로, 한번 보아 주는 것으로 사람들은 깨달음을 얻었다. 하지만 그런 일들은 우리에게 논리적으로 타당하게 보이지 않는다. 어떻게 그런 일이 가능할 수 있는가?

그러나 그런 일은 가능하다. 한번 그대가 스승과 눈이 마주치는 것만으로 그대는 충분히 변화할 수 있다. 물론 그때 그대의 눈은 텅 빈 허공, 골짜기가 되어 있어야 한다. 그리하여 그대의 눈 속으로 스승이 빨려 들어올 때 그대는 달라진다.

그래서 진정으로 헌신하는 사람들은 항상 극소수뿐이다. 만약 그대가 자신의 에고를 포기할 수 있다면, 헌신할 수 있다면 즉시 그대는 상상하지도 못했던 것, 믿을 수 없는 것을 얻을 수 있다.

깨어나라! 주시하라! 이해하라!

존재가 되라

이 방편들을 이론으로 만들지 마라.
그것들은 이론이 아니다.
그것들은 체험 속으로, 결론 속으로
뛰어드는 하나의 도약대인 것이다.

존재가 되라

106

타인의 의식을 그대 자신의 의식으로 느껴라.
그래서 자아라는 국한된 관점에서 벗어나
하나의 존재가 되라.

107

이 의식은 각각의 존재로서 존재한다.
그리고 이것 외에 다른 아무것도
존재하지 않는다는 것을 자각하라.

108

이 의식은 각각의 사람들을 인도하는 영(靈)이다.
이 영과 하나가 되라.

존재는 그 자체로서 하나다. 인간의 문제는 그의 에고에서 나온다. 그 에고는 자신이 분리되어 있다는 느낌을 준다. 그리고 존재로부터 분리되어 있다는 이 느낌이 모든 문제를 만들어 내는 것이다. 근본적으로 그것은 거짓이다. 그리고 거짓에 바탕을 둔 모든 것은 고통을 만들어 내며 문제를 낳고 혼란을 초래한다. 그리고 그대가 무엇을 하든지 그것이 이 잘못된 분리 의식에 기초를 두었다면 그것은 잘못된 방향으로 나아갈 것이다.

따라서 고통의 문제는 그 뿌리부터 파헤쳐져야 한다. 그것은 어떻게 일어나는가? 의식은 그대가 그대 존재의 중심이라는 느낌을 갖게 한다. 그리고 그것은 그대에게, 타인은 타인일 뿐이며 그들과 다른 존재라는 생각을 심어 준다. 이런 분별심은 바로 그대가 의식적인 존재이기 때문에 생겨나는 것이다. 그대가 잠을 잘 동안에는 어떤 분별도 존재하지 않는다. 그대는 우주 속으로 녹아 든다. 지복감이 잠자는 중에 일어난다. 아침에 일어나면 그대는 상쾌함을 느끼고 활기를 되찾는다. 깊은 잠속에서 어떤 일이 일어났는가? 그대는 그대의 에고를 잃어버리고 우주와 하나 되어 깊이 빠져든 것이다. 이 우주와의 합일은 그대를 신선하고 생기 있게 만들며 아침에 잠을 깨면 그대는 축복을 느낀다. 모든 고통은 사라지며 갈등과 혼란 또한 사라지고 두려움과 죽음 역시 사라진다. 왜냐하면 죽음이란 그대가 분리되어져 있을 때만 가능하기 때문이다. 만약에 그대가 분리되어 있지 않다면 죽음은 불가능하다. 만약 그대가 분리되어 있지 않다면 죽는 사람은 누구이겠는가? 누가 고통을 받겠는가? 그래서 탄트라와 요가와 모든 명상체계들은 그대에게 분리란 거짓이며, 분리되어 있지 않음이 진실임을 자각하게끔 일깨워 주고 있다. 그리고 만약 그대가 그 사실을 자각할 수 있게 되면 그대는 전적으로 달라질 것이다. 왜냐하면 중심은 당신으로부터 사라져 본래의 제자리인 우주 속으로 찾아가기 때문이다. 그대는 이 광활한 바다에서 그저 한 조각 파도가 될 것이다. 그대는 분리되지 않았기에 두려움이 없으며 불안 또한 없다. 그대는 죽음과 소멸에서 파생되는 고통을 느끼지 않게 될 것이다. 이런 모든 것이 에고와 함께 사라진다. 힌두교도들은 삼마디를 의식이 잠든 상태라고 믿어 왔다. 잠속에서 그대는 더 이상 존재하지 않는 현상이 발생한다. 오직 존재만이 있고 그대는 더 이상 없다. 그러나 그대는 깊은 무의식 속에 있기 때문에 무슨 일이 일어나고 있는지 알 수 없다. 만약 같은 현상이 자각 속에서 일어난다면 그대는 깨닫는다. 붓다도 같은 근원 속으로 들어갔다. 이 동일한 근원을 그대 역시 꿈이 없는 깊은 잠속에서 여행하고 돌아왔다. 붓다는 의식적으로, 각성 속에서 여행을 했다. 그는 자신이 어디로 여행하는지, 무엇이 일어나고 있는지 알았으며 그가 그 근원에서 돌아왔을 때 그는 완전히 변형되어 있었다.

옛사람은 사라졌다. 새사람이, 새로운 에너지가 탄생했다. 이 새사람은 그 중심이 우주에 있으며, 이 중심의 이동 때문에 그대의 모든 고통과 번뇌와 지옥이 사라진 것이다. 그것들은 단지 사라질 뿐이다.

그것은 해결된 것이 아니고 거기에 본래부터 있지 않았다는 사실을 아는 것이다. 그것은 에고 없이 존재할 수 없는 것이었다.

그렇다면 어떻게 해야 깊은 잠속에서 일어나는 일들을 각성 속에서 경험할 수 있겠는가? 어떻게 해야 깨어 있으면서 잠들 수 있겠는가? 그대의 에고가 부재하는 동안에 어떻게 해야 정신을 차릴 수 있겠는가? 에고는 그대 교육의 결과로 나온 것이며 그러한 삶은 에고의 자연스런 산물이다. 그것은 거기에 있을 수밖에 없다. 실제로 어떤 존재도 에고 없이 진화될 수 없다. 그러나 어디에서 에고가 떨어져 나갈 수 있는지, 그리고 어디에서 떨어져 나가야만 하는지, 존재가 그것을 어디에서 초월해야만 하는지 그 시점은 명확하게 다가온다.

에고는 달걀의 껍질과 같다. 그것은 필요한 것이다. 그것은 일종의 보호막이다. 씨앗의 껍질과 같은 것이다. 그러나 보호라는 것이 한편으로는 지나칠 경우 위험한 것이 된다. 만약 껍질이 계속해서 씨앗을 보호하기만 하고 싹을 틔우지 않게 하면 그것은 이미 방해물이 된다. 껍질은 내부의 생명이 움터 나오도록 땅속으로 녹아 들어야 한다. 씨앗은 죽어야 하는 것이다. 죽어야 거기에서 생명이 탄생되고 열매가 생겨날 수 있다.

모든 사람은 씨앗 속에서 태어난다. 에고는 그 바깥 부분의 껍질이다. 그것은 아기의 생존을 보호한다. 만약 아기가 어떤 에고도 갖지 않고 태어난다면, '나는 존재한다'는 느낌이 없이 태어난다면 그는 생존할 수 없다. 그는 자신을 보호할 수 없을 것이고 투쟁하지도 못할 것이며 어떤 식으로든 존재할 수 없다. 그는 강력한 중심이 필요하다. 비록 그것이 거짓이지만, 그러나 필요하다.

하지만 이 도움의 수단이 방해물이 되는 순간이 온다. 처음에는 그것이 그대를 외부로부터 지켜준다. 하지만 날이 갈수록 그것은 강해져서 그대의 내적 존재가 에고를 초월하고 움틀 수 있도록 기회를 주지 않는다. 에고는 필요하다. 그리고 나서 에고로부터의 초월 또한 필요하다.

만약 누군가가 에고를 가진 채로 죽는다면 그는 씨앗으로 죽는 것이 된다. 그는 진정한 존재를 모르고 죽는 것이며, 가능했던 운명을 꽃피우지 못하고 죽는 것이고, 의식적으로 존재계를 만나지 못한 채 죽는 것이다. 이 방편들은 그 씨앗의 껍질을 어떻게 하면 부술 수 있는가에 관한 것들이다.

자, 첫번째 방편으로 들어가자.

106

타인의 의식을 그대 자신의 의식으로 느껴라.

그래서 자아라는 국한된 관점에서 벗어나 하나의 존재가
되라.

실체 속에서는 그러하다. 그러나 실체 그대로 느끼지는 못한다. 그대는 그대의 의식을 그대의 것으로서 느낀다. 실제로 타인의 의식을 그대는 결코 느끼지 않는다. 대부분의 경우 그대는 타인도 마찬가지로 의식적일 것이라고 미루어 생각한다. 그대는 그대 자신이 의식적이라고 생각하기에 그대와 같은 존재는 의식적이어야만 한다고 추론한다. 이것은 단지 논리적인 추론일 뿐이다. 그대는 타인을 하나의 의식으로 느낄 수 없다. 그것은 마치 두통을 앓고 있는 것과 같다. 그대가 두통을 느끼며 그것을 자각한다. 누군가가 두통을 앓게 되면 그대는 타인의 두통을 느낄 수 없음에도 불구하고 그가 말하고 있는 것이 진실이며 그는 그대와 같이 어떤 것을 갖고 있음이 틀림없다고 미루어 짐작한다. 하지만 그대는 그것을 결코 느낄 수 없다.

느낌이란 그대가 타인의 의식에 대해서 자각할 때 일어날 수 있다. 그렇지 않다면 그것은 논리적인 추론일 뿐이다. 그대는 타인들이 정직하게 말하고 있으며 그들이 말하는 것은 무엇이든지 믿을 만한 가치가 있다고 생각하는데, 그것은 그대 역시 비슷한 체험을 가진 적이 있기 때문이다.

타인에 대해서는 아무것도 알 수 없다고 주장하는 논리학파가 있다. 그들에게는 타인을 안다는 것이 불가능하다. 기껏해야 추론할 수 있을 뿐이다. 아무것도 타인에 대해서 알 수 없다. 그대가 어떻게 타인이 그대처럼 고통스러운지, 그대와 같은 욕망을 갖고 있는지 알 수 있겠는가? 실제로 그들은 거기에 있다. 하지만 그대는 그들을 꿰뚫을 수 없다. 단지 그들의 표면을 접촉할 수 있을 뿐이다. 그들의 내적 존재는 알려지지 않은 채 남아 있으며 우리는 우리 자신 속에서 닫혀진 채 남아 있다. 그때 우리를 둘러싼 세상은 느낌의 세계가 아니라 논리적으로, 이성적으로 추론된 세상이다. 마음은 세상이 거기에 있다고 말한다. 그러나 가슴은 그것을 느끼지 못한다. 바로 이 때문에 우리는 타인을 의식이 아니라 하나의 물건으로 대하고 있다. 다른 의식체와의 관계는 사물들과의 관계와 같다. 남편은 아내를 물건처럼 대한다. 그는 그녀를 소유한다. 아내 역시 마찬가지다. 만약 우리가 타인을 의식체로서 대한다면 우리는 소유하려 들지 않을 것이다. 왜냐하면 오직 사물만이 소유될 수 있기 때문이다.

하나의 인간은 자유를 의미한다. 하나의 인간은 소유되어질 수 없다. 만약 그대가 누군가를 소유하려 든다면 그대는 그를 죽이는 것이며 그 순간 그는 사물로 전락하게 된다. 우리와 타인과의 관계는 진실로 '나―당신'과의 관계가 아니라 '나―그것'의 관계로 전락해 버렸다. 타인은 취급되고 이용되며 착취되어야 할 물건에 불과한 것이 되어 버렸다. 이것이 바로 현대에 와서 사랑이 더욱더 불가능해지는 이유다. 왜냐하면 사랑이란 타인을 하나의 의식체로서, 인격체로서, 자유로서, 당신과 같은 가치 있는 존재로서 대한다는 것을 의미하기 때문이다. 그대가 사물을 대할 때 그때 중심은 그대가 되며 사물은 단지 이용되어지는 것일 뿐이다. 그 관계는 실용주의적 입장이다. 사물은 그 자체로 아무런 가치가 없으며, 다만 그대가 그것들을 사용할 수 있을 때만 가치가 있다. 그것들은 당신을 위해 존재한다. 그러나 의식체는 그 자신을 위해서 존재한다.

그대는 그대의 집과 관계 맺을 수 있다. 즉 집은 그대를 위해 존재한다. 그것은 실용주의다. 차는 그대를 위해 존재한다. 그러나 아내는 그대를 위해 존재하는 것이 아니며 남편 역시 그대를 위해 존재하는 것이 아니다. 남편은 그 자신을 위해 존재하며 아내 또한 그녀 자신을 위해 존재하고 있다. 이것이 바로 하나의 인간이 된다는 의미다. 만약 그대가 인간을 하나의 의식으로서 인정하며 사물로 격하시키지 않는다면 그대는 조금씩 조금씩 그를 느낄 수 있다. 그렇지 않으면 그대는 느낄 수 없을 것이다. 그대의 인간관계는 관념적이고 지적이며 머리 대 머리로서 마음 대 마음으로서 남아 있을지언정 가슴 대 가슴으로 맺어질 수는 없다.

이 방편은 말하고 있다.

"타인의 의식을 그대 자신의 의식으로 느껴라."

이것은 어려울 것이다. 왜냐하면 그대는 먼저 타인을 하나의 인간으로서, 의식적인 존재로서 느껴야 하기 때문이다.

예수는 말했다.

"네 이웃을 네 몸과 같이 사랑하라."

이것도 같은 맥락이다. 그러나 먼저 타인은 당신에게 있어서 하나의 인간이 되어야 한다. 그는 자신의 천부인권 속에서 존재해야만 하며 이용되거나 착취되어서는 안된다. 수단이 아닌 목적이 되어야 하는 것이다. 우선 타인은 하나의 인간이 되어야 한다. 다시 말해서 타인은 그대와 마찬가지로 소중한 '당신'이 되어야 한다. 오직 그때만이 이 방편은 적용될 수 있다.

"타인의 의식을 그대 자신의 의식으로 느껴라."

먼저 타인이 의식적이라고 느껴라. 그때 그대가 갖고 있는 의식을 타인도 갖고 있음을 느낄 수 있다. 실제로 타인은 사라지고 단지 그대와 그 사이에 의식만이 흐르게 된다. 그대와 타인은 한 의식의 흐름에서 양극이 된다.

깊은 사랑 속에서 두 사람은 둘이 아니게 된다. 둘 사이에 무엇인가가 존재 속으로 들어와 두 사람은 그 무엇의 양극이 된다. 무엇인가가 그 두 사람 사이를 흐른다. 이러한 흐름이 존재할 때 그대는 지복을 느끼게 될 것이다. 만약 사랑이 행복을 준다면 그것은 단지 다음과 같은 이유에서이다. 그 두 사람은 짧은 순간 동안에 그들의 에고를 잃어버려 '타인'은 사라지고 '하나됨'이 존재 속으로 들어온다. 아무리 짧은 순간일지라도 이런 현상이 발생하면 그것은 황홀 그 자체이며 지복이 되어 그대는 잠시나마 낙원으로 들어가게 된다. 그리고 이 순간은 변형의 기회가 될 수 있다.

이 방편은 그대가 모든 사람과 더불어 수련할 수 있다고 말한다. 사랑에 있어서 그대는 특정한 사람과 이 방편을 사용할 수 있고 또 그렇게 하고 싶어한다. 그러나 명상에 있어서는 그대가 상대를 가리지 않고 이 방편을 사용할 수 있다. 당신에게 다가오는 사람이 누구든지간에 단지 그의 내부로 용해되어라. 그대와 그가 둘이 아니며 그 사이에 하나의 생명이 흐르고 있음을 느껴라. 이것은 행동 양식 전체를 바꾸는 것이다. 한번 그대가 그것을 알고 나면, 행하고 나면 그것은 무척 쉽게 이루어진다. 처음에는 그것이 매우 어렵게 느껴지는데, 그것은 우리가 자신의 에고에 집착해 있기 때문이다. 하나의 흐름이 된다는 것, 자기를 잃는다는 것은 어려운 것이다. 따라서 처음에는 그대가 별로 두려워하지 않는 어떤 장소에서 시도해 보는 것이 좋다.

한 그루의 나무 옆에 앉아서 그 나무를 느껴 보라. 나무와 그대는 하나가 되었으며 거기에는 하나의 흐름만이 있다. 그대가 나무를 두려워하지 않게 될수록 명상은 더욱 쉽게 일어날 것이다. 흘러가는 강물 옆에 앉아서 그대와 강물이 하나가 되어 흘러간다고 느껴 보라. 하늘을 쳐다보고 누워서 하늘과 하나가 되었다고 느껴 보라. 처음에는 단지 상상에 불과할 것이다. 그러나 점차로 그대는 상상을 통해서 실체와 접촉하고 있다는 것을 느끼게 될 것이다.

그리고 나서 사람과 더불어 해보라. 처음에는 무척 어려울 것이다. 그대가 지금까지 사람들에게 해왔던 습관 때문에 두려움을 느끼게 될 것이다. 그동안 그대는 사람들을 하나의 사물로 대해 왔던 것이다. 만약 그대가 어떤 사람과 너무 가까워진다면 혹시 그가 그대를 사물의 수준으로 격하시키지 않을까 하고 그대는 두려워한다. 그것이 두려운 것이다. 그대는 타인을 사물로 바꿔 놓으려 하고 타인 역시 그대를 사물로 바꾸려고 한다. 그러나 그 누구도 자신이 사물이 되기를 원치 않는다. 도구로 이용되고 싶어 하지 않는다. 그대는 그대 자신으로서 하나의 목적이 되는 게 아니라 어떤 것에 대한 도구로 전락하는 것이다. 이것은 가장 비참한 상황이다. 하지만 모든 사람이 타인을 그렇게 대하려고 노력하고 있다. 이 때문에 거기에 깊은 공포가 생겨난다. 그래서 이 방편을 사람들 사이에서 시작하기란 무척 어렵다.

그러므로 먼저 강이나 언덕, 별들과 하늘, 나무들과 더불어 시작해보라. 한번 그대가 나무와 하나가 되었을 때 어떤 느낌이 일어나는지를 알고 나면—그때 그대는 얼마나 행복하고, 아무것도

잃는 것이 없으며 전 존재계를 얻게 된다ㅡ그때 사람에게 시도할
수 있다. 그때는 상상할 수 없는 지복이 찾아온다. 나무나 강에게
서 그토록 행복을 느낀다면 사람과 더불어서는 얼마나 행복하겠
는가? 인간이란 보다 지고한 현상이며 보다 진화된 존재이기 때
문이다. 사람을 통해서 그대는 경험의 더 높은 절정에 이를 수 있
다. 그대는 히니의 바위와도 환희를 느낄 수 있었는데 하물며 사
람을 통해서 신성한 엑스터시를 느낄 수 없겠는가?

처음에는 그대가 두려워하지 않는 어떤 것과 시작하라. 혹은
그대가 사랑하는 사람, 그대의 친구나 연인처럼 그대가 아무런
공포를 갖지 않고 가까워질 수 있는 사람과 시작하라. 그리고 자
신을 그 속에서 잊어버려라. 거기에 깊은 만남이 일어난다. 두 에
너지가 서로의 내면 속으로 녹아 들어간다. 이것이 하나의 개체
와 가능하다면 그때는 전 우주와도 가능하다. 그것이 바로 성자
들이 삼마디라고 부르는 것이다. 그것은 한 인간과 전 우주 사이
에 일어나는 깊은 사랑의 교류인 것이다.

"타인의 의식을 그대 자신의 의식으로 느껴라. 그래서 자아라
는 국한된 관점에서 벗어나 하나의 존재가 되라."

우리는 언제나 우리 자신에만 관심이 있다. 우리가 사랑에 빠
질 때조차 우리 자신에만 관심을 갖는다. 사랑이 불행으로 변하
는 이유가 바로 그것이다. 그것은 천국이 될 수도 있지만 지옥이
될 수도 있다. 왜냐하면 연인들조차도 자신에게만 관심을 갖기
때문이다. 상대방을 사랑하는 것도 그가 그대에게 행복과 즐거움
을 주기 때문이다. 상대방이 그대에게 중요해지는 이유는 상대방
을 통해서 그대가 만족할 수 있기 때문이다. 그리고 이것 역시 상
대방을 이용하는 것이다.

자기에게만 관심이 있다는 것은 상대방을 이용한다는 뜻이다.

그리고 종교적인 의식은 자신의 존재에 대한 관심을 잃어버릴 때만 들어올 수 있다. 그때 그대에게는 사기성이 없어지기 때문이다. 존재계와 그대는 하나가 된다. 그때 그대는 누구도 이용하지 않고 이용당하지도 않는다. 그것은 존재의 가장 지고한 축제다.

자아라는 국한된 관점은 내던져 버려야 한다. 이것은 그대가 자각할 수 없을 정도로 그대 속에 깊이 뿌리 박혀 있다. 그래서 우파니샤드에서는 남편이 아내를 사랑하는 것은 아내를 위한 것이 아니라 남편 그 자신을 위한 것이며, 어머니가 자식을 사랑하는 것도 어머니 자신을 위한 것이라고 말하고 있다. 자아라는 국한된 관점은 너무나 익숙한 것이어서 그대가 무엇을 하든지 그대는 오직 자신만을 위해서 한다. 다시 말해서 그대는 언제나 에고를 만족시키려 한다. 그 에고는 그대와 우주 사이를 가로막는 장벽으로서 거짓된 중심이다.

자아라는 관점을 잃어버려라. 짧은 순간이라도 그대가 그 관점을 잃어버릴 수 있다면, 그리고 타인에게 관심을 갖고 타인이 될 수 있다면 그대는 존재의 다른 차원으로 들어갈 수 있다. 그때 사랑과 헌신과 자비라는 말이 색다르게 느껴질 것이다. 그런 것들은 타인을 향한 관점을 갖게 되는 것으로 자아라는 관점을 벗어날 때만이 제대로 경험할 수 있는 것이다.

그러나 보라. 인간의 마음은 너무나 교활해서 사랑, 자비, 헌신 같은 것들마저 자아를 위한 것으로 바꾸어 버렸다. 기독교 선교사들이 헌신하는 것을 보라. 그들의 봉사는 무척 진지하다. 실제로 기독교 선교사들만큼 강렬하고 헌신적으로 봉사하는 사람들은 없다. 왜냐하면 예수 자신이 헌신적인 봉사에 대해서 무척 강조했기 때문이다. 어떤 힌두교도나 이슬람교도들도 그렇게 하지는 못한다. 기독교 선교사들이 가난하고 병든 사람들에게 많은 봉사를 하고 있는 것은 사실이다. 하지만 그 속으로 깊이 들어가면 그것은 자신을 위한 것이다. 남에게 관심이 있는 것이 아니라 자신에게 관심이 있는 것이다. 그들의 이 봉사란 천국에 들어가기 위한 하나의 수단이다. 그들은 오직 자신에게만 관심이 있는 것이다. 그들은 그 봉사를 통해서 더 위대한 자아를 획득할 수 있는 것이다. 그래서 그들은 봉사를 하고 있다. 그러나 그들은 기본적인 요점을 놓치고 있다. 봉사는 타인의 관점을 갖게 된다는 것을 의미하기 때문이다. 그것은 타인이 중심이 되고 그대가 주변이 된다는 뜻이다.

그대가 어떤 사람을 그대의 중심으로 만들려고 노력해 보라. 그때 그의 행복은 그대의 행복이 되고 그의 불행은 그대의 불행이 된다. 그에게 일어나는 것은 무엇이든지 그대에게 흘러 들어온다. 그가 중심이 된 것이다. 타인이 중심이 되고 그대가 주변이 되는 일이 한 번만 그대에게 일어난다면 그대는 존재의 다른 차원, 경험의 다른 영역 속으로 들어가는 것이다. 그 순간에 그대는 깊은 축복을 느끼게 될 것이다. 그 축복은 이전에는 한 번도 경험하지 못했던 것이다. 타인의 관점이 그대 자신의 관점으로 변하는 것만으로 그대는 모든 불행에서 벗어날 것이다. 그 순간 그대에게는 어떤 지옥도 없다. 그대는 낙원으로 들어간다.

왜 이런 일이 일어나는가? 에고가 모든 불행의 뿌리이기 때문이다. 그대가 그것을 잊을 수 있다면 모든 불행은 그것과 함께 녹아 없어질 것이다.

"타인의 의식을 그대 자신의 의식으로 느껴라. 그래서 자아라는 국한된 관점에서 벗어나 하나의 존재가 되라."

나무가 되라. 강물이 되라. 아내가 되라. 남편이 되라. 어린아이가 되고 어머니가 되라. 친구가 되라. 그대와 관계된 사람이 누구든지 그가 되라. 이것은 삶의 모든 순간에서 수련되어질 수 있다. 그러나 처음에는 그것이 어려울 것이다. 하루에 한 시간씩만 해보라. 그대 곁에 누가 있든지 그가 되라. 그대는 이렇게 말할 것이다.

"그것이 어떻게 가능합니까?"

그러나 그것이 어떻게 가능한지는 직접 해보기 전에 알 수 있는 다른 길이 없다. 매일 한 시간씩 어떤 것에 대해 공감을 가져 보라. 처음엔 그대 자신이 바보처럼 보일 것이다. 그대는 이렇게 생각할 것이다.

"내가 지금 무슨 바보 같은 짓을 하고 있는가?"

그대는 주위를 둘러볼 것이다. 그리고 누군가가 그대를 지켜보고 있으며 그대를 미쳤다고 여길 것이라는 생각이 들 것이다. 그러나 그것은 처음 잠시 동안일 뿐이다. 한번 그대가 공감의 세계 속에 들어가면 온 세상이 그대에게 미친 것처럼 보인다. 사람들이 너무나 좁고 메마르게 살아가고 있기 때문이다. 삶은 풍부한데 그들은 모든 것을 놓치고 있다. 그것은 그들이 자아라는 관점으로 굳게 닫혀 있기 때문이다. 그들은 삶이 자신들 속으로 들어오는 것을 허락하지 않는다. 삶은 그대가 삶 속으로 들어갈 때만이 그대 속으로 들어올 수 있다. 수많은 길을 통해서, 수많은 차원을 통해서 그대에게 들어올 것이다. 그 삶은 얼마나 풍부하고 다양한지 모른다. 그대는 도저히 상상조차 할 수 없다.

적어도 하루에 한 시간씩만 하라. 이것이 바로 모든 종교에서 사용하고 있는 기도라는 수단이다. 기도의 의미는 우주와의 합일에서 오는 삶의 풍부함 속에 있기 위한 것이다. 기도 속에서 그대는 신에게 말한다. 신은 전체성을 의미한다. 때때로 그대는 신에게 화를 내기도 하고 감사하기도 한다. 그러나 한 가지 확실한 것은 그대가 대화 속에 있다는 것이다. 신은 단지 정신적인 개념이 아니다. 신은 깊고 친밀한 교제 관계 속의 실체다. 또한 그것이 바로 기도의 의미다.

하지만 우리의 기도들은 너무나 진부해져 버렸다. 그것은 우리가 어떻게 존재계와 대화할 수 있는지를 모르기 때문이다. 우리는 존재계와 대화할 수 없다. 그것은 불가능하다. 그대가 나무와 대화할 수 없다면 어떻게 전 존재계와 대화할 수 있겠는가? 그대가 나무와 대화하는 것을 바보짓으로 느낀다면 신과 대화하는 것은 더욱 어리석은 행위로 느낄 것이다.

하루에 한 시간씩 기도하는 마음이 되라. 어떤 말도 입 밖에 꺼내지 마라. 느낌으로 기도하라. 머리로 하지 마라. 나무를 만지고 껴안아라. 나무에게 키스하라. 눈을 감고 나무가 마치 그대의 연인인 것처럼 느껴라. 곧 그대는 깊은 이해 속으로 들어가게 될 것이다. 자아의 관점을 버린다는 것이 무엇인지, 타인이 된다는 뜻이 무엇인지 알게 될 것이다.

자, 두번째 방편이다.

107

이 의식은 각각의 존재로서 존재한다.
그리고 다른 아무것도 존재하지 않는다는 것을 자각하라.

반세기 전만 해도 과학자들은 오직 물질만 존재한다고 말하곤 했다. 그리고 유명한 철학 체계들이 이 개념 위에 세워졌다. 오직 물질만이 존재한다는 생각 말이다. 그러나 그렇게 믿던 사람들이 의식과 같은 어떤 것이 존재한다는 사실을 인정해야 했다. 그래서 그들은 생각 끝에 의식은 물질의 부수적인 현상이라고 말했다. 물질의 부산물 말이다. 그것은 물질의 변형 외에 아무것도 아니었다. 물질의 미묘한 형태라고 생각했던 것이다. 그러나 반세기가 지나자 기적과 같은 일이 일어났다.

과학자들은 물질이 무엇인지를 알아내기 위해 모든 방법을 다 동원했다. 그러나 그들이 연구하면 할수록 거기에 물질 같은 것은 아무것도 없음을 깨닫게 되었다. 물질은 분석한 결과 사라져 버리고 말았다. 백년 전에 니이체는 '신은 죽었다'라고 말했다. 그리고 죽은 신과 함께 거기에 의식 같은 것은 있을 수 없게 되었다. 신은 의식의 전체성을 의미하기 때문이다. 그러나 그 백년이 채 못되어 이번에는 물질이 죽어 버렸다. 이제 물질이 존재한다는 것은 죽은 개념이다. 과학자들은 물질이 단지 하나의 외형적인 현상이라는 결론에 도달하게 된 것이다. 물론 물질은 겉으로 보기에 있는 것처럼 보인다. 그것은 우리가 깊이 들여다볼 수 없기 때문이다. 그것을 깊이 들여다보면 그것은 사라진다. 거기엔 오직 에너지만 남아 있다.

이 에너지 현상이, 이 비물질적인 힘이 신비주의에서는 오래 전부터 알려져 있었다. 베다에서, 바이블에서, 코란과 우파니샤드에서, 전세계의 모든 신비주의에서 존재계를 깊이 꿰뚫고 있었다. 그들은 언제나 물질은 단지 하나의 현상일 뿐이라는 결론을 갖고 있었다. 깊이 들어가면 물질은 없다. 오직 에너지뿐이다. 이제 과학에서도 이 생각에 동의하고 있다. 그러나 신비주의자들은 여기에 한 가지 사실을 더 알고 있었다. 그들은, 그대가 에너지 속으로 깊이 들어가면 에너지는 사라지고 오직 의식만이 거기에 남아 있음을 알게 되리라고 말한다.

그래서 여기에 세 가지 층이 있다. 첫번째 층은 물질이다. 그 물질을 관통해서 들어가면 두번째 층이 나온다. 그것은 에너지

충이다. 그리고 더 깊이 들어가면 마지막 세번째 층이 드러나는 데 그것이 바로 의식이다. 처음에 과학자들은 그것이 꿈 같은 이 야기이며 자기들에게는 물질밖에 보이지 않는다고 말했다. 그때 과학은 그 물질의 층을 관통하려고 했다. 그리고 결국 그것에 성 공했다. 그리하여 신비주의자들의 말이 옳았음이 증명되었다. 이 제 신비주의는 또 한 가지 사실을 주장하고 있다. 에너지를 깊이 관통하면 에너지는 사라지고 거기에 오직 의식만이 남아 있다고 그들은 말한다. 그 의식이 바로 신이다. 가장 깊고 내밀한 핵심인 것이다.

만약 그대가 그대의 몸 속으로 깊이 들어가면 거기에 이 세번 째 층이 존재한다. 육체는 첫번째 층이다. 육체는 물질처럼 보인 다. 그러나 그 육체 속에는 생명의 흐름이 있다. 프라나, 즉 생명 에너지의 흐름이 거기에 있다. 이 생명 에너지가 없는 한 그대의 몸은 시체일 뿐이다. 그것이 살아 있는 것은 어떤 것이 그 속으로 흘러가고 있기 때문이다. 그 흘러가는 어떤 것이 바로 두번째 층 인 에너지이다. 거기서 더 깊이 들어가면 그대는 의식을 자각할 수 있다. 거기서 그대의 육체와 생명 에너지의 흐름을 모두 지켜 볼 수 있다. 그 지켜보는 것이 바로 그대의 의식인 것이다.

모든 존재계는 세 가지 층으로 이루어졌다. 가장 깊은 층은 모 든 것을 주시하고 있는 의식이다. 중간에 생명 에너지가 흐르고 있고 표면에 물질이 있다. 이 방편은 말한다.

"이 의식은 각각의 존재로서 존재한다. 그리고 이것 외에 다른 아무것도 존재하지 않는다는 것을 자각하라."

그대는 누구인가? 그대는 무엇인가? 눈을 감고 그대가 무엇인 지를 찾기 시작한다면 궁극에는 그대가 의식이라는 결론에 도달 하게 된다. 그대가 느끼는 모든 것은 그대와 관련된 것이며 그대에게 속한 것이지 그대 자신은 아니기 때문이다. 육체도 그대 자신은 아니다. 그래서 그대는 육체를 지켜볼 수 있다. 육체가 분리되어 있음을 자각할 수 있다. 육체는 지식의 대상이 되며 그대는 그 주체가 된다. 그대는 그대의 육체를 알 수 있다. 알 수 있을 뿐만 아니라 그것을 조종할 수 있다. 그대는 육체를 활동적으로 만들 수도 있고 비활동적으로 만들 수도 있다. 그대는 육체와 분리된 어떤 것이다. 그대는 육체에 어떤 것을 할 수 있다.

육체가 아닐 뿐만 아니라 그대는 마음도 아니다. 그대는 마음을 인식할 수 있다. 생각이 움직이고 있는 것을 볼 수 있다. 그대는 그 생각들을 완전히 사라지게도 할 수 있다. 그대는 무념의 상태 속에 있을 수도 있다. 혹은 한 가지 생각에 집중할 수도 있다. 그리고 강물처럼 생각들이 마구 흘러가게 할 수도 있다. 그대는 그대의 생각에 뭔가를 할 수 있다. 그대는 생각이 사라진 진공과 같은 상태도 알 수 있다. 그러나 거기에 그대는 여전히 남아 있다. 그 진공 상태를 지켜보는 그대가 말이다.

그대가 그대 자신과 분리시킬 수 없는 유일한 것이 있다면 그것은 지켜보는 의식이다. 그리고 그것이 바로 그대 자신이다. 그대는 그것과 자신을 분리시킬 수 없다. 그대는 모든 것으로부터 자신을 분리시킬 수 있다. 하지만 지켜보는 의식으로부터 자신을 분리시킬 수 없다. 그대가 무엇을 하든지 그대는 그것을 지켜볼 수 있다. 이것이 바로 의식이다. 그래서 더 이상 분리를 일으킬 수 없는 한 점에 이르지 않는 한 그대는 자신을 알 수 없다.

그래서 구도자들은 자신이 아닌 부분을 계속해서 제외시키는 방법들을 많이 갖고 있다. 그는 먼저 육체를 제외시킨다. 그리고 마음을 제외시킨다. 순간순간 일어나는 생각들을 제외시킨다. 더 이상 제외시킬 수 없는 상황에 이를 때까지 그 행위를 계속한다.

우파니샤드에서는 이 방법을 네티 네티(Neti Neti)라고 부른다. 이것 역시 의미 깊은 방편이다.

"이것도 아니다. 저것도 아니다."

그것을 자신에게 적용시켜서 '이것도 내가 아니고 저것도 내가 아니다'를 계속해 나가라. 그러면 더 이상 판단할 만한 대상이 나타나지 않는다. 오직 순수한 의식만이 남는다. 이 순수한 의식이 바로 각자의 존재인 것이다.

존재계 속에서 무엇이 일어나든지 그것은 이 의식의 한 가지 현상에 불과하다. 하나의 파도, 하나의 결정체인 것이다. 그 외에 다른 아무것도 존재하지 않는다. 그러나 이것은 생각이 아니라 느낌을 통해 알아야 한다. 분석은 도움이 될 수 있다. 지적인 이해 역시 도움이 될 수 있다. 그러나 그것은 느껴져야 한다. 다른 아무것도 존재하지 않고 오직 의식만이 존재하고 있음을 느껴라. 그리고 오직 의식만이 존재하는 것처럼 행동하라.

선(禪)의 위대한 스승 중의 한 사람인 임제선사의 일화 중에 이런 것이 있다. 하루는 임제선사가 자신의 오두막에 앉아 있는데 누군가가 임제선사를 만나러 왔다. 그는 매우 화가 나 있었다. 그는 아내나 혹은 상전과 싸움을 하고 왔는지 모른다. 아무튼 그는 화가 나 있었다. 그는 거칠게 문을 밀어젖혔다. 그리고 그의 신발 한 짝을 집어 던졌다. 그리고 나서 그는 공손하게 다가와서 임제에게 절을 했다. 그때 임제가 말했다.

"먼저 문에게 용서를 구하고 그 다음 신발에게 용서를 구하라."

그 사람은 임제를 매우 이상하다는 듯이 바라보았다. 거기에는 다른 사람들도 앉아 있었는데 그들은 모두 그 광경을 바라보며 웃고 있었다. 그때 임제가 갑자기 외쳤다.

"멈춰라!"

그리고는 그에게 말했다.

"내 말대로 하지 않으려면 여기를 떠나라. 그대와는 더 볼일이 없다."

그러자 그 사람이 말했다.

"문과 신발에게 용서를 구하는 것은 미친 행위처럼 보일 것입니다."

임제가 말했다.

"그대가 화를 표현하는 것은 미친 것이 아닌데 용서를 구하는 것은 미친 것이란 말인가? 모든 것은 거기에 의식이 있다. 그러니 먼저 문과 신발에게 용서를 구하라. 그렇지 않으면 나는 그대가 여기에 있는 것을 허락할 수 없다."

그때 그는 무척 부끄러웠다. 그러나 그는 용서를 구해야 했다. 후에 그는 승려가 되었다. 그리고 깨달음을 얻었다. 그가 깨달았을 때 이렇게 말했다고 한다.

"내가 문 앞에 서서 용서를 구하는 순간 나는 내 자신이 바보가 된 것 같았다. 그러나 나는 임제선사께서 한 말을 믿었다. 거기에는 뭔가가 틀림없이 있을 것이라고 말이다. 하지만 내가 문에게 가서 용서를 구할 때 처음에는 단지 마지못해 하는 피상적인 행동이었다. 그러나 점점 나는 거기에서 뭔가 따뜻해져 오는 것을 느꼈다. 임제선사는 그런 나를 지켜보고 있다가 이렇게 말했다. '내가 보고 있다. 문이 그대를 용서해야 이리로 들어올 수 있다. 그렇지 않으면 거기에 서서 문이 용서해 줄 때까지 문과 신발을 설득하라.' 그래서 나는 문과 신발에게 계속 용서를 구하고 있는데 점점 따뜻해지는 것 같았다. 그때 나는 다른 사람들이 나를 구경하고 있다는 사실을 완전히 잊어버렸다. 임제선사에 대해서도 잊어버렸다. 그리고 나의 행위는 점점 진지해지고 진실해졌다. 그때 나는 문과 신발이 그 분위기를 바꾸고 있는 것을 느끼기 시작했다. 그리고 문과 신발이 즐거워한다는 사실을 느끼는 순간 그 즉시 임제선사께서 말씀하셨다.

'이제 들어와도 좋다. 그대는 용서를 받았다.'"

이 사건은 그의 인생을 변형시키는 계기가 되었다. 그는 처음으로 모든 것이 의식의 결정체라는 사실을 자각하게 된 것이다. 그대가 그것을 볼 수 없다면 그것은 그대의 눈이 멀었기 때문이다. 그대가 그것을 들을 수 없다면 그대는 귀머거리이기 때문이다. 그대 주위를 둘러싼 것은 물질이 아니다. 모든 것이 집약된 의식이다. 문제는 그대에게 있다. 그대가 열려 있지 않고 민감하지 않기 때문이다. 그래서 이 방편은 말하고 있다.

"이 의식은 각각의 존재로서 존재한다. 그리고 이것 외에 다른 아무것도 존재하지 않는다는 것을 자각하라."

이 점을 자각하고 살아라. 그대가 어디를 가든지 이것에 민감하라. 모든 것이 의식이며 의식이 아닌 것은 존재하지 않는다는 사실을 기억하라. 그러면 얼마 안 가서 온 세상이 달라질 것이다. 모든 대상이 사라지고 거기에 의식체가 나타나기 시작할 것이다. 갑자기 온 세상이 밝아지면서 그대는 지금까지 죽은 세계 속에서 살아왔음을 깨닫게 될 것이다. 그것은 그대의 불감증 때문이다. 그대의 감각이 살아나면 모든 것이 살아 있다. 뿐만 아니라 모든 것이 의식적이다. 왜냐하면 삼라만상이 의식의 결정체이기 때문이다.

그러나 그대는 이것을 하나의 이론으로서 받아들일 수 있다. 그렇게 되면 아무것도 일어나지 않을 것이다. 그대는 그것을 삶의 한 방식으로 여길 수 있다. 마치 모든 것이 의식적인 것처럼 대할 것이다. 처음에 그대는 '마치'라는 자세로 임할 것이다. 그리고 자신이 바보가 되었다고 느껴질 것이다. 그러나 그 바보 같은 행위를 지속하라. 감히 그대가 바보가 될 수 있다면 세상은 그대에게 그것의 신비를 드러내기 시작할 것이다.

과학이 존재계의 신비 속으로 들어갈 수 있는 유일한 길은 아니다. 실제로 그것은 가장 미숙하고 조잡한 방법이다. 신비주의자는 단 한순간에 존재계 속으로 들어갈 수 있다. 과학이 그 신비를 전부 파헤치는 데는 몇 백만 년이 걸릴지 모른다. 이미 우파니샤드는 이 세상이, 물질이 환상이라고 말했다. 그리고 5천 년 뒤에서야 과학은 그 사실에 동의했다. 과학이 거북이 걸음이라면 신비주의는 하나의 도약이다. 지적인 사람은 도약할 수 없다. 논쟁을 해야 하기 때문이다. 실험하고 증명해야 한다. 그러나 가슴은 즉시 도약할 수 있다. 비상할 수 있다.

지적인 사람들에게는 과정이 필요하다. 그 과정을 완전히 거쳐야만이 겨우 결론에 이를 수 있다. 그러나 가슴은 먼저 도약한다. 그리고 나서 과정을 밟는다. 완전히 순서가 바뀌어 있다. 신비주의자들이 아무것도 증명할 수 없는 것은 바로 그런 이유 때문이다. 그들은 결론만 갖고 있고 과정은 갖고 있지 않다.

그대는 신비주의자들이 말하는 결론들에 대해서 주목하지 못할 수도 있다. 자각하지 못할 수도 있다. 그대가 우파니샤드를 읽어 보면 거기에는 오직 결론들만 말해 놓았음을 발견할 것이다. 처음 그것이 서양의 언어로 번역될 때 서양의 철학자들은 도무지 이해할 수 없었다. 그들은 그것이 말하는 요점을 볼 수 없었다. 거기에는 어떤 논리적 추론도 없기 때문이었다. 우파니샤드는 말한다.

"브라흐마가 있다."

아무런 추론 단계도 없이 어떻게 이런 결론에 이를 수 있는가? 무엇으로 그것을 증명할 수 있는가? 브라흐마가 있다고? 우파니샤드는 거기에 대해 다른 어떤 부연 설명도 하지 않았다. 그저 결론만 말해 놓았다. 가슴은 그 결론에 즉시 도달할 수 있기 때문이다. 그리고 일단 결론에 도달하면 그대는 그 과정을 만들어 낼 수 있다. 그것이 바로 신학의 의미다.

신비주의자들은 결론에 도달하고 신학자들과 교리 연구가들은 과정을 만든다. 예수는 결론에 도달했지만 성 어거스틴이나 토마스 아퀴나스 등의 신학자들은 과정을 만들어 내고 있다. 그러나 과정은 부차적인 일이다. 먼저 결론에 도달했을 때만이 그대는 그 증거들을 찾을 수 있다. 그리고 그 증거는 신비주의자들의 삶 속에 있다. 그들은 그것에 대해 논쟁하지 않는다. 그 자신이 바로 그 증거다. ─ 만약 그대가 들여다볼 수 있다면 말이다. 만약 그대가 볼 수 없다면 거기에는 어떤 증거도 없다. 종교는 그저 넌센스일 뿐이다.

이 방편들을 이론으로 만들지 마라. 그것들은 이론이 아니다. 그것들은 체험 속으로, 결론 속으로 뛰어드는 하나의 도약대인 것이다.

자, 세번째 방편으로 들어가자.

108

이 의식은 각각의 사람들을 인도하는 영(靈)이다.
이 영과 하나가 되라.

첫번째로 그대는 그대 속에 인도자를 갖고 있다. 그러나 그대는 그것을 사용하지 않는다. 너무 오랫동안 사용하지 않았다. 수

많은 생 동안에 말이다. 그대는 자기 속에 그 인도자가 있는지조 차 모른다.

한때 나는 카스타네다(Castaneda)의 저서들을 읽고 있었다. 그는 그의 스승인 돈 주앙(Don Juan)을 통해서 아름다운 체험 을 했다. 그 실험들은 세상에서 가장 오래된 실험들 중의 하나다.

카스타네다와 그의 스승 돈 주앙은 칠흑 같은 밤에 어떤 불빛 도 없이 높고 위험한 산길을 올라가고 있었다. 그때 돈 주앙이 말 했다.

"자네는 내면의 인도자가 있음을 단지 믿으라. 그리고 뛰어가 기 시작하라."

그것은 무척 위험한 일이다. 나무와 덤불로 가득 찬 산길을, 그 것도 군데군데 낭떠러지가 있는 처음 가보는 길을 어떤 불빛도 없이 뛰어가라는 것이다. 그는 어디로 떨어질지도 모른다. 대낮 에도 조심해서 걷지 않으면 안되는데 그때는 사방이 칠흑 같은 어둠으로 가득 차 있다. 그는 어쩔 줄을 몰라 했다. 그러나 스승 은 이미 달려가고 있었다. 스승은 마치 산짐승처럼 달리고 있었 다. 카스타네다는 스승이 도대체 어떻게 이런 일을 하고 있는지 이해할 수가 없었다. 스승은 매번 어딘가로 달려가서는 그에게 바로 달려오는 것이 아닌가? 그는 점점 용기를 내기 시작했다. 이런 노인도 할 수 있는데 왜 나라고 하지 못하겠는가? 그가 자 기도 해보리라고 결심했을 때 자기 속에서 점차로 빛이 생겨나는 것을 느낄 수 있었다. 마침내 그도 달리기 시작했다.

그가 생각을 일으키기 시작할 때마다 그는 발을 헛디뎌 쓰러졌 다. 그가 생각을 멈추는 순간 그 내적인 빛이 다시 생겨났다. 그 가 생각하지만 않는다면 만사가 형통한 것이다. 그것은 마치 어 떤 내면의 인도자가 있어서 자신을 인도하는 것과 같았다.

372

그대의 이성은 그대를 잘못 인도한다. 그대가 내면의 인도자를 믿지 못하는 것이 가장 큰 실수다. 항상 그대는 우선 이성에서 확신을 구하려고 한다. 내면의 인도자가 '계속하라'라고 말할 때조차 그대는 그대의 이성을 납득시키려고 한다. 그러면 그대는 기회를 놓치게 된다. 그것은 순간적인 것이기 때문이다. 그대가 그 기회를 이용하든지 아니면 놓칠 것이다. 지성은 시간을 요구한다. 그대가 생각하는 동안에, 계산하는 동안에 그대는 그 순간을 놓치고 만다. 삶은 그대를 기다려 주지 않는다. 사람은 순간순간을 살아야 한다. 마치 선(禪)에서 말하는 것처럼 한 사람의 무사가 되어야 한다. 그대가 싸움터에서 칼을 들고 한창 싸움에 열중하고 있을 때 그대는 생각할 수 없다. 생각하지 않고 움직여야 한다.

무사들은 검술을 위한 방편으로 선의 명상법을 사용했다. 특히 일본에서 이와 같은 일들이 많았다. 두 명의 무사가 칼을 들고 싸움을 할 때 거기에서는 누가 이기고 질 것인지 생각할 수 없다. 칼은 그들의 손에 있는 것이 아니라 내면의 인도자에게 쥐어져 있다. 거기에는 어떤 생각도 할 수 없다. 오직 깨어 있음만이 있다. 그래서 상대방이 공격하기 전에 이미 그 인도자는 알고 방어 자세를 갖춘다. 거기에는 시간이 없기 때문에 그것에 대해 생각할 여유가 없다. 상대방의 칼은 그대의 심장을 겨누고 있다. 섬광 같은 순간에 그 칼은 이미 심장을 꿰뚫을 것이다. 거기에는 어떻게 해야 할지 판단할 시간이 전혀 없다. 그가 그대의 심장을 찌르려고 하는 순간 그대는 막아야 한다. 그것은 거의 동시적이다. 만약 그대가 생각을 하고 나서 막으려 한다면 그때는 이미 늦는다. 그대는 거기에 더 이상 있지 않게 될 것이다.

그래서 그들은 검술을 가르칠 때 마치 명상을 가르치듯이 한다. 그들은 말한다.

"순간에서 순간으로 내면의 인도자와 함께 움직여라. 생각하지 마라. 내면의 존재가 어떻게 하든지 그것이 일어나도록 허용하라. 거기에 마음이 끼어들게 하지 마라."

이것은 무척 어려운 일이다. 그대는 마음과 함께 하는 것에 너무나 숙달되어 있기 때문이다. 우리의 학교, 우리의 대학, 문명 전체가 그대의 머리를 쓰라고 가르치고 있다. 그대는 내면의 인도자와의 접촉을 완전히 잃어버렸다. 모든 사람이 내면의 인도자와 함께 태어나지만 그에게는 일할 기회가 전혀 주어지지 않는다. 그것은 거의 마비 상태가 되었다. 그러나 그것은 부활될 수 있다. 이 방편은 내면의 인도자의 부활을 위한 것이다.

"이 의식은 각각의 사람들을 인도하는 영(靈)이다. 이 영과 하나가 되라."

머리로 생각하지 마라. 전혀 생각하지 마라. 그냥 움직여라. 어떤 상황 속에서 그렇게 해보라. 그것은 어려울 것이다. 옛 습관 때문에 계속 생각을 일으키기 시작할 것이다. 그래서 그대는 깨어 있어야 한다. 마음에 무엇이 일어나고 있는지를 자각할 수 있어야 한다. 그대는 여러 차례 혼란스러울 것이다. 그것이 내면의 인도자인지 아니면 마음의 표면에서 나오는 것인지 분간할 수 없기 때문이다. 그러나 곧 그대는 그 느낌을, 차이점을 알게 될 것이다.

어떤 것이 그대의 내면에서부터 나올 때 그것은 그대의 단전에서부터 나온다. 그대는 단전에서 올라오는 그 흐름을, 그 온기를 느낄 수 있다. 그러나 그대의 마음이 생각할 때마다 그것은 머리에서 내려온다. 만약 그대의 마음이 어떤 것을 결정하면 그때 그대는 그것을 내리눌러야 한다. 그러나 그대 내면의 인도자가 결정한다면 그때는 어떤 것이 그대 속에서 끓어오른다. 그것은 깊은 핵심에서 그대의 마음을 향해 올라온다. 마음은 그것을 받아들인다. 그러나 그것은 마음의 어떤 것이 아니다. 어떤 초월적인 곳에서부터 나온다. 그래서 마음은 그것을 두려워한다. 그것은 이성에 의존한 것이 아니라 그 너머에서 나오는 것이기 때문에 어떤 논리도, 어떤 증거도 없다. 단지 끓어오른다.

어떤 특정한 상황에서 그것을 시도해 보라. 예를 들면 그대가 숲속에서 길을 잃어버렸다. 그때 그것을 해보라. 생각하지 마라. 눈을 감고 그 자리에 앉아라. 명상적으로 되라. 생각하지 마라. 그 상황에서 생각은 쓸데없는 것이기 때문이다. 그대가 어떻게 생각을 할 수 있겠는가? 그대는 알지 못한다. 그러나 생각은 하나의 습관처럼 되어 버렸기 때문에 그대는 그 순간에도 생각하려 한다. 그러나 생각을 통해서는 아무것도 얻을 수 없다. 생각은 이미 알고 있는 어떤 것에 관해서만 가능하다. 그대는 숲 속에서 길을 잃어버린 상태다. 그대는 어떤 지도도 갖고 있지 않다. 물어볼 수 있는 사람은 아무도 없다. 그대는 무엇을 생각하고 있는가? 그러나 그대는 여전히 생각한다. 그 생각은 하나의 걱정일 뿐이다. 어떤 방법에 대한 탐색이 아니다. 그대가 걱정을 하면 할수록 내면의 인도자는 더욱 깊이 숨는다.

걱정하지 마라. 나무 밑에 앉아라. 그리고 생각이 저절로 떨어져 나가게 하라. 단지 기다려라. 아무 생각도 일부러 지어내지 마라. 문제를 만들지 마라. 단지 기다려라. 아무 생각도 일어나지 않는 순간이 온다고 느낄 때 그때 일어서라. 그리고 움직이기 시작하라. 그대의 육체가 어디로 움직이든지 그대로 따라가라. 그대는 단지 하나의 구경꾼이 되라. 간섭하지 마라. 잃어버린 길은 쉽게 찾아질 것이다. 거기에 오직 한 가지 조건이 있다.

"마음으로 간섭하지 마라."

이것은 알지 못하는 가운데도 아주 여러 번 일어나고 있다. 유명한 과학자들이 위대한 발견을 할 때마다 그것은 결코 마음에 의해서 만들어진 것이 아니라고 말한다. 그것은 언제나 내면의 인도자에 의해서 이루어진 것이다.

퀴리부인은 어떤 수학 문제를 풀기 위해서 무척 고심했다. 그녀는 최선을 다했다. 가능한 모든 것을 다했다. 그때 그녀는 완전히 지쳤다. 며칠이 지나고 몇 주가 흘러갔다. 그녀는 계속 연구에 연구를 거듭했지만 아무런 결과도 나오지 않았다. 그녀는 완전히 미쳐 있는 상태에 왔다고 느꼈다. 어떤 길도 해답으로 이어지지 않았다. 그러던 어느 날 밤이었다. 그녀는 완전히 지쳐서 잠이 들었다. 그런데 꿈속에서 하나의 결론이 거품처럼 끓어올랐다. 그녀는 그 꿈에 깊이 몰두한 채 꿈에서 깨어났다. 그리고 즉시 그 결론을 종이에 적었다. 꿈속에서는 과정이 없다. 단지 결론만 있다. 그녀는 그 결론을 적고 나서 다시 잠이 들었다. 아침에 잠을 깨었을 때 그녀는 어리둥절했다. 그 결론이 옳았기 때문이었다. 그녀는 그것이 어떻게 풀렸는지 알 수가 없었다. 어떤 중간 과정도, 방법도 없었기 때문이다. 그래서 그것을 위한 과정을 만들었다. 이제 결론이 손에 쥐어졌기 때문에 과정을 만들기란 그리 어렵지 않았다. 그녀는 꿈 덕분에 노벨상을 받았다. 그리고 항상 그 사건에 대해 궁금해 했다.

그대의 마음이 탈진해 버릴 때 그것은 더 이상 작동할 수 없다. 그것은 끊어져 버린다. 그 순간 내면의 인도자가 힌트를 준다. 열쇠를 준다. 인간 세포의 구조에 대한 연구로 노벨상을 탄 과학자도 꿈속에서 그것을 보았다. 그는 인간의 세포에 대한 구조 전체를 다 보았다. 아침에 깨어나서 그는 그 그림을 그렸다. 처음에 그는 꿈속에서 본 것을 믿을 수가 없었다. 그래서 수년 간 그는 연구에 연구를 거듭한 결과 그 꿈이 진실이었다는 결론을 내릴 수 있었다.

과학자들의 위대한 발견은 지적인 것이 아니라 직관적인 것이라고 모두들 말한다. 그것은 바로 내면의 인도자가 존재한다는 뜻이다.

"이 의식은 각각의 사람들을 인도하는 영(靈)이다. 이 영과 하나가 되라."

머리를 잃어버려라. 그리고 내면의 인도자 속으로 떨어져 들어가라. 그것은 거기에 있다. 고대의 경전들은 스승이나 구루를 외부의 구루라고 불렀다. 그것은 내면의 구루를 찾는 데만 도움이 될 뿐이다. 내면의 구루를 찾고 나면 외부의 구루는 그 역할을 다한 것이다. 그대는 한 사람의 구루를 통해 진리에 도달할 수 없다. 그대는 한 사람의 구루를 통해 단지 내면의 구루를 만날 수 있다. 그리고 이 내면의 구루가 그대를 진리로 인도할 것이다. 외부의 구루는 단지 하나의 대리자 역할만 한다. 그는 자신도 내면의 인도자를 갖고 있다. 그리고 그대 내면의 인도자도 역시 느낄 수 있다. 왜냐하면 그 둘은 같은 존재의 파장이기 때문이다. 그것들은 둘 다 같은 차원에 존재한다. 만약 내가 나의 내면의 인도자를 찾았다면 나는 그대 속을 들여다볼 수 있고 그대 내면의 인도자를 느낄 수 있다. 그리고 내가 실제로 그대에게 인도자가 된다면 그때 내가 인도할 수 있는 전부는 그대를 그대 자신 속에 있는 인도자에게로 이끌어 주는 것이다.

한번 그대가 내면의 인도자와 접촉을 가질 수 있게 되면 이제 그대는 혼자서 움직일 수 있다. 그래서 구루가 할 수 있는 모든 것은 그대를 머리에서부터 단전으로 끌어내리는 것이다. 그대의 지성에서부터 직관력으로, 논쟁적인 마음에서부터 신뢰할 수 있는 인도자에게로 말이다. 그리고 그것은 오직 인간에게만 있는 것이 아니다. 동물들에게도 나무들에게도 그 모든 것 속에 있다. 내면의 인도자는 존재한다. 그리고 그것에 의해서 신비로 여겨졌던 많은 새로운 현상들이 밝혀진다.

어떤 물고기들은 알을 낳는 즉시 죽는다. 그때 숫놈 물고기들은 그 알들이 수정되도록 한다. 그리고 숫놈 역시 곧바로 죽는다. 그 알들은 부모 물고기 없이 남게 된다. 그것들은 어느 정도 자라면 바다로 간다. 그리고 죽을 때가 되면 그들이 태어난 강으로 찾아온다. 그들은 부모 물고기들과 어떤 대화도 하지 않았다. 그러나 어디로 가야 할지 그들은 알고 있다. 그들은 그 강을 찾아가서 자신이 태어나게 되었던 것과 똑같은 상황을 만들고 죽는다. 그들은 실수하는 법이 없다. 장소를 잘못 찾아가는 법이 없다. 그들 속에는 내면의 인도자가 있는 것이다.

러시아에서는 고양이나 쥐처럼 소형 동물들을 갖고서 실험을 했다. 어미 고양이는 바다 위에서 새끼를 낳게 되고 새끼들은 바다 속으로 깊이 빠진다. 거기에 어떤 대화의 가능성도 없다. 깊은 바다 속에서 자기의 새끼들에게 무슨 일이 일어나는지에 대한 어떤 정보도 얻을 수 없도록 했다. 모든 과학적인 수단을 통해서 어미 고양이에게 자기 새끼들이 바다 속에서 죽어가고 있다는 사실을 알려지지 않도록 했다. 그러나 즉시 그 어미는 알아차린다. 어미의 혈압이 변한다. 당황하게 되고 걱정하게 된다. 심장 박동수가 증가된다. 그 새끼들은 즉시 죽게 되지만 어미는 극심한 고통을 느끼게 된다는 것을 과학적 장비를 통해서 알 수 있게 되었다. 두번째 새끼가 태어나는 즉시 죽게 된다. 세번째도 마찬가지다. 거기에 어떤 시간적 틈도 주지 않는다. 태어나는 순간 깊은 바다 속으로 떨어지는 것이다. 그런데도 어미는 안다. 무슨 일이 일어난 것인가?

이제 러시아 과학자들은 어미는 내면의 인도자를 갖고 있다고 말한다. 느낌의 내면적 중심을 갖고 있다. 그리고 그것은 그녀의 새끼들과 이어져 있다. 그 새끼들이 어디에 있든지 말이다. 어미는 그 즉시 텔레파시적인 관계를 느낀다.

인간의 어머니는 그토록 강렬하게 느끼지 못한다. 이 점이 동물과 다른 점이다. 사실 생각해 보면 인간의 어머니가 더 많이 느껴야 한다. 인간이 더 진화되었기 때문이다. 그러나 인간의 어머니는 느끼지 못한다. 그것은 머리가 모든 것을 쥐고 있기 때문이다. 그리고 내면의 중심은 마비 상태에 빠져 있는 것이다.

"이 의식은 각각의 사람들을 인도하는 영(靈)이다. 이 영과 하나가 되라."

그대가 어떤 상황에서 당황할 때마다 그대는 어떤 길도 찾을 수 없다. 그때 생각하지 마라. 내면의 인도자가 그대를 인도하게끔 허용하라. 처음에 그대는 공포를, 불안을 느낄 것이다. 그러나 곧, 그대가 매순간 올바른 결론에 이를 때, 매순간 정확하게 행동할 때 그대는 용기를 얻게 될 것이다. 그 인도자를 신뢰하게 될 것이다.

이런 신뢰가 일어나면 나는 그것을 믿음이라고 부른다. 이것이 진짜 종교적인 믿음인 것이다. 내면의 인도자를 신뢰하는 것 말이다. 이성은 그대 에고의 일부분이다. 그러나 이 믿음은 그대 자신을 믿는 것이다. 그대가 자신 속으로 깊이 들어가는 순간 그대는 바로 우주의 영혼 속으로 들어가는 것이다. 그대 내면의 인도자는 신성의 한 부분이다. 그대가 그것을 따를 때 그대는 신성을 따르는 것이다. 그대가 이성을 따를 때 그것은 사건을 복잡하게 만들고 있다. 그대는 자신이 무엇을 하고 있는지 모른다. 그대는 자신이 현명하다고 생각한다. 하지만 그렇지 않다.

지혜는 가슴으로부터 나온다. 그것은 지적 능력에서 나오는 것이 아니다. 지혜는 그대 존재의 가장 깊은 곳에서 나오는 것이다. 그것은 머리가 아니다. 실제로 그대의 머리를 잘라 버려라. 머리 없는 상태가 되라. 그리고 존재를 따르라. 그것이 어디로 인도하든지 말이다. 위험 속으로 인도한다면 위험 속으로 들어가라. 그 의지는 그대의 성장을 위한 길이 될 것이다. 그 위험을 통해서 그대는 성숙할 것이다. 내면의 인도자가 그대를 죽음으로 인도한다고 해도 그 속으로 들어가라. 그것은 그대를 위한 길이 될 것이기 때문이다. 그것을 따르라. 그것을 신뢰하라. 그것과 함께 움직여라.

〈질문〉

"동양의 심리학과 서양의 심리학은 어떻게 다릅니까? 왜 서양의 심리학자들은 깨달음을 얻는 데 성공하지 못했습니까? 뿐만 아니라 깨달음의 개념 자체도 없습니까?"

첫째로 서양의 심리학은 아직 인간의 존재를 믿지 못한다. 그들은 오직 마음만을 믿는다. 서양의 심리학은 마음을 넘어선 곳에 대해서는 아무것도 모른다. 그런 상태에서 어떻게 인간을 진정으로 도울 수 있겠는가? 기껏해야 정상인으로 만들 수 있을 뿐이다.

그러면 도대체 서양에서는 무엇을 정상이라고 부르는가? 그들은 군중들의 평균치를 정상이라고 부른다. 만약 평균적인 인간이 정상이 아니라면 그때는 정상이란 말은 아무 뜻도 없다. 그것은 그저 군중의 한 사람으로 조정되어 있다는 말이다. 그래서 서양의 심리학은 한 가지밖에 할 수 없다. 어떤 사람이 정신 이상에 걸리면 다시 군중의 평균으로 되돌려 놓는다. 그러면 만사 오케이다. 군중의 한 사람이 되면 더 이상 문제가 없는 것이다.

동양의 심리학에서는 군중이 기준이 아니다. 이 차이를 분명히 기억하라. 동양에서는 군중이 기준이 아니다. 사회는 그 자체로 병들어 있다. 그때는 무엇이 기준이 되는가? 붓다가 기준이 된다. 그대가 붓다처럼 되지 않는 한 그대는 병든 것이다.

그러나 서양에서는 사회의 평균만 되면 정상이다. 붓다와 같은 경우는 매우 예외적인 것이다. 그들은 그런 내면적 존재가 있다는 것조차 믿지 않는다. 그러니 어떻게 깨달음까지 바라겠는가?

서양의 심리학은 단순한 치료법에서 끝난다. 그것은 의학의 한 부분일 뿐이다. 초월이 아니라 재조정인 것이다. 그러나 동양에서는 마음을 초월하는 데 관심이 있다. 동양에서는 마음이 병들었다든지 건강하다든지 하는 것이 있을 수 없다. 이미 마음 자체가 하나의 병적 현상이다. 이에 반해 서양에서는 마음은 병이 아니다. 마음은 그대 자신이다. 마음은 건강해질 수도 있고 병이 들 수도 있는 것이지 마음 자체가 병은 아니다.

그러나 우리 동양에서는 마음이 하나의 병이다. 마음은 절대로 건강해질 수가 없다. 그대가 마음을 초월하지 않는 한 그대는 언제나 병든 상태에 있다. 그래서 정상인도 건강하지는 않다. 건강한 사람은 오직 붓다뿐이다. 마음의 경계를 넘어선 사람만이 진정으로 건강한 것이다.

정신병원에 있는 환자와 그대 사이에 양적 차이는 있어도 질적인 차이는 없다. 그는 조금 더 병든 상태이고 그대는 조금 덜 병든 상태이다. 그대는 언제든지 거기에 입원할 가능성이 있다. 정신병자를 그대는 미친 사람이라고 부른다. 미쳤다는 말은 도달했다는 말이다. 그대와 그는 같은 노상 위에 있다. 그가 좀더 앞서 가서 먼저 이르렀고 그대는 한창 그 길을 가고 있는 중이다. 그래서 그대는 덜 미친 사람이고 그는 더 미친 사람인 것이다.

서양의 심리학은 그를 붙잡아 다시 뒤로 끌어오려 한다. 다시 군중의 차원으로, 평균의 차원으로 끌어내리려는 것이다. 그가 끌려 내려와서 정상이 되면 그것은 좋은 것이다. 그러나 우리 동양에서는 마음을 초월하지 않는 한 모두 정신병자이다. 마음 그 자체가 질병인 것이다.

그래서 우리는 마음의 매듭을 풀려고 한다. 마음을 넘어선 경지를 알기 위해서 말이다. 그러나 서양에서는 마음을 조정하려고만 한다. 그것을 넘어선 경지는 그들에게 존재하지 않는다. 그러나 동양에서는 그대 자신을 넘어선 어떤 것이 있다. 만약 그대가 지금 도달한 곳이 삶의 전부라면 그대의 삶은 무의미한 것이다.

한편 프로이드와 그의 학파는 인간의 존재는 행복할 수 없다는 결론에 이르렀다. 만약 그대가 행복하지 못하다면 그것으로 만족하라. 프로이드와 그의 추종자들은 그것이 바람직한 상태라고 생각한다. 행복은 동물적인 상태에나 해당되는 것이다. 이성(理性)이 있는 한 인간은 행복할 수 없다. 그대가 이성을 잃고 동물처럼 될 때만이 행복할 수 있는 것이다. 이것은 그들에게 하나의 역설이다.

만약 그대가 동물로 전락한다면 그대는 이성이 없기 때문에 행복하다. 그러나 그대가 이성을 되찾게 되는 순간부터 그대는 불행해진다. 이성은 모든 것을 간섭할 것이다. 인간은 이성을 잃을 수도 없고 이성 없이 살 수도 없다. 바로 이것이 문제다. 프로이드의 말에 따르면 그대는 결코 행복해질 수 없다. 기껏해서 그대가 현명하다면 그때는 행복하지 못한 상태에 만족하며 살 수밖에 없다. 이것은 삶에 대해 부정적인 태도이다.

동양의 심리학이나 종교, 형이상학에는 삶에 대한 긍정적인 목적이 있다. 그대는 행복해질 수 있다. 행복 뿐만 아니라 지복을 느낄 수 있다. 동양에서는 말한다. 그대가 불행하다면 그것은 그대의 잠재력을, 행복해질 수 있는 가능성을 보여주는 기회가 된다고 말이다.

사람이 어둠을 볼 수 있다면 그는 눈을 갖고 있다는 뜻이다. 그는 빛도 볼 수 있다. 장님은 어둠을 볼 수 없다. 그대는 장님이 어둠 속에서 살고 있다고 생각할지 모른다. 하지만 그런 생각은 완전히 잊어버려라. 그들은 어둠도 볼 수 없다. 어둠을 보기 위해서도 눈이 필요하기 때문이다. 그대가 불행하다는 것을 느끼는 것은 그대 역시 눈이 있기 때문이다. 그대가 눈이 있는 한 행복도 느낄 수 있다.

그대는 전적으로 행복해질 수 있다. 그러나 그때는 마음을 초월해야 한다. 그대가 한 마리의 동물이 되면 그때 그대는 즐거울 수 있다. 프로이드도 그것에는 동의할 것이다. 하지만 그대가 동물인 이상 행복하다는 것을 인식할 수 없다. 행복을 인식할 수 있으면 그때는 불행해질 가능성이 있다. 마음이 행복을 방해하기 때문이다.

동양에서는 마음을 초월할 수 있는 가능성을 갖고 있다. 프로이드는 동물로 전락하면 된다고 말했다. 하지만 동양에서는 프로이드의 방법에 동의하지 않는다. 동양에서 불행의 원인인 마음을 초월하는 방법이 있다.

거기에는 세 가지 단계가 있다. 인간은 그 중간이다. 밑으로는 동물이 있다. 동물들은 자신들이 행복하다는 것을 알지 못한다. 그들의 눈을 들여다보라. 그들은 자신들의 상태를 인식하지 못하고 있다. 그저 순수할 뿐이다. 그래서 그들은 행복하지만 행복을 알지 못한다.

인간 위에는 의식이 있다. 신이 있다. 영혼이 있다. 그것들은 모두 같은 말이다. 그리고 그대는 신과 동물 사이에 있다. 동물로 전락하든지 마음을 초월해서 의식을 깨닫든지 하라. 중간에 있다면 그대는 항상 긴장 속에 있게 될 것이다. 그것은 마치 외줄타기와 같은 상태이다.

외줄을 탈 때 그대는 가만히 있을 수가 없다. 앞으로 혹은 뒤로 그대는 끊임없이 움직여야 할 것이다. 마음은 외줄타기와 같다. 그대가 마음을 초월하지 않는 한, 밧줄에서 내려오지 않는 한 긴장을 풀 수 없을 것이다. 그대는 평생 긴장 속에서 살게 될 것이다. 서양의 심리학이 그대를 정상으로 만드는 데는 성공할 수 있었지만 자아를 실현한 사람으로 만드는 데는 실패했다.

그러나 새로운 조류가 있다. 이제 동양은 서양을 깊숙이 꿰뚫어 보았다. 이것이 동양의 정복 방식이다. 서양은 동양을 무력으로 점령했다. 그러나 동양은 미묘한 방법으로 다시 서양을 재정복했다. 이제 동양은 서양의 마음을 깊이 관통했다. 어떤 폭력도 쓰지 않고, 눈에 보이는 어떤 충돌 없이도 말이다. 조만간 서양의 심리학은 동양의 초월에 대한 개념을 받아들일 것이다. 마음을 초월하는 방식에 대해서 동양에게 배울 것이다.

여기에서 마음의 매듭을 푸는 방편은 두 가지 모두에 도움이 된다. 서양의 심리요법에 뿐만 아니라 동양의 마음을 초월하는 방편에까지 말이다. 만약 그대의 목적이 초월에 있다면 마음이 사라진 진정한 침묵에 이르는 데 이 방편을 이용할 수 있다.

침묵에는 두 가지 유형이 있다. 마음이 고요해지는 침묵과 마음이 아예 존재하지 않는 침묵이 있다. 서양에서 말하는 정신적인 평화는 마음이 존재하는 침묵이다. 그 침묵은 다만 그 미친 정도가 심하지 않을 뿐이다. 하지만 언제 그것은 미칠지 모른다. 마음이 있는 한 미칠 가능성은 항상 있다.

이제 서양의 심리학은 형이상학이 되어야 한다. 오직 그때만이 인간은 초월할 수 있다. 그것은 또한 철학이 되어야 하고 궁극적으로는 종교가 되어야 한다. 오직 그때만이 인간에게 진정한 도움을 줄 수 있다.

깨어나라! 주시하라! 이해하라!

텅 빔의 철학

어떤 것도 의식적으로 할 수 없다.

그대가 할 수 있는 것은 오직 한 가지,

그대 자신이 각성하는 것이다.

그때 모든 것이 자연적으로 따라올 것이다.

텅 빔의 철학

109

그대의 수동적인 형상이
살의 벽으로 둘러싸인 하나의 빈 방이 되었다고 상상하라.
텅 빔이 일어난다.

110

은혜로운 이여,
유희(遊戲)하라.
우주는 텅 빈 껍질,
거기에서 그대의 마음이 끝없이 장난치고 있다.

111

사랑스런 그대여,
앎과 알지 못함에 대해서,
존재함과 존재하지 않음에 대해서 명상하라.
그때 그대가 처한 양쪽 모두를 떠날 수 있다.

112

허공 속으로 들어가라.
의지할 곳 없고, 영원하며, 고요한 허공 속으로.

이 방편들은 공(空), 즉 텅 빔과 관련되어 있다. 그래서인지 가장 섬세하고 미묘한 방편들이다. 공이란 상상하기조차 불가능해 보이기 때문이다. 붓다는 그의 제자들에게 이 네 가지 방편들을 사용하게 했다. 하지만 이 네 가지 방편 때문에 그는 전적으로 오해받게 된 것이다. 불교는 이 네 가지 방편 때문에 인도의 토양에서부터 완전히 뿌리뽑혀 버렸다. 붓다는 신이 없다고 말했기 때문이다. 만약 신이 있다면 그대는 전적으로 텅 빌 수 없게 된다. 거기에 그대는 없을 수도 있지만 신은 거기에 있다. 신성은 거기에 있을 것이기 때문이다. 그리고 그대의 마음이 그대를 속일 가능성도 거기에 있다. 그대가 신성이라고 여기는 것은 단지 그대 마음이 부리는 장난일 수도 있기 때문이다.

붓다는 영혼 같은 것은 없다고 말했다. 만약 어떤 영혼이나 아트마(atma; 自我) 같은 것이 있다면 그대는 그 속에 자신의 에고를 감출 수 있다. 그대가 그대 속에 어떤 자기가 있다고 느낀다면 그때는 에고를 떨쳐 버리기란 무척 힘들다. 그때 그대는 전적으로 텅 빈 상태가 될 수 없다. 그대의 자아가 거기에 있을 것이기 때문이다.

단지 이 공(空)의 방편들을 위한 토대를 준비하기 위해서 붓다는 모든 것을 부정했다. 그는 무신론자가 아니다. 단지 신이 없다고 말해 무신론자처럼 보였을 뿐이다. 그는 영혼이 없다고 말했고 존재계에 어떤 본질적인 것도 없다고 말했다. 존재계는 텅 비어 있다고 말했다. 이것은 이 방편들의 토대를 마련하기 위한 것이다. 아무것도 그대에게 남겨져서는 안된다.

힌두교도들은 붓다가 단지 종교를 파괴하려는 줄로만 생각했다. 그는 반 종교적인 것을 가르치고 있었기 때문이다. 그의 말을 들은 사람들은 그를 따를 수가 없었다. 왜냐하면 그가 어디에 갔을 때 그대는 어떤 것을 구하기 위해 간다. 그대는 결코 허공을 구하러 가지는 않을 것이다. 그래서 붓다의 말을 들은 사람들은 니르바나나 모크샤, 혹은 천국이나 진리 같은 것을 구하고 있었다. 그들은 무엇인가를 구하고 있었다. 그들은 진리를 발견하겠다는 궁극적인 욕망을 만족시키려 왔다. 그것은 마지막 욕망이다. 그리고 그대가 완전히 욕망 없음의 상태에 이르지 않는 한 결코 진리를 알 수 없다. 욕망 없음의 상태만이 그 앎의 조건이 되는 것이다.

그래서 한 가지는 확실하다. 그대는 진리에 대한 욕망을 가질 수 없다. 만약 그대가 욕망을 갖는다면 그 욕망이 바로 장벽이 된다. 붓다 이전에도 많은 스승들이 있었다. 그들 역시 욕망을 버리라고 가르치고 있었다. 그러나 그들은 신에 대해서 이야기해 왔고 천국이나 낙원, 혹은 모크샤, 즉 궁극적인 자유에 대해서 말해 왔다. 하지만 붓다는 얻을 수 있는 어떤 것이 있는 한 완전한 무욕의 상태가 되기 어렵다고 느꼈다. 그대는 욕망이 없는 것처럼 가장할 수 있다. 그러나 이런 가장 역시 욕망이 가득 찬 것이다. 스승들이 욕망을 갖고서는 궁극적인 지복의 상태로 들어갈 수 없다고 말하기 때문에 그대는 욕망 없는 상태가 되려는 것이다. 하지만 궁극적인 지복을 누리고 싶은 마음은 여전하다. 거기에 욕망이 있다. 그대는 다른 형태의 욕망을 이루기 위해 욕망 없는 상태가 되려는 것이다. 그래서 붓다는 성취할 만한 신이나 천국 같은 것이 없다고 말했다. 욕망을 갖는 그대조차 그 본질이 없다고 말했다. 모크샤 같은 것은 어디에도 없으며 삶은 아무런 의미나 목적이 없다는 것이다.

그의 방식은 매우 아름답고 놀라운 것이다. 일찍이 그런 식으로 시도한 사람은 아무도 없었다. 그는 그대를 무욕의 상태가 되도록 돕기 위해서 모든 목적을 없애 버렸다. 만약 목적이 거기에 있다면 그대가 어떻게 무욕의 상태가 될 수 있겠는가? 그대에게 욕망이 없다면 그대는 성취할 어떤 목적도 없게 된다. 이것은 역설이다. 붓다는 모든 목적을 파기해 버렸다. 그러나 목적이 거기에 없는 것이 아니다. 그것은 거기에 있고 성취될 수도 있다. 그러나 그대가 그 목적을 성취하기 원한다면 그대는 그것에 대한 욕망을 품게 될 것이다. 그렇게 되면 그것을 성취하기란 불가능해진다. 욕망이 없는 상태가 되는 것이 기본 조건이기 때문이다. 오직 그때만 궁극적인 체험이 그대에게 일어난다. 그래서 붓다는 욕망의 대상이 없기 때문에 욕망을 갖는 것이 쓸데없는 일이라고 말했다. 모든 욕망이 떨어져 나가도록 하라. 욕망이 사라질 때 그대는 텅 빈 상태가 될 것이다.

단지 상상해 보라. 그대 속에 어떤 욕망도 없다면 그대는 무엇이 될 것인가? 지금까지 그대는 단지 욕망들이 집약된 덩어리였을 뿐이다. 모든 욕망이 사라지면 그대도 사라진다. 허공만 남는다. 그대는 아무도 없는 텅 빈 방처럼 남게 될 것이다. 하나의 쑤냐(sunya)가, 하나의 무(無)가 될 것이다. 붓다는 그 상태를 아나트마(anatma), 혹은 아나타(anatta)라고 불렀다. 그것은 무아(無我)라는 의미이다. 그대가 '나는 존재한다'라고 느낄 때 거기엔 어떤 중심도 없다. 단지 '나'라고 하는 것은 축적된 욕망들, 결정체가 된 욕망들인 것이다. 수많은 욕망들이 한데 모여 바로 그대의 '나'가 된 것이다.

물리학자들은 물질을 분석하면 단지 원자 알갱이들뿐이라고 말한다. 그리고 그 알갱이들을 뭉치게 하는 어떤 배후의 광주리도 없다. 각각의 원자들은 허공에 둘러싸여 있다. 그대 손에 돌멩이가 쥐어져 있다고 하자. 하지만 그것은 돌멩이가 아니라 에너지의 알갱이일 뿐이다. 그리고 두 알갱이 사이에는 무한한 공간 이 있다. 하나의 바위조차 무한한 허공이 여기저기 들어 있는 것 이다. 물리학자들은 우리가 곧 어떤 것으로부터 공간을 끄집어낼 수 있을 것이라고 말한다.

유명한 과학 소설가인 웰즈(H.G. Wells)는 다음과 같은 가상 의 이야기를 썼다.

"21세기 어느 날 한 여행자가 거대한 역에서 짐꾼을 부르기 시 작했다. 그 여행자와 함께 간 다른 여행객들은 그를 이해할 수가 없었다. 왜냐하면 그에게는 아무런 짐 꾸러미도 없었기 때문이 다. 단지 작은 담배갑과 성냥갑만 그의 발 앞에 놓여 있었다. 그 것이 그가 들고 있는 짐의 전부였다. 그런데도 그는 계속 짐꾼을 부르고 있었다. 그래서 그와 동행하던 여행객들이 그를 보며 물 었다.

"왜 그러시오? 짐꾼은 뭣하러 부르시오? 당신은 아무것도 들 고 있지 않소. 단지 담배갑과 성냥갑뿐이잖소? 그 정도면 당신도 충분히 들 수 있을 것이오. 그런데 뭣하러 20명이 넘는 짐꾼들을 부르고 있소?"

그러자 그가 웃으면서 말했다.

"그렇다면 좋소. 당신이 한번 그 성냥갑을 들어 보시오. 이 성 냥갑은 평범한 성냥갑이 아닙니다. 거기에는 기차의 엔진이 집약 되어 있소."

이런 일은 곧 일어날 것이다. 물체에서 공간이 뽑혀 나올 수 있 고 다시 집어 넣으면 본래의 모습으로 되돌아갈 수 있다. 아무리 큰 물체라도 옮기는 것은 간단하다. 단지 무게만 남을 것이다. 그 모양은 아주 작아질 것이다. 성냥갑 속에 기차의 엔진이 들어갈 수 있다. 그러나 무게는 여전하다. 무게는 뽑아낼 수 없다. 무게는 원자에 속한 것이지 공간에 속한 것이 아니기 때문이다. 그들은 지구 전체를 사과만한 크기로 축소시킬 수 있다고 말한다. 그러나 그 무게는 여전히 있다. 그리고 그대가 만약 이 모든 원자 알갱이들을 하나씩 분리해서 끄집어낸다면 나중에는 하나도 남지 않을 것이다. 그래서 물질은 단지 겉모양일 뿐이다.

붓다는 인간의 마음 역시 같은 방법으로 분석했다. 그는 가장 위대한 과학자 중의 한 사람이다. 그는 그대의 에고가 욕망들, 원자 같은 욕망들의 집합일 뿐이라고 말한다. 그것들 수백만 개가 모여서 그대를 이루고 있다. 그대가 그것들을 하나씩 끄집어내면 더 이상 욕망이 없는 순간이 올 것이다. 그때 그대는 사라지고 없다. 단지 빈 공간만이 남는다. 붓다는 이것을 니르바나라고 불렀다. 그대 존재의 완전한 적멸이다. 그대는 더 이상 존재하지 않는다. 붓다는 이것을 진정한 침묵이라고 불렀다. 그대가 완전히 사라져 버리지 않는 한 침묵은 그대에게 임할 수 없다. 붓다는 그대가 침묵할 수 없는 것은 그대 자신 때문이라고 말한다. 그대가 바로 병이기 때문에 축복의 상태에 이를 수 없다. 축복은 매순간 내려오지만 그대가 장벽이 된다. 그대가 사라지면 축복은 거기에 있을 것이다. 그대가 없을 때 평화가 거기에 있을 것이다. 침묵이 거기에 있을 것이다. 엑스터시가 거기에 있을 것이다. 그대의 내면이 완전히 텅 빈 상태가 될 때 그 텅 빔 자체가 바로 지복이다. 그래서 붓다의 가르침을 쑤냐와드(sunyawad)라고 부른다. 그것은 공(空)의 철학이다. 제로(zero)의 철학이다.

이 네 가지 방편들은 이러한 존재의 상태를 얻기 위한 것이다. 그대는 그것을 존재 부재(不在)의 상태라고 부를 수 있다. 존재의 상태나 존재 부재의 상태나 말이 다를 뿐 차이는 없다. 그대는 그것을 힌두교나 자이나교에서처럼 긍정적인 용어로 표현할 수

있다. 영혼이라는 말로 부를 수 있다. 그러나 붓다는 그것을 아나
타라고 불렀다. 어떤 식으로 부르든 선택은 그대가 내린다. 그것
은 무한한 공간일 뿐이다. 내가 이것들을 궁극의 방편이라고 부
르는 것도 그 때문이다. 가장 섬세하고 가장 어렵고 가장 놀라운
방편이라고 나는 말한다. 그리고 만약 그대가 이 네 가지 중 어느
한 가지를 수련할 수 있다면 그대는 얻을 수 없는 것을 얻게 될
것이다.

자, 첫번째 방편으로 들어가자.

109

그대의 수동적인 형상이 살의 벽으로 둘러싸인 하나의 빈
방이라고 상상하라.
텅 빔이 일어난다.

이것은 가장 아름다운 방편 중의 하나다. 명상의 자세로 홀로
앉아 있어라. 이완하라. 그대의 등뼈를 곧바로 펴고 몸 전체를 이
완시켜라. 마치 몸 전체가 등뼈에 매달려 있는 것처럼 말이다. 그
리고 눈을 감아라. 몇 순간 동안 이완된 느낌을 계속 가져라. 좀
더 고요해져라. 더욱더 이완되고 더욱더 고요해져라. 몇 순간 동
안을 그런 상태로 있어라. 그리고 갑자기 그대의 몸이 살의 벽으
로 둘러싸인 공간이라고 느껴라. 그 속에는 아무것도 없다. 그 집
은 비어 있다. 때때로 사념의 구름들이 거기를 지나가고 있음을
느끼게 될 것이다. 그것들이 그대에게 속한 것이라고 생각하지
마라. 그대는 없다. 그것들은 텅 빈 허공의 메아리라고만 생각하
라. 그것들은 누구에게도 속하지 않았다. 그것들은 뿌리가 없다.

그리고 실제로 이것은 하늘을 흘러가는 구름과 같은 경우다.

그것들은 어떤 뿌리도 갖고 있지 않고 하늘에 속한 것도 아니다. 단지 하늘을 배회하다가 사라져 간다. 하늘은 그것에 의해 물들지 않는다. 영향받지 않는다. 그대의 몸은 살의 벽일 뿐 그 안엔 아무도 없다. 생각들은 여전히 흘러갈 것이다. 그것은 그대의 옛 습관 때문에 계속 흘러 들어온다. 그러나 그것들이 근거 없는 뜬 구름이라고 생각하라. 그것들은 그대에게 속한 것이 아니며 다른 누구의 것도 아니다. 그것들의 주인은 없다. 그대는 텅 비어 있다. 그대의 옛 습관 때문에 그렇게 하기가 어려울 것이다. 그대의 마음은 어떤 생각이라도 붙잡고 싶어한다. 그것과 동일시하고 싶어한다. 그것에 탐닉하고 집착하려 한다. 그러나 참아라. 그것에 탐닉할 사람도, 그것과 싸울 사람도 없다고, 그 생각에 따라서 뭔가를 할 사람도 없다고 말하라. 혹은 몇 주가 지나면 생각들은 가라앉기 시작할 것이다. 그것들은 점점 줄어들 것이다. 구름들은 사라지기 시작할 것이다. 그것들이 온다 해도 커다란 틈새가 생겨날 것이다. 그 틈새로 맑은 하늘이 보일 것이다. 아무 생각도 없는 상태의 하늘이 말이다. 하나의 생각이 지나가고 다른 생각이 잠시 동안 오지 않을 것이다. 그 잠시 동안은 하나의 간격이 된다. 그 간격 속에서 그대는 처음으로 텅 빔이 무엇인지를 알게 될 것이다. 그것에 대한 일별이 일찌기 상상해 본 적이 없는 지복을 그대에게 가져다 줄 것이다.

　사실 그것에 대해 뭔가를 말한다는 것은 어렵다. 무엇이든지 언어로 표현되는 것은 그대가 존재할 때 해당되는 것이기 때문이다. 그러나 그대는 거기에 없다. 만일 내가 '그대는 행복으로 가득 차게 될 것이다'라고 말한다면 이것 또한 넌센스다. 그대는 거기에 없을 것이기 때문이다. 그대가 없는데 어떻게 그대가 행복으로 가득 찰 수 있겠는가? 행복은 거기에 있을 것이다. 거기에서 진동하고 있다. 그러나 그대는 거기에 없다. 깊은 침묵이 그대가 있던 자리에 대신 있을 것이다. 그대가 거기에 없기 때문이다. 그래서 그 상태를 방해할 사람은 아무도 없다. 그대는 항상 다른 누군가가 그대를 방해하고 있다고 생각해 왔다. 도로의 자동차 소음들이, 어린아이들의 떠드는 소리들이, 아내가 부엌에서 일하는 소리들이……, 누군가가 그대를 방해하고 있다. 그러나 사실은 그대 자신 외에는 그 누구도 그대를 방해하고 있는 것이 아니다. 그대가 거기에 있기 때문에 어떤 것이 그대를 방해할 수 있는 것이다. 만약 그대가 거기에 없다면 방해라는 말조차 성립되지 않는다. 소음은 그저 왔다가 지나갈 것이다. 그 무엇도 건드리지 못하고 말이다. 거기엔 건드릴 만한 사람이 없기 때문이다. 만약 그대가 거기에 있다면 그것은 그대를 건드릴 것이다. 그대에게 즉시 자극을 주고 상처를 입힐 것이다.

나는 설득력 있어 보이는 공상 과학 이야기를 들은 적이 있다. 3차 대전이 끝나고 모든 인간이 다 죽었다. 지구에는 오직 나무들만 살아 남았다. 그리고 한 그루의 거대한 나무가 큰소리를 만들어 내려고 생각했다. 과거에도 그런 적이 있듯이. 높은 바위 언덕 위에서 떨어졌다. 이전에도 그것은 가능한 모든 것을 했다. 하지만 이제 거기에서는 어떤 소리도 나지 않았다. 소리에는 그대의 귀가 필요하기 때문이다. 만약 그대가 거기에 없다면 어떤 소리도 만들어질 수 없다. 그것은 불가능하다. 나는 여기서 말을 하고 있다. 나는 소리를 만들고 있다. 그것이 가능한 것은 그대가 여기에 있기 때문이다. 만약 아무도 여기에 없다면 나는 말을 하지만 소리는 만들어질 수 없다. 지금 그대가 없다고 해도 내가 소리를 만들 수 있는 것은 내 자신이 그것을 들을 수 있기 때문이다. 만약 듣는 사람이 아무도 없다면 소리는 만들어질 수 없다. 소리란 에너지에 대한 청각의 반응 현상이기 때문이다.

만약 아무도 이 지구상에 존재하지 않는다면 태양은 떠오르겠지만 빛을 만들 수는 없다. 그 말은 이치에 맞지 않는 것처럼 들린다. 우리는 항상 태양이 떠오르면 당연히 거기에 빛이 있는 것으로만 생각해 왔기 때문이다. 하지만 아무도 없다면 태양이 떠올라도 그것은 쓸모없다. 빛은 허공 속으로 사라져 버릴 것이다. 그 빛에 반응해서 '이것이 빛이다'라고 말할 사람이 없다면 빛은 생겨나지 않는다. 빛은 에너지와 그대 시각의 접촉에서 일어나는 현상이기 때문이다. 장미꽃 혼자만으로는 어떤 향기도 만들 수 없다. 그것은 불가능하다. 그대의 코가 필요하다. 누군가 그 냄새를 맡고 그것이 장미꽃 냄새라고 말할 사람이 필요하다. 코가 없다면 장미꽃은 아무것도 할 수 없다.

마찬가지로 거리의 소음이 방해가 되는 것도 그대 속에 에고가 있기 때문이다. 그대의 에고는 반응을 하고 시끄럽다고 말한다. 그것은 그대의 해석이다. 때때로 그대는 똑같은 상황에서 다른 기분을 느낄 수 있다. 그때 그대는 이렇게 말할 것이다.

"이것은 아름답다. 얼마나 멋있는 음악인가!"

그러나 슬픈 순간에는 음악조차 신경에 거슬린다. 어떤 것이 그대를 통해서 지나가더라도 거기에 주의를 빼앗기지 마라. 그것에 동요되지 마라. 반응을 할 사람이 아무도 없다. 메아리조차 생겨나지 않도록 하라. 이것이 곧 붓다가 말한 니르바나이다. 그리고 이 방편은 그대를 도울 수 있다.

"그대의 수동적인 형상이 살의 벽으로 둘러싸인 하나의 빈 방이라고 상상하라. 텅 빔이 일어난다."

수동적인 상태로 앉아 있어라. 아무것도 하지 않는 상태로. 그대가 무엇인가를 할 때마다 행위자가 그 속으로 들어오기 때문이다. 실제로 거기엔 어떤 행위자도 없다. 단지 그대가 행위한다고 상상하기 때문이다. 붓다는 이것 때문에 어려움을 겪었다. 우리는 '사람이 걸어가고 있다'라고 말한다. 여기에서 언어의 문제가 제기된다. 우리가 그렇게 말할 때는 거기에서 실제로 걸어가는 어떤 사람이 있음을 뜻한다. 그러나 붓다는 거기에 오직 걸어가는 과정이 있다고 말한다. 걷는 주체는 아무도 없다. 그대는 웃고 있다. 그러나 이 말에서 웃고 있는 어떤 주체가 생겨난다. 그러나 붓다는 거기에 웃음의 행위만이 있을 뿐 웃는 자는 없다고 말한다. 그대가 웃을 때 이 점을 기억하라. 웃고 있는 그 주체를 찾아보라. 그대는 결코 발견하지 못할 것이다. 거기에는 단지 웃음만이 있다. 그 행위 배후에는 아무도 없다. 그대가 슬플 때 슬퍼하는 누군가가 없다. 단지 슬픔만이 있다. 이 사실을 보라. 단지 슬픔만이 있다. 그것은 하나의 흐름이다. 단지 웃음만이, 행복만이, 불행만이 있다. 그 배후에는 어떤 주체도 없다.

단지 언어 때문에 그대는 항상 두 가지를 생각한다. 어떤 움직임이 있으면 반드시 그 움직임에 주어를 갖다 붙인다. 주어 없이는 동사가 있을 수 없다고 생각한다. 우리는 단지 움직임만이 홀로 존재하는 상태를 상상할 수 없다. 그러나 그대는 그 주체를 본 적이 있는가? 웃고 있는 주체를 보았는가? 붓다는 그것이 삶의 흐름일 뿐 그 속에 어떤 살아 있는 사람도 없다고 말한다. 그리고 거기에 죽음이 있다. 그러나 죽어가는 사람은 없다. 죽음이라는 현상만이 있다. 붓다에게는 그대가 이중성이 아니다. 하지만 그대는 언제나 이중성이다. 내가 지금 말하고 있다. 여기에서 말하고 있는 '나'라는 것이 있는 것처럼 보인다. 그러나 붓다는 오직 말하는 행위만이 있을 뿐 말하는 주체는 없다고 보았다. 그것은 하나의 흐름이다. 그 누구에게도 속하지 않은 것이다.

하지만 우리는 이것을 납득하기가 어렵다. 이중성 속에 우리의 마음이 너무 깊이 뿌리박고 있기 때문이다. 우리는 어떤 행위를 생각할 때마다 반드시 행위자를 생각한다. 그래서 수동적인 형상이 명상에 좋다고 말하는 것이다. 그때 그대는 보다 쉽게 텅 빔 속으로 떨어질 수 있다.

붓다는 말한다.

"명상하지 마라. 명상 속에 있어라."

그 차이는 엄청나다. 나는 붓다의 말을 다시 반복한다.

"명상하지 마라. 명상 속에 있어라."

그대가 명상을 한다면 거기에 행위자가 들어온다. 그대는 자신이 명상을 하고 있다고 계속 생각할 것이다. 명상은 하나의 행위가 된다. 붓다는 '명상 속에 있어라'고 말한다. 그것은 전적으로 수동적이어야 함을 의미한다. 어떤 것도 하지 마라. 그 어떤 행위자가 있다고 생각하지 마라. 그래서 때때로 행위 속에서 행위자를 잃어버릴 때 그대는 갑작스런 행복감이 치솟는 것을 느낀다. 그것은 그대가 하나 되었기 때문에 온다. 춤추는 자는 사라지고 춤만 남는 순간이 온 것이다. 갑작스런 지복감이, 은총이, 엑스터시가 일어난다. 그는 알 수 없는 축복으로 가득 찬다. 무슨 일이 일어났는가? 오직 행위만이 남아 있고 행위자는 더 이상 존재하지 않는 것이다.

전투를 앞두고 병사들은 깊은 지복을 느낀다. 그들이 죽음에 이르렀다고 생각하기 어렵다. 어떤 순간이라도 그들은 죽을 수 있다. 처음에는 그것이 그들을 두렵게 만들었다. 그들은 공포로 전율한다. 그러나 그 공포를 매일같이 계속 느낄 수는 없다. 그것에 익숙해지면 죽음을 받아들인다. 그때 공포는 사라진다. 죽음이 아주 가까이 있을 때마다 어떤 이상한 움직임이 일어난다. 행위가 잊혀지고 오직 임무만이 남는다. 전투 행위만이 남게 되는 것이다. 그때 '나는 살아 있다'라는 느낌을 잊어버린다. 그 느낌이 있는 한 지복감을 맛볼 수 없다. 그때 그대는 행위 속에 전적으로 몰입해 있지 않는 것이다. 삶이 경각에 달했을 때 그대는 이중성을 제대로 챙길 수 없다. 행위가 전체가 된다. 그때 갑자기 그대는 이전에 느껴 보지 못했던 행복감을 느끼게 된다.

전사들은 일상적인 삶이 가져다 줄 수 없는 깊은 행복감을 알고 있다. 전쟁이 그들에게 그토록 매력적으로 보이는 것도 바로 그 때문이다. 과거 인도에서 브라만들보다 크샤트리아, 즉 무사 계급이 모크샤를 성취하는 일이 더 많은 것도 이 때문이다. 자이나교의 24명의 티르탕카라들이나 람, 크리슈나, 붓다 이들 모두가 크샤트리아 계급의 사람들이었다. 바로 그들이 가장 지고한 정점의 경험들을 성취했던 것이다.

바이샤 즉 상인 계층이 그것을 성취했다는 말은 들은 적이 없다. 그들은 안전성 속에 살기 때문에 언제나 이중성 속에 있는 것이다. 그들이 무엇을 하든지 그것은 전체적일 수 없다. 언제나 빠져 나가는 구멍이 있다. 이윤을 추구하는 것은 전체적인 행위가 될 수 없다. 그것을 즐길 수는 있다. 그러나 삶과 죽음의 문턱에 있는 것은 아니다. 상인들은 돈의 게임을 벌이고 있는 것이다. 그 게임은 위험한 것이 아니다. 잃을 것은 돈뿐이다. 목숨이 달려 있지 않다. 차라리 도박사가 상인보다는 가능성이 더 크다. 도박사들은 위험 속에서 움직인다. 그들은 자기가 가진 모든 것을 걸기 때문이다. 모든 것을 거는 순간 행위자를 잃어버린다.

도박이 그토록 매력적인 것도 바로 그 때문이다. 나는 그 매력을 이해할 수 있다. 그 도박 속에는 어떤 미지의 것이, 삶의 깊은 신비가 숨겨져 있다. 그렇지 않다면 도박은 그토록 매력적인 것이 되지 못한다.

이 수동성……, 그대가 명상 속에서 어떤 자세를 취하든지 수동적으로 되어야 한다. 붓다는 앉아 있다. 인도에서는 가장 수동적인 아사나-자세-를 개발했다. 그것이 바로 싯다아사나 (siddhasana)인 것이다. 그것은 붓다의 좌법이기도 하다. 그 자세로 앉으면 가장 깊은 수동성의 상태에 이를 수 있다. 눕는 것조차 가장 수동적인 자세는 아니다. 그것은 그대가 잠을 청하는 것이다. 잠속에서도 그대의 자세는 수동적이지 않다. 능동적이다.

왜 싯다아사나가 그토록 수동적인가? 그것엔 여러 가지 이유가 있다. 그때 육체는 마치 자물쇠로 잠겨진 것 같다. 전류는 육체 내부로만 흐르고 밖으로 누출되지 않는다. 이제 과학은 어떤 자세 속에서 그대가 에너지를 방출하고 있음이 과학적 현상임을 증명하고 있다. 육체가 에너지를 방출할 때 육체는 계속 에너지를 만들어 내야 한다. 그것은 능동적인 상태다. 그래서 가장 수동적인 상태는 어떤 에너지도 방출되지 않는 상태이어야 한다.

오늘날 서구 사회에서는, 특히 영국에서는 환자를 치료할 때 환자의 몸 속에 전기의 순환 회로를 만든다. 많은 병원에서 그 방식이 사용되고 있다. 환자는 전기선으로 이어진 침대 위에 눕는다. 그 전기선은 그의 육체의 전기가 밖으로 흘러가지 않도록 폐쇄 회로로 꾸며져 있다. 그리고 30분만 거기에 누워 있으면 충분하다. 그는 깊은 이완을 경험하게 되고 에너지로 충전된다. 보다 활기에 넘치고 강해진다. 그는 단지 누워 있기만 했는데 그런 일이 일어나는 것을 믿을 수가 없다.

모든 고대의 문명 속에도 그 원리를 적용한 사실이 발견되고 있다. 사람이 밤에 잠잘 때 어떤 방향으로 누워야 에너지가 누출되지 않는다는 것을 그들은 알고 있었다. 그것은 지구가 자력을 갖고 있기 때문이다. 그대가 특별한 방향으로 눕게 되면 그 자력이 하나의 순환을 이루게 되고 에너지의 쓸데없는 방출을 막을 수 있게 된다. 만약 잘못된 방향으로 눕게 되면 그대의 자력이 지구의 자력과 저항을 일으키게 되고 그대의 에너지는 소진될 것이다. 그래서 많은 사람들이 아침에 잠을 깨어도 계속 피로를 느낀다. 잠은 그대에게 활력과 에너지를 충전시켜 주는 것이다. 그러나 많은 사람들이 잠을 자고 일어나도 개운치가 않다. 그 여러 가지 이유 중에 하나는 그들이 잘못된 방향으로 눕기 때문이다. 그들은 지구의 자장에 반대 방향으로 눕는다. 결국 그들의 에너지는 누출되고 흩어진다.

그래서 오늘날 과학자들은 육체가 하나의 전기 회로라고 말한다. 그 회로는 폐쇄될 수 있다. 과학자들은 싯다아사나의 자세로 앉아 있는 요가 수행자들의 자세에 대해 많은 연구를 했다. 그 상태에서 육체는 최소한의 에너지만을 소비한다. 따라서 에너지는 충전된다. 그리고 에너지가 충전될 때 내부의 발전기는 일할 필요가 없다. 어떤 내적 활동도 필요 없는 것이다. 그 육체는 수동적으로 된다. 이 수동성 속에서 그대는 쉽게 텅 빌 수가 있다.

이 싯다아사나의 자세에서 그대의 등뼈는 곧게 세워진다. 그리고 등뼈가 곧으면 몸 전체가 곧아진다. 그 사실에 대해 많은 과학적 연구가 이루어졌다. 그대의 육체가 곧을 때 전체적으로 곧아진다. 그때 그대는 중력의 영향을 가장 적게 받게 된다. 그대가 육체가 편치 않다고 느낄 때 그것은 중력의 저항을 많이 받기 때문이다. 만약 그대가 한 쪽으로 기대게 되면 그만큼 중력을 많이 받게 된다. 만약 그대가 중력의 방향에 수직으로 앉게 되면 중력의 저항을 가장 적게 받는다. 그때는 중력이 그대의 등뼈에만 미치기 때문이다. 그렇기 때문에 서서는 잠자기가 어렵다. 물구나

무서기 자세인 시르시아사나(shirshasana)에서는 잠자기가 거의 불가능하다.

잠이 들기 위해서는 그대가 땅에 수평으로 누워야 한다. 왜인가? 그때 땅은 그대를 최대한의 힘으로 끌어당기기 때문이다. 다시 말해서 그것은 그대의 무의식을 최대한 끌어당긴다. 잠자는 동안에는 그대가 땅에 누워야 한다. 그래서 중력이 그대의 온몸에 미치게 해야 한다. 모든 세포에 그것이 작용되도록 해야 한다. 그래야 그대는 무의식이 될 수 있다. 동물들이 인간보다 더 무의식적인 것도 그대가 직립보행을 할 수 없기 때문이다. 진화론자들은 인간이 두 발로 직립할 수 있게 되면서부터 진화가 시작되었다고 말한다. 그때 중력은 가장 적은 영향을 미친다. 그때문에 그는 좀더 깨어 있을 수 있게 되었다.

싯다아사나에서 에너지의 방출은 최소한이 된다. 그때 육체는 완전히 비활동적이고 수동적으로 된다. 그리고 외부로 열린 문이 닫힌다. 아무것도 나가지 못하고 들어오지도 못한다. 그 자체로서 하나의 세계가 펼쳐진다. 눈은 감겨져 있고 손과 발은 잠겨져 있다. 에너지는 그 속에서 돌고 있다. 에너지가 내부의 회로를 돌때마다 그것은 내적 리듬의 음악을 만들어 낸다. 그대가 그 음악을 들을수록 더 깊은 이완을 느낀다.

그대의 수동적인 형상이 텅 비었다고 상상하라. 텅 빈 방처럼 말이다. 살이 바로 그 벽이다. 그리고 계속 그 텅 빔 속으로 떨어져라. 어느 순간 모든 것이 사라졌다고 느낄 때가 올 것이다. 아무도 없다. 집은 텅텅 비어 있다. 그 집의 주인은 사라졌다. 증발해 버렸다. 그 틈 속에서, 그 간격 속에서 그대는 내면에도 존재하지 않게 된다. 오직 신성만이 존재한다. 그대가 사라질 때 신이 존재한다. 그대가 없을 때 축복이 거기에 있다. 그러므로 사라지려고 노력하라. 내면에서부터 사라져 가라.

자, 두번째 방편이다.

110

은혜로운 이여,

유희(遊戱)하라.

우주는 텅 빈 껍질

거기에서 그대의 마음이 끝없이 장난치고 있다.

이 명상법은 유희의 차원이다. 이 점이 이해되어져야 한다. 그대가 비행위적일수록 그대는 허공에, 내면의 심연 속으로 떨어지기 쉽다. 그러나 하루 종일 텅 빈 상태로 가만히 앉아 있을 수는 없다. 그대는 뭔가를 해야 한다. 활동은 필수적인 것이다. 그렇지 않으면 그대는 살 수 없다. 삶은 활동을 의미한다. 그래서 그대는 몇 시간 동안은 비활동적으로 될 수 있다. 그러나 나머지 시간은 활동적이어야 한다. 명상은 그대 삶의 방식이 되어야 한다. 그것은 삶의 한 조각이 되어서는 안된다. 그렇지 않으면 그대는 그것을 얻었다가도 잃을 것이다. 그대가 한 시간을 비행위 속에 있었다면 나머지 23시간은 활동적이어야 한다. 한 시간 동안 비행위 속에 억제된 행위는 더욱더 강렬해질 것이다. 행위는 그대가 비행위 속에서 얻은 것을 모조리 파괴해 버릴 것이다. 그리고 다음날이면 그대는 또다시 전날과 같은 일을 되풀이하게 될 것이다. 23시간 동안 쌓여진 행위를 한 시간 안에 없애 버린다는 것은 어려운 일이다. 그러므로 그대 마음의 자세는 활동에 대해서도, 일에 대해서도 변화되어야 한다.

일은 일이 아니라 하나의 유희가 되어야 한다. 하나의 게임으

로서 여겨져야 한다. 일에 대해서 심각해지면 안된다. 어린아이
들이 술래잡기를 하는 것과 같은 마음으로 무의미하게, 마치 아
무것도 성취할 것이 없는 것처럼 임해야 한다. 그저 즐겁게 노는
것만 있을 뿐이다. 문제는 일을 놀이로 여기지 못할 때 생겨난다.
그대는 일 앞에서 심각해질 것이다. 어깨가 무거워지며 걱정과
야심이 우글거릴 것이다. 그것은 결과에 집착하기 때문이다. 그
렇게 되면 일 자체에는 아무런 즐거움도 없다. 그대의 모든 관심
은 미래에 있다. 미래의 결과에 있다. 하지만 유희 속에는 결과가
없다. 노는 과정이 그대로 축복이며 기쁨이다. 그리고 그대는 걱
정하지 않는다. 유희는 심각한 것이 아니기 때문이다. 겉보기에
그렇게 나타나더라도 그것은 일부러 심각한 척하는 것일 뿐이다.
그러나 일의 경우 진행 과정을 즐긴다는 것은 불가능하다. 문제
는 목적에, 결과에 있다. 결과만이 중요하고 가치 있는 것이다.
진행 과정은 결과를 위해서만 그 존재 가치가 있는 것이다. 그리
고 그대가 과정을 묵살한다면 그대는 행위 자체를 버리고 결과에
만 매달리게 될 것이다.

　그러나 유희 속에서는 그렇게 하지 않을 것이다. 유희 속에서
만약 그대가 놀지 않고 결과만을 달성할 수 있다면 그때 결과는
아무런 소용도 없는 것이다. 유희에는 그 과정을 통과하는 것만
이 의미가 있다. 예를 들면 두 축구 팀이 있다. 그들의 전 관심이
승부에만 있다면 그들은 운동장에서 경기는 치르지 않고 동전으
로 승자와 패자를 나눌 수 있다. 뭣하러 쓸데없이 땀을 뺄 것인
가? 어차피 한 팀은 이기고 한 팀은 질 것인데. 동전을 던져서 쉽
게 승부를 가릴 수도 있다. 그러나 그것은 의미가 없다. 결과는
그리 중요하지 않다. 중요한 것은 그 진행 과정이다. 그 게임이
승부가 나지 않는다고 해도 게임 자체로서 가치가 있고 즐거운

것이다.

그대의 삶 전체가 이 유희의 차원에 적용되어야 한다. 무엇을 하든지 행위 그 자체로 전체가 되어야 한다. 여기 결론은, 목적은 필요치 않다. 결과는 전적으로 상관없다. 결과는 반드시 왔고 오고 있으며 또 올 것이다. 그러나 그것은 그대의 머리에 달려 있지 않다. 그대의 마음에 달려 있지 않다. 그대는 그저 놀고 있다. 즐기고 있다.

이것이 바로 바가바드 기타에서 크리슈나가 아르쥬나에게 말하는 의미다.

"신성의 손에 미래를 맡겨라. 그대 행위의 결과는 신성의 손에 달려 있다. 그대는 그저 행위하라."

이 간단한 행위가 하나의 놀이인 것이다. 아르쥬나는 이해하기 어려웠다. 전쟁이 단지 하나의 놀이라면 무엇 때문에 사람을 죽여야 하는가? 무엇 때문에 싸워야 하는가? 그는 놀이가 무엇인지 이해할 수 없었다. 그러나 크리슈나에게는 그의 전 삶이 하나의 놀이였다. 하나의 게임이며 연극이었다. 그는 모든 것을 즐기고 있었고 전혀 그것에 대해 심각하게 여기지 않았다. 그는 그 순간을 강렬하게 즐겼고 결과에 대해 걱정하지 않았다. 어떻게 되든 상관이 없었다.

아르쥬나는 크리슈나를 이해하기 어려웠다. 그는 계산을 하고 있었기 때문이다. 결과에 집착하고 있었기 때문이다. 그는 바가바드 기타 첫머리에서 이렇게 말하고 있다.

"이 모든 것이 불합리하다. 이쪽 편이나 저쪽 편이나 모두 나의 친척이며 친구들이다. 나의 친척들이 지금 저쪽에서 나와 싸우려고 한다. 그 어느 쪽이 이기더라도 의미가 없다. 내가 이기면 내 친구와 친척들이 죽을 것이기 때문이다. 그때 나는 누구에게 이 승리를 보여준단 말인가? 누구와 승리의 기쁨을 나눈단 말인가? 승리의 기쁨은 친척들과 친구들과 나눔으로써만 의미가 있다. 그러나 여기 이 승리 뒤에는 아무도 없다. 이 승리 위에는 내 친구와 친척들의 시체가 산더미처럼 쌓일 것이다. 누가 내 승리를 인정해 줄 것인가? 누가 '아르쥬나여, 참으로 위대한 일을 했구나'라고 말해주겠는가? 그러므로 이 전쟁에서 내가 이기든지 지든지 모두 우스꽝스런 일이다. 모든 것이 그저 넌센스일 뿐이다."

그래서 아르쥬나는 이 세상을 등지려고 했다. 그는 너무나 심각해져서 사색이 되었다. 이는 결과를 계산하는 사람이면 누구든지 그렇게 될 것이다.

바가바드 기타의 배경은 매우 독특하다. 전쟁은 가장 심각한 사건이다. 그대는 전쟁에 대해서 어떤 유희적인 태도도 취할 수 없다. 거기에는 수많은 생명이 달려 있기 때문이다. 그런데도 크리슈나는 그대가 전쟁을 하나의 게임으로 여겨야 한다고 말한다. 그대는 결과가 어떻게 끝날 것인지에 대해서는 생각하지 말아야 한다. 그대는 그저 지금 여기에 머물러 있어야 한다. 그대는 단지 전쟁 놀이를 즐기는 병정일 뿐이다. 즐겨라! 결과에 대해서 생각하지 마라. 결과는 신성의 손에 달려 있다. 그리고 그것이 문제가 아니다. 문제는 그 결과가 그대의 손에 달린 것이 아니어야 한다는 것이다. 그대는 결과를 붙잡고 있어서는 안된다. 만약 그대가 그것을 붙들고 있다면 그대의 삶은 명상적으로 될 수 없다. 이 방편은 말한다.

"은혜로운 이여, 유희(遊戱)하라."

그대의 삶 전체가 한 편의 연극이 되게 하라. 한 판의 게임이 되게 하라. 이 모든 것은 텅 빈 방안에서 꿈을 꾸는 것과 같다. 명

상을 하고 있는 동안 그대의 마음을 유희로 가득 차게 하라. 술래
잡기를 하는 아이들의 마음이 되라. 살아 있는 에너지로 가득 차
게 하라. 이것이 전부다. 생각들은 그 게임의 즐거움으로 마구 날
뛰고 있다. 조금도 심각해하지 마라. 나쁜 생각이 거기에 떠오르
더라도 조금도 죄책감을 느끼지 마라. 그리고 아주 위대한 생각
이 떠오르더라도―세상에 봉사하고 인류를 변형시키며 온 세상
을 낙원으로 바꾸겠다는 등의―너무 자만심을 갖지 마라. 에고를
강화시키지 마라. 이것 역시 마음의 장난에 불과하다. 마음은 어
느 때는 착잡해지다가도 어느 때는 하늘을 찌를 듯이 솟구치기도
한다. 그것은 넘치는 에너지의 파장이 갖는 여러 가지 모습들에
불과하다. 마음은 계속 솟아나는 샘물과 같다. 그 외에는 아무것
도 아니다. 유희 속에 빠져라. 시바는 말한다.

"은혜로운 이여, 유희(遊戱)하라."

배우로서의 이 태도는 행위 하나하나를 즐기고 있다는 것을 의
미한다. 즐긴다는 것은 그 자체로서 좋은 것이다. 여기에 이익 따
위는 전혀 개의치 않는다. 게임을 하는 자는 어떠한 계산도 하지
않는다. 그러나 장사꾼들을 보라. 무엇을 하든지 그는 이익을 계
산하고 있다. 그 일을 통해서 무엇을 얻을 것인지를 따지고 있다.
고객이 온다. 그에게 고객은 사람이 아니다. 돈으로 보일 뿐이다.
장사꾼은 생각한다.

'저 사람에게서 얼마를 뜯어낼 수 있을까?'

장사꾼의 마음속에는 지금 고객에게 해야 할 말로 가득 차 있
다. 그에게 어떤 태도를 취할 것인가로 가득 차 있다. 이런 식으
로 모든 것은 하나의 거래로서 치밀하게 계산되어 있다. 그는 사
람에 대해서는 전혀 관심이 없다. 그의 관심은 오직 '어떻게 하면
이 사람에게서 돈을 뜯어낼 수 있는가'에 있을 뿐이다.

동양을 가보라. 그곳 시골에 가면 아직도 장사꾼은 단지 장사꾼이 아니다. 단골손님도 오자마자 금방 물건을 사지는 않는다. 그들은 그 거래를 즐기고 있다. 나는 내 할아버지를 기억하고 있다. 우리 집은 옷가게를 하고 있었다. 그런데 우리 식구들은 모두 당황해 했다. 할아버지는 자신의 직업을 너무 즐기고 있었기 때문이다. 단골손님과 몇 시간이고 흥정을 하면서 재미있어하곤 했다. 내가 볼 때 할아버지와 단골손님은 마치 무슨 게임을 하는 사람들 같았다. 그는 그때 단골손님을 데리고 사고 파는 게임을 하고 있었던 것이다. 어떤 때는 10루삐짜리밖에 안되는 물건을 할아버지는 15루삐라고 엉터리로 가격을 부른다. 할아버지는 그 사실을 스스로 알고 있다. 단골손님 역시 이것을 알고 있다. 그래서 10루삐까지 끌어내려야 한다는 것을 알고 있다. 처음에 그들은 2루삐부터 시작한다. 그래서 그때부터 값을 올리거니 깎거니 한창 실랑이를 벌인다. 이 실랑이는 몇 시간이고 계속된다. 아버지와 삼촌은 드디어 화를 냈다.

"도대체 아버지는 뭘하고 있는 겁니까? 왜 정확한 값을 말하지 않습니까?"

그러나 할아버지는 그 자신의 단골손님들을 갖고 있었다. 그들은 와서 언제나 이렇게 물었다.

"다다(Dada)는 어디 갔느냐?"

할아버지와 함께라면 옷 사는 일은 이미 사고 파는 상거래가 아니라 하나의 게임이 되기 때문이다. 아주 재미있는 놀이가 되기 때문이다. 손님들은 그까짓 1루삐나 2루삐 정도 더 잃어버리는 따위는 전혀 개의치 않는 것이었다. 그들은 할아버지와 사고 파는 놀이를 아주 즐기고 있었다. 어떠한 행위를 막론하고 그 행위가 전체적이라면 그 자체로서 몰입해 볼 가치가 있다. 사고 파는 이 게임을 통해서 두 사람의 대화가 시작된다. 사고 파는 이 상거래를 하나의 놀이로 즐기고 있다는 것을 두 사람은 모두 알고 있다. 물건마다 정가를 붙여 놓으면 상거래는 그저 간단하기 때문이다.

서양의 경우 그들은 물건마다 가격을 붙여 놓는다. 세월이 가면 갈수록 사람들은 더욱더 계산적이고 실용적으로 되어 간다. 그들에게 있어서 시간 낭비 따위는 도저히 생각할 수 없다. 도대체 무엇 때문에 아까운 시간을 낭비하는가? 사고 파는 것은 단 몇 분이면 끝날 수 있다. 그저 상품에 가격표를 붙여 놓으면 그것으로써 충분하다. 그런데 왜 물건 하나 파는 데 한 시간 이상을 소비하고 있는가? 그러나 그렇게 되면 상거래는 더 이상 게임이 될 수 없다. 모든 것이 고정된 틀에 박혀 버린다. 상거래는 이제 기계로도 대신할 수 있게 되었다. 장사꾼은 아무런 필요가 없게 되었다. 단골손님도 필요 없게 되었다.

계산적일수록 거기에 인간성은 사라져 간다. 오직 기계화되는 것만이 남는다. 아직도 인도의 시골에서는 값의 흥정이 계속되고 있다. 이는 이미 사고 파는 단순한 상거래 행위가 아니라 하나의 게임인 것이다. 따라서 게임은 재미있게 즐길 수 있는 가치가 있다. 이 게임을 통해서 두 사람은 깊이 연결된다. 적어도 게임 속에는 시간의 낭비 따위는 문제가 되지 않는다. 적어도 그 순간에는 시간을 걱정할 필요가 없다. 여기 무슨 일이 일어나든지 지금 바로 이 순간에 그것을 즐겨라. 우리의 마음은 상거래 차원에 있다. 우리는 오직 비즈니스를 하기 위한 기계로 훈련되어 왔다. 그래서 명상을 할 때조차 그 결과를 계산한다. 그러기 때문에 그 결과가 어떤 것이든지 그대는 결코 만족하지 못할 것이다.

사람들은 나에게 와서 말한다.

"물론 명상은 더욱더 진전되고 있는 것이 사실입니다. 저는 더욱더 행복감을 느끼고 있습니다. 날이 갈수록 평온과 침착이 더해갑니다. 그런데 더 이상 아무 일도 일어나고 있지 않습니다……."

그렇게 말하고 있는 그들의 마음을 나는 알고 있다. 어느 날엔가 그들은 이렇게 말할 것이다.

"저는 니르바나의 경지를 체험하고 있습니다. 그러나 여기 아무 일도 일어나지 않습니다. 저는 축복 속에 있습니다. 하지만 여기에 아무 일도 일어나지 않습니다."

아무 일도 일어나지 않는다는 그 '아무 일'이란 것이 도대체무엇을 뜻하는가? 그는 지금 어떤 종류의 이익을 찾고 있다. 분명한 이익이 손에 잡히지 않는다면 그는 결코 만족해 하지 않을 것이다. 침묵과 행복은 불분명한 이익이다. 그렇기 때문에 그대는 그것들을 손에 붙잡을 수 없다. 다른 사람에게 보여줄 수 없다. 그것을 상품화시킬 수 없다.

사람들은 말한다. 소위 오랫동안 명상했다는 사람들조차 이렇게 말한다.

"저는 조금도 행복하지 않습니다……."

물론 그들은 결코 행복해질 수 없다. 지금 뿐만 아니라 앞으로도 행복해지지 못할 것이며 영원히 행복하지 않을 것이다. 그들은 뭔가를 기대하기 때문이다. 비즈니스에서조차 기대할 수 없는 어떤 것을 기대하고 있기 때문이다. 그들은 명상을 통해서 그것을 얻을 수 있을 것이라고 믿었다.

장사꾼은 게임을 그리 즐거워하지 않는다. 그리고 게임을 즐기지 않는다면 명상의 차원으로 들어갈 수 없다. 그러므로 유희적으로 되라. 더욱더 유희적으로 되라. 게임 속에서 시간을 물 쓰듯이 하라. 시간을 휴지처럼 내버려라. 어린아이와 함께 그저 재미있게 유희하라. 거기 아무도 없을 때조차 유희하라. 방 안에서 그대 혼자 춤추고 즐거워하라. 깨가 쏟아지도록 재미있어 하라. 그러나 그 순간에 그대의 마음은 이렇게 말할 것이다.

"도대체 나는 지금 무엇을 하고 있는가? 왜 이렇게 시간을 낭비하고 있는가? 지금이 어느 때라고 이러고 있는가? 춤추고 노래하고……, 내가 미쳤단 말인가?"

이것을 수련하라. 시간이 날 때마다 사업에서, 일에서 뛰쳐나와라. 그리고 놀이를 시작하라. 마음껏 웃고 춤추고 노래하라. 무엇이든지 그대가 좋아하는 것이면 다 할 수 있다. 그러나 여기에 한 가지 전제조건이 있다. 그것은 하나의 게임으로서 즐겨야 한다는 것이다. 결과나 이익 따위는 생각하지 마라. 미래를 생각하지 마라. 지금 여기 현재로서 충분하다. 이제 그대의 내면은 즐거움으로 가득 차게 된다. 생각내키는 대로 그 생각들과 유희를 즐길 수 있다. 생각의 꽃송이들을 이곳 저곳으로 마구 던져라. 그리고 그것들과 함께 춤을 추어라. 절대로 심각해지지 마라. 심각해지는 것은 금물이다.

두 가지 유형의 사람들이 있다. 하나는 그들의 마음에 대해서 무의식적인 사람들이다. 마음속에서 무슨 일이 일어나든지 그것에 대해서 무의식적이다. 그들의 마음이 자신을 어디로 끌고 가는지 전혀 눈치 채지 못한다. 그러면서 어딘가로 끝없이 표류하고 있다. 이 마음의 장난을 알아차린다면 그대는 당황하게 될 것이다. 마음은 연상 작용을 통해서 흘러간다. 개가 짖는다. 그대의 귀에 그 개짖는 소리가 들린다. 그대의 마음에 연상이 시작된다. 우선 개를 기르고 있는 친구가 생각난다. 그 친구에게는 아내가 있다. 그 아내는 정말 예쁘다. 그녀가 어느 날엔가 그대에게 눈웃

음을 던졌다. 이런 식으로 계속되는 연상의 흐름 속에서 그대는
마침내 완전히 잠겨 버린다. 지금 밖에서 개가 짖고 있다는 사실
을 까맣게 잊어버리고 만다. 저 개짖는 소리가 그대에게 생각을
일으키게 해서 그대로 하여금 끝없는 연상의 물결 속으로 흘러가
게 했다는 사실을 잊어버리고 만다.

과학자들은 말하고 있다.

"똑같은 개가 똑같은 상황 속에서 또다시 짖게 되면 그대는 다
시금 같은 연상 작용에 빠지게 된다. 친구에서 개로 아내로 예쁜
아내로 눈웃음으로……, 그것은 끝이 없다."

과학자들은 인간의 두뇌에 전극을 연결함으로써 많은 과학적
실험을 시도하고 있다. 두뇌의 A 지점을 건드림으로써 A의 기억
이 되살아나게 된다. 그때 그대는 그 기억의 영상들을 보게 된다.
다섯 살 적에 뜰에서 놀던 그 모습을, 나비를 잡으러 뛰어다니던
어린 시절의 정경을 보게 된다. 이와 동시에 그대의 모든 상황은
다섯 살 때로 되돌아간다. 그대는 말할 수 없는 즐거움에 취해 있
다. 공기는 맑고 꽃향기 가득한 정원이며, 모든 것이 그렇게 신선
할 수가 없다. 이것은 단순한 기억만은 아니다. 그대 전체가 다섯
살 때의 에너지 상태로 변화된다. 그때 연결했던 전극을 떼어 낸
다. 그와 동시에 그 기억들은 즉시 중단된다. 그러다가 또다시 A
지점을 자극하면 또 똑같은 기억들이 되살아난다. 이것은 마치
녹음기와 같다. 일단 한번 녹음해 둔 테이프를 반복해서 돌리면
열 번이고 스무 번이고 똑같은 소리가 들릴 것이다. 그대의 두뇌
장치는 이와 꼭같다. 두뇌는 수백만 개의 기억들을 갖고 있다. 수
백만 개의 녹음 세포들을 갖고 있다. 일단 여기에 녹음된 기억들
은 수만 번이고 똑같이 반복할 수 있다. 3백 번 이상이나 똑같은
기억이 그 녹음 세포에서 되살아났음이 한 실험 결과에서 증명되

었다. 이를 경험한 사람은 그것이 아주 무시무시하다는 것을 느꼈다. 그는 자신의 두뇌 속에 기록된 이 기억에 대해서 아무것도 할 수가 없다는 것을 느꼈다. 그 자신의 기억에 대해서 그 자신은 무력한 존재라는 것을 느꼈다. 전극이 그 지점에 닿게 되면 그 지점에 녹음된 기억들이 되살아나기 시작한다. 그리고 그와 동시에 그는 이 기억의 강물 속에 빠져 버리는 것이다. 3백 번의 실험을 한 뒤에야 그는 자신의 기억을 지켜보는 자가 되었다. 그는 그 자신의 기억들을 지켜본다. 더 이상 그 기억의 물결에 휩쓸리지 않는 자로서 말이다. 이제 그 자신과 그 자신의 기억들은 별개로 분리된다. 그 분리의 경험은 특히 명상을 위해서 많은 도움이 된다. 그대 마음은 기계적인 녹음 장치에 지나지 않는다는 것을 알았기 때문이다. 그때 그대 자신은 자신의 기억들과 분리되어 있다.

그리고 이 마음은 제어될 수 있다. 이제 과학자들은 조만간 우리가 모든 고뇌와 번민의 중심들을 모두 잘라내 버릴 수 있을 것이라고 말한다. 그러나 이것은 또다시 같은 것이 된다. 그래서 전체가 변화되어야 하는 것이다.

나는 많은 제자들과 여러 가지 실험을 해왔다. 그들은 같은 악순환을 계속하고 있었다. 그들이 하나의 주시자가 되지 않는 한 그것은 끊임없이 기계적으로 반복되고 있는 것이다. 그대는 매주 그대의 아내에게 같은 말을 반복하고 아내 역시 같은 반응을 보이고 있다는 사실을 알게 된다면 일주일 후에 다시 해보라. 아내는 역시 같은 반응을 보일 것이다. 그대가 알고 있고 아내도 안다. 그러나 그 형식은 이미 고정되어 버렸다. 그것은 기계처럼 계속된다. 어떤 자극이 주어지면 그대는 여행을 시작하게 된다.

만약 그대가 이 삶 속에서 게임의 즐거움으로 가득 찰 수 있다면 그대의 마음 역시 즐거움으로 가득 차게 될 것이다. 이때 그대 주위에서 일어나는 모든 것은 TV 화면을 보는 것과 같다. 그대는 여기에 포함되지 않는다. 그대는 구경꾼이다. TV를 보는 자일 뿐이다. 보라. TV를 보라. 삶이라는 이 TV를 보라. 그리고 그 드라마를 즐겨라. 이것은 좋다든지 저것은 나쁘다든지 하는 식으로 말하지 마라. 비난하지도 말고 인정하지도 마라. 이런 행위들은 모두 심각함을 초래하기 때문이다. 벌거벗은 여자가 화면에 나오면 '이것은 나쁘다. 나를 유혹하려는 악마의 속임수다.'라고 말하지 마라. 그대를 유혹할 악마는 없다. 그저 보라. 화면에 나타나는 대로 보기만 하라. 그리고 그것들을 즐겨라. 하나의 게임으로서 말이다. 그렇다고 그녀에게 이렇게 말해서도 안된다.

"잠깐만 기다려 주시오."

그녀를 화면으로부터 끌어내려 하지 마라. 끌어내려고 하면 할수록 그대는 화면 속으로 빨려 들어갈 것이다. 그녀를 따라가지 마라. 그녀를 따라가면 그때부터 문제가 생긴다. 따라가지도 말고 거부하지도 마라. 이것이 법칙이다. 그저 있는 사실 그대로 바라보라. 그리고 게임으로 즐겨라.

그저 바라보기만 하라. 그녀를 가만히 내버려두라. 갈 때가 되면 가게 될 것이다. 그녀는 그대와 전혀 관련이 없다. 그녀는 그대 기억 속의 한 장면일 뿐이다. 어떤 상황이 그대의 기억 세포를 자극했기 때문에 그녀는 그대 앞에 나타난 것이다. 하나의 그림으로서 말이다. 그것에 대해 게임을 벌여라. 그대가 마음과 게임을 벌일 수 있다면 머지않아 마음은 사라져 버릴 것이다. 마음은 심각함을 통해서만 존재할 수 있기 때문이다. 심각함이야말로 중계자다. 마음과 그대 사이를 잇는 다리인 것이다.

자, 세번째 방편이다.

111

사랑스런 그대여,
앎과 알지 못함에 대해서,
존재함과 존재하지 않음에 대해서 명상하라.
그때 그대가 처한 양쪽 모두를 떠날 수 있다.

삶의 긍정적인 측면을 명상하라. 그리고 나서 부정적인 측면을 명상하라. 그때 그대는 양쪽을 모두 떠난다. 그대는 그 어느 쪽도 아니기 때문이다.

"그때 그대가 처한 양쪽 모두를 떠날 수 있다."

이런 식으로 삶을 바라보라. 그대가 태어난 것에 대해 명상하라. 그대는 아기로 태어났고 이제 자라났다. 그대는 젊은이가 되었다. 그대의 모든 성장에 대해 명상하라. 그리고 그대는 늙었다. 그리고 그대는 죽는다. 태어났을 때부터, 그대의 부모가 그대를 만든 순간부터, 하나의 세포로서 그대 어머니의 자궁 속으로 들어간 때부터 명상하라. 그리하여 마지막까지, 그대의 육체가 화장되고 그대의 친척들이 그 주위에 둘러선 순간까지 명상하라. 그대 삶의 첫 순간부터 마지막까지 두루 지켜보라. 그때 그대는 처음과 끝 양쪽을 모두 떠난다. 그대는 태어남도 아니고 죽음도 아니다. 그리고 내면을 바라보라. 거기에 그대가 있다. 결코 그대는 태어나지도 않았고 죽지도 않는다.

"앎과 알지 못함에 대해서, 존재함과 존재하지 않음에 대해서 명상하라. 그때 그대가 처한 양쪽 모두를 떠날 수 있다."

그대는 이것을 긍정이나 부정의 어떤 극에서도 할 수 있다. 생각해 보라. 그대는 여기에 앉아 있다. 나는 그대를 본다. 나는 그대를 안다. 내가 눈을 감으면 그대는 거기에 더 이상 없다. 나는 그대를 모른다. 그때 내가 알았다는 이 지식과 내가 모른다는 이 지식 둘 다를 떠난다. 그러면 나는 텅 비게 된다.

사람들은 두 가지 유형으로 나눌 수 있다. 한 가지 유형은 지식으로 가득 차 있고 다른 한 가지는 무지로 가득 차 있다. '우리는 안다'라고 말하는 사람들이 있다. 그들은 지식 때문에 에고로 가득차 있다. 그리고 '우리는 무지하다'라고 말하는 사람들이 있다. 그러나 그들 역시 에고를 갖고 있다. 그들은 무지로 가득 차 있다. 그들은 말한다.

"우리는 무지하다. 우리는 알지 못한다."

한쪽편 사람은 지식과 자신을 동일시하고 다른 쪽편 사람은 무지와 자신을 동일시한다. 그들 둘 다 어떤 것을 갖고 있다. 어떤 것을 품고 있다. 그 양쪽 모두를 떠나라. 앎과 알지 못함을 떠나라. 그대는 양쪽 모두 아니다. 무지하지도 않고 알고 있지도 않다. 긍정의 편과 부정의 편 모두를 떠나라. 그때 그대는 누구인가? 갑자기 그대에게 그 누구란 것의 정체가 드러날 것이다. 그대는 초월을 인식하게 될 것이다. 긍정과 부정 양쪽을 모두 떠날 때 그대는 아무도 아니게 될 것이다. 현명하지도 무지하지도 않게 될 것이다. 사랑과 증오도 떠나라. 우정과 적의도 떠나라. 모든 양극을 떠날 때 그대는 텅 비게 된다.

그대는 지금까지 한쪽편에 집착하고 다른 한쪽편을 멀리해 왔다. 그대는 무지를 멀리하고 지식에 집착해 왔다. 그대는 고통을 멀리하고 쾌락에 집착해 왔다. 그대는 적들을 멀리하고 친구들에게 집착해 왔다. 그리고 소수의 사람들이지만 그 역으로 살아온 사람들이 있다. 그들은 친구를 멀리하고 적에게 집착해 왔다. 그들은 사랑을 멀리하고 증오에 집착해 왔다. 그들은 부를 멀리하고 가난에 집착해 왔다. 그들은 지식이나 경전 따위를 멀리하고 무지에 집착해 왔다. 그리고 이런 사람들은 위대한 은둔자로 여겨져 왔다. 그대가 무엇에 집착하든지 그들은 그대의 반대편에 집착한다. 하지만 어느 한쪽에 집착하는 것은 똑같다.

그리고 그 집착이 문제다. 그대가 집착한다면 그대는 텅 비어질 수 없다. 집착하지 마라. 어떤 긍정이나 부정에도 집착하지 마라. 집착하지 않을 때 그대는 자신을 발견하게 될 것이다. 그대는 거기에 있다. 집착 때문에 그대는 가려져 있다. 집착하지 않음으로써 그대는 드러날 것이다. 그대는 노출될 것이다. 그대는 폭발될 것이다.

자, 마지막 방편이다.

112

허공 속으로 들어가라.
의지할 곳 없고, 영원하며, 고요한 허공 속으로.

허공의 세 가지 성질인 의지할 곳 없음과 영원함과 고요함이 이 방편 속에 주어져 있다. 의지할 곳 없다는 말은 그대의 에고가 존재할 곳이 없다는 것이다. 영원하다는 말은 끝날 수 없다는 말이며 고요하다는 말은 침묵을 의미한다. 이러한 허공 속으로 들어가라. 그것은 그대 속에 있다.

그러나 마음은 항상 의지처를 구해 왔다. 사람들은 나를 찾아온다. 그리고 내가 그들에게 '고요하게 앉아서 눈을 감고 아무것도 하지 마라'라고 말하면 그들은 어떤 아발람반(avalamban)을 구한다. 의지할 그 무엇을 구하는 것이다. 그들은 이렇게 말한다.

"우리가 의지할 만한 어떤 만트라라도 주십시오. 저는 아무것도 안하고 앉아 있을 수 없기 때문입니다."

그냥 앉아 있는 것은 어렵다. 그들에게 만트라를 주면 그때는 문제가 없다. 그들은 앉아서 몇 시간이고 계속 만트라를 반복한다. 정말 대단한 인내심이다. 그러나 그것은 어렵지 않다. 그런데 문제는 여기에 있다. 그 의지처가 문제다. 그것 때문에 그대는 텅 비어질 수 없다. 그대는 뭔가를 계속하고 있다. 거기에 행위자가 남아 있다. 그리고 그 행위의 부산물로 가득 차 있다. 그대는 옴 칼(Aomkar)이나 옴(Aum), 람(Ram)이나 지저스(Jesus), 아베마리아(Ave Maria) 등등으로 가득 차게 된다.

그대는 어떤 것으로 자신을 채울 수는 있다. 그때는 아무 문제를 느끼지 못한다. 그대는 만사 오케이다. 마음은 허공에, 텅 빔에 저항한다. 항상 뭔가가 거기에 채워지기를 원한다. 마음이 뭔가로 채워져 있을 때 그것은 존속할 수 있기 때문이다. 텅 비어지면 그것은 사라질 것이다. 텅 빔 속에서 그대는 마음 없음을, 무심을 얻게 될 것이다. 그래서 마음은 의지처를 구한다.

그대가 내면의 공간으로 들어가기를 원한다면 의지처를 구하지 마라. 모든 의지처를 내버려라. 만트라를, 신들을, 경전들을, 그대에게 의지할 곳을 준다고 느껴지는 모든 것을 내다버려라. 그리고 단지 내면으로 들어가라. 어떤 의지처도 없는 허공 속으로 들어가라. 거기에 두려움이 있을 것이다. 그대는 공포를 느낄 것이다. 지금까지 그대는 자신이 완전히 사라져 버리는 어떤 곳으로부터 끊임없이 탈출해 왔다. 그래서 다시 그곳으로 돌아가기가 쉽지 않을 것이다. 그대가 비빌 수 있는 언덕이, 정박할 수 있는 강 둑이 사라져 버린다. 강물은 그대를 아무도 모르는 곳으로 인도할 것이다. 그대의 의지처는 사라졌다. 그대는 무한의 심연 속으로 떨어질 것이다. 공포가 그대를 둘러싸면 그대는 다시 의

지처를 구한다. 그것이 거짓된 의지처라도 그대는 좋아할 것이
다. 가짜라도 도움이 될 것이다. 마음은 의지처가 진짜인지 가짜
인지 가리지 않는다. 의지처라는 점이 중요한 것이다.. 이제 그대
는 혼자가 아니다. 거기에 어떤 것이 있다. 그대는 그것에 기댄
다.

언젠가 한 남자가 내게 왔다. 그는 자신의 집에서 유령이 나온
다는 것이다. 그는 무척 걱정을 했다. 그 걱정들 때문에 더 많은
헛것이 보이기 시작했다. 그 걱정들로 인해 그는 점점 약해지고
병까지 났다. 급기야는 그의 아내가 이렇게 말했다.

"당신이 계속 이 집에서 살겠다면 나 혼자라도 떠날 거예요."

그의 아이들은 이미 친척집으로 보내어 버렸던 것이다. 그 남
자는 나에게 와서 이렇게 말했다.

"이제 매우 어려운 상황입니다. 저는 그것들을 분명히 보았습
니다. 그것들은 밤이 되면 집안 구석구석을 걸어다닙니다. 집 전
체가 유령들로 꽉 차 있습니다. 그러니 저를 도와주십시오. 당신
이면 저를 도울 수 있을 것입니다."

그래서 나는 그에게 내 사진을 한 장 주면서 말했다.

"그것을 갖고 있어라. 이제 나는 그 유령들에게 제재를 가할
것이다. 이제 그대는 편히 잠들 수 있다. 아무것도 걱정하지 마
라. 이제 그들은 내가 맡을 것이다. 나는 그들을 보러 갈 것이다.
이제 그것은 나의 일이니 내 일에 상관하지 마라."

그 남자는 다음날 와서 말했다.

"저는 잠을 푹 잤습니다. 아주 기분이 상쾌합니다. 당신은 기
적을 일으켰습니다."

그러나 나는 아무것도 한 일이 없다. 단지 그에게 의지처가 되
어주었을 뿐이다. 나라는 의지처를 통해서 그의 마음은 편안해질

수 있었다. 그의 마음에 나에 대한 인상이 가득 차게 되었다. 이제 빈 공간이 없어졌다.

일상 생활 속에서 그대는 많은 거짓 의지처들에 의지해 있다. 하지만 그것들은 실제로 도움이 된다. 그대가 충분히 강하지 않는 한 그대는 그것들을 필요로 하게 될 것이다. 내가 이 방편이 궁극의 방편이라고 말하는 것은 바로 그 때문이다. 어떤 의지처도 없는 상태로 바로 들어간다는 것 말이다.

붓다가 죽어가고 있을 때 아난다는 그에게 물었다.

"이제 당신은 우리를 떠나고 있습니다. 우리는 어떻게 해야 됩니까? 우리는 이제 어떻게 수행을 계속 해야 합니까? 스승은 가 버리고 우리는 어둠 속에서 수많은 생을 방황하게 될 것입니다. 거기에는 우리를 인도해 줄 사람이 아무도 없습니다. 이제 빛이 사라지고 있습니다."

그래서 붓다는 이렇게 말했다.

"그 상황이 그대에게는 더 좋을 것이다. 내가 사라지면 그대는 그대 자신의 빛이 된다. 홀로 움직여라. 어떤 의지처도 구하지 마라. 의지처가 바로 마지막 장벽이기 때문이다."

결국 붓다는 죽었고 그때까지 아난다는 깨달음을 얻지 못했다. 그는 40년 간을 붓다와 함께 있었다. 그는 그림자처럼 붓다를 따라 다녔다. 그 오랜 기간 동안 그는 붓다의 은총을 받아 왔다. 그런데도 아무런 변화도 일어나지 않았다. 아난다는 여전히 무지한 상태로 남아 있었다. 붓다가 죽은 다음날 그는 깨달음을 얻었다. 바로 다음날 말이다. 붓다에게 의지한 바로 그 행위가 장벽이었던 것이다. 이제 붓다가 사라지자 아난다는 어떤 의지처도 찾을 수 없었다.

그리고 그것은 어려울 것이다. 그대가 붓다와 함께 산다면 붓다가 가 버리고 나면 그대는 누구에게도 의지처를 구할 수 없다. 이제 그대에게는 의지할 가치가 있는 사람이 아무도 없다. 온 세상이 텅 빈 것처럼 느껴질 것이다. 한번 그대가 붓다와 그의 자비를 맛본 다음에는 그것과 비교할 수 있는 어떤 사랑이나 자비도 없다. 그때는 이 세상에 그 어떤 것도 맛볼 가치가 없다. 그래서 아난다는 40년 만에 처음으로 혼자 있게 되었다. 그리고 의지처를 찾을 길이 없었다. 그는 가장 지고한 의지처를 알았기 때문에 그것보다 유치한 것은 도저히 눈에 차지 않았다. 결국 다음날 그는 깨달음을 얻었다. 그는 내면의 공간으로, 의지할 곳 없고 영원하며 적막한 허공 속으로 들어갔음이 틀림없다.

그러니 기억하라. 어떤 의지처도 찾지 마라. 그저 떠돌아라. 만약 그대가 이 방편을 시도하려 한다면 그때는 어떤 것에도 소속되지 마라. 적을 두지 마라. 이것이 바로 크리슈나무르티가 가르치고 있는 것이다.

"소속되지 마라. 스승에게 집착하지 마라. 경전에도 의지하지 마라. 그 어떤 것에도 의지하지 마라."

그리고 모든 스승이 하고 있는 것도 바로 이것이다. 그는 우선 자신에게 집착하도록 그대를 이끈다. 그리하여 그대가 스승과 매우 가까워졌을 때 그는 그 의존 관계를 끊어야 할 시기를 안다. 그리고 그는 냉정하게 끊는다. 그대는 이제 더 이상 다른 누구에게도 의존할 수 없게 된다. 그것은 불가능하다. 그때 갑자기 그대는 의지처를 잃게 된다. 처음에는 엄청나게 불행해질 것이다. 그대는 울부짖을 것이다. 모든 것을 잃어버린 것같이 느껴질 것이다. 불행의 가장 깊은 곳으로 그대는 떨어질 것이다. 그러나 거기에서부터 그는 홀로 서게 된다. 어떤 의지처 없이 말이다.

"허공 속으로 들어가라. 의지할 곳 없고, 영원하며, 고요한 허공 속으로."

허공은 시작도 없고 끝도 없다. 허공은 절대적으로 고요하다. 거기엔 아무것도 없다. 어떤 소리의 진동도 없다. 어떤 잔물결도 없다. 모든 것이 고요하다.

그리고 그것은 바로 그대 속에 있다. 어떤 순간에라도 그대는 그 속으로 들어갈 수 있다. 문은 열려 있다. 모든 사람을 초대하고 있다. 그러나 용기가 필요하다. 혼자 있을 용기, 비워질 수 있는 용기, 자신을 녹여 없애 버릴 수 있는 용기가 필요하다. 다시 말해서 영원히 죽을 수 있는 용기가 필요하다. 그리고 그대가 내면의 공간 속에서 죽을 수 있다면 그대는 결코 죽지 않는 생명을 얻게 될 것이다. 그대는 아므리트(amrit)를, 불멸을 성취할 것이다.

〈질문〉

"저는 정말로 깨닫기를 원합니다. 하지만 만약 제가 깨닫는다면 남아 있는 세상은 어떻게 달라지게 됩니까?"

왜 그대가 남아 있는 세상에 대해 걱정하는가? 세상은 세상 자체가 알아서 하도록 하라. 그리고 그대가 무지로 남아 있다면 세상에서 일어나는 일에 대해서 그대는 걱정하지 않을 것이다.

만약 그대가 무지하다면 그때는 세상에서 무엇이 일어나겠는가? 그때 그대는 불행을 만들어 낼 것이다. 그대가 의식을 갖고 행동하지 않으면 그대는 불행 그 자체다. 그대가 무엇을 하든지 그것은 사방에 불행의 씨앗을 뿌리는 것이 된다. 그대가 갖고 있는 희망은 의미가 없다. 지금 그대가 어떤 상태에 있는지가 중요한 것이다. 그대는 자신이 다른 사람을 돕고 있다고 생각할지 모른다. 하지만 사실은 그들을 방해하고 있다. 그대는 다른 사람들을 사랑하고 있다고 생각할지 모르지만 그들을 단지 죽이고 있는 것이다. 그대는 자신이 남을 가르치고 있다고 생각하겠지만 그들을 영원히 무지한 상태로 남아 있도록 그들을 도와주고 있다. 그대가 희망하는 것은, 생각하고 바라는 것은 중요하지 않기 때문이다. 그대가 누구인가가 중요한 것이다.

나는 도처에서 매일 사람들이 서로 사랑하는 것을 본다. 그러나 그것은 서로를 죽이는 것이다. 그들은 자신들이 서로 사랑하고 있다고 생각한다. 그들은 서로를 위해 살고 있다고 생각한다. 자기가 없이는 자기의 가족이, 자기의 아내나 남편이, 아이들이 불행해질 것이라고 믿는다. 하지만 실상은 그들이 존재하기 때문에 불행한 것이다. 그들은 모든 방면에서 노력하겠지만 그들이 하는 것은 무엇이든지 잘못될 것이다. 그것은 그럴 수밖에 없다. 왜냐하면 그들 자신이 잘못되었기 때문이다. 행위는 중요하지 않다. 존재의 상태가, 그 기원이 중요한 것이다. 만약 그대가 무지 속에 있다면 그대는 세상을 지옥으로 만드는 데 일조를 할 것이다. 그리고 세상은 이미 지옥이다. 이것이 그대를 통해서 일어나는 것이다. 그대가 만지는 것은 무엇이든지 지옥으로 변한다.

만약 그대가 깨닫게 된다면 그대가 무엇을 하든지, 하지 않든지 그대의 현존만으로 사람들이 깨닫는 데 도움이 된다. 그들을 행복하게 해준다.

그러나 그것이 그대의 관심이 되어서는 안된다. 먼저는 어떻게 깨달을 수 있느냐 하는 것이 관심이 되어야 한다. 그대는 나에게 말한다.

"나는 깨닫기를 원합니다."

그러나 내 눈에는 그대의 원함이 매우 무능한 것처럼 보인다. 그대가 그 즉시로 '하지만'을 갖다 붙이기 때문이다. '하지만'이란 말이 나올 때마다 그 원함은 무능하다는 것을 보여준다. 그대는 이렇게 질문한다.

"그러면 세상은 무슨 일이 벌어질까?"

그대는 누구인가? 그대는 자신에 대해서 무엇을 생각하는가? 세상이 그대 손에 달려 있는가? 그대가 세상을 운영하고 있는가? 그대가 세상의 책임자인가? 왜 그대 자신에게 그토록 큰 비중을 두는가? 왜 그토록 자신이 세상에서 중요하다고 느끼는가?

이 느낌은 에고의 부분이다. 이것은 다른 사람에 대해서 걱정을 함으로써 그대로 하여금 깨달음의 절정에 이르지 못하도록 한다. 그 절정은 그대가 모든 걱정을 떨쳐 버릴 때에만 가능하기 때문이다. 그대는 걱정을 끌어 모으는 데는 탁월한 소질을 갖고 있다. 그대는 놀라울 정도. 그대 자신의 걱정 뿐만 아니라 다른 사람의 걱정까지도 그대는 도맡아서 하고 있다. 그대는 계속 다른 사람들에 대해서 생각하고 있다. 하지만 그대는 무엇을 할 수 있는가? 그대는 더 많은 걱정을 할 수 있을 뿐이며 결국 미치게 될 것이다.

모든 사람이 자신이 마치 세상의 중심이며 온 세상을 걱정해야 되는 것처럼 생각하고 있다. 마치 자신이 세상을 개조하고 낙원으로 만들어야 한다고 느낀다. 그러나 그대가 할 수 있는 모든 것은 그대 자신을 변형시키는 것뿐이다. 그대는 세상을 변형시킬 수 없다. 그대는 더 많은 실수를 저지를 수는 있다. 더 많은 혼란과 해악을 끼칠 수는 있다. 그리고 벌써 이 세상은 너무나 혼란스럽다. 그대는 그것을 더 혼란스럽게 할 수 있다.

세상을 내버려두라. 제발 부탁이다. 세상은 세상 자체에 맡겨두라. 그대가 할 수 있는 최상의 것은 바로 이것이다. 그때 그대는 자기 내면의 침묵을 성취할 수 있다. 내면의 빛과 축복을 얻을 수 있다. 그렇게만 해도 그대는 세상에 대단한 도움을 주는 것이다. 단지 무지한 자신을 깨달음의 불꽃으로 바꾸기만 함으로써, 자신을 어둠에서 빛으로 옮겨 감으로써 그대는 세상의 한 부분을 변화시킨 것이다. 그리고 이 변화된 부분은 연쇄 반응을 일으킬 것이다. 하나의 불꽃은 다른 불꽃을 점화시킬 것이다. 후계자는 계속 이어질 것이다.

그러나 만약 그대의 불빛이 거기에 없다면, 그대의 등잔에 불꽃이 없다면 그대는 아무도 도울 수 없다. 맨 먼저는 그대 자신의 불꽃을 살리는 길이 기본이다. 그때 다른 사람도 나누어줄 수 있다. 그대의 양초로 다른 사람의 양초에 불을 붙일 수 있다. 그것은 계속 이어질 것이다. 그때 그대는 육체로부터 사라질 것이지만 그대의 불꽃은 손에서 손으로 옮겨갈 것이다. 그것은 영원히 계속될 것이다. 붓다는 결코 죽지 않는다. 깨달은 사람은 결코 끝나지 않는다. 그들의 빛은 연쇄 반응을 일으키기 때문이다. 그러나 깨닫지 못한 사람은 영원히 살 수 없다. 그들은 어떤 연쇄 반응도 일으킬 수 없기 때문이다. 그들은 나누어줄 어떤 빛도 갖고 있지 않다. 다른 사람의 등잔을 점화시킬 어떤 불꽃도 갖고 있지 않다.

그러니 그대 자신에 대해서만 걱정하라. 제발 이기적으로 되라. 나는 말한다. 그것이 그대가 비이기적으로 될 수 있는 유일한 길이기 때문이다. 그것이 그대가 세상의 빛과 소금이 될 수 있는 유일한 길이기 때문이다. 그러나 그 문제에 대해서는 걱정하지 마라. 그것은 그대가 걱정할 부분이 아니다. 그대가 더 많이 걱정할수록 그대는 자신의 책임만 더 크게 만들 뿐이다. 그대의 책임이 더 커질수록 그대는 자신을 더 위대하다고 느낀다. 그런데 실상은 그렇지 않다. 그래서 그대는 단지 미친 상태일 뿐이다. 다른 사람을 돕겠다는 과대망상증에서 빠져 나오라. 단지 그대 자신을 도우라. 그것이 그대가 할 수 있는 전부다.

그리고 그때 많은 것들이 일어난다. 물론 하나의 결과로서 일어나는 것이다. 한번 그대가 빛의 근원이 되면 여러 가지 현상들이 일어나기 시작한다. 많은 사람이 그대의 깨달음을 나눠 가질 수 있다. 많은 사람이 그것을 통해 깨달을 수 있다. 많은 사람이 그것을 통해 더 풍부한 생명력을 누릴 수 있다. 그러나 이러한 결과에 대해서는 미리부터 생각하지 마라. 어떤 것도 의식적으로 할 수 없다. 그대가 할 수 있는 것은 오직 한 가지, 그대 자신이 각성하는 것이다. 그때 모든 것이 자연적으로 따라올 것이다.

예수는 이렇게 말했다.

"먼저 하늘나라와 그 의를 구하라. 먼저 그 속으로 들어가라. 그리하면 이 모든 것이 그대에게 더하여질 것이다."

나 역시 같은 말을 반복하고 싶다.

깨어나라! 주시하라! 이해하라!

오쇼에 대하여

오쇼의 가르침은 어떠한 틀로도 규정하기 힘들 만큼 다양한 주제를 다루고 있다. 그의 강의는 삶의 의미를 묻는 개인적인 문제에서부터 현대사회가 안고 있는 시급한 정치 · 사회적인 문제에 이르기까지 거의 모든 주제를 망라한다. 오쇼의 책은 그가 직접 저술한 것이 아니라, 다양한 국적의 청중들에게 들려준 즉흥적인 강의들을 오디오와 비디오로 기록하여 책으로 펴낸 것이다. 그는 자신의 강의에 대해 이렇게 말했다. "내가 무슨 말을 하건 그 말은 지금 이 시대의 당신들을 위한 것일 뿐만 아니라 다가오는 미래 세대를 위한 말이기도 하다."

런던의 선데이 타임스(Sunday Times)는 20세기를 빛낸 천 명의 위인들 중 한 사람으로 오쇼를 선정했으며, 미국의 작가 탐 로빈스(Tom Robbins)는 오쇼를 '예수 이후로 가장 위험한 인물'로 평하기도 했다. 인도의 선데이 미드데이(Sunday Mid-Day)는 인도의 운명을 바꾼 열 명의 인물을 선정했는데, 그 중에는 간디, 네루, 붓다 등의 인물과 더불어 오쇼가 포함되어 있었다.

오쇼는 자신의 일에 대해 새로운 인간이 탄생하도록 기반을 닦는 것이라고 했으며, 이 새로운 인간을 '조르바 붓다(Zorba the Buddha)'로 부르곤 했다. 조르바 붓다란 니코스 카잔차키스의 소설 속 주인공인 그리스인 조르바처럼 세속의 즐거움을 누리는 동시에, 붓다와 같은 내면의 평화를 겸비한 존재를 일컫는다. 오쇼의 가르침에 일관되게 흐르는 정신은, 과거로부터 계승되어온 시대를 초월한 지혜와 오늘날의 과학문명이 지닌 궁극적인 가능성을 한데 아울러 통합하는 것이다.

또한 오쇼는 점점 가속화되는 현대인들의 생활환경에 맞는 명상법을 도입하여 인간의 내면을 변화시키는 데 혁명적인 공헌을 하였다. 그의 독창적인 '역동 명상법'들은 심신에 쌓인 스트레스를 풀어줌으로써 일상생활 속에서 더 수월하게 평화와 고요함을 경험할 수 있게 해준다.

아래의 두 책을 참고하여 오쇼의 생애에 대해 더 자세하게 알아볼 수 있다.

· 『Autobiography of a Spiritually Incorrect Mystic』
· 『Glimpses of a Golden Childhood』

오쇼 국제 명상 리조트

Osho International Meditation Resort **|** **www.osho.com/meditationreson**

위치

인도 뭄바이(Mumbai)에서 남동쪽으로 160킬로 떨어진 뿌네(Pune)에 위치하고 있는 오쇼 국제 명상 리조트는 휴가를 즐기기에 매우 적합한 곳으로, 우람한 나무들이 주거지역을 둘러싸며 40에이커에 달하는 아름다운 정원을 형성하고 있습니다.

특징

매년 100개국이 넘는 나라로부터 수많은 방문객들이 오쇼 국제 명상 리조트를 찾아오고 있습니다. 이 독창적인 명상 리조트는 축제를 즐기듯 즐거운 분위기 속에서 더 평온하며 더 깨어있는 창조적인 방식으로, 새로운 삶의 길을 경험할 수 있는 기회를 제공합니다. 몇 시간의 단기 프로그램에서부터 해를 넘기는 장기 프로그램에 이르기까지, 선택의 폭이 매우 다양합니다. 아무것도 하지 않고 그저 휴식을 취하는 것도 오쇼 국제 명상 리조트에서 제공하는 프로그램 중의 하나입니다.

모든 프로그램은 '조르바 붓다(Zorba the Buddha)' 라는 오쇼의 비전에 바탕을 두고 있습니다. 조르바 붓다는 날마다의 일상생활에 창조적으로 임하며 침묵과 명상 속에서 고요하게 휴식하는 새로운 유형의 인간을 뜻합니다.

명상 프로그램

활동적인 명상, 정적인 명상, 전통적인 명상법, 혁신적인 방편들, 오쇼의 역동 명상법에 이르기까지 각 개인에 맞는 명상 프로그램이 하루 종일 진행됩니다. 이 명상 프로그램들은 세계에서 가장 큰 규모의 명상홀인 '오쇼 오디토리엄(Osho Auditorium)' 에서 진행됩니다.

멀티버시티 Multiversity

오쇼 멀티버시티가 제공하는 다양한 종류의 개인 세션, 수련 코스와 그룹 워크숍은 창조적인 예술, 건강 요법, 인간관계 개선, 개인의 변형, 작업 명상, 비의적인 학문과 선(禪)적인 접근방식이 도입되었고, 프로그램의 범위 또한 스포츠와 레크리에이션 등을 망라하고 있습니다. 이처럼 다양한 프로그램들은 명상과 결합되어 성공적인 효과를 내고 있는데, 이것은 오쇼 멀티버시티가 인간을 여러 부분들의 조합으로 보는 것에서 그치지 않고, 그를 훨씬 뛰어넘는 존재로 인식하는 명상적 이해에 기반하기 때문입니다.

바쇼 스파 Basho Spa

고품격의 바쇼 스파에는 울창한 나무와 열대식물에 둘러싸인 야외 수영장, 독창적 스타일의 넉넉한 자꾸지(Jacuzzi), 사우나, 테니스장을 비롯한 여러 체육 시설 등이 아름답게 배치되어 있습니다.

먹거리

리조트 내의 여러 식당에서는 서양식, 아시아식, 인도식 채식 요리가 제공되며, 대부분의 식재료는 명상 리조트의 방문객을 위해 유기농법으로 생산된 것들입니다. 빵과 케이크 역시 리조트 내에서 자체적으로 만들고 있습니다.

야간 행사

야간에도 다양한 종류의 행사가 벌어집니다. 그중 최고로 꼽히는 댄스파티를 비롯해 별빛 아래서 행해지는 보름날 명상 프로그램, 각양각색의 쇼와 음악 공연, 그리고 여러 가지 명상법들이 진행됩니다. 이 밖에도 플라자 카페(Plaza Cafe)에서 친구들을 만나 즐기거나, 정적에 잠긴 아름다운 정원을 산책하는 것도 좋습니다.

편의 시설

리조트 내에는 은행, 여행사, 피시방이 준비되어 있습니다. 기본적인 생필품은 갤러리아(Galleria)에서 구입이 가능하며, 멀티미디어 갤러리(Multimedia Gallery)에서는 오쇼의 미디어 저작물을 구입할 수 있습니다. 그 밖에 더욱 다양한 쇼핑을 즐기고 싶은 분들은 뿌네 시내에서 인도의 전통 상품을 비롯한 다국적 브랜드의 여러 가지 물건들을 구입할 수 있습니다.

숙박 시설

리조트 내에서는 오쇼 게스트하우스(Osho Guesthouse)의 품격 있는 객실을 이용할 수 있습니다. 더 오랜 기간의 체류를 원하는 방문객은 '리빙 인(Living In)' 이라는 패키지 프로그램을 이용하거나, 리조트 밖에 있는 다양한 종류의 호텔과 아파트를 이용할 수도 있습니다.

더 많은 정보를 보시려면 아래의 웹사이트를 참고하시기 바랍니다.

www.OSHO.com

오쇼 닷컴에서 제공하는 내용

인터넷 매거진, 오쇼 서적, 오디오와 비디오, 영어와 힌디어로 된 오쇼 저작물들,
오쇼 명상법에 대한 정보, 오쇼 멀티버시티의 프로그램 스케줄,
오쇼 국제 명상 리조트에 관한 정보

관련 웹사이트

http://OSHO.com/resort

http://OSHO.com/magazine

http://OSHO.com/shop

http://www.youtube.com/OSHO

http://www.oshobytes.blogspot.com

http://www.Twitter.com/OSHOtimes

http://www.facebook.com/pages/OSHO.International

http://www.flickr.com/photos/oshointernational

아래의 주소를 통해 오쇼 국제 재단에 접촉할 수 있습니다.

www.osho.com/oshointernational

oshointernational@oshointernational.com